KB233991

세계화와 국가안보

한반도 평화와 통일을 전망하면서

한미안보연구회 총서 제4집

세계화와 국가안보

한반도 평화와 통일을 전망하면서

신정현 지음

KSI 한국학술정보(주)

혜영(Caroline)에게

저자는 이미 오래전에 공저로 출판한 『국가안보론』(1972)의 서
문에서 다음과 같이 기술하였다.

> 국가안보가 강대국의 전유물인 시대는 지나갔다. 또한 국가안보가 국제적
> 이데올로기의 갈등구조 속에서 결정되는 시기도 지나가고 있다. 이제 한
> 국가의 안전과 생존이 개별국가의 능력과 책임의 문제에 크게 의존하는
> '국가자율권의 확대'가 어느 때보다도 중요시되는 시대에 접하게 되었다.
> 말하자면 국제세력관계가 양대세력권으로 분리되어 있을 때에는 한 국가의
> 안전에 대한 위협이 바로 그 국가가 속해 있는 세력권의 안전에 대한 위협
> 으로 간주되었지만 오늘날에는 '국가의 안전＝세력권의 안전'이라는 등식
> 이 유용한 안보공식으로 수용되지 않고 있다. 오히려 세력권 자체의 재편
> 성 내지는 분화과정에서 개별국가들은 대외적 행동의 자율권을 확대시킬
> 수 있는 기회를 갖게 되는 동시에 국가생존을 위한 조건을 마련하지 않으
> 면 안 되는 상황에 놓이게 되었다.

상기 저서가 출판된 지는 지금부터 40여 년 전이었다. 당시 저자
는 강단에서 강의를 시작했으며 국가안보에 대한 지적관심을 갖기
시작했다. 저자의 문제의식은 국가안보가 어느 국가에서나 가장 중
요한 문제라는 것이었다. 당시 국제정치적상황은 전후에 형성되어
온 동서 냉전 구조를 점차 벗어나 다극화 시대로 접어드는 변화과
정에 있었다. 다시 말하면 1970년대 초에 들어 미소관계가 화해관

계로 변화하고 있었으며 또한 미중관계도 크게 개선되는 경향을 보였다. 특히 미국은 종래의 대아시아 정책을 대폭 수정하여 점차 아시아로부터 미군을 철수하는 방향으로 나아갔다.

미소양극체계를 특징으로 했던 냉전질서가 다극화로 변화하는 과정에서 저자는 한국의 국가안보 문제가 종래의 "자유진영"에 속해 있던 집단안보로부터 한국 자신이 책임져야 할 개별국가의 과제로 나타나고 있음을 강조하고자 하였던 것이다. 그때와 같이 지금도 한반도의 분단 상황은 여전히 계속되고 있으며 한국의 국가안보 역시 미해결 과제로 남아 있다. 탈냉전화가 이루어진 지 20여 년이 지나가고 있으며 이와 더불어 세계화가 진행되고 있음에도 불구하고 한반도의 분단 상황은 대결과 긴장의 불안정한 상태를 벗어나지 못하고 있다. 실로 이해하기 힘든 일이 아닐 수 없다. 또한 저자가 이 책을 쓰게 된 동기 중 하나는 서해안에서 한국의 해군함정인 천안함이 침몰되어 한반도가 고도의 긴장상태로 접어들게 되었기 때문이다. 이런 사건을 접하면서 저자는 한반도가 여전히 불안정한 상태에 있으며 그에 따라 한반도의 평화와 통일이 여전히 실현하기 어려운 과제로 남아 있음을 새삼 인식하게 되었다.

이 책은 기본적으로 다섯 가지 전제들을 배경으로 저술되었다. 첫째로 저자는 세계화와 국가의 관계를 중심으로 국가의 역할을 중시했으며 특히 국가의 안보역할을 강조하였다. 비록 세계화가 국경의 개방과 국가의 종언을 가져온다고 이야기하는 학자들이 많이 있지만, 저자는 국가의 존재는 여전히 변하지 않고 있으며 다만 국가의 역할이 달라지고 있다는 전제를 내세우고 있다.

둘째로 본 저서에서는 세계화가 양면성을 내포하고 있음을 전제로 하고 있다. 이는 세계화가 국가들이나 개인들에게 기회가 되는 동시에 위기를 가져다준다는 것을 함의한다. 세계화가 개방화와 자유무역원칙을 내세우고 있고 그에 따라 국가들은 세계화를 성장과 발전의 기회로 사용할 수 있게 되었다. 반면 무한경쟁을 원칙으로 하는 시장자본주의를 확산시킴으로써 국가들에 따라서는 불이익을 당하는 경우도 있기 때문에 세계화 과정은 긍정과 부정의 양면성을 내포한다고 말할 수 있다.

셋째로 저자는 한반도에서 안보와 평화 및 통일의 세 가지 가치들 간의 상호 연관성을 제시하고 있다. 특히 한반도에 있어 세 가지 가치들 간의 관계가 어느 지역에 있어서보다 중요한 의미를 가지고 있음을 전제로 하고 있다. 한국의 국가안보의 가치가 실현되지 않는 경우 한반도의 평화는 공허한 것이 되며 나아가 통일도 기대할 수 없기 때문이다.

넷째로 세 가지 가치들이 실현되기 위해서는 국내적 요소들과 국제적 요소들이 서로 연관성을 가지고 상호작용을 해야 한다는 전제를 내세우고 있다. 즉, 연계분석 모델이 한반도 상황에서도 실효적으로 적용되어야 한다는 점을 지적하고 있다.

끝으로 세 가지 가치들을 실현하는 데 있어서는 물질적 요소들과 이데아적 요소들(Ideational Elements)이 함께 적절히 조화를 이루면서 기능해야 한다는 전제가 또한 강조되었다. 즉, 한국의 국가안보를 위해 군사력 강화가 우선적으로 필요한 반면 그에 못지않게 문화대국의 실현도 필요하다는 것이다. 김구 선생의 문화대국론은 함축하는 바가 매우 크다고 말할 수 있다.

이 책은 크게 세 편으로 구성되어 있다. 제1편에서는 국가안보

문제가 다각적으로 다루어졌으며 특히 앞에서 제시한 세계화와 국가안보 간의 관계를 조명해 보는 데 관심의 초점을 두었다. 세계화가 곧 세계정부를 의미하지 않기 때문에 국가안보는 여전히 국가의 책임이며 본연의 역할이다. 국가안보를 위해서는 군사력의 강화가 필요하며 나아가 경제력과 외교력 그리고 사회문화적 요소들이 뒷받침되어야 한다는 점에 특히 주목하였다. 제2편에서는 한반도의 평화 문제가 다루어졌다. 세계화 과정에서 한반도의 평화를 어떻게 실현할 것인가에 초점을 두었으며 이를 위한 두 가지 전략, 즉 협상과 억제의 전략들이 논의되었고 나아가 미래의 한반도 평화와 관련하여 경제공동체 구상과 군비통제의 방안들이 서술되었다. 끝으로 제3편에서는 남북한 통일에 관한 이론과 방법 및 전략 등이 논의되었다. 통일에 대한 인식문제와 함께 그에 대한 접근 방법들이 검토되었고 이와 관련하여 연합제와 연방제와 같은 과정적·제도적 방안들이 폭넓게 다루어졌다. 결론적으로 통일은 결코 실현할 수 없는 유토피아가 아니라 끊임없는 노력에 의해 달성될 수 있는 현실적 과제라는 점을 제시하고자 했다. 결국 저서는 남북한 통일이 한반도에서 굳건한 안보와 평화를 실현함으로써 가능해질 수 있다는 점을 강조하였다. 한 가지 필연적인 전제는 통일에 대한 한민족의 강한 의지가 발현되어야 한다는 것이다. 전체적으로 이 책은 하나의 특정 주제에 대한 실증적 분석의 결과를 기술한 것이라기보다는 규범적이고 미래지향적인 내용과 과제들을 내포하고 있다. 한편 이 책은 몇 가지 부분들에서 이전에 저자와 다른 전문가들이 공동으로 논의하고 연구한 결과들을 포함하였다. 이기종 박사와 이민용 박사의 한국 안보외교에 관한 글, 김영윤 박사의 한반도 경제공동체에 관한 글, 그리고 남북한 통일방안에 대한 정성장 박사의 글들이 수정·축소되어 포함되었음을 밝힌다.

책을 저술하는 데 있어 저자에게 끊임없이 성원을 보내 준 모든 분들에게 고마움을 표하지 않을 수 없다. 우선 저자에게 물심양면으로 헌신적인 배려와 용기를 준 아내를 포함한 가족 성원들에게 감사한 마음을 전하고자 한다. 그리고 저자에게 좋은 환경과 분위기를 제공해 준 경희대학교 정치외교학과 모든 교수진에게도 진심 어린 고마움을 전하고자 한다. 아울러 학과에 있는 여러 제자 조교들에게도 감사를 표하지 않을 수 없다. 특히 이한나 조교는 바쁜 중에도 저서 전체를 컴퓨터로 작성해 주었으며, 유용한 자료와 내용들을 보완하여 저서의 출판을 도와주었다. 따라서 이 책의 출판은 저자와 이한나 조교와의 공동작업의 결과로 가능하였다. 그리고 최윤희, 최지혜 조교들도 때때로 필요한 자료들을 수집해 주었다. 또한 저술과정에서 언제나 격려를 아끼지 않은 한국사회연구원과 국가디자인연구소에 대해서도 감사하는 바이다. 그리고 본 저서를 출판하는 데 재정적으로 후원해 준 사단법인 한미안보연구회에 감사를 표한다. 끝으로 어려운 가운데에서도 본 저서의 출판을 맡아 준 한국학술정보(주)에도 심심한 사의를 표한다.

2011년 1월
신정현 씀

| 목 차 | contents

제2편 평화

제10장 세계화: 평화와 전쟁 / 330

제11장 한반도의 안정과 평화 / 353

제12장 한반도 평화정착의 과제 / 387

표 차례

그림 및 사진 차례

■■■**제1편**

안보

제1장
세계화의 의미와 논쟁

제1절 세계화의 다의성

현대세계는 탈냉전 이후 다방면에 걸쳐 놀라운 변화를 보이고 있다. 국가 간의 이데올로기적 대립과 갈등이 줄어들었으며 또한 군사적 충돌이나 대립이 크게 사라지게 되었다. 물론 지역적으로 국가들 간의 분쟁이나 폭력행위가 완전히 사라진 것은 아니다. 탈냉전화로 세계적 수준에서 공산주의와 자본주의의 대립·갈등이 더 이상 생겨나지 않게 되었으며, 국가들 간의 군사적 위협은 크게 줄어들게 되었다. 주지하는 바와 같이 구소련과 동구권의 공산주의 체제가 붕괴되거나 변질됨으로써 공산주의 이데올로기는 더 이상 설득력을 가질 수 없었다. 물론, 중국이나 북한 및 베트남과 같은 공산주의 국가들이 존재하고 있지만, 북한을 제외하고 중국이나 베트남은 과거의 공산주의 국가들과는 달리 질적으로나 양적으로 큰 변화를 해 오고 있다. 그들은 공식적으로는 공산주의를 내세우고 있지만 실제로는 시장경제체제를 채택하고 대외적으로 개방정책을 추구하면서 다른 국가들과의 교류와 협력을 확대하고 있다.

따라서 모든 개인들이나 국가들은 이데올로기적, 군사적 장벽을 넘어서 서로 교류하고 협력하는 개방적 국제사회를 지향하게 되었다. 하루에도 수많은 사람들이 국경을 초월해서 서로 접촉하고 교류하며 자신들의 의식세계를 변화시키고 있다. 실로 글로벌 이동성이 급속도로 증가되고 있는 것이다. 그리고 대다수 국가들도 개방정책을 추구하면서 다른 국가들과 협력하여 상호 의존성을 증대시키고 있다. 이런 변화현상을 많은 사람들은 '세계화(Globalization, 지구촌화)'라고 말한다. 외형상으로는 세계화 현상을 쉽사리 이야기하고 있지만, 실제로 그것이 의미하는 바를 체계적으로 정의 내리기는 쉽지 않다. 사실상 한 국가가 어떤 정책을 결정하는 데도 세계화라는 개념은 자주 언급되고 있지만 그것이 의미하는 바는 상당히 혼란을 일으키고 있다.

일반적으로 세계화는 시장, 기업, 생산, 판매 및 국가재정체계가 세계적 수준에서 확대되고 통합되는 과정으로 규정되는 경향이 있다. 이것은 경제적 측면에서 세계화를 개념화한 것이다. 그러나 세계화 현상은 경제적 측면에서만 한정되는 것은 아니다. 즉 그것은 다른 영역들인 정치적 혹은 문화적 영역에서도 점차 두드러지게 나타나고 있다. 결국 세계화의 개념은 어느 한 가지로 이해될 수 없다. 지금까지 학문적, 정책적 영역에서 보면 오히려 세계화 개념은 다양하게 규정되어 왔음을 부정할 수 없다. 그 이유는 관련된 세계화 영역들이 매우 다양하다는 데서 찾아볼 수 있다. 예를 들면, 사회과학 분야에서 세계화 현상과 관련된 영역들은 어느 한 가지로 집약시킬 수 없다. 실제로 사회학이나 경제학, 역사학, 정치학 분야에서 각기 상이한 쟁점들이 제기되어 왔으며, 그로 인해 세계화의 의미는 다양한 의미를 내포하게 되었다. 예를 들면 경제협력개발기구(OECD)는 세계화를 가리켜 상이한 국가들 간의 시장과, 생산이 이루어지고 재화와 용역이 증대되며 또한 무역의 동태성이 확대되는 과정을 의미한다고 했다. 그뿐만 아니라 국경을 넘어서 자본과 기술의 이동이 활발하게 이루어져 점차 상호의존성이 증대되는 과정으로 규정하고 있다. 따라서 세계화가 어느 정도 이루어지고 있는가를 알기 위해서는 국가들 간에 행해지는 무역의 양적 추세를 검토하는 것을 필요로 한다. 즉 국가총생산에 대한 무역의 비율, 해외투자수준, 국경을 초월한 특정한 계약과 면허협정, 그리고 국경을 넘어서는 기업통합과 이윤획득 혹은 국제적 벤처 혹은 기업 간 협정 등이 얼마나 이루어졌는가가 세계화의 정도를 측정하는 중요한 자료가 된다고 한다.[1]

한편, 경제학자인 로널드 존스(Ronald W. Jones)는 세계화는 단순한 국제무역의 양적 증대 그 이상이라고 주장한다.[2] 즉 그는 국내소득에 비하여 교역되는 재화와 용역의 양이 증대되고 그에 따라 재화의 가치나 성격이 변화되는 것을 중시한다. 다시 말하면, 중간재가 국경을 넘어서는 재화의 양을 결정한다는 것이다. 이것은 점증하는 국제전문화와 기업전략으로 점차 세계화되는 수직적인

---

1) 신정현, 『정치학: 과학과 사유의 전개』, 제3판(법문사, 2009), p.579.
2) Ronald W. Jones, "Private Interests and Governmental Policy in Global World", *Tinbergen Institute Discussion Paper*. TI2000-051/2, 1.

횡국가적 생산과정이 나타나는 것을 의미한다. 낮은 교통과 통신비용이 국제적 투자와 무역을 증대시키는 요인으로 세계화를 가속화시킨다고 보고 있다.

또한 루이스 폴리(Louis Pauly)는 자본을 강조한다.[3] 자본은 생산의 단일요소로서 국제적으로 그 이동성이 매우 크다고 주장한다. 세계화라고 말할 때는 자동적으로 심리적 상태가 보다 더 통합된 금융시장을 연상케 한다. 즉 국제자본이 더 빠르고 광범위하게 이동하는 현상과 더불어 심리적 상태가 변화하는 것을 의미한다.

지금까지는 주로 경제적 영역과 관련해서 세계화 현상을 살펴본 것이다. 좀 더 다른 의미에서 넓게 보면 세계화는 노동이동이나 무역교류, 커뮤니케이션, 재화, 기타 상품의 수송을 포함한 '높은 수준의 초국경적 이동'으로 이해해 볼 수 있다. 실제로 국경을 초월한 민족들이나 인종들의 접촉과 교류가 현저하게 증대되었으며 또한 그들 간의 커뮤니케이션이나 정보 및 지식의 이동이 빠르게 확대되고 있음을 알 수 있다. 그 결과 개별국가들의 정책 사안이 다양화되고 있으며 개인들의 의식이나 인식체계가 급속히 변화되고 있다. 현대세계에서 진행되고 있는 세계화 과정이나 현상적 특징들을 몇 가지로 구분해서 살펴보면 다음과 같이 검토해 볼 수 있다.[4]

(1) 정치적 변화: 개방과 민주화

각기 다른 국가들에서 살고 있는 사람들 간의 접촉과 교류가 증

---

3) Louis Pauly, *Who Elected the Bankers?*(Ithaca: Cornell University Press, 1997)
4) 세계화의 특징에 관해서는 신정현, 『정치학: 과학과 사유의 전개』, pp.580~586 참조.

대됨으로써 세계화는 주로 경제적 혹은 문화적 측면에서 생각될 수 있다. 그러나 세계화에 대한 많은 학문적 접근들은 개인들의 사적 생활에서나 공적 생활에서 또는 국가들 간의 관계에서 정치권력의 통제나 감시를 극소화시켜 자유화의 영역을 확대시키는 것으로 이해될 수 있다. 결국 세계화는 국가나 정부보다 크고 강력한 시장의 형성을 전제로 하고 있다. 이런 시장은 결과적으로 경제적 자유주의를 근간으로 하고 있으며 따라서 정치적 역할의 변화를 함축하고 있다. 사실 세계화로 인해 국가의 정치적 행위는 시장에 대한 간섭 혹은 통제를 배제할 것을 원칙으로 하면서도 확대된 시장의 파행적 활동에 대한 대응정책이나 전략을 구사할 것을 요구받고 있다. 즉 세계화와 더불어 국가의 시장에 대한 정치경제의 역동성이 강조되고 있는 것이다.

특히 세계화는 개방된 시장경제를 주축으로 하고 있기 때문에 국가들은 자신의 경쟁력을 증진시키기 위한 특별한 대책을 필요로 한다. 이에 따라 자본의 배분이나 생산력을 증대시키는 효율적인 정책수단이 마련되어야 하며, 이를 위한 정치적 역할이나 과정이 확보되어야 한다. 결국 세계화는 국가나 정부가 특별한 정책들을 채택하고 수행하는 결과로서 이해되기도 한다. 사실상 국경을 초월해서 이루어지는 대부분의 경제거래나 무역활동은 국가들의 정책 변화에 기인되는 것임을 부인할 수 없다. 국가는 확대된 세계시장에서 가능한 한 기업들이 많은 이윤을 획득할 수 있도록 이에 상응하는 정책대안들을 마련해야 하는 동시에 그 결과를 국내에 거주하는 사람들에게 균등하면서도 공정하게 배분할 수 있는 능력을 갖추어야 한다. 이는 정치영역에서 새로운 비전과 역할을 필요로 한다는 것을 의미한다. 국가의 정책들이 세계화의 확대를 위한 주춧돌이었다면 미래에도 국가들은 세계화의 혜택을 균등하게 분배받을 수 있는 정책을 수행해야 한다. 만약 세계적으로 정치적 변화가 지속적으로 일어나지 않는다면 현재 진행 중인 세계화는 21세기에 영구적으로 밝은 미래를 갖지 못할 수도 있다. 여기에 정치적 경쟁과정과 국가의 정책들이 어떠한 결과를 가져올 것인가가 매우 중요하다. 이런 점에서 세계화를 올바로 이해하기 위해서는 개별국가들의 대내외적 이해관계와 정책대안들을 분석하는 것이 필요하다. 특히 세계화 과정에서 일어날 수 있는 다양한 정치적 갈등과 분쟁들을 어떻게 조정하고 해결할 것인가가 세계화의 미래를 내다보는 데 중요한 척도가 될 것이다.

또한 세계화 과정은 많은 개발도상국가들의 민주화를 수반하고 있다. 시기적으로 1970년대 후반기부터 개발도상국가들에서는 권위주의체제가 붕괴되고 민주화의 과정이 진행되기 시작했다. 예를 들면, 남유럽에서 권위주의적 독재정권을 유지해 오던 스페인, 포르투갈, 그리스 등이 민주주의로의 이행을 경험했으며 이어 남아메리카와 아시아 지역 등에서도 비슷한 정치적 변화과정이 일어나게 되었다. 남아메리카의 대부분 국가들에서는 군부권위주의가 민주주의로 이행되었으며 또한 아시아 일부 지역인 필리핀, 한국, 타이완 등과 같은 국가들에서도 민주화 과정이 전개되었다. 이와 같이 많은 국가들에서 권위주의가 민주주의에로 이행된 이유나 원인은 각기 상이하지만 다 같이 오랜 권위주의체제에서 민주주의체제로 변화한 것은 매우 특이할 만한 상황이었다. 물론 이들 국가들에서 아직도 민주주의가 완전히 공고화된 것은 아니다. 어느 의미에서 이들은 전환기적 과도기를 경험하고 있는 것이다. 따라서 정치적으로 민주주의는 불안정한 체제와 과정을 겪고 있다고 말할 수 있다. 더욱이 1980년대 후반부터 나타난 공산주의체제의 붕괴나 변질로 소련이 러시아연방으로 바뀌고 또한 이어서 동유럽 공산주의 국가들이 민주화 과정을 겪게 되었다. 과거 공산국가들이 탈공산화와 민주화 과정을 겪게 됨으로써 세계의 많은 국가들이 민주주의의 가치와 이념 및 제도를 받아들이게 된 것은 실로 놀랄 만한 정치적 변화임을 알 수 있다. 이미 알려진 바와 같이 사무엘 P. 헌팅턴 교수는 이런 현상을 '민주화의 제3의 물결(The third wave)'이라고 지칭했다.[5] 그러나 이런 물결이 계속 확대되고 지속될지는 아직 판단하기 어렵다. 사실 많은 민주화 과정에 있는 개발 도상국가들이 정치적, 사회적으로 불안한 상태를 완전히 극복하지 못하고 있음은 주지하는 바와 같다. 이미 필리핀이나 타일랜드와 같은 몇몇 동남 아시아 국가들에서는 소위 과도한 대중적 시위가 일어나 오히려 민주적 질서를 파악해야 하는 시도들이 나타나기도 했다. 그리고 몇몇 국가들에서는 민주주의와 민중주의(Populism)가 혼동되어 정치적 불안이 계속되는 경우도 있고 또 일부 정치리더십이 민주주의의 진정한 가치나 의미를 잘못 이해하여 의사(Pseudo)민주주의의 행태를 보여 여전히 권위주의적 정치과정을 탈피하지 못하는 경우도 있다.

그러나 민주화 과정이 세계화와 밀접한 관계를 가지고 있음을 부인할 수 없다. 민주주의체제를 채택하고 있는 국가들은 정도의

---

5) Samel P. Huntington, *The Third Wave: Democratization in the Late Twentieth Century*(OK: University of Oklahoma Press, 1991) 참조.

차이는 있지만 대체로 개방정책과 시장경제를 허용하고 있기 때문에 결과적으로 세계화 과정을 진전시키는 데 기여하고 있다. 또한 그들은 다른 국가들과 자유무역을 증진시키는 데 관심을 가지고 있으며 전반적으로 경제성장을 위해 다각적으로 상호의존을 심화시키고 있다. 다른 한편 세계화도 민주화를 증진시키는 데 기여하고 있다. 세계화는 국가들의 영토적 문화적 경계선을 허물어트림으로써 개인이나 집단들 간의 상호교류와 접촉 그리고 커뮤니케이션을 확대시키고 있다. 이는 국가 내에 살고 있는 개인들의 의식구조와 문화양식을 변화시키며 동시에 인간의 보편적 가치들인 자유, 인권, 개인주의, 참여 및 공동체의식 등을 확산시키는 데 기여함으로써 권위주의체제의 종결을 가져오는 데 기여하고 있다.

아직도 중국이나 베트남 등은 공식적으로 공산주의 이념을 내세우고 있지만 이들도 점차 시장경제체제를 수용하고 있으며 다른 선진자본주의 국가들과의 경제적 협력을 증대시키고 있다. 이런 면에서 이들은 과거의 폐쇄적인 공산주의와 근본적으로 다르다. 그들의 관심은 가능한 한 외부세계와의 협력과 교류를 통해 자국의 경제를 급속히 발전시키는 데 주어져 있다. 이를 위해 그들은 계속 개방과 개혁정책을 추구하고 있으며 서방선진국 시장들과 밀접히 협력하고 있다. 결국 북한과 같은 몇몇 폐쇄적인 국가들을 제외하고 대부분의 개발도상국가들이 개방정책을 확대해 나가고 세계자본주의 시장과의 연계를 심화시켜 나감으로써 세계화 과정은 더욱 동태성을 갖게 되었다.

(2) 경제활동의 확대: 시장의 통합

많은 사람들은 세계화를 이해하려고 할 때 경제적 과정을 강조한다. 여기에는 몇 가지 이유들이 있다. 첫째로 순수하게 경제적 측면에서 세계화를 검토함으로써 누가 미래에 세계화를 지지하고 또 누가 그것에 반대 또는 도전할 것인가를 이해하는 데 도움을 주기 때문이다. 여기서는 주로 자유주의적 경제모델을 적용하여 적절한 행위자들을 밝혀내고 그들의 이해관계를 산출하는 데 초점을 둔다. 둘째로 세계화를 경제적 과정으로 이해하게 될 때 그 현상들이 비교적 쉽게 관찰될 수 있다. 경제학자들 중에는 주요 개념들을 이해하고 측정하는 데 어떤 합의점이 형성되고 있다. 따라서 그들은 경제적 변화들을 인식하고 평가하는 데 쉽게 접근할 수 있다. 셋째로 대부분의 경제이론들은 자유주의 이념과 시장의 강점을 강조하는 규범적 요소들을 내포하고 있다. 그들은 자신들의 확실한 세계관이나 이론체계를 가지고 보다 더 세계화에 대한 정교한 해석을 내릴 수 있다. 다시 말하면 그들은 경제활동에 주요한 한 부분인 무력이 본질적으로 세계적인 수준에서 존재하고 있으며 또한 자본주의보다 국가에 대한 이해관계를 적게 가진 이데올로기는 없다고 보고 있다. 그리고 시장보다 더 견고한 국가경계선에 대한 도전은 없다고 생각하고 있다. 경제학자들은 비교적 세계화를 이해하는 데 필요한 핵심적인 개념들을 이해하는 데 있어 쉽게 합의를 보는 경향이 있다. 또한 그들은 그런 개념들을 조작하고 측정하는 문제에 대해 대체로 견해를 같이하고 있다. 예를 들면 그들은 다른 사회과학 분야들보다 더 수학적, 통계적 방식들을 적용하고 있다. 결국 경제학자들은 세계화의 지표로서 강조되는 여러 변화들을 통계적으로 쉽게 측정한다. 그러나 이런 합의에도 불구하고 세계화를 경제적 측면에서 이해하려고 할 때 다른 관점들이 제기되기도 한다. 예를 들면 그들 간에는 세계화가 현대 세계에서만 나타나는 현상인가에 대한 논쟁이 많이 제기되고 있다. 경제사를 전공하는 학자들은 현재의 세계화가 새로운 현상이 아니라고 본다. 그들은 오늘날의 세계경제가 상당히 고도로 통합되어 있다고 보는 반면, 세계화의 주요 지표들은 과거 제2차 세계대전 전에도 있었다고 추정한다. 예를 들면 그들 중에는 19세기에도 자본은 비교적 거대한 액수로 국경선을 넘어 이동하였다고 주장하는 사람들이 있다. 지역에 따라서는 19세기 후반에도 자본과 노동이 높은 수준으로 국경선을 넘어 이동한 경우도 있었고 또한 이런 자본과 노동의 이동을 위한 개방된 지역들도 있었다. 그러나 현재 나타나고 있는 세계화와 과거에 있었던 자본과 노동의 이동 간에는 차이가 있을 수 있다. 현재 점증하는 국제 경제활동이 국내 정치활동에 미치는 영향에 대해서는 다른 견해가 가능해질 수 있다. 즉 현대 세계에서 시장의 개방과 확대가 국내정치에 미치는 영향은 결코 과소평가될 수 없다. 이는 현재 나타나고 있는 글로벌경제(Global Economy)가 개별국가의 정치과정에 상당한 영향을 미치고 있음을 잘 뒷받침해 주고 있다.

실제로 세계화 현상은 경제적으로 다국적 기업들의 활동이 증대하고 있는 데서 잘 나타나고 있다. 이들은 국경선을 초월해서 생산과 판매 및 자원개발을 위해 한 지역이나 국가에 기업의 본부를 두고 많은 타 지역들에 자회사를 두면서 기업이윤을 증대시키고 있다.

더욱이 국경선을 넘어서는 거대한 국제자본의 이동은 국가경제에 지대한 충격을 주기도 한다. 만약 그러한 자본이 어느 특정한 지역이나 국가들에 한정해서 집중적으로 투자될 때 그러한 지역과 국가들의 금융 및 재정체계는 지대한 영향을 받을 수밖에 없으며 전체적으로 국가경제는 그들에게 의존될 수밖에 없다. 결국 한 국가나 지역의 정치경제는 외부세계의 자본 이동에 따라 좌우된다.

경제적 측면에서의 세계화는 근본적으로 글로벌경제를 형성시키고 있지만 몇 가지 문제점들을 내포하고 있다. 첫째로 글로벌경제는 서로 상이한 체제와 정책 그리고 발전수준을 포함하고 있다. 다시 말하면 국가들 간의 경제체제가 서로 다르며 경제발전 수준 또한 상당한 차이를 그대로 내포한 채 글로벌경제가 형성되고 있다는 것이다. 또한 그러한 차이를 그대로 지속시키면서 개별국가들은 세계시장에서의 경쟁을 통해서 국가이익을 증진시키려고 한다. 여기서 국가들 간에는 충돌이 일어날 수 있으며, 경우에 따라서는 자유주의보다는 보호주의 정책을 선호하게 된다. 다 같이 개방정책을 추구한다 할지라도 외국자본이나 기술을 유입하는 정도는 국가마다 다르다. 그들의 개방정책은 아직도 상당히 선택적이며 규제적인 경우가 많다. 예를 들면 개발도상국들은 선진국들로부터 자본과 기술의 유입을 선호하고 있지만 그들은 국내산업구조와 관련해서 그러한 유입을 완전히 허용하지 않는 정책을 채택한다. 또한 선진국들은 자유무역을 원칙적으로 수용하고 있지만 특정 상품에 대해서는 보호적인 조치들을 취하여 견제하고 있으며 따라서 그들 간에는 무역 불균형 현상이 나타나게 된다. 미국과 일본 간에는 다 같이 선진국들로서 자유무역원칙을 받아들이고 있지만 상당한 정도의 무역 불균형이 나타나고 있다. 이로써 국가들 간에는 이른바 종종 무역 분쟁이 발생하며 이를 해결하기 위해 그들은 협상을 전개한다. 또한 선진국인 미국과 개발도상국인 중국과의 관계에서도 심오한 무역 불균형과 충돌이 일어나고 있음을 간과할 수 없다. 무역 불균형 때문에 미국으로서는 중국과의 무역에서 엄청난 국제수지 적자를 감당해야 하며 결과적으로 국내경상수지를 악화시켜 국가의 재정 상태를 어렵게 만들고 있다. 또한 중국은 자국의 화폐가치를 절상해야 되는 외부압력에 직면하고 있다.

둘째로 세계화는 여전히 개별국 간의 상당한 경제발전상의 차이를 그대로 내포하면서 진행되고 있다. 그러면서 시장개방과 자유화를 확대하려고 하기 때문에 세계화는 상당한 정도로 국가 간의 마찰을 일으키고 있다. 시장에서의 자유경쟁은 언제나 공정한 절차와 투명한 거래를 바탕으로 이루어져야 한다. 그러나 국가 간의 경제발전 정도는 각기 다르기 때문에 시장에서의 공정한 거래와 이익의 균등한 분배는 이루어지기 힘들다. 세계시장에서 부유한 국가와 빈곤한 국가 간의 경쟁이 자유로이 이루어질 때, 그로부터 얻어지는 이익은 큰 차이를 피할 수 없게 된다. 다시 말하면 자본의 성격상 자본을 많이 가진 행위자, 즉 부유국가들이 빈곤한 국가들보다 훨씬 더 유리한 입장에 있으며 더 많은 이윤을 얻게 됨을 부인할 수 없다. 여기서 자유경쟁을 원칙으로 하는 시장경제의 한계점을 발견할 수 있다. 지금까지 국제적 무역이나 거래를 공정하고 자유롭게 하기 위해 만들어진 많은 레짐(Regime)들이 존재하고 있지만 해당 국가들이 공정하게 혜택을 볼 수 있도록 하는 데는 거리가 멀다. 이로부터 국제사회에서는 계속 남북갈등이 야기되고 있다.

셋째로 주목할 것은 세계화가 국가들 간의 문화적 차이를 그대로 남겨 둔 채로 진행되고 있다는 점이다. 문화가 경제에 어떠한 영향을 미치는가를 이해하기는 쉽지 않다. 왜냐하면 문화는 기본적으로 인간의 정신이나 의식세계와 관련된 것으로 쉽게 측정될 수 없기 때문이다. 그리고 어느 문화가 다른 문화보다 우월하다고 생각하기도 어렵다. 현재 국가들 간의 경제적 차이가 나타나는 것도 어느 면에서는 문화의 차이에 기인되는 것을 부정할 수 없다. 한편, 어느 특정한 문화가 경제발전에 기여하고 있음도 역사적으로 인정된다. 과학적으로 증명될 수는 없지만 지구적도의 북쪽에 있는 국가들이 경제적으로 남쪽에 있는 국가들보다 부유한 생활을 하고 있는 것을 문화적 요인에 근거해서 설명하려고 하는 것도 가능할지 모른다. 대체로 남쪽 지역에 살고 있는 사람들은 북쪽 지역에 살고 있는 사람들보다 덜 세속적이고 덜 근면하다고 말한다. 또 개신교를 믿는 사람들이 로마 가톨릭교회를 믿는 사람들보다 세속적인 일들에 보다 많은 관심을 갖고 일을 많이 한다고 이야기되기도 한다. 최근의 예로 하나의 경제적 공동체를 이루고 있는 유럽연합(EU)에서 남쪽에 있는 몇몇 국가들에서 경제위기가 발생하고 있는 점에 주목할 필요가 있다. 그리스와 이탈리아, 스페인, 포르투갈 등지에서 나타나고 있는 국가 채무의 증대와 재정적 위기는 이들 국가가 유럽남부지역에 위치하고 있는 점에 유의할 필요가 있다. 이들은 독일이나 프랑스, 네덜란드, 영국 등에 비해서 경제발전 정도가 뒤지고 있으며 생산에 비해 소비생활을 선호하고 있다. 따라서 남유럽지역의 국가들은 국가소비가 생산에 비해 크게 늘어나고 있으며 국가지출이 증대되어 채무액이 늘어날 수밖에 없었다. 결국 이들은 국가재정의 건전성을 유지할 수 없게 되었으며 다른 국가들이나 국제기구들로부터 금융적 지원을 필요로 하게 되었다.

넷째로 경제적 세계화는 종종 국가재정의 긴축을 불가피하게 하고 있다. 종종 국가들은 글로벌경제의 불균형적 영향으로 재정적 위기를 맞게 되어 국내경제를 긴축적인 방향으로 전환하는 경향이 있다. 이들은 국내에서 수행해 오던 복지정책을 대폭적으로 수정하는 긴축정책을 채택하려고 한다. 물론 글로벌 금융위기에 대처하기 위해서 일시적으로 성장지향의 재정정책을 추구하지만 다른 한편 금융위기를 해소시키는 방향에서 전반적으로 긴축을 강요당하는 경우가 많다. 국가에 따라 복지정책의 축소는 국내적으로 정치적, 사회적 갈등을 야기한다. 많은 노동자들이 실업위험에 대처하여 대규모 시위를 벌이기도 하고 정부정책을 거부하기도 한다. 또는 그러한 긴축재정으로 발생하게 되는 실업의 증대는 정부에 큰 부담이 되기도 한다. 결국 시장의 확대와 자본의 자유로운 이동으로 국가 내부의 계층 간 갈등이 증대되며 이것은 빈부계층 간의 양극화를 확대시킨다. 여기서 국가나 정부는 정치적으로 해결하기 힘든 갈등에 직면하게 되며 때로는 위기를 맞기도 한다. 시장은 기본적으로 자본의 자유로운 이동을 촉진시키지만 결과적으로 자본의 독점과 부의 집중화를 가져오는 반면, 빈곤의 심화현상을 피할 수 없게 한다. 자본은 시장의 원활한 운영과 국가의 경제발전을 증진시키는 데 필요불가결한 요소이지만 동시에 그의 독점화 현상은 사회적 정의를 저해하며 국가의 안전을 위태롭게 하는 요인이 되기도 한다. 여기서 국가나 정부가 시장과 자본에 대한 적절한 규제를 취하는 것이 요구되기도 한다.

(3) 사회문화적 다양화: 융합과 분열

　세계화는 국경의 개방과 시장의 확대를 특징하고 있으면서 동시에 국가 내의 사회문화적 변화에도 지대한 영향을 미치고 있다. 국경의 개방은 사회문화적으로 교류와 접촉을 증대시키고 있다. 우선한 국가의 사회가 과거와 달리 다양하고 다층적으로 분화되고 전문화되는 경향을 보이고 있다. 앞에서 말한 바와 같이 경제적으로 시장의 확대는 불가피하게 계층 간의 갈등과 대립을 증대시키고 있다. 자유로운 경쟁을 원칙으로 하고 있는 시장경제에서는 자본이 지배하며 당사자들 간의 제로섬게임(Zero－sum game) 행태가 현저하게 나타나게 된다. 즉 자본을 많이 소유한 계층이 승자의 위치에 서게 되며 자본을 적게 가진 혹은 자본을 갖지 못하는 계층이 패자의 위치를 벗어나지 못하게 된다. 그뿐만 아니라 본질상 자본은 독점화되는 특성을 가지며 경우에 따라서는 시장경제의 메커니즘을 왜곡시키는 경우도 있다. 이로써 사회계층 간에는 분열성이 나타나며 대립과 투쟁의 양상이 노정되기도 한다. 발전된 선진국들에서나 발전도상에 있는 국가들에서 다 같이 노동자와 사용자 간의 대립과 분열현상이 계속되고 있는 것은 피할 수 없게 된다. 산업사회들에서 분쟁과 갈등을 해소하는 제도적 장치마련이 필요하게 됨은 어제오늘의 일이 아니다. 이런 상황에서 국가나 정부의 역할이 중요하게 된다. 산업평화를 유지하는 일은 경제적 안정을 증진시키고 나아가 생산성 향상과 효율성을 높이는 데 크게 기여한다. 한 사회에서 계층 간의 분열은 외부세계의 자본과 기술이 그 사회 내에 유입됨으로써 더욱 강렬해지는 경우도 있다. 왜냐하면 외부적 자본과 경영은 토착사회의 특수한 사회경제적 상황을 잘 이해하지 못하는 오류를 범할 수 있으며 또한 그의 무책임성이 사태를 더욱 악화시키는 경향도 있기 때문이다. 한편, 국가나 정부가 개방과 개혁정책을 추진함으로써 쉽사리 외부 세계의 문화적 요소들이 침투하여 토착사회의 문화를 변화시키거나 파괴시키는 경우도 있다. 다시 말하면 국경개방과 시장의 자유화는 문화이동을 용이하게 하며 결과적으로 토착문화와 외래문화의 접촉을 가중시킨다. 이런 과정에서는 두 가지 상충적인 현상이 나타난다. 하나는 문화적 융합이고 다른 하나는 문화적 충돌이다. 대부분 국경을 넘어서는 문화이동은 특별한 장애요소들(종교적 차이 등)이 없는 한 쉽게 이루어진다. 특히 교통 및 통신수단이 발달함으로써 그러한 이동은 신속하게 그리고 광범위하게 행해진다. 또한 문화적 교류와 국경을 넘어서서 비교적 자유롭게 이루어짐으로써 문화활동 자체가 하나의 상품으로 해외시장에서 팔리는 경우가 많다. 예를 들면 특정 음악이나 영화 혹은 스포츠 등이 국내외 시장에서 많은 인기를 끎으로써 상품으로서의 가치가 한층 더 높아지고 있다. 문화상품은 국경을 넘어서 확대된 세계시장으로 이동함으로써 글로벌 상업주의를 확산시킨다. 문화가 상업주의로 변질됨으로써 문화의 순수성이 훼손될 수 있으며 다만 시장에서 상품으로 경제적 효과만을 누리게 된다.

문제는 문화적 접촉이 집단들이나 인종들 간에 갈등과 충돌을 일으키는 데 있다. 특히 토착사회의 문화가 외래문화에 의해 일방적으로 침투되거나 지배되는 경우 문화적 갈등이 국가적, 사회적으로 분열현상을 가져오는 경우도 있다. 오늘날 세계화 과정에서 종종 문화적 충돌로 인해 국가 내에서 분쟁이 일어나고 불안이 조성되는 경우를 볼 수 있다. 본질상 문화는 오랜 시간 동안 지속되어 형성되었기 때문에 외래문화에 의해 충격을 받게 되는 경우, 토착문화는 물리적, 정신적으로 위협을 느끼게 된다. 다인종 다문화사회를 형성하고 있는 국가들에서 소수 인종들의 분리·독립운동이 일어나게 되는 경우를 볼 수 있다. 다문화 사회에서 특정 인종들이 가치박탈을 느끼거나 소외되는 경우 그들은 정체성의 위기를 피할 수 없게 된다. 이런 정체성 위기는 쉽사리 과격한 정치적 운동을 불러일으키기도 한다. 현대세계에서 큰 영토를 가지고 있는 다인종 국가에서 인종분교나 물리적 테러행위가 일어나는 것은 정체성 위기와 무관할 수 없다. 티베트에서 집단적 분리주의 운동이 일어나고 있는 것이나, 중국의 신장지역에서 위구르인들과 러시아에서 체첸인들이 테러행위들을 일으키는 이유는 그들이 가지고 있는 특수한 정체성이 영향을 미치고 있다고 말할 수 있다. 더욱이 코소보 분쟁은 엄청난 인적, 물적 손실을 가져왔지만 결국 인종적 갈등에서 비롯되었으며 여기에는 정체성의 위기가 중요한 요인으로 작용하였다. 따라서 세계화 과정에서 일어나는 국가 내의 분리운동이나 인종 간의 갈등은 상당한 정도로 정체성의 문제와 관련이 있다. 이런 맥락에서 국내적으로나 국제적으로 정치 상황을 분석하려고 할 때 이른바 정체성 정치의 개념이 새로이 중요한 의미를 갖게 된다. 즉 국내적 정치안정이나 국제사회의 변화를 이해하려고 할 때 정체성 정치의 개념은 분명하게 적용되어야 하며 이를 통해 그의 적실성을 검증해야 할 것이다. 또한 현실정치인들도 세계화와 더불어 다문화사회의 출현을 고려하면서 정체성 문제를 심도 있게 정치과정에서 고려해야 할 것이다. 민주주의 사회는 통합된 사회를 필요로 하며 이를 위해서는 인종 간 혹은 집단 간의 분열을 방지해야 하며 그러한 분열을 야기하는 요인으로 정체성의 위기를 중요한 정책적 과제로 설정해야 할 것이다.

(4) 과학기술의 발달: 문명의 모순

실제로 세계화는 과학기술의 발달에 크게 기인된다. 현대과학기술이 발달하지 못했다면, 세계화 현상도 가능하지 못했을 것이다. 국가들 간의 관계나 개인들의 교류와 접촉의 증대는 이런 과학기술의 발달에서 비롯되었다. 과학기술의 발달은 무엇보다도 교통과 통신의 발달을 가져왔다. 이로써 세계는 하나의 지구촌으로 변화하기 시작했다. 기본적으로 교통통신수단의 발달은 이른바 '시공의 압축혁명'을 가져왔다. 아무리 먼 거리에 있는 국가나 사람들이라도 비행기를 이용할 경우 짧은 시간 내에 서로 접촉할 수 있게 되었다. 그리고 무역이나 국가 간 거래에도 비행기나 선박을 이용하여 시간을 크게 단축할 수 있게 되었다. 이런 변화는 경제적으로 비용을 절감시키는 효과를 가져왔다. 특히 사람들은 새로운 과학이나 기술을 발견할 때마다 발달된 교통과 통신수단을 이용하여 경제적 기회들을 활용하려는 시도를 하였다. 그들은 무엇보다도 기술이 국제경제의 상호관계를 위한 새로운 기회를 창조한다고 믿고 있다. 현대과학과 기술은 경제활동에 소요되는 비용을 절감시킴으로써 국내적으로나 국제적으로 경제활동의 확대를 촉진시키는 데 많은 역할을 수행한다. 예를 들면 생산기술의 발달은 재화와 용역을 제공하는 비용을 낮출 수 있으며 그로 인해 생산품의 가격은 낮아질 수 있게 된다. 그리고 상품가격의 절감은 곧 국경을 넘어서 행해지는 여러 형태의 무역에 유리하게 기능한다. 일괄적으로 생산기술의 발달은 상품을 보다 넓은 시장에서 낮은 가격으로 거래할 수 있도록 한다. 또한 생산품의 크기를 줄임으로써 보다 더 먼 거리에도 상품들을 합리적인 가격으로 수송할 수 있는 효과를 가져올 수 있게 해 준다. 과학과 기술이 경제활동에 가져다줄 수 있는 또 다른 효과는 음악이나 영화와 같은 문화상품들을 디지털화하여 수송비용을 크게 줄일 수 있는 데서 찾아볼 수 있다. 예를 들면 국가들 간이나 지역적 또는 세계적으로 영화를 극장에서 상영하는 데 드는 비용들은 필름들을 여러 개를 복사하여 생산하고 이들을 필요한 곳에 소장할 수 있게 한다. 앞으로 가까운 장래에 영화 또는 다른 예술작품들은 위성통신을 통해 매우 저렴한 비용으로 많은 소비자들에게 보내질 수 있을 것이다. 특히 TV 등 영상매체들이 발달하여 국경선을 넘어 널리 반영됨으로써 이를 보는 시청자들은 자연스럽게 의식적으로 세계화 과정을 겪는 경우가 많다. 예를 들면 아침에 일어나 CNN TV방송을 보면 세계 곳곳에서 무슨 일이 일어나는가를 한눈에 볼 수 있게 된다. 따라서 그들은 많은 비용을 들이지 않더라도 쉽게 세계에서 일어나고 있는 주요 사건들이나 뉴스 등을 접함으로써 이른바 의식의 세계화를 경험하게 된다. 사실상 세계화는 실제 일어나고 있는 사태로서보다도 인간의 의식 면에서 먼저 인지되고 있는 것이다. 즉 의식의 세계화가 진행되고 있는 것이다. 더 나아가 과학이나 기술들이 경제생활에 지대한 영향을 미침으로써 세계화 시대에 국가들 간의 국제경쟁은 지식이나 교육의 차이에 크게 의존하게 될 것이다. 사실상 현대사회가 지식정보사회로 전환되고 있기 때문에 새로운 지식과 정보는 국가경쟁력을 향상시키는 데 중요한 요소가 되며 결과적으로 국가소득의 증대를 가져오는 데 기여한다.

기술을 세계화의 추진동력으로 보려는 사람들은 일반적으로 그것을 중단될 수 없는 세력으로 생각한다. 비교적으로 보면 기술은 '병 속의 도깨비'와 같은 것으로 간주된다. 현대문명의 진보를 생각해 보면 기술은 개인이나 국가가 좋아하든 좋아하지 않든 계속 발전할 것이다. 어떤 면에서 그것은 인간의 의지와 상관없이 진보할 것이다. 그것이 진보함으로써 국경을 넘어서는 커뮤니케이션 수단들은 더욱 증대할 것이며 교통비용은 훨씬 더 줄어들고 거래를 위한 경제적 활동은 양과 가치 면에서 증가할 것이다. 그에 따라 인간의식이나 문화도 함께 변화할 것이다. 세계화는 시장의 통합과 확대를 촉진시킴으로써 무한경쟁의 시대를 열어 놓고 있으며 따라서 과학과 기술의 발달이나 진보도 끝없이 추구될 것이다.

기술적 진보는 이미 국제무역의 많은 부분들에 심대한 충격을 주었다. 가장 좋은 예는 제2차 세계대전 이후에 등장한 컨테이너에 의한 화물수송의 속도이다. 상품들을 커다란 해상 컨테이너에 넣어 이동함으로써 수송 및 하역시간이 크게 줄어들었다. 그리고 커다란 컨테이너들을 끌어 올릴 수 있도록 만들어진 거대한 크레인은 적은 시간에 많은 선적과 하역작업을 할 수 있게 했다. 선박들이 항구에서 적은 시간을 소비함으로써 항해하는 데 보다 많은 시간을 쓸 수 있게 됐으며 그 결과 국제무역에서는 시간의 양을 줄일 수 있게 되었다. 결국 '시간이 돈이다'라는 말은 국가 간 무역에서 현실로 나타나게 되었다. 또한 기술적 변화들은 커뮤니케이션에 질적 형성을 가져와 상품과 시장에 대한 정보를 빠르게 얻게 함으로써 국가 간 교역기회가 크게 늘어나게 되었다. 예를 들면 팩스나 전자통신수단의 발달은 국가들 간의 교역에서 필요한 지식이나 정보를 빠르게 얻는 데 기여하고 있다. 선박수송뿐만 아니라 철로와 기관차의 발달도 17세기 이래 거대한 상품들을 수송하고 비용을 축소시키는 데 도움을 주었다. 대표적으로 19세기 후반에 나타난 세계곡물시장의 극적인 확대는 이런 수송수단들의 발달에서 기인되었다. 또한 교통통신의 수단들이 발달함으로써 국경을 초월한 인구이동이 활발해졌다. 이로 인해 문화적 접촉이 증대된 반면, 경제적으로 관광산업 등이 증대되었다. 그러나 문화적 접촉은 종종 인종 간 충돌을 야기하기도 했으며 한 사회 내에서 개인이나 집단들 간의 정체성 혼란을 일으키기도 했다. 서로 이질적인 문화적 요소들이 한 사회 내에서 발생시키는 갈등과 분쟁은 사회적 불안을 촉진시킨다. 이로 인해 국가적 입장에서 사회적 통합을 실현하고 유지시키는 새로운 과제가 제기된다.

현대과학과 기술의 발달이 인류문명의 진보에 지대한 공헌을 하고 있음은 부인할 수 없다. 그러나 앞에서도 지적한 바와 같이 그러한 진보가 무한적으로 추구됨으로써 인간의 미래는 새로운 도전에 직면하고 있다. 과학과 기술이 한편으로는 인간생활의 편리함과 풍요로움을 가져다주었지만 다른 한편으로는 인간의 비인간화를 유발시키고 있음도 부인할 수 없다. 시장경제의 경쟁체제 속에서 인간은 쉽게 돈의 유혹 속에 빠져들게 되며 결국 화폐의 노예로 전락하는 경향이 있다. 이런 현상은 현대사회가 물질만능 속에서 인간의 소외를 가중시키고 심리적으로 인간성을 상실케 하고 있다. 거리에 높은 빌딩들이 많다고 해서 그것이 곧 선진화가 된 살기 좋은 사회는 아니다. 빌딩이 높아질수록 인간은 작아진다는 말은 현대문명의 아이러니가 아닐 수 없다.

(5) 국세사회의 변화: 거버넌스의 증대

세계화는 복잡하고 상당한 정도로 유동적인 국제사회의 변화를 내포하고 있다. 국제사회는 국내사회와 달리 안정된 질서를 유지하지 못하고 있으며 또한 그러한 질서를 유지하기 위한 정부와 같은 정통화된 기구나 정부도 갖고 있지 못하다. 따라서 오래전부터 국제사회는 무정부적 상태(anarchy)로 묘사되기도 했다. 그리고 그러한 사회에서는 정글에서와 같이 강한 힘을 가진 국가들이 보다 많은 이익을 취하고 힘이 약한 국가들을 정복하거나 지배하는 것으로 이해되었다. 또한 그러한 사회는 만인에 대한 만인의 투쟁으로 묘사되는 홉스적 자연 상태의 이미지를 갖고 있다. 물론 반대의 경우도 가능했다. 즉 자연 상태에서 각 단위들이 서로 협력하고 자제하며 질서를 유지하는 로크적 관점도 제시되었다. 이만큼 국제사회에 대한 이해와 설명은 각기 보는 시각에 따라 다르게 이루어져 왔다. 그러나 근래에 들어 국가들간의 관계나 이를 특징으로 하는 국제사회를 세력관계나 세력투쟁의 시각에서만 설명하려는 현실주의적 입장들은 상당한 정도로 후퇴하고 있다. 그 대신 국제사회가 세계정부를 형성하는 단계에까지 도달하지 못했지만 어느 정도 제도적 혹은 절차적 틀에 따라 안정적으로 유지되고 있다는 시각들이 점차 힘을 얻어 가고 있다. 실제로 국제사회에서는 제한적으로나마 국제법의 적용이 요구되고 있고 나아가 여러 가지 레짐들이 적용되어 일정한 안정적 관계가 나타나고 있다. 예를 들면 핵무기시대에 핵의 확산을 방지하기 위해 미국을 비롯한 세계 주요 국가들은 핵확산금지조약(Non – Proliferation Treaty) 레짐을 유지하고 있으며 또한 자유무역원칙을 확장시키기 위해 세계무역기구(World Trade Organization)를 조직·운영하고 있다.

한편 국제사회는 항상 변화를 특징으로 하고 있다. 실제로 제2차 세계대전 후에 나타났던 동서냉전체제가 미소양극 구조에서 다극 구조로 변화했으며, 1980년대 후반에 들어서는 구소련을 비롯한 동유럽의 공산주의 국가들이 붕괴되거나 변질됨으로써 탈냉전화시대가 출현하였다. 탈냉전화로 인해 국제사회는 공산주의와 자유주의 간의 이데올로기적 대결구도가 붕괴되었으며 미국만이 유일한 초강대국으로 세계질서를 유지하는 역할과 책임을 지게 되었다. 그러나 미국만이 유일한 세계적 패권을 독점하는 것은 아니다. 다른 강대국들인 러시아나 중국 그리고 몇몇 서방 강대국들이 미국과 더불어 세계질서의 안정적 유지과정에 참여하고 있다. 특히 중국은 아직 공식적으로 공산주의 체제를 유지하면서 급속한 경제성장을 이루고 있다. 따라서 세계적 수준은 아니더라도 지역적 수준에서 중국은 미국의 패권에 대항하는 세력으로 국제사회에서 그 역할을 담당하려고 한다. 성급하게 예상해 본다면 앞으로 미국의 패권에 도전할 수 있는 유일한 세력으로 중국을 겨냥해서 세력전이 이론을 전개하는 사람들도 있다.

　또한 오늘날 국제사회에서는 탈냉전화와 더불어 지역통합 등 지역주의가 널리 적용되고 있다. 국가들은 특정지역에 따라 안보문제나 경제문제를 상호협력의 바탕 위에서 지역통합을 실시하고 시장의 확대를 실현하고 있다. 예를 들면 유럽연합(EU)이나 동남아시아협력기구(ASEAN) 그리고 북미자유무역협정(NAFTA) 등을 지역주의의 대표적 형태로 살펴볼 수 있다. 이런 지역주의는 지역 내의 특수한 쟁점들을 공동적으로 해결하고 대안을 마련하는 데 중점을 둔다. 그러나 지역주의 내에서 구성원들 간에 동질적인 합의가 쉽게 이루어지고 실천되는 경우는 드물다. 이와 같이 다수의 구성원들이 한자리에 모여 특수한 문제들을 논의하고 협력을 추구하는 외교적 행태는 세계화 과정에서만 볼 수 있는 것은 아니다. 과거의 역사에서도 그러한 행태가 있어 왔음을 알 수 있다. 과거 유럽에서 있었던 웨스트팔리아 조약(The Treaty of Westphalia)의 체결이나 제2차 세계대전 이후 열렸던 샌프란시스코 평화회의에서도 다수의 국가들이 참가하였다. 그뿐만 아니라 현대 국제사회는 다양한 세계적 쟁점들에 직면하고 있다. 이러한 쟁점들을 논의하기 위해 다자주의 원칙과 절차에 따른 회의들이 열리고 있다. 지구온난화 문제, 환경오염, 국제금융악화 등의 쟁점들은 어느 한두 국가에 해당되는 것들이 아니기에 다수 국가들이 모여 해결을 모색할 수밖에 없다. 지구온난화에 대처하기 위한 회의들은 그 대표적인 실례이다. 또한 국제금융질서를 안정화시키기 위해서 자주 열리는 G8, G20 등도 다자주의적 회의체들이다. 그러나 문제는 그러한 회의가 어떤 합의를 도출해낸다 할지라도 그 실현은 여전히 개별 참여 국가들에 맡

겨져 있다. 따라서 다자주의적 회의 방식이 어느 정도 실효성을 보장하는 문제는 여전히 국제사회의 과제가 아닐 수 없다. 또한 정부가 없는 국제사회에서 다자주의적 회의 과정을 이끌어 가는 데는 강대국들의 주도적인 역할이 중요하다는 사실이다. 이런 점에서 다자주의 역시 세력의 논리에 의해 지배되고 있음을 알 수 있다.

현대 국제사회에서 볼 수 있는 또 다른 특징은 국제사회가 국가 간의 관계로서만 형성, 유지되는 것이 아니라, 국가 외에 다른 비정부적 조직체들이 동태적으로 활동하고 있다는 것이다. 실제로 오늘날 국제사회에서 국가만이 유일한 구속 요소는 아니다. 다른 많은 비정부적, 사회적 행위자들이 국제사회에서 필요로 하는 집단적 결정들을 만들어 나가는 데 상당한 영향을 미치고 있다. 현대사회가 고도로 분화되고 전문화되고 있으며 이로 인해 다양한 사회적 행위자들이 사회 내에서 문제들을 제기하고 이를 해결하기 위한 집단적 정책결정에 공식적, 비공식적으로 참여함으로써 그들은 때때로 정부의 역할에 도움을 주고 있다. 또한 특정 쟁점들에 대해 그들은 국경을 초월하여 국제적 연대를 형성함으로써 그들에 대한 세계적 여론을 환기시키거나 문제해결에 영향을 미치려고 한다. 이러한 점에서 왜 사회적 행위자들이 특정 장소에 모여 국가대표자들이 진행하는 회의에 문제를 제기하고 시위를 벌이는가를 이해할 수 있다. 예를 들면 환경오염에 대한 다자적 국제회의에 대해 많은 환경운동가들이 제기하는 문제는 선진국들이 지구환경 악화에 많은 책임을 지고 문제해결에 나서야 한다는 것이다. 또한 세계적 금융불안을 해소하기 위한 G8나 G20회의에 대해서도 많은 사회적 행위자들은 실제로 그들의 논의나 합의가 약소국들의 경제문제에 대해서도 함께 협의해야 한다고 주장한다. 세계화가 진행되는 속에서도 국경의 개방과 시장의 통합은 결과적으로 선진국들의 국가이익이 훨씬 더 크게 반영되고 있음에 주목할 필요가 있다. 아무리 현대과학이 발달하고 경제적 발전이 이루어지고 있다 하더라도 여전히 세계는 남북 간의 경제적 차이를 해결하지 못하고 있다. 오히려 선진산업 국가들은 그 발전의 속도가 빠른 반면, 후진국들의 경제나 기술의 발전은 계속 뒤떨어지고 있다. 그 결과 선진국들과 후진국들 간의 경제적 차이는 점점 더 벌어지고 있으며 끊이지 않는 많은 국제적 분쟁들은 이런 차이와 관련이 깊다는 것을 이해해야 한다. 여하튼 국제사회에서 사회적 행위자들이 수적으로 늘어나고 그의 활동들이 커짐으로써 국제사회에 대한 이해나 평가도 달라지고 있다. 실제로 국제사회를 위한 많은 집단적 결정들이 공식적인 국가들과 비공식적이고 비정부적인 여러 사회적 행위자들이 함께 참여하여 이루어지고 있다는 것에 주목해야 한다. 이를 위한 새로운 분석개념으로 거버넌스(Governance) 개념의 적용은 의미가 있다.

제2절 세계화 논쟁: 다양한 시각들

개념상 세계화는 여전히 고도로 유동적이고 논쟁적이다. 과거 10년 동안 세계화에 대한 학문적 연구는 다양하게 이루어져 왔다. 따라서 이러한 다양한 연구들을 정리하는 것은 분명히 어려운 일이다. 그럼에도 불구하고 여기서는 그러한 연구들을 5가지 특징적인 이론이나 시각에 따라 구별해 보고자 한다. 이들을 열거하면 과대세계화 시각(The hyperglobalist thesis), 회의론적 시각(The sceptical thesis), 복합적 세계화 시각(The complex globalization thesis), 신제도주의 시각(The new institutionalist thesis), 그리고 이념적 시각(The ideational globalization thesis)들로 나누어 볼 수 있다.[6]

(1) 과대세계화 시각

이 시각은 세계화 논쟁에서 아주 기초적이고 매우 유연한 입장을 견지하고 있으며 로버트 라히(Robert Reich, 1991), 게니치 오마(Kenichi Ohmae, 1996)와 같은 유명한 저자들과 관련이 되어 있다. 이들은 현재 우리가 살고 있는 세계는 20년 혹은 30년 전과는 판이하게 다른 것이라고 주장한다. 한때는 민족국가들이 세계적 경제지형을 지배했지만 지금 세계는 성격상 국경이 없다고 보고 있다. 이런 현상은 특히 경제적 측면에서 그러하다. 상품과 자본과 노동, 그리고 정보의 유통이 고도로 이루어지고 있으며, 이들은 국경을 넘어서 이동하고 있다고 믿고 있다. 예를 들면 한 국가 또는 기업들에 대한 해외의 직접투자 유입은 최근에 급속하게 증가되었다. 통계에 의하면 그러한 투자의 액수는 1982년에는 590억 달러였던 데에 반해, 2002년에는 6,510억 달러로 늘어났다. 이러한 사태의 진전들은 세계를 크게 압축시킨 것으로 믿고 있다. 또한 지리적으로

---

6) 세계화 개념에 관한 논쟁에 관해서는 Colin Hay, Michael Lister, and David Marsh (eds.), *The State: Theories and Issues*(Palgrave Macmilan, 2006), pp.127~178 참조.

거리를 크게 축소시킨 것으로 믿어진다. 예를 들면 전 세계적으로 수 초 안에 이메일이 전달될 수 있으며, 또한 수 시간 이내로 세계를 여행할 수 있다. 이것은 투자자들이 거액의 돈을 마우스 클릭을 통해 다른 나라로 이전할 수 있다는 것을 의미한다. 다시 말하면 우리는 지리적 공간 개념이 종결되었음을 보게 된다는 것이다. 이런 주장은 민족국가들의 역할에 지대한 영향을 미쳤다. 적어도 과대세계화주의자들에게 이런 것은 민족국가의 역할에 대해 심대한 영향을 미쳤다. 상품과 자본과 노동이 국가 경계선을 넘어서 이동하는 것은 국가적 거버넌스의 역할을 저해하는 것으로 믿어지고 있다. 예를 들면 국경 없는 세계에서 기업들은 손쉽게 선택하여 어디에 투자할 것인가를 결정할 수 있다. 그들은 더 이상 지리적인 조건에 의해서 제한을 받지 않는다. 회사들은 주로 이윤에 관심이 있기 때문에 그들은 낮은 비용이 드는 지역들에 관심을 갖는다. 또한 정부들은 특정지역에 따라 가능한 한 세금을 적게 매기도록 압력을 받는다. 따라서 회사들은 일자리나 돈을 버는 반면, 다른 어떤 지역으로 이동하려고 하지 않는다. 바꾸어 말하면, 이러한 현상은 사회적, 정치적인 함의를 크게 가지고 있다. 만약 정부들이 세금을 낮추도록 압력을 받는다면 이런 압력은 보건이나 교육과 같은 공공재들을 지원하기 위한 재정을 확보할 수 있는 그들의 능력을 심각하게 축소시킨다. 그러므로 세계화는 실로 자유시장의 성장과 연계된다. 정부들은 시장이 항상 승리하기 때문에 경제에 대해 간섭하려고 하지 않아야 한다. 실로 과대세계화주의자들은 세계화가 결국 민족국가의 종언을 가져온다고 주장한다. 과연 그러한가?

(2) 회의론적 시각

  과대세계화 시각이 고도로 영향을 미치지만, 동시에 이 시각은
다수의 회의적 이론가들에 의해서 도전을 받아 왔다. 그들 중에는
허스트와 톰슨(P. Hirst and G. Thompson), 러그만(A. Rugman), 웨
이드(R. Wade), 자이스만(J. Zysman) 등이 있다. 이들은 오늘날의
세계가 몇 가지 점에서 이전의 세계와 그렇게 다르지 않다고 주장
한다. 즉 무역과 투자의 측면에서 세계경제는 실제로 제1차 세계대
전 전에 있었던 것보다 더 개방되거나 통합되어 있지 않다고 주장
한다. 회의론자들은 또한 오늘날 세계는 국경이 없다는 주장을 의
문시한다. 허스트와 톰슨이 주목하는 것처럼, 무역과 투자의 이동
은 충분히 '글로벌'되어 있지 못하다. 오히려 그들은 북미와 유럽,
일본의 삼각구도 안에 고도로 집중되어 있다. 반대로 개발도상국들
은 투자와 무역의 작은 부분들만을 차지하고 있다. 그들은 1990년
대 초기에 세계 인구의 3분의 2를 차지하면서도 오직 해외직접투
자의 16%만을 받았다고 추정한다. 극단적인 세계화론자들이 생각
하는 것처럼, 자본의 이동은 국경을 넘어서 쉽게 이루어질 수 없다.
실제로 만약 한 회사가 특정 지역에서 상당한 시간과 돈을 투자한
다면 출구(exit)의 대가는 매우 크다. 실로 높은 세금을 무는 것보다
더 클 수도 있다. 진실로 대부분의 회사들은 글로벌해지는 것보다
오히려 멀리 떨어져 있는 자국에 기반을 두고 계속 활동을 한다.
따라서 회의론자들에게 있어서 세계경제는 세계화된 것으로부터
멀리 떨어져 있다. 즉 세계경제는 여전히 기본적으로 멀리 떨어진

국가 경계들 간의 교환에 의해서 특징화되고 있는 개방국제경제로 남아 있다고 생각한다. 회사들 간에 일어나고 있는 경쟁적 활동과 같은 많은 결과들은 실제적으로 국가적 수준에서 일어나는 과정들에 의해서 결정되고 있다는 것이다. 국민적 국가의 형태가 점차 사라지고 있다는 주장들은 시기상조이며 시장들은 더욱 나쁘게 변질되는 잘못된 기반에 의존하고 있다고 비판한다. 회의론자들은 전후에 오히려 정부의 성장을 지적하고 있다. 예를 들면 GDP 중 정부지출의 몫은 1990년대 중반에 평균 47%에 이르렀다. 이것은 제2차 세계대전 전에 있었던 21%와 비교된다. 회의론자들은 세계화가 민족국가를 쇠퇴시키지 않고 진행되고 있다고 말한다. 왜냐하면 각국 정부들은 경제에 있어서 계속 중요한 역할을 할 수 있고, 하고 있기 때문이다.

(3) 복합적 세계화 시각

한편 세계화를 개념화하는 데 보다 더 복잡한 변화과정들을 고려하려는 경향이 있다. 소위 복합적 시각에서는 세계화를 단순히 국가의 종언으로서 보기보다는 다양한 과정으로 규정하고 있다. 헬드(D. Held)나 디킨(P. Dicken) 같은 사람들은 하나의 과정으로서 세계화는 무역과 투자 이동이 글로벌수준으로부터 멀리 있다고 보는 반면, 지역적 무역 블록이 형성되고 있음에 주목하고 있다. 다시 말하면 지역적 무역 블록의 출현이 그 자체로서보다는 넓은 세계화 과정의 한 부분이라고 간주한다. 예를 들면, EU에 가입하려는 국가들은 자유주의적 조치들을 채택하고, 나아가 그들의 경제를 세계에 개방해야 한다. 이들은 오늘날의 세계화가 일 세기 전과는 다르다고 본다. 우선, 통합의 수준은 비슷하지만, 통합의 본질은 다르다는 것이다. 그 이유는 통합이 보다 더 깊이 있게 이루어지고 있기 때문이다. 오늘날 통합 과정에서는 국가들 간의 재화와 용역의 교역뿐만 아니라 다른 나라들에서 이루어지는 재화와 용역의 생산까지도 포함하고 있다. 과거에는 포드 자동차의 4분의 3이 미국에서 생산되었지만, 현재에는 4분의 1도 미국에서 생산되지 않는다. 특정물품이 자국이 아니라 타국에서 생산된다는 것이 바로 국경이 없다는 것을 의미하지는 않는다. 디킨과 같은 저자들은 세계경제의 지도에서 상당한 정도의 불균등성이 나타나고 있다고 주장한다. 그 이유는 세계 경제활동이 각기 특수한 지역에서 이루어지기 때문이다. 또 다른 이유는 그것이 여전히 세계화 과정의 한 부분으로서 일어나기 때문이다. 즉 모든 수준에서 권력의 재구성과 새로운 공간들에서 생산이 이루어지고 있다는 것이다. 이런 의미에서 복합적 세계화 이론가들은 세계가 근본적인 변형(transformation)을 경험하고 있다고 주장한다.

이런 주장은 과대 세계화 이론가들하고는 판이하게 다르다. 적어도 이런 변형은 경제적인 측면에서만 아니라 정치적, 사회적, 문화적으로 다양한 변화를 포함하고 있기 때문이다. 우리는 보다 더 광범위한 공동체의 부분이라는 의미를 갖고 있다는 것이다. 그리고 그러한 공동체 속에서 우리는 글로벌 의식의 출현을 보고 있다. 따라서 세계화는 국가의 종언이 아니라 보다 더 복잡한 과정들로 이해된다. 즉 세계는 지구화된 것이 아니라 지구화되고 있다는 것이다. 이러한 주장은 민족국가들의 역할에 대해 중요한 함의를 주고 있다. 복합적 세계화 이론가들은 세계화가 민족국가를 쇠퇴시키고 있다는 주장을 거부하는 반면, 그들은 세계화가 그들의 역할을 변화시켰다고 믿는다. 즉 그들의 주장에 따르면 국가의 정의가 다중심적(polycentric) 정치경제적 체계의 맥락에서 재규정되고 있다는 것이다. 다시 말하면 국가의 경계선들은 과거보다 더 침투될 수 있다는 것이다. 국가권력은 상향적일 뿐만 아니라 하향적으로도 변화해 왔다는 것을 말한다. 여기서 국가권력이 상향적으로 변화해 왔다는 것은 그것이 국제적 조직체들과 운동들로 이동하는 것을 의미하며, 하향적으로 변화한다는 것은 지방 압력 그룹들로 국가권력이 이동하는 것을 의미한다. 권력이 국가로부터 시장으로 이동하는 것은 국가들 간의 경쟁력을 고조시키는 것으로 간주된다. 따라서 정부들은 점점 더 부의 분배와 같은 사회적 쟁점들을 다루는데 보다 많은 관심을 두게 된다. 복합적 세계화 이론들은 신자유주의적 혹은 시장 지향적 조치들을 지적하고 있다. 그러한 조치들 중에는 유럽 안에서 그리고 밖에서 일어나고 있는 민영화 같은 조치들을 포함한다. 여기서 회의론자들이 말하는 바와 같이, 정부지출은 더 이상 국민들에게 관대하지 않다. 복지지출은 주로 인구증가나 낮은 경제성장과 같은 요소들에 의해서 설명될 뿐이다. 그러나 실제로 복지정책의 축소과정이 확연하게 드러나고 있다. 이런 의미에서 신자유주가 승리한 것은 아니라 할지라도 신자유주의가 전 세계적으로 확산되고 있음은 분명해졌다.

(4) 신제도주의 시각

복합적 시각이 세계화 연구에서 현저하게 영향을 미치는 반면,
또 다른 시각인 제도주의자들의 시각이 상당한 정도로 새롭게 증
대되고 있다. 홀과 사스키스(J. A. Hall and D. Soskice)와 같은 저자
들은 세계화 연구에 제도들을 다시 적용시키는 데 관심을 두고 있
다. 또한 그들은 자본주의제도에 대해서도 다시 주의를 기울인다.
그들은 국가들이 다 같이 어떤 공통적 압력을 경험하고 있지만, 다
른 제도적, 문화적 환경들이 존재하기 때문에 국가들은 다른 방식
으로 반응하며 다른 결과들을 도출한다고 주장한다. 즉 각기 다른
환경들에 의존하는 국내조직들과 제도들은 국가들로 하여금 새로
운 도전들에 반응할 수 있도록 하며(그런 반응을 방해하기도 한다),
또 새로운 과제를 만들어 내기도 한다. 따라서 국가들은 글로벌 시
장들의 제약적인 요소들을 완화시키거나, 중립화시키거나, 혹은 과
장하기도 한다. 신제도주의자들은 세계화가 민족국가들을 제한시
키기보다는, 그들에게 긍정적 효과를 얻을 수 있도록 한다고 주장
한다. 즉 사회 민주주의 국가들이 계속 생존하게 된 것은 바로 세
계화 때문이라는 것이다. 여기서 중요한 것은 시장 자유주의나 사
회민주주의 국가들이 계속해서 응집력 있는 일정한 전략들을 세우
고 추진하는 것이다. 특히 사회민주적인 기업 레짐들은 사용자와
고용인 간의 협력과 고도로 숙련된 노동력과 같은 기업 활동에 필
요한 많은 혜택들을 제공할 수 있다. 이로써 기업들은 보다 많은
투자를 할 수 있게 된다. 그리고 낮은 세금을 부과하는 정치적 환

경을 만들어 낼 수 있다. 이런 측면에서 제도주의자들은 경제·사회적 문제에 정부가 개입할 여지가 많다고 주장하는 회의론자들과 전적으로 견해를 같이한다. 그러나 회의론자들과 달리 제도주의자들은 세계화를 하나의 신화(myth)로서 간주하는 것을 부정하지는 않는다. 오히려 세계화는 시장 자유주의와 사회 민주주의 레짐들 간에 계속 간격을 벌려 놓고 있다고 간주한다. 이런 의미에서 세계화는 아직도 변화를 위한 중요한 원동력이라고 보고 있다.

(5) 이념적 시각

여기서는 기본적으로 세계화의 개념을 의문시한다. 어떤 사람들은 세계화 개념을 이해하기 쉽게 규정하려고 하는 반면 또 다른 사람들은 세계화가 과연 존재하는지 안 하는지를 파악해 보아야 한다고 주장한다. 즉 물질적 현실에 반대하면서 이념에 기초해서 세계화를 이해하려고 한다. 이런 방법은 사회과학 내에서 분석의 초점을 이념의 역할에 둔다(여기서 이념은 사회적, 정치적 변화를 가져오는 데 영향을 미치는 것으로 간주된다). 왜 우리는 이념들의 역할을 믿어야 하는가? 또한 우리가 살고 있는 세계에 대한 완전한 지식은 존재하는가? 그 해답은 분명히 '아니다'이다. 우리는 세계를 해석해야 할 뿐이지 그것을 정확하게 알 수 있는 지식을 얻기는 힘들다. 그리고 세계에 대한 우리의 이념들이 우리의 행태를 형성시킬 뿐이다. 예를 들면, 과거 소련의 출현을 생각해 보자. 레닌(Vladimir Il'ich Lenin)과 같은 지도자들이 마르크스주의 이념들을 믿었다는 사실이 그들의 행동을 형성시켰다는 것이다. 마르크스주의가 실제로 사실이든 아니든 간에……. 다른 말로 표현하면 이념들은 결과를 형성시키는 독립적인 인과적 역할을 수행할 수 있다는 것이다. 또 이념들은 물질적 효과를 가져올 수 있다는 것이다. 이러한 주장은 세계화와 국가에 대한 논쟁에 있어 중요한 의미를 갖는다. 헤이(C. Hay)가 주장한 바와 같이 유럽 내외에서 신자유주의에 기초한 국가들의 정책이동이 있었다. 그러나 이것은 세계화가 실제로 존재한다는 것을 의미하지는 않는다. 헤이는 오히려 세계가 지구촌화되었다고 주장할 수 있는 경험적 증거가 없다는 데에 대해 회의론자들과 견해를 같이하고 있다. 그의 주장에 따르면, 최근에 유럽 국가들은 실제로 세계화되어 있지 않으며, 다만 지리적 거리는 무역이나 투자 이동에 있어서만 중요해졌을 뿐이라는 것이다. 그럼에도 불구하고 세계화는 이념적 의미에서 더 강대한 역할을 수행하고 있다. 정책결정자들이 세계화를 믿는다면, 이것은 실제로 세계화가 존재하든 존재하지 않든 간에 그들의 정책결정 방법을 형성시키는 데 기여하고 있다. 다른 말로 하면, 신자유주의적 이념들은 신자유주의적 정책들을 만들어 낼 수 있다. 또한 이러한 이념들은 민족국가를 약화시키는 데 기여할 수 있을 것이다. 정부들은 실제로 그들의 세력과 주권에 영향을 미치는 정책들을 채택하고 있다. 예를 들면, 국가들은 유럽금융통합에 가입함으로써 안정과 성장 조약(The Stability and Growth Pact)에도 가입하였다. 이러한 조치들은 정부들이 얼마나 많이 지출할 수 있는가에 영향을 미치고 있다.

어느 의미에서 세계화는 자기실현의 예언과 같은 것이 될 수 있다. 마치 그것이 하나의 현실인 것처럼 받아들임으로써 정책결정자들은 실제로 그것을 현실로 만들고 있다. 따라서 세계화는 경제적 원인이라기보다 정치적 결과로서 이해될 수 있다. 그것은 변화를 위한 잠재력을 열어 놓고 있기 때문이다. 세계화는 하나의 외부적 논리라기보다 우연한 결과로서 간주되기 때문에 궁극적으로 형성될 수도 있고 또는 거부될 수도 있다. 실제로 세계화의 수사가 종종 거부되는 이유도 여기에 있다. 우리가 만들고 우리가 살아야 하는 지구촌화된 세계를 형성시키려는 능력을 재발견하는 것은 중요한 일이다. 이를 위해 이념적 접근방법은 중요하다. 왜냐하면 이념들의 역할에 초점을 두기 때문이다. 그러나 이런 방법에도 문제가 없는 것은 아니다. 확실히 이념들과 물질적 관계, 그리고 정책결과들 간의 관계가 지금까지의 연구에서 충분하게 설명되지 않은 것도 사실이다. 과대세계화주의자들은 세계화가 주로 가다듬어지지 않은 방식으로 정책결과들을 이끌어 내고 있다고 주장한다. 회의론자들과 복합적 세계화이론가들은 다 같이 외부적인 경제적 과정들이 기존 국가에서 제도적 요소들에 의해서 중재되어야 한다고 주장한다. 그러나 그들이 정책결과들에 영향을 미친 것인가, 아니면 중재되고 조정된 것인가를 알기는 어렵다. 반대로 이념적 이론가들은 세계화의 담론적 이론을 하나의 결정적인 설명변수로 보고 있다. 이런 접근방법은 이념들이 보다 넓은 경제적, 정치적 맥락과 어떻게 관계되어 있는가에 대한 의문을 제기하고 있다. 중요한 것은 국가가 정책선택에 유용한 환경이나 과정들을 충분히 고려할 필요가 있다는 것이다. 즉 국가들이 처해 있는 외부적 경제 환경, 그리고 기존의 제도적, 문화적 환경에서 그러한 압력들이 중재되는 특수한 방법들, 또 압력들에 대한 담론적 검토, 그리고 담론적 검토가 구체적으로 정책선택에 어떻게 영향을 미치는가 등이 고려되어야 할 것이다. 결국 경제적 과정과 세계화 담론, 그리고 정책결과들 간의 관계가 면밀하게 검토되어야 한다. 그러나 이러한 검토는 결코 간단하지 않으며 매우 어려운 과제이다.

<표 1-1> 세계화에 대한 시각의 다양성

	과대세계화 시각	회의론적 시각	복합적 세계화론	신제도주의 시각	이념적 시각
세계화	국경 없는 세계	과대세계화론 부정	진행 중인 과정	세계화 과정을 인정	세계화 개념의 재인식
특징	민족국가의 종결	국제경제의 기능 강조	불균형적 세계경제	세계화에 대한 국가의 적응	이념적 역할 강조
국가	국가역할의 축소	정부 역할의 증대	국가 역할의 변형	정부 역할의 증대	담론적 이론의 강조
경제	자유무역시장, 자본주의 발달	국가중심주의	지역주의	자유주의 시장 레짐 증가	이념주의

위 표에서 보이는 바와 같이 세계화를 보는 시각은 각기 다르다. 어느 관점에서 어떠한 이념을 가지고 세계화를 조망해 보는가에 따라 그에 대한 이해나 평가는 달라지고 있다. 그러나 세계화를 논의할 때 두 가지 사항들이 고려되어야 할 것이다. 우선 세계화를 하나의 변화과정으로 볼 때, 그것을 고정적으로 보거나 판단하기는 어렵다. 실제로 현대세계는 다양한 변화를 경험하고 있다. 세계화는 변화의 속도나 정도가 과거 어느 때보다도 빠르게 그리고 광범위하게 계속 진행됨으로써 특별한 의미를 갖는다. 과학기술이 발달하고 그로 인해 교통 통신수단들이 고도로 발달함으로써 적어도 물리적으로 세계가 가까워졌으며 또한 국가들 간이나 개인들 간의

교류와 접촉이 상상할 수 없을 정도로 크게 늘어나고 있다. 그리고 시장개방과 통합이 증대됨으로써 경제활동이 국경을 넘어서서 확대되고 있는 것도 또한 사실이다. 다국적 기업들이 여러 시장들을 상대로 기업 활동을 하고 있으며 특히 국제금융기업들은 거의 의식하기 힘들 정도로 국경을 넘어 자유로이 그들의 자본을 이동하여 이윤을 추구하고 있다. 또한 관광산업 등 문화적 경제활동도 크게 확대되고 있다. 이런 변화들은 간단히 말해서 현대문명이 가져온 결과이다. 그리고 세계화는 불가피한 변화이면서 분명히 일어나고 있는 현상이고 과정이다. 이를 부정할 수는 없다. 그러나 세계화를 논의할 때 쉽사리 '국가의 종언'을 말하는 것은 현실과 동떨어진 일이다. 세계화 과정이 진행되고 있다 할지라도 국가는 여전히 존재하고 있으며 그의 본질적 역할을 계속 수행하고 있다. 비록 국가의 존재양식이나 기능 수행이 어느 정도 달라지고 있다 할지라도 이런 현상은 근대국가가 성립된 이래 항상 있어 왔음을 주목할 필요가 있다. 국가는 시대의 변화에 따라 그에 상응하는 조직과 과정을 변형시켜 왔으며 따라서 국가의 생존은 역사를 초월하는 것이었다. 때때로 국가는 오히려 세계화 과정에서 제기되는 여러 가지 문제들을 해결하기 위해 다양한 역할을 수행하고 있다. 또한 세계화 과정 자체를 진전시키는 데 필요한 방법과 수단들을 마련하는 데 주도적인 역할을 담당하고 있다. 이것이 현실이다. 너무 세계화를 강조한 나머지 국가의 종언을 말하는 것은 아직 시기상조이며 논리적 비약이다.

제3절 선택인가, 현실인가?

1997년 9월 한 세계은행 회의에서 전 말레이시아 수상이었던 마하티르 무함마드(Mathathir Mohammad) 박사는 강대국들과 국제투기자들이 아시아 국가들로 하여금 그들의 시장을 개방하고 또한 그러한 시장을 붕괴시키기 위해서 그들의 화폐를 조작하였다고 통렬히 불평하였다. 이에 대해 세계론자들은 지금 인류는 과거와 전혀 다른 지구에 살고 있다고 말하면서 세계화는 선택이 아니라 현실이라고 반응했다.[7] 확실히 세계화는 피할 수 없는 현실이 되고 있는 것처럼 보인다. 어떤 국가가 세계화를 외면하려고 해도 그러한 광범위한 변화는 그 국가에 다방면에 걸쳐 영향을 주고 있음을 알게 될 것이다. 따라서 국가가 생존하기 위해서나 또는 더 발전하기 위해서는 세계화를 현실로 인정하고 그것에 효과적으로 대응하는 현명한 전략이 필요하다.

원래 세계화는 1990년대 미국에서 자주 언급된 말이며 지식계에서 많이 논의되었다. 토머스 프리드먼(Thomas Lauren Friedman)은 세계화를 시장자본주의와 자유민주주의 미국적 방식이라고 찬양했다. 동시에 자유시장과 투명성 그리고 융통성이 세계화의 또 다른 특징들로 규정되었다. 세계화론자들은 국가들의 정치적·경제적 특징들에 따라서 거대한 자본이 국가들로 들어오거나 나가는 것으로 보았다. 자본이동은 대체로 안정된 정부, 진취적 경제, 개방적이

---

7) Kenneth Waltz, "Globalization and Governance", Robert J. Art and Robert Jervis, *International politics: Enduring Concepts and Contemporary Issues*, 8th edition(NY: Pearson Education, Inc. 2007), p.336.

고 정직한 신용 거래들이 이루어지는 국가들로 유입되며 그러한 요소들을 결여하고 있는 국가들로부터 유출된다고 생각했다. 결국 1990년대 후반에 나타났던 한국과 말레이시아를 포함한 아시아 국가들의 경제위기가 급격한 해외자본유출에 기인되었다. 기본적으로 세계화론자들은 이런 현상이 일어난 것에 대해 불평할 필요가 없다고 말하였다. 즉 그들은 그러한 자본유출은 만들어진 것이 아니라 일어난 것이다. 왜냐하면 많은 투자자들은 개인적으로 자본투자나 유출에 대한 결정을 스스로 내리기 때문이다. 세계화는 시장에 의해서 형성되는 것이지 정부에 의해서 형성되는 것이 아니다. 사실상 세계화는 1980년대 말부터 일어난 냉전의 종식과 깊은 연관성을 갖는다. 국가 간의 상호 의존성이 빠른 속도로 이루어졌고 또한 민주화 과정이 남아메리카와 아시아에 있는 많은 국가들에로 확산되었으며, 결국 소련을 비롯한 동유럽의 공산주의가 붕괴됨으로써 세계화 과정이 진척될 수 있었다. 당시 탈냉전화를 목격하면서 프란시스 후쿠야마(Francis Fukuyama)는 세계 모든 국가들이 자유민주주의를 채택할 것이라고 예측했다.[8] 그리고 마이클 도일(Michael Doyle)은 2050년부터 2100년 사이에 그러한 현상은 일어날 것이라고 내다보았다.[9] 사실 냉전 종식과 공산주의 붕괴는 자유민주주의 외에 다른 어떠한 모델들도 적합지 않다고 보았다. 많은 세계화론자들은 이제 하나의 최선의 방법이 있으며 그것은 미국에서 발견할 수 있다고 생각했다. 후기 산업사회세계에서 미국만이 가장 좋은 곳으로 간주되었다. 자유민주주의는 안정, 예측성, 투명

---

8) Francis Fukuyama, *The End of History and the Last Man*(NY: Free Press, 1992) 참조.
9) Michael W. Doyle, *Ways of War and Peace: Realism, Liberalism, and Socialism*(NY: W. W. Norton, 1997) 참조.

성, 사유재산제 등의 가치와 이념들을 내포했으며 이들은 미국에서 가장 잘 반영되는 것으로 생각되었다.

그러나 세계화 논의가 시작된 지 20여 년이 지난 오늘날 하나의 자유민주주의와 시장경제의 세계를 지향하는 변화과정은 과연 본래 예상한 바와 같이 제대로 진행되고 있는가? 그러한 과정에서 어떤 문제점들은 발견되지 않고 있는가? 실제로 세계화는 미국의 패권적 세력의 보호하에 진행되어 왔음을 부인할 수 없다. 현대세계에서 미국의 패권적 지위는 도전을 받지 않고 있는가? 우선 제기되는 몇 가지 문제점들을 살펴볼 필요가 있다. 첫째로 세계화는 어느 정도 진행되고 있는가? 세계의 많은 지역들이 세계화 과정에서 제기되고 있음을 간과할 수 없다. 아프리카와 라틴아메리카, 중동, 그리고 아시아의 많은 국가들이 세계화 과정에서 배제되고 있다. 또한 러시아와 중국도 세계화 과정에 관여하고 있지만 그들은 각기 강대국들로서 종종 미국의 패권에 도전하는 입장을 취하고 있다. 또한 많은 국가들이 글로벌경제에 참여하고 있지만 그 정도는 지역에 따라 다르다. 예를 들면 북부 이탈리아와 남부 이탈리아는 세계경제에 참여 정도가 다르다. 지형적으로 보면, 세계화는 글로벌이 아니라 북부 지역에 한정되어 있다. 실제로 해외 직접투자의 상당부분이 북쪽에 있는 고임금 국가들에 집중되었다. 미국과 영국, 독일, 캐나다 등이 그 대표적인 실례이다. 전 세계에는 유엔에 가입한 국가들의 수가 200여 개 이상에 이르고 있다. 그러나 현재 글로벌경제를 관리하기 위해 참여하고 있는 국가들은 G20에 불구하다. 나머지 국가들은 이들이 결정한 사항들에 따라 영향을 받거나 또는 영향권에서 배제되고 있는 것이다.

둘째로 세계화는 동질적 변화과정을 의미한다. 가격, 생산품, 임금, 부, 이자율, 이윤과 같은 요소들이 전 세계적으로 동일하게 통용되는 것을 전제로 한다. 이런 요소들은 미국적 경제생활에 기반을 두고 있는 것이다. 그러나 세계화는 종교적 근본주의자들과 반미주의자들 그리고 문화적 전통주의자들로부터 저항을 받고 있다. 이들은 특히 세계화가 미국에 의해 주도되고 있다는 것에 반발하고 있다. 결국 세계회는 아직도 상당한 정도의 이질적 요소들이 잠재하고 있기 때문에 저항과 반발에 직면하고 있다. 주지하는 바와 같이 현대세계는 '후기 물질주의(Post‒materialism)' 사회에 도달한 선진 국가들이 있는가 하면 물질주의 이전 단계에서 빈곤에 허덕이는 미개발국들이 존재하고 있다. 그리고 그 사이에 개발도상국들이 자리 잡고 있다. 그런 의미에서 세계는 서로 다른 이익과 목표들을 추구하는 이질적인 국가들을 포함하고 있다. 또한 세계 도처에서는 미국이 주도하는 소위 신자유주의에 대한 저항운동이 일어나고 있으며 따라서 세계화 과정은 처음에 예측한 것처럼 하나의 자유민주주의 세계로 진전되기 어려운 장애에 직면하고 있다.

셋째로 세계화는 개방된 시장경제에 바탕을 두고 있다. 따라서 국경을 넘어서 상품들의 생산과 판매, 교역 등이 이른바 비교우위원칙에 따라서 비교적 자유롭게 이루어지고 있다. 그리고 국제적 자본이동도 과거보다 훨씬 더 용이하게 국경을 넘어서 행해지고 있다. 동시에 교통수단의 발달로 인해 커뮤니케이션이 활발하게 이루어지고 있으며 특히 내중영상매체의 발달은 다국적 기업이나 금융재산의 시장을 전 세계적으로 확대시켰다. 그러나 지역적으로나 국가적으로 경제발전수준이나 기술발달의 정도가 다르기 때문에 시장의 통합이나 확대도 제한되며 국가에 따라 다르게 이용되고 있다. 이로써 세계는 하나로 되기 어렵다. 남북 간의 불균등성이 크게 남아 있으며 세계화존(zone)에 있는 국가들 간에도 차이성이 크게 남아 있다. 예를 들면 재정운영에 있어서도 미국은 자본수입에 관심을 두고 있는 반면 일본은 자본지출에 더 많은 비중을 두고 있다. 이러한 차이로 인해 글로벌경제는 어떤 위기에 직면할 가능성이 많다.

넷째로 세계화는 앞에서 지적한 바와 같이 확대된 시장경제에 기반을 두고 있다. 시장경제는 기본적으로 자유와 경쟁을 원칙으로 하고 있다. 그 결과 소수의 승자와 다수의 패자가 생겨나게 되며 기업들은 승자가 되기 위해 더 큰 기업으로 변화해야 되며 반면 합리적 경영을 위해 때때로 구조조정을 해야 하는 상황에 직면하게 된다. 그리고 자본은 시장에서 승자가 되기 위해 독점체제로 흡수되며 결과적으로 자본주의의 모순을 생성하게 된다. 과거의 정치적 용어를 빌리면 강자가 약자를 정복한다. 그리고 새로운 시대의 경제적 용어를 빌리면 빠른 자가 느린 자를 먹어 버린다. 이런 시장의 경쟁적 논리는 사회의 갈등을 야기하며 이를 해결하기 위한 정치적 해결과정을 필요로 한다. 즉 경제적으로 발생한 계층 간의 균열은 정치적으로 국가의 역할에 의존하게 된다.

끝으로 세계화론자들은 세계화가 아직 완전한 것은 아니며 다만 그 과정에 있다고 주장한다. 그리고 그 과정에서 미국적 방식에 따르는 것이 최선이라고 주장한다. 경제적인 측면에서는 그렇게 주장할 수 있다. 그러나 정치적으로 볼 때에는 다르게 주장할 수 있다. 왜냐하면 모든 정치현상은 여전히 세력과 이익을 중심으로 이루어지고 있으며 그리고 국가적, 지역적 특수성을 반영하기 때문이다. 이것이 경제적 과정과 다른 점이다. 따라서 세계화가 정치적 특수성을 무시하고 경제적 보편성만을 강조하게 되면 많은 부작용을 수반하게 될 것이다. 국가에 따라서는 경제활동도 지역적인 범주에 머무르는 경우가 많다. 세계 3대 경제대국들인 미국과 일본 그리고 EU국가들의 경우 GDP의 10%만 수출하고 있다. 또한 그들은 생각하는 것보다 훨씬 작은 비율로 상품들을 해외로부터 수입하고 있다. 이는 국가들이 아직도 충분히 상호 의존되어 있지 않다고 말할 수 있게 한다. 결론적으로 세계화는 하나의 현실로 나타나고 있지만 상당한 정도로 한계성에 직면하고 있음을 알 수 있다. 또한 세계의 모든 국가들은 세계화 과정에 대해 획일적인 적응방식을 찾기보다는 각기 그들이 처한 특수한 선택적 정책대안들을 모색해야 할 것이다.

제2장
세계화와 정치적 현실주의

제1절 국가와 세력정치

정치적 의미에서 볼 때 세계화는 적어도 두 가지 요소들을 포함한다. 하나는 세력의 실제적 배분과 기존 질서에 의해서 부과되는 제약 요소들과 관계된다. 이런 제약요소들은 기존 구조와 과정들을 만들어 내고 관리하는 선택으로부터 나온다. 다른 하나는 미래에 바람직한 다른 질서를 만들어 내려는 욕구와 관계된다. 현재 세계화의 과정이 논의되고 있지만 여기서 필요한 것은 현대세계에서 실제로 작용하고 있는 세력과 지배문제들을 함께 논의하는 것이다. 세계화를 전적으로 비정치적인 영역에서만 논의하고 이해하려고 하는 것은 바람직하지 않다. 세계화를 변화과정으로 이해하려고 할 때에는 항상 양면성을 고려해야 한다. 즉 현실과 미래 또한 협력과 갈등의 두 측면들이 함께 다루어져야 한다. 이런 양면적 측면들은 언제나 정치 속에 내제되어 있는 것이다. 간단히 말해서 세계화는 발달된 기술을 통해서 세계를 하나로 묶는 과정으로 이해할 수 있다. 인간들을 서로서로 접촉하게 하고 교류하게 하는 과정들은 언제나 역사 속에서 있어 왔다. 그러나 지난 수십 년 동안 일어난 변화들은 초고속 교통과 컴퓨터 발달로 더욱 뚜렷해졌다. 여행과 무역 그리고 금융적 이동은 현재 전 지구적으로 빠르게 진행되고 있다. 이런 사태진전들은 우리가 살고 있는 세계를 변형시키고 있다.

이와 관련해서 몇 가지 관점들이 제기되어 왔다. 첫째로 자유주의 사상과 이념들이 주목을 끌어 왔다. 무엇보다도 이러한 이념과 사상은 국가보다 시장의 힘이 커지고 있으며 기본적으로 국가는 수정되어 왔고 또 수정될 것이라고 주장한다. 이것은 로크적 입장에 근거하고 있다. 즉 사회와 시장이 국가에 우선한다는 것이다. 둘째로 공동체들은 붕괴되고 개인들은 점차 고립된다는 주장이 제기되었다. 전통적 자유주의는 합리적 개인들이 계약을 맺으며 시민사회를 구성한다는 입장을 내세우고 있다. 로크는 시민사회를 국가와 동일시했다. 또한 시장과 다른 계약적 관계들을 맺은 사회 집단들이 증대함으로써 전통적 공동체와 사회들은 점차 사라지며 이런 과정에서 새로운 도덕과 이성의 이념들이 출현한다고 보았다. 여기서 개인들은 더 이상 사회적 관습이나 전통에 의해서 제약을 받지 않게 된다. 셋째로 새로운 정체성과 새로운 사회적, 정치적 조직체들이 출현한다고 주장한다. 즉 범국가적 시민사회의 출현을 말한다. 기존 제약요소들이 사라지고 또한 사회조직과 정부의 개인적 기반이 사라진다고 보는 반면, 결사체와 정체성에 기반을 둔 사회

집단들이 출현함으로써 보편적 자유에 대한 열망이 자유주의적 사상과 결합하여 나타나고 있다. 이러한 열망이 바로 세계화 과정의 한 측면으로 이해되고 있다. 마지막으로 글로벌 거버넌스의 출현이 논의된다. 이런 거버넌스는 인권이나 인도주의적 원칙들과 관련된 보편적 법적 체계와 간섭을 포함한다. 어떤 측면에서 전통적 자유주의의 보편적 경향들과 일치하면서도 여기에는 또 다른 측면이 포함되고 있다. 왜냐하면 거버넌스는 그 형성이나 기능수행에 있어 다 같이 국가세력을 필요로 하기 때문이다. 기본적으로 세계화를 논의할 때에 국가나 정치의 요소들을 배제한다는 것은 무의미한 일이다. 다시 말하면 세계화의 과정이나 조건들을 이해하기 위해서는 그러한 것들을 가져오게 한 세력들이 무엇이며 그들을 추진하고 유지시키는 기관들(국가들)이 무엇인가를 검토할 필요가 있다. 일반적으로 자유주의 사상은 단순히 서로 노동 분화를 통해 서로 협력하고 도움을 주는 개인들의 상호의존성을 증진시키는 데 관심을 갖는다. 국가는 기껏해야 개인과 집단들의 이익추구를 용이하게 하기 위해 법과 질서를 제공하는 것으로 간주한다. 어떠한 공동적 이익이나 보다 큰 목적도 개인들을 함께 묶는 것으로 보지 않는다. 어떤 공동적 목적이 있다면 그것은 아담 스미스(Adam Smith)가 주장한 것처럼 개인의 이기적 행동에서 비롯된다고 주장한다. 여기에서 미국적 개인주의의 특징을 찾아볼 수 있다. 미국적 개인주의는 기본적으로 정부나 사회의 제한을 받음이 없이 자율적인 개인이 행동하는 것을 기반으로 하고 있다. 이런 개인주의를 바탕으로 한 자유주의적 사상이 현재 진행되고 있는 세계화의 이념적 기반이 되고 있다. 비록 공동체적 선(good)을 강조하기보다 개인주의적 행동에 보다 많은 비중을 두고 있는 미국적 자유주의가 세계화 과정에 영향을 미치고 있다.

그러나 국가 세력이나 공동체적 가치가 전적으로 배제되는 것은 아니다. 세계화가 진행되고 있다 하더라도 현대세계가 국가들로 나누어져 있으며 그들은 독립적 정책결정 중심체로 활동하고 있다. 다만 현대세계에서는 국가 조직이나 기능이 완만하게 표현되고 있을 뿐이며 사실은 세계를 이끌어 가는 지배적 중심체는 국가들로 남아 있다. 많은 사람들이 국경을 넘어서 국가들 간의 경계선이 퇴색하고 있다고 말하지만 사실 세계는 하나의 단일적인 단위로 되어 있지 않다. 아마도 먼 훗날 세계는 하나의 단위로 통합될지 모른다. 그러나 현재는 아니다. 데이비드 헬드(David Held)와 그의 동료들은 다음과 같이 기술하고 있다.

> "오늘날 사실상 모든 민족국가들은 점차적으로 그리고 기능적으로 세계적 변형과 세계적 흐름의 큰 양태의 일부분으로 흡수되고 있다. 이런 양태가 '별개의 문명들'로 구성된 하나의 세계가 되기보다는 혹은 단순히 하나의 국제적 사회가 되기보다는 근본적으로 상호 연관된 글로벌질서로 되고 있다. 이러한 질서는 고도의 교환 양태로 특징되고 있다. 또한 세력과 위계질서는 분명한 불균형의 양태를 포함하고 있다."[10]

그러한 세계질서의 존재를 가정하면서 세계는 미래의 통제를 위한 이데올로기적 투쟁을 내포하고 있다. 헬드와 그 동료들은 현재 진행되고 있는 세계화를 위해 세 가지 특별한 정치적 프로젝트를 제시하고 있다. 첫째로 공동적 권리와 책임의 윤리에 바탕을 둔 글

---

10) David Held, Anthony McGrew, David Goldblatt, and Jonathan Peratton, *Global Transformations: Politics, Economics, and Culture*(CA: Stanford University Press, 1999), p.49.

로벌 거버넌스의 계획에 목표를 두고 있다. 이것은 자유주의적 국제주의이다. 둘째로 인간적 윤리성에 바탕을 두는 세계적 거버넌스의 또 다른 구조를 강조한다. 이것은 급진적 공화주의이다. 그리고 마지막으로 제시된 것은 범세계적 민주주의이다. 이것은 민주적 자율성에 기반을 둔 세계적 거버넌스의 재구성을 강조한다. 이들은 미래에 불가피하게 다 같이 하나의 글로벌 통합으로 귀결되어지는 것을 가정한다.

21세기의 세계가 상호 연관성을 증진시키고 있지만 변화는 깊이 있는 질적 변형과 동일시되지는 않는다. 실제로 현재 진행되고 있는 세계화는 가장 강력한 국가인 미국에 의해 주도되고 있다는 점에서 주목할 필요가 있다. 미국과 몇몇 강대국들은 자유무역과 자유로운 금융이동, 직접투자, 그리고 시장통합 등을 목표로 한 자유주의적 이데올로기를 추진하고 있다. 나아가 이들은 경제활동에서 국가의 관여를 축소시키려는 데 목표를 둔 신자유주의적 이데올로기를 옹호하고 있다. 그들은 국가소유의 기업들을 민영화시키고 직접적으로나 시장을 통해서 그들의 영역을 증대시키는 데 관심을 두고 있다. 이러한 세계화의 프로젝트들을 용이하게 하기 위해서 정부적 또는 비정부적 조직체들은 정해진 규칙과 레짐들을 통해서 제도적 지지를 얻으려고 한다. 다시 말해서 주도적 국가들은 다 함께 동질적인 세계 공동체를 도모하고 있다. 그들은 점차 하나로 통합되는 세계를 만들어 나가려고 한다. 이것은 세계화가 세력이나 특정 목적과 관계가 있음을 배제하지 않고 있다. 주도적 국가들의 정책들은 국제적 제도와 과정들을 형성시킨다. 그리고 그들은 약소국가들을 그러한 제도와 절차에 가입하도록 영향력을 행사한다.

　　그러나 강대국들이 그러한 정책들을 추진할 때 약소국가들은 그들로부터 자율성을 유지하려고 한다. 따라서 강대국들은 경제발전을 약속하거나 경제적 붕괴를 위협하면서 약소국들에 인센티브를 제공한다. 표면적으로는 약소국들이 강대국들과 협정을 체결하여 그러한 선택을 자유롭게 받아들이는 것 같지만 실제로 약소국들은 강대국들이 만들어 놓은 제도들에 의해서 제한을 받는다. 또한 쟁점에 따라서 약소국들은 자유무역과 투자의 레짐들에 참여함으로써 이익을 도모하기도 한다. 다른 한편 약소국들은 강대국에 의해 지배되는 국제질서에 흡수되는 것을 반대하고 그 대신 독자적으로 지지세력을 얻으려고 노력하기도 한다. 국제사회에서는 종종 강대국들과 약소국들 간의 긴장과 불협화음이 있기도 하지만 강대국들 내에서도 분열이 일어나기도 한다. 예를 들면 무역규칙이나 간섭정책과 같은 중요한 쟁점들에 대해 강대국들 간의 분쟁이 생기기도 하고 또한 갈등으로 확대되기도 한다. 그러한 갈등은 강대국들 간의 전쟁잠재력을 증대시키기도 한다. 예를 들면 타이완 문제를 둘러싸고 미국과 중국 간의 갈등이 생기지만 그들은 아주 교묘한 방법으로 전쟁을 회피하면서 다른 측면에서 협력을 유지하기도 한다. 즉 무역과 인적 교류에 있어서 미국과 중국은 서로 협력하며 상호 적응적 태도를 유지한다. 사회에 있어서 개인들이 자율성을 가지려고 하는 것과 마찬가지로 각 국가들도 강대국 중심의 지배체제에 대해서 가능한 한 자율성을 유지하려고 한다. 또한 그들은 자율적으로 달성할 수 없는 국가목적을 실현하기 위해서는 강대국들과 협력하기도 한다. 복잡하고 유동적인 국가들 간의 관계를 위해서 세력, 제도, 이념, 민주주의 그리고 주권과 같은 요소들을 검토하는

것이 바람직하다. 실제로 이런 요소들은 세계화의 정치적 기반과
밀접한 관계를 가지고 있다.

(1) 세력과 이익

국제정치의 기본개념으로서 세력(power)은 여러 가지 의미로 해
석될 수 있다. 하나의 보편적인 개념으로는 한 사람의 다른 사람에
대한 지배를 의미한다. 또 다른 개념에서는 국가들 간의 상호작용
관계에서 세력의 형성을 강조하기도 한다. 보다 더 현대적인 개념
에 따르면 세력관계는 개인들이 구조적 권력으로 접근함으로써 재
생산된다고 규정된다. 케네스 월츠(Kenneth N. Waltz)는 세력을 강
력한 국가들이 일관적으로 그리고 규칙적으로 그들의 의사를 실현
할 수 있는 능력의 축적으로 취급하고 있다. 실제로 세력이나 세력
관계는 명확하게 규정되기 힘들다. 그러나 우리가 살고 있는 세계
는 그러한 것들에 의해서 지배되고 있음을 부인할 수 없다. 현대기
술은 산업이나 상업, 정보, 그리고 금융 분야에서 놀랄 만한 생산적
능력을 가져왔다. 특히 군사력은 과학과 기술의 발달에 의해 놀랄
만할 정도로 증가했다. 반면 계몽주의로부터 나타난 인도주의와 인
권사상 그리고 민주주의도 과학과 기술의 발전에 힘입은 바 컸다.
또한 현대세계에서 어떤 정치적, 사회적 조직체들이 증가되었으며
이들은 세계를 변형시키는 추진체들이 되고 있다. 국가와 그의 헌
법은 기본적으로 세계의 정치조직체들의 형성과 활동을 위한 기반
을 제공했다. 15세기로부터 국가는 정치적 조직을 위한 청사진을

제공했다.

　최근에 일어난 제국주의의 붕괴는 국가의 형태를 재구성하는 데 큰 역할을 했다. 예를 들면 소련이나 유고슬라비아에서 과거와 다른 새로운 형태의 국가들이 탄생했다. 오늘날 민주주의적 이데올로기는 시민들로 하여금 국가구조들을 변화시키는 데 사용되고 있다. 또한 19세기와 20세기를 통해서 등장한 근대민족주의는 유럽에서 그리고 점차 전 세계적으로 국가의 조직과 기능을 변화시키는 데 영향을 미쳤다. 오늘날에도 많은 지역들에서 민족주의는 국가형성뿐만 아니라 국제사회에도 영향을 미치고 있다. 또한 제2차 세계대전 이후에 국가들은 그들 간의 조정과 협력 그리고 협정 등을 통해서 국제사회에서 필요로 하는 많은 조약들과 조직체들을 만들어 왔다. 이들은 오늘날의 국제사회를 과거와 달리 매우 복잡하고 협력적인 메커니즘들을 형성시켰다. 이로써 21세기 초의 세계에서 세력배분은 과거와 다르게 이루어졌다. 탈냉전 이후에 세계를 지배했던 강대국들은 이제 경쟁의 국면에 들어서게 되었다. 그들은 세계를 일방적으로 지배하기보다는 서로 간의 협력과 경쟁을 통해서 자신들의 국가 이익을 추구하는 데 관심을 갖고 있다. 세계강대국들 중에 미국은 가장 선두에 서 있다. 이러한 미국이 사실상 국경의 개방과 시장통합, 그리고 국제금융의 이동을 주도하고 있다. 현재로서 미국을 능가하거나 미국과 동등한 위치에 있는 국가는 존재하지 않는다. 또한 자유민주주의와 자본주의를 대신할 수 있는 어떠한 반대 이데올로기도 세계를 지배하는 위치에 있지 않다. 그 이유는 자유주의, 자본주의 그리고 민주주의와 같은 이데올로기들은 미국이 주도하는 세계질서의 세력기반이 되고 있기 때문이다.

미국은 세계를 관리·지배하면서 다른 많은 국가들에 두 가지 인센티브를 제공하면서 그들의 협력을 끌어내고 있다. 하나는 자유주의적 정치경제에 참여함으로써 얻을 수 있는 금융적 혜택이며, 다른 하나는 강력한 국가로부터의 안전보장이다. 특히 개발도상국들은 그들의 경제발전에 필요한 자본과 기술을 해외로부터 끌어들여야 하기 때문에 선진강대국들이 만들어 놓은 국제정치경제의 틀에 참여할 수밖에 없다. 또한 개발도상국들은 발전전략으로 국가주도의 해외수출에 크게 의존함으로써 전반적으로 경제성장을 이룩하였으며, 따라서 보다 더 개방적이고 확대된 세계시장에 의존하는 경향이 있다. 한국을 비롯해서 대만, 홍콩, 싱가포르 등 소위 네 마리 용들의 경제발전은 대체로 국가주도의 대외 수출 지향적 전략에 기인된 바가 크다. 오늘날에도 소위 브릭스(BRICs)라고 명명되는 브라질, 러시아, 인도, 중국 등 새로이 등장하는 거대 시장들도 다 같이 개방정책을 추구하고 있으며 선진 자본주의 시장들과의 무역과 자본 및 기술거래를 확대하고 있다. 현재 이들이 급속히 경제성장을 이룩함으로써 국제사회에서 기존의 세력균형이 변화될 징후를 강하게 보이고 있으며 이들은 정치적으로 혹은 경제적으로 그들의 국가이익과 국제적 지위를 향상시키는 데 관심을 두고 있다. 중국과 러시아를 제외하고서라도 새로이 세력을 확대하고 있는 인도와 브라질이 유엔 안전보장이사회의 상임이사국의 정식 회원국이 되려고 하고 있음은 주목해 볼 만한 일이다. 또한 몇몇 개발도상국들은 강대국들의 세력정치 틀에 기반을 둔 기존의 세계질서와 보조를 같이함으로써 국내외적으로 그들의 국가안보를 유지하려고 한다. 물론 이란 및 북한을 비롯한 몇몇 국가들은 그러한 질

서를 수용하지 않고 독자적으로 핵개발 등을 추진함으로써 미국을
비롯한 서방국가들과의 갈등을 면치 못하고 있다.

(2) 제도와 관행

세계적 맥락에서 볼 때 미국은 제도적 장치들을 통해서 다른 국
가들과의 협력을 증대시키고 있다. 제도들은 일종의 관행처럼 관련
국가들로 하여금 그들의 정책들을 보다 더 용이하게 조정하고 지
속적으로 추진하도록 하는 데 도움을 준다. 다양한 정책들을 협의
하고 일괄적으로 추진하는 소위 제도화 과정은 국가들 간의 대화
와 협상을 통하여 실현되며 그 구체적 수단들은 매우 실용적이며
경우에 따라서는 위협적인 것이 되기도 한다.

19세기 말에 미국은 서반구에 있는 국가들로부터 협력을 얻기
위해서 범 미주 연합(The Pan American Union)을 구성하는 데 참여
했으며 동시에 특정 국가들에 대해서는 일방적으로 간섭하려는 정
책을 취하기도 했다. 예를 들면 과거에 거대한 중국시장을 접근하
기 위해서 미국은 다른 강대국들과 협력하여 문호 개방정책을 추
진하기도 했다. 반대로 쿠바에 대해서 미국은 전쟁을 결정했으며
필리핀 등에 대해서는 이전의 식민지 국가들로부터 지배권을 이양
받으려고 했다. 제2차 세계대전을 전후해서 미국은 처음으로 국제
적 조직체들을 통해서 세계적으로 국제적 관계를 제도화하려고 했
다. 예를 들면 유엔과 국제부흥개발은행, 국제금융기금 그리고 관
세 및 무역에 관한 일반협정 등이 있다. 또한 미국은 안보적 협력

체제를 구축하기 위해 캐나다와 많은 서유럽 국가들과 함께 북대서양조약기구(NATO)를 조직하였다. 아시아에서는 미일동맹조약과 한미방위조약 등 쌍무적 조약의 체결을 통하여 미국의 이익과 지위를 확보하였다. 중동에서는 이스라엘과 사우디아라비아를 포함한 여러 국가들과 비공식적 관계를 맺으면서 미국 외교의 실용적이고 다양한 특성들을 반영했다. 그뿐만 아니라 때때로 미국은 동맹국들과 함께 혹은 단독으로 미국의 국가이익을 위해 세계적으로 행동하였다. 1956년에는 수에즈운하 문제를 해결하기 위해 영국과 프랑스와 같은 나토동맹국들에 대해 등을 돌리기도 했고 반면 유엔을 이용하기도 했다. 1999년에는 유엔 안전보장이사회가 완강히 반대함으로써 미국은 코소보(Kosovë)분쟁을 해결하기 위해 19개의 나토 회원국들과 함께 유고슬라비아에 대한 전쟁을 수행하였다. 지금까지 미국은 동맹국들이나 국제기구들을 다양한 방법으로 이용하면서 국제적 분쟁들에 관여하였으며 경우에 따라서는 일방적으로 관여하기도 했다. 때때로 미국은 여러 가지 국제제도들을 사용하기도 하고 이들의 사용을 회피하기도 하면서 국제사회에서 자국의 세력과 이익을 유지해 왔다. 여기서 중요한 것은 세계문제를 접근하는 데 있어 가장 중요한 제도는 국가라는 점이다. 국가들 중에서도 강대국들이 국제정치에서 주요한 단위들로 활동하고 있다. 반면 약소국가들은 강대국들이나 다른 국가들과의 협력을 통해서 국가 자율성과 안보를 유지해 왔다. 한편 현대세계에서 국가가 여전히 가장 기본적인 제도로서 인정되지만 또한 다른 국제적 제도들과의 협력도 필요해진다. 국가들은 자유주의적 원칙 위에서 공정하게 무역이 이루어지도록 하기 위해 그동안 만들어진 무역레짐들에

주의를 기울이고 있다. 만약 어떤 특정 기업들이 시장에서 자유무역원칙을 위반하였을 경우, 국가들은 이미 합의된 무역레짐에 의해서 그러한 행위를 교정해 나가야 한다. 또한 어떤 특정국가가 유엔헌장을 무시하고 부당하게 다른 국가에 대해 무력침공을 감행했을 경우에는 유엔과 같은 국제조직체로부터 집단적 제재를 받게 된다. 1999년에 있었던 이라크의 쿠웨이트 침공이 그 좋은 예이다. 오늘날에는 국제적 제도들이 지역적 수준에서 만들어지는 경우가 많다. 예를 들면 유럽통합은 회원국들 간의 분쟁이나 갈등을 최대한 억제하면서 다자주의적으로 협력체계를 만들어 나가고 있다. 물론 회원 국가들의 주권적 행동이 전적으로 유럽연합에 의해 제한을 받는 것은 아니다. 여전히 국가들은 비록 유럽연합의 회원국으로 남아 있지만 그들의 기본적인 국가이익과 관련해서는 상당할 정도로 자율적인 결정들을 만든다. 다만 그들의 결정들이 다른 국가들과 충돌을 일으킬 경우에는 유럽연합의 틀 내에서 다자적인 협의와 타협을 통해 충돌을 피하고 합의를 이끌어 낸다. 유럽연합이 유럽의회와 집행부와 같은 기구들을 갖추고 있지만 그것이 곧 유럽정부는 아니다. 아직도 유럽연합은 연합 헌법을 만들지 못하고 있다.

앞에서도 지적한 바와 같이 세계화가 진전되면서 기업들과 시민단체 등 비정부적 조직체들이 국제사회에서 자신들의 활동을 증대시키고 있다. 국가나 정부들은 특정한 쟁점들에 따라 이들과의 협력을 필요로 하고 있다. 그러나 아직은 국가들이 주도적인 역할을 수행하고 있다. 전 세계를 통해서 투자와 무역 그리고 안보 등의 문제들이 국가들의 세력과 정책들과 관련되어 있으며 이미 만들어진 제도적 틀 안에서 해결되고 있다. 따라서 국가는 죽은 것이 아니다.

새로이 태어나고 있을 뿐이다.

(3) 이념과 이데올로기

일반적으로 국가나 개인이 어떤 행동을 할 때에는 특정한 목표나 그 목표를 달성하기 위한 전략이나 수단들을 필요로 한다. 그들의 행동은 기본적으로 이념들로부터 나온다. 이념들에 따라 행동의 방향과 과정이 달라진다. 특히 국가가 어떤 목표를 실현하려고 할 때 특별한 행동과 수단들을 필요로 한다. 국가들이 목표를 결정하고 그것을 실현하기 위해서 요구되는 행동과 수단들은 대체로 특별한 이념들이나 이데올로기로부터 나오는 경우가 많다. 이들은 국가 목표를 정당화하고 이를 실현하기 위한 체계적인 행동과 수단들을 이데올로기 속에 포함시킨다. 이데올로기는 종종 국가가 추구하는 목표들에 대해 국민들의 이해와 지지를 이끌어 내며 동시에 그러한 목표를 효과적으로 달성하기 위한 수단과 방법을 제시한다. 이념과 이데올로기는 국가세력과 관계를 가진다. 이념과 이데올로기가 국가세력의 정당화와 증대를 용이하게 하는 반면 국가세력은 이념과 이데올로기가 제시하는 목표를 달성하는 데 실질적으로 영향을 미친다.

세계화는 진공상태에서 이루어지는 것이 아니다. 여기에는 특별한 국가목표와 이념들이 내포되어 있으며 또한 그들을 효과적으로 달성할 수 있는 행동과 방법, 수단 들이 포함되어 있다. 국가들 간의 개방과 시장통합 그리고 경제적 자유주의를 바탕으로 하는 세계화 과정은 앞에서도 지적한 것처럼 분명히 특정 국가 혹은 국가들의 목표와 추진전략이 영향을 미쳤음을 알 수 있다. 이데올로기적으로 세계화 과정은 자유주의를 바탕으로 이루어지고 있으며 이를 뒷받침하는 국가세력은 서방 선진국들의 목표 및 이익과 관련되고 있음을 알 수 있다. 돌이켜 보면 냉전기간 동안 세계는 두 개의 보편적 이데올로기들에 의해 양분화되었다. 즉 미국을 대표로 하는 서방국가들의 자본주의와 구소련을 비롯한 동구국가들의 공산주의가 서로 대립·경쟁하면서 양극 구조를 형성했던 것이다. 물론 이들 이데올로기들은 각기 한편에서는 국내 정치체계를 형성하는 기반을 제공하는 반면 다른 한편으로는 경제적으로 자유시장체제와 명령경제체계를 형성시켰다. 그러나 공산주의 체계들이 붕괴되거나 변질됨으로써 양극체계는 미국 중심의 서방체계로 변화하였다. 그 결과 세계 많은 국가들은 자유주의와 자본주의 그리고 민주주의를 강조하는 이념 및 이데올로기를 채택하였다. 이러한 이데올로기는 국내정치에 있어서 개인들의 자유와 인권, 참여 그리고 재산의 사유화 등을 촉진시켰으며 사회 내에서 시민사회의 확대를 가져오는 데 기여했다. 결과적으로 공공 정책들을 실현하는 데 있어 공식적인 정보기구들보다도 사적 회사나 NGO 등 사회적 행위자들이 더 효율적일 수 있다는 이념을 증대시켰다. 나아가 이런 이념들은 보편적 인권이나 글로벌 거버넌스 그리고 국제적 공동체와 같은 포괄적 개념들을 생성시켰다.

특히 탈냉전 후 새로운 이데올로기가 출현하였다. 이 이데올로기는 신자유주의로서 시장원칙을 내세우고 있다. 다시 말하면 신자유주의는 최소한의 정부와 민영화, 국내외 투자의 확대, 자유무역 그리고 탈규제의 시장을 강조한다. 신자유주의는 바로 미국이 주도한 이데올로기 같다. 그러나 아이러니한 일은 신자유주의가 때때로 보호주의적 조치들을 인정한다는 것이다. 실제로 미국은 자유무역과 자유시장의 원칙을 내세우면서도 종종 국내에서의 소비자집단들을 방어하기 위해 보호주의 조치들을 취하곤 하였다. 신자유주의자들은 시장경제의 덕목들을 주장하지만 공적, 사적 행위자들이 국가의 금융이나 상업적 활동을 위태롭게 하지 않는 한 그들을 구제하는 데 필요한 지원들을 아끼지 않았다.

(4) 민주주의 확산

세계화는 민주주의 이념이나 제도들을 국경을 넘어서서 확산시키는 데 기여하고 있다. 국경이 개방됨으로써 한 국가의 민주주의가 쉽게 다른 국가로 개인 간의 상호접촉과 교류를 통해서 확대되고 있다. 실제로 1970년대 후반부터 세계 전 지역으로 민주주의로의 이행이 이루어졌음은 널리 알려져 있다. 많은 국가들이 오랫동안 권위주의적 지배체제로부터 민주주의로의 이행이 이루어졌다. 이를 두고 사무엘 P. 헌팅턴은 제3의 민주화 물결이 전 세계적으로 일어나고 있다고 지적했다. 물론 이러한 민주화 물결이 다시 권위주의로 역행되지 않을지는 확언할 수 없다. 이러한 의미에서 그것은 물결이다. 민주주의에 대한 개념은 일정하지가 않다. 실제로 민주주의와 반대되는 독재정치를 지속하고 있는 국가들에서도 자기들이 민주주의를 하고 있다고 말한다. 예를 들면 중국은 여전히 공산주의 일당독재를 유지하고 있으면서 인민공화국으로서 민주주의를 실행하고 있다고 말하고 있다. 북한도 마찬가지로 조선민주주의인민공화국으로서 공식명칭을 사용하고 있다. 그만큼 민주주의의 의미는 애매모호하다. 그러나 민주주의라고 말할 때 두 가지 측면에서 그 개념을 규정해 볼 수 있다. 첫째로 규범적으로 민주주의는 몇 가지 보편적 가치들을 포함하고 있다. 그들은 자유, 평등, 인권, 박애 등이다. 이런 가치들을 실현하기 위한 제도로서 권력분립, 참여, 대의제, 다수결원칙 등이 강조된다. 둘째로 경험적으로 민주주의는 과정, 절차, 수단, 방법 등에서 규정된다. 민주주의는 원칙적으로 어떤 목표를 달성하는 데 중점을 두기도 하지만 보다 더 주의해야 할 것은 그러한 목표의 달성과정이다. 과정에서 민주주의적 원칙이나 가치들이 무시될 경우 그것은 민주주의라고 말할 수 없다. 종종 역사적으로 보면 과정을 무시한 정치체제는 쉽게 독재체제로 변질되는 경우가 많다. 독재체제의 특징은 항상 목적만을 강조하고 그 목적을 실현하기 위한 과정과 방법은 무시하는 것이다. 예를 들면 민주주의는 정당정치를 특징으로 한다. 그 정당정치는 언제나 동등하게 대우받는 복수정당제를 기반으로 한다. 또한 정당정치가 민주주의의 이념에 따라 행해지기 위해서는 무엇보다도 정당 내의 민주주의가 확립되어야 한다. 민주주의가 국민의 의사가 자유롭게 정책에 반영되는 것이라고 한다면 정책결정과정 자체가 민주적이 되어야 한다. 정당조직 내에서 민주적 절차가 무시된다면 그것은 민주주의 발전에 기여할 수 없다. 민주주의는 조셉 슘페터(Joseph A. Schumpeter)가 말한 바와 같이 좁은 의미에서 보면 경쟁과정을 통해 정치대표자들을 선택하는 것이다.[11] 다시 말하면 진정한 의미에서 민주주의는 소수인 정치대표자들을 다수인 유권자들이 선택하는 과정이다. 즉 민주주의는 소수지배자를 다수의 선택에 의해 정당화시키는 제도이다. 이러한 제도가 정착되어야 민주주의는 한층 더 공고화될 수 있다. 민주주의의 공고화를 위해서는 무엇보다도 민주주의 이념과 제도를 국민들이 내면화, 가치화시켜야 한다. 여기서 국민들의 의식과 미덕이 중요하다. 아리스토텔레스가 일찍이 말한 바와 같이 다수의 국민들이 덕망을 소유하지 못하면 그 국가의 민주주의는 중우정치가 된다는 것은 현대사회에서도 그 의미하는 바가 크다. 정치적으로 민주주의를 실현하기 위해 가장 요구되는 것은 권력에 대한 비판과 견제이다. 권력은 자본과 마찬가지로 집중·확대되는 경향이 있으며 이로 인해 적절히 비판되고 견제되지 않으면 쉽게 부패하게 된다. 즉 절대적 권력은 절대적으로 부패하게 된다는 말은 민주주의 가치와 이념을 실현하기 위해서 언제나 국민들의 마음속에 각인되어야 한다.

세계화 속에서 민주화가 점차 확대되고 있지만 아직 민주화 과정을 걷고 있는 많은 국가들의 정치체계는 안정되어 있지 못하다. 여전히 과도적 상태에 있으며 어떤 경우에는 민주주의가 오히려 권력의 집중과 독점을 위한 의사이데올로기로서 사회 내에서 기능하고 있다. 세계화 과정과 관련해서 민주화는 특별히 두 가지 측면에서 그 기능적 의미를 갖는다. 첫째로 세계화는 경제적으로 시장개방과 자본이동을 특징으로 하고 있다. 시장경제는 역사적으로 자유주의를 기반으로 하였다. 자유무역은 언제나 바람직한 것이었고

---

11) Joseph A. Schumpeter, *Capitalism, Socialism and Democracy*(London: George Allen & Unwin LTD, 1959), pp.269~283.

더 나아가 오늘날 국제자본의 이동은 규제되지 않아야 된다고 주장되었다. 시장경제에서는 어떤 규제가 이루어지지 않는 한 자본의 독점화가 이루어지며 또한 자본의 불공정 거래가 쉽게 행해질 수 있다. 이로써 사회적으로 빈부의 격차가 늘어나게 되며 소수의 기업 아이콘들이 시장을 지배하게 된다. 또한 자본주의 경제에서는 경쟁이 강조됨으로써 기업 간 통합이 쉽게 이루어지고 그 결과 거대기업들이 독점체제를 형성하게 된다. 결과적으로 자본주의 시장경제에서는 소수의 자본가와 다수의 빈곤층이 형성되며 이로써 노사갈등 등 사회 내의 계층 간 갈등과 분열이 생겨나게 된다. 특히 계층 간 양극화 현상은 중산층을 중심으로 하는 건전한 민주주의 사회 발전에 부정적인 영향을 미친다. 사실 오늘날 야기되고 있는 국제경제의 혼란과 위기는 국가의 역할을 필요로 하는 반면 사회 내에서 시민질서의 확립을 어렵게 만드는 경향이 있다. 특히 그러한 혼란과 위기에 대처하기 위해 국가는 특정 기업들에 대한 구제금융을 제공하는 동시에 그들에게 구조조정을 강요함으로써 사회 내의 갈등구조는 점점 더 늘어나게 된다. 더 나아가 국가들은 유럽 지역에서 볼 수 있는 바와 같이 긴축정책을 취하는 동시에 복지정책을 축소시키는 방향으로 나아가고 있으므로 노동자들과 빈민층들의 불만을 증대시키고 있다. 따라서 사회 내에서는 쉽사리 집단적 폭력들이 나타나며 건전한 민주주의 이념과 가치가 위협을 받는 경우가 많다.

둘째로 민주주의는 세계화 과정에 긍정적으로 기능할 수 있다는 주장이 있다. 즉 민주주의는 세계평화를 유지하는 데 기여한다는 것이다. 많은 국가들이 민주주의적 체제를 유지함으로써 그들 간에는 이익이나 세력의 갈등이 줄어들고 반면 상호의존과 협력의 기회가 확대되고 있다는 것이다. 간단히 말하면 민주적 평화가 가능해진다는 것이다. 그러나 문제는 아직도 많은 국가들이 민주주의로 변화되고 있지 않다는 점이다. 비록 민주주의 국가들 간에 전쟁이 줄어들고 있다고 할지라도 이들과 비민주적 국가들 간에는 실제로 전쟁이 일어나고 있다. 중동과 아프리카 및 동남아 지역에서는 국내적으로 인종 간 또는 종교 간에 충돌과 폭력이 자주 일어나고 있으며 최근에는 테러리즘이 확대되어 국가 간 전쟁으로 확대되고 있다. 이란이나 아프가니스탄 그리고 파키스탄에서 이슬람교의 근본주의자들이 테러 행위들을 일으킴으로써 이들 지역에서는 미국을 비롯한 다국적군과 테러리스트들 간의 전쟁이 계속되고 있다.

한편 민주주의는 시민사회의 출현을 용이하게 한다. 산업화와 더불어 사회 내에서는 분화와 전문화가 이루어지며 이에 따라 다양한 사회집단들이 생겨난다. 아울러 민주주의는 사회 내에서 각종 쟁점들이 생겨남으로써 그러한 쟁점들을 바탕으로 여러 가지 시민집단들의 형성을 촉진시킨다. 이런 집단들은 쟁점에 따라 정부가 취하는 정책들에 대해 비판을 가하기도 하고 또한 대안을 제시하기도 한다. 동시에 그들은 정부의 권력을 비판하고 감시하며 견제한다. 결과적으로 시민집단들은 사회 내에서 민주주의의 정착에 기여하게 된다. 그리고 정부정책의 효율적, 민주적 집행을 가능하게 한다. 나아가 시민집단들은 쟁점에 따라서 국내에서 활동하기도 하지만 국외에서도 활동한다. 그들은 다른 국가들의 시민집단들과 국제적 연대를 형성하여 특정한 글로벌쟁점들에 대해 집단적으로 항의하거나 저항운동을 전개한다. 때로는 그들의 집단적 행동이 폭력적으로 전환되기도 한다. 예를 들면 지구온난화 문제나 환경파괴와 관련해서 이런 집단들은 성장 위주의 선진국 정책들에 반대운동을 전개하기도 한다. 그들의 주장은 선진국들의 성장 위주 정책들이 지구온난화를 가져오며 또한 환경을 파괴시키기 때문에 선진국들의 국제적 회의, 즉 G8 혹은 G20 같은 모임들이 바람직한 방향으로 나아가지 않는다는 것이다. 또한 그러한 단체들 중에는 다자적인 국제 회의들이 종종 선진국들의 이익에만 관심을 갖기 때문에 세계적으로 남북문제가 더욱 심각해진다고 주장하는 경우들도 있다.

(5) 국가주권

세계화와 관련해서 주목되는 것은 국가주권의 개념이다. 개념상 주권이란 한 국가가 영토 내에서 주민들에 대해 배타적인 권력을 행사하는 최고권으로 간주되어 왔다. 그리고 국가들 간의 관계에서는 국가주권이 평등하게 행사되는 것으로 규정되어 왔다. 학자들에 따라 그 의미가 다르게 규정되어 왔지만 크라스너(Stephen Krasner)는 매우 광범위한 범주로 다음과 같이 규정하고 있다.[12] 첫째, 주권은 일정한 영토로부터 다른 사람들을 배제시키는 법적 원칙이다. 둘째, 주권은 다른 사람들에게 인정되는 것이다. 셋째, 그것은 국경 간의 거래들을 통제하는 것이다. 넷째, 주권은 국내 관할권 내에서 정통적인 권위를 효과적으로 행사하는 것이다. 세계화와 관련해서 주권이 갖는 의미는 국가들이 횡국경을 초월한 거래에 대한 싱딩

---

12) Stephen Krasner, *Sovereignty: Organized Hypocrisy*(NJ: Princeton, 1999); Howard H. Lentner, *Power and Politics in Globalization: The Indispensable State*(NY: Routledge, 2004), p.18.

부분의 통제력을 시장력에 상실하고 있다는 것이다. 한편 세계화와 관련해서 사람들은 약소국가들은 강대국들에 의해서 그들의 영토에 대한 간섭을 허용하고 있다는 점을 지적하고 있다. 또한 어떤 사람들은 국가주권이 국가의 전통적인 권위가 국제적 조직체들과 제도들에 이양되고 있다고 주장한다. 물론 그러한 이양은 합의된 기존 절차에 따른 것이었다. 다시 말하면 국제관계에 있어서 거버넌스의 자유주의적 원칙들이 강조되고 있는 것이다. 사실 배타적 관할권 내의 법적 원칙은 자율성과 동일한 것이다. 그러나 국제사회에서 이러한 자율성이 강조되는 경우 불가피하게 국가들 간의 충돌을 가져오게 된다. 케네스 월츠가 말한 바와 같이 국가들이 자율성을 강조하게 된다면 그것은 불가피하게 무정부상태를 면치 못하게 된다. 즉 국가들은 국제체계나 다른 국가들로부터의 압력이나 영향력에 어떻게 대처할 것인가를 결정해야 하는 문제에 직면하게 된다. 실제로 국가들이 배타적 주권 개념에 입각한 자율성에 의존한다면 거기에는 긴장과 갈등이 불가피하게 일어나게 된다. 그리고 국제관계는 안정된 질서를 갖지 못하게 된다. 여기서 종래의 주권 개념이 내포한 배타적 관할권의 유지는 불가피하게 수정될 수밖에 없다. 주권 개념을 사용하지 않더라도 무역과 금융거래 그리고 정보와 문화교환 등에 있어 국가들 간에는 상당한 긴장이 나타나기도 한다. 경제적 성장에 중점을 두는 국가들은 해외투자의 이점을 추구해야 하며 동시에 그러한 투자로 인해 생겨날 수 있는 취약성에 대비해야 한다. 다시 말하면 국가들은 그들의 토착경제가 거대한 해외 기업이나 자본에 의해서 기반을 상실할 수 있기 때문이다. 그들은 그들 자신의 경제와 사회를 글로벌 스탠다드(Globa standlavd)

에 맞춰 재구성할 필요성을 갖게 되며 동시에 내적인 자생력과 경
쟁력을 증대시켜야 하는 문제에 직면한다. 여기서 전통적인 국가주
권의 이념은 수정되어야 한다. 그러나 포기되어서는 안 된다. 왜냐
하면 세계화는 여전히 국가의 이익과 세력을 바탕으로 추진되고
있으며 그의 종국적 목표가 어디에 있는지 쉽게 인지할 수 없기 때
문이다. 한 가지 분명한 것은 세계화가 곧 세계정부를 의미하는 것
은 아니라는 점이다. 또한 세계화가 진행되고 있지만 국가주권의
배타적 행사는 그 국가의 세력에 의해 다르게 이루어진다. 오늘날
주권의 행사가 과거와는 달리 상당한 정도로 수정되고 있지만 강
대국들은 여전히 국가들과의 관계에서 배타적인 세력과 영향력을
사용하고 있다. 반면 약소국들은 주권행사에 있어 상당한 제한을
받는다. 결국 주권행사라는 의미에서 국가들 간에는 불균등성이 존
재하며, 이것이 바로 국제정치의 현실이다.

제2절 국가와 시장

두 개념들은 많이 논의되어 왔지만 아직도 분명하게 그 의미가
정리되지 못하고 있다. 이들은 역사적으로 전개되어 왔으며 또 전
세계적으로 확대되었다. 국가나 시장은 각기 주권과 자본주의 이념
들에 기반을 두고 있지만 종종 대조적인 입장에서 규정되어 왔다.
이론적으로나 역사적으로 두 개념들은 적어도 네 가지 모델들로
구분해서 설명될 수 있다.[13]

(1) 신현실주의와 국가

　본래 이 모델은 국제체계를 분석하기 위한 도구로서 제시되었다. 이 모델에서는 강력하고 독립적인 국가들이 국제관계에서 여러 가지 지위들을 차지하고 있으며 제기되는 문제들을 해결하기 위해 일정한 역할을 수행하는 것으로 간주한다. 각 국가는 그의 영토적 경계선 안에서 질서를 유지하며 다른 국가들에 대한 안보를 제공한다. 따라서 국가는 기본적이고 영구적인 단위이며 그의 합리적 정책결정은 자기보전을 위한 것이다. 이를 위해 국가들은 각기 세력의 축적과 유지를 필요로 한다. 또한 국가들은 그들의 세력을 행사하는 데 신중성을 미덕으로 삼고 있다. 이 모델에서는 국제체계란 단위들 간의 불균등성을 특징으로 하며 결국 세력은 소수에게 집중된다고 생각한다. 따라서 국가들은 신중하고 자기중심적으로 활동하지만 동시에 다른 국가들과의 협력도 필요로 한다. 국가들은 생존과 번영을 위해 필요한 경우, 다른 국가들과 협력하는 것을 주요한 가치로 여기고 있다. 결국 이 모델은 정치가 경제를 명령하는 것을 특징으로 한다. 그리고 국가는 기본적으로 보존윤리에 바탕을 두며 이와 관련해서 공동체의 통합성을 유지하고 나아가 대외적 위협에 대해 국내의 가치와 질서를 안전하게 방어하는 데 목적을 둔다. 이 모델에 의하면 세계는 다원적인 것이며 다양한 문화와 이익들이 존재하는 것으로 간주한다. 이러한 세계에서 국가는 다양성을 보호하고 유지하는 것이 그 존재 이유이다.

---

13) Haward H. Lentner, *International Politics: Theory and Practice*(NY: West Publishing, 1997), pp.146~148.

(2) 시장과 자본주의

  시장은 근본적으로 국가 영역 안에 존재하는 하나의 실체로서
시민사회와 같은 특징을 가지고 있다. 시장모델은 상호 의존성의
증대, 노동의 분화와 전문화, 그리고 경제적 통합을 강조한다. 그리
고 그의 기본적인 단위들로서 개인, 회사, 그리고 국가경제를 인정
한다. 또한 가격 메커니즘으로서 합리성을 주장한다. 반면 국가는
촉진자 혹은 방해자로 간주되며 다시 말하면 근본적인 것으로보다
는 도구적인 것으로 이해된다. 이윤과 효율성의 추구가 중심적인
가치이며 개인들 간의 경쟁이 주요한 미덕으로 여겨진다. 그리고
개인과 기업, 계급, 그리고 국가들의 부의 집중으로 인해 불균등성
이 나타난다고 본다. 변화의 과정은 바로 이러한 불균등한 발전의
결과로서 일어난다. 이 모델에서는 경제가 정치를 지배한다. 기능
주의의 한 변형이론은 경제로부터 정치로의 파급효과를 가정한다.
그리고 경제는 좀 더 큰 통합된 정치적 단위들을 생성한다고 본다.
즉 자본주의 경제는 팽창적이며 어떠한 정치적 혹은 공동체적 한
계를 갖지 않는다. 이러한 모델의 옹호자들은 전 세계적으로 모든
사람들을 하나로 묶는 글로벌 경향을 예측하고 있다. 이런 팽창적
경향을 방해하는 것이 바로 국가라고 인식한다. 시장모델은 자유주
의에 바탕을 두며 대표적인 이론이 바로 ‘비교우위이론’이다. 이
이론은 데이비드 리카도(David Ricardo)에 의해 제시되었다. 비교우
위이론은 주어진 요소들이 국가나 지역에 따라 다르기 때문에 서
로 교환하는 것으로 다 같이 이득을 볼 수 있다는 가정에 기반을

둔다. 예를 들면 일본은 철광이나 석탄과 같은 천연자원을 가지고 있지 않지만 전문적인 기술을 가지고 필요한 요소들을 수입함으로써 자동차나 조선 산업에서 우월한 입장을 가질 수도 있었다. 특히 일본은 효율적인 생산양식에 기초해서 산업을 발전시킬 수 있었다.

그러나 시장이 노동 분화와 산업을 발전시켰다 할지라도 중요한 것은 그러한 것들이 질서가 유지되고 재산권이 안정되어 있는 곳에서만 가능할 수 있었다는 것이다. 그러한 질서유지와 재산권 보호는 시장이 할 수 없는 것들이다. 그것은 오직 국가만이 할 수 있는 것들이다. 따라서 국가와 시장은 상충되기보다는 상호 보안적인 관계를 가지고 있다고 볼 수 있다. 역사적으로 어떤 패권적 국가가 안정과 질서를 제공할 때 글로벌한 무역이 성행하였다. 예를 들면 19세기에는 영국이 패권국이었으며, 제2차 세계대전 이후에는 미국이 그러한 역할을 하였다. 어느 시대나 글로벌 마켓은 단위들 간의 광범위한 협력을 필요로 하였으며 어떤 특정한 패권세력에 의해 제공되는 안정에 의존하였다. 소위 패권안정론이 글로벌시장의 형성과 유지를 위한 기반을 제공한다고 볼 수 있다.

(3) 중상주의와 자유주의

역사적으로 고찰해 보면 산업혁명과 더불어 나타난 자본주의 발전은 유럽에서 일찍 경험해 보지 못한 경제발전을 가져왔다. 생활 수준이 급속히 향상되었으며 많은 인구가 도시로 이동하면서 부를 소유하게 되었다. 그러나 부는 불균등하게 배분되었다. 생산수단의 새로운 소유계급이 부를 축적하였으며 생산수단을 사용한 노동자들의 계급은 그러하지 못했다. 노동자들은 생산수단을 소유하지 못한 것으로 간주되었으며 따라서 부의 분배에 있어서도 불리한 위치에 있게 되었다. 돌이켜 보면 18세기에 일어난 산업혁명과 더불어 나타난 지배적인 정치경제의 철학은 중상주의였다. 이 개념에 따르면 국가들이 경제발전 전략을 지배했으며 국가세력을 증대하기 위해 부의 창출을 국가가 주도적으로 추진하였다. 국가들은 무역을 통해 부를 축적하였으며 특히 금과 은을 최대한 축적하는 데 집중하였다. 국가들의 중상주의 정책은 통화 부가가치를 생산했으며 결과적으로 인플레이션을 조성시킴으로써 약화되었다. 이에 대한 반응으로서 아담 스미스의 '국부론'이 나오게 되었다. 아담 스미스는 중상주의 정책의 비효율성에 주목하면서 사적 생산자들이 정부 간섭 없이 그들 자신의 이익을 추구하도록 허용하는 자유방임정책을 옹호하였다. 그는 보이지 않는 손에 의해서 공공선은 종종 시장에서 자신들의 이익을 추구하는 개인들에 의해 추구될 수 있다고 주장했다. 아담 스미스는 진정한 부는 돈이나 금이 아니라 국가의 생산재에 있다고 지적하였다. 이러한 생산재들은 그들 자신의 이익에 따라 행동하며 그들의 사적 부를 추구하는 시민사회의 구성원들에 의해 사용될 수 있다고 믿었다. 그는 자신의 저서에서 밝힌 바와 같이 국가는 부의 축적에 관심을 가지는 반면 그러한 국가 축적은 직접적인 정부의 행동을 극소화시키는 정책에 의해 최대한 이루어질 수 있다고 보았다. 전반적으로 기업인들한테 쇄신할 수 있는 자유와 소비자들이 구매선택을 할 수 있도록 하는 자유가 다른 어떠한 것보다도 시장을 확대시키고 부를 축적할 수 있도록 한다고 생각했다. 이로 인해 경제적 자유주의가 한층 더 강조되었다. 그러나 자본주의의 어두운 면이 생겨났으며 강렬하게 비판을 받게 되었다. 따라서 다른 대안들이 모색되었으며 그 대표적인 것이 19세기 칼 마르크스(Karl Heinrich Marx)와 프리드리히 엥겔스(Friedrich Engels)로부터 나왔다. 그들은 부의 축적과 확장에 대한 대안으로서 사회주의를 제시했다.

(4) 사회주의와 통제경제

칼 마르크스에 의하면 자본주의하에서 국가는 단순한 상부구조로 간주되었다. 즉 노동자들을 착취하기 위해서 지배계급이 사용한 강제적 장치가 곧 국가였다. 노동계급이 혁명을 통해서 생산수단을 소유하게 됨으로써 억압적인 국가는 더 이상 필요하지 않았다. 착취는 끝나는 것으로 간주되었으며 국가는 소멸되는 것으로 보았다. 그는 19세기 중반에 자본주의하에서 생산된 사회적 조건들, 즉 자본주의 경제체계의 악을 교정하는 데 국가가 필요하다고 생각하지 않았다. 그 대신 노동이 조직화되어 보다 더 나은 노동조건과 높은 임금 그리고 다른 혜택을 얻는 데 효과적이라고 보았다. 칼 마르크스는 노동자들로 하여금 자본주의 체계가 생산한 가치축적을 공유할 수 있다고 예측했다. 잘 알려진 바와 같이 사회주의하에서 사유재산은 폐지되었으며 평등성의 실현에 모든 관심을 집중하였다. 따라서 사회주의하에서 시장은 더 이상 인정되지 않았으며 모든 경제활동은 국가나 집단들에 집중되었으며 이들은 배급제도를 통해서 모든 국가 구성원들에게 필요한 상품과 재화들을 제공하였다. 그러나 혁명 이후에 등장한 프롤레타리아 국가체제는 평등성을 실현하는 데 비효율적이었으며 통제경제체제를 유지함으로써 시장경제에서 나타났던 효율적인 생산성을 가져오지 못했다. 오히려 구소련을 비롯한 공산주의 국가들에서는 특권계급들이 출현하였으며 노동자들은 낮은 수준의 소비로 빈곤생활을 벗어날 수 없었다. 마르크스와 엥겔스가 자본주의 모순을 극복하기 위한 대안으로서 사회주의 사상과 관행을 이상적으로 제시하였지만 공산주의 국가들의 현실은 이론이나 이상과 너무나 거리가 멀었다. 1956년에 니키타 흐루시초프(Nikita Khrushchev)는 "우리 사회주의자들이 당신들 자본주의자들을 매장시킬 것"이라고 선언했다. 그러나 후기산업시대에 사회주의는 자본주의와의 경쟁에서 패배했으며 그 결과 소련체제는 역사 속으로 사라지게 되었다. 사회주의체제는 정보와 커뮤니케이션, 그리고 분권화체제에 기반을 두었던 후기 산업시대에 적합하지 않았다. 사회주의체제는 비효율적이었으며 공공토론과 정책결정에 참여하려는 힘들을 허용하지 않았다. 결과적으로 사람들은 빈곤해졌으며 체제에 대한 정통성을 의심하게 되었고 사회주의는 더 이상 생존할 수 없었다.

제3장
세계화와 국제정치경제

제1절 개념적 설명

    정치경제라는 개념은 보는 시각에 따라 혹은 이데올로기적 성향에 따라 다르게 규정되어 왔다. 일반적으로 정치경제란 정부의 정책이나 사회 내에서 제기되는 각종 문제들에 대한 연구에 있어 정치와 경제의 상호작용 관계를 적용하는 분석방법과 관계된다. 현대세계에서 국가와 시장 간의 상관성을 중요시하는 시도가 바로 '정치경제'를 탄생시켰다.[14) 따라서 국가나 시장이 없다면 정치경제도 없었을 것이다. 물론 순수한 의미에서 국가 없이도 가격 메커니즘이나 시장력이 경제활동을 규정할 수 있다. 또한 시장 없이도 국가

---

14) 정치경제의 본질과 이슈에 관해서는 Robert Gilpin, *The Political Economy of International Relations*(NJ: Princeton University Press, 1987), pp.8~15 참조.

나 혹은 그의 기관들은 경제적 자원을 해결할 수 있다. 그러나 현실세계에서는 국가와 시장이 각각 존재하고 있으며 이들을 분리해서 그들의 존재와 활동을 이해하는 것은 바람직하지 않다. 실제로 국가는 세력을 유지하고 확장시키는 데 관심을 가지며 시장은 경제활동을 통해 부를 증대 혹은 축적하는 데 관심을 둔다. 한 국가의 세력과 부는 밀접한 관계를 가진다. 세력을 통하여 부를 축적하게 되면, 축적된 부는 곧 국가의 세력을 증대시킨다. 근대 국가들은 정도의 차이는 있지만 다 같이 부국강병의 정책을 추구했다. 이런 정책은 국가의 세력과 부가 상호 밀접한 관계를 가지고 있음을 뜻하는 것이다. 오늘날에도 국가가 독립과 자율성을 유지하기 위해서는 일정한 정도의 세력을 확보해야 하며, 경제력이 뒷받침되지 않는 국가에서는 세력 또한 확보할 수 없게 된다. 이런 점에서도 정치와 경제는 또는 국가와 시장은 불가분의 관계를 가진다. 그러나 정치경제란 용어는 학자에 따라 다르게 사용되었다. 아담 스미스를 비롯한 고전경제학자들은 그 용어를 현대의 경제학과 같은 것으로 간주하였다. 또한 근래에 들어 안소니 다운스(Anthony downs)와 같은 다수의 학자들은 정치경제를 공식적 경제학의 방법론을 적용하는 것으로 간주했다. 즉 그들은 정치경제를 소위 합리적 행위자 모델로 설정하여 모든 인간 행태의 유형을 분석하려고 했다. 또 다른 사람들은 정치경제라는 용어를 사회적 행태를 설명하기 위한 구체적인 경제이론을 사용하는 것으로 간주하였다. 예를 들면 게임이론과 집단적 행위이론 그리고 마르크스주의 이론들이 있다. 정치경제에 대한 공공선택 접근법은 행태를 설명하기 위해 경제학의 방법론과 이론을 사용하였다. 결국 정치경제는 여러 학자들의 다양한 방법과 개념으로 사용되어 왔음을 알 수 있다.

정치경제에 대한 방법론들은 다양하게 사용되어 온 반면 실제로 어떤 사회현상을 학문적으로 탐구하기 위한 포괄적이고 만족스러운 틀을 제공하지 못했다. 분석을 위한 개념들이나 변수들 그리고 인과관계 등을 체계적으로 발전시키지 못했다. 때로는 정치적 요소들과 다른 비경제적 요소들이 등한시되었으며 사회적, 경제적, 정치적 요소들의 상호작용을 포함해서 사회적 변화과정을 체계적으로 이해하기 위한 통일된 방법론이나 이론을 제공하지 못했다. 기껏해야 정치경제라는 용어는 분석적 방법들과 이론적 시각들을 절충적으로 혼합한 것에 지나지 않는다고 비판되기도 했다.

역사적으로 정치경제는 근대국가의 변화와 연관되었다. 즉 시민혁명 이후 나타난 국가체제에서는 자유주의와 시장경제의 출현과 더불어 정치와 경제의 분리가 주장되었다. 시장에서의 자유방임적 이념과 경제활동의 자동조절 개념은 국가의 경제에 대한 간섭을 배제했다. 또한 시민혁명 이후 나타난 근대국가들은 가능한 한 국가의 역할과 기능을 축소시키는 데 중점을 두었으며 그 결과 소극적 국가형태로 변화했다. 이로써 국가와 시장은 분리되었으며 국가는 야경국가로서 그의 존재를 한정시키게 되었다. 그러나 시장원칙에 기반을 둔 초기 자본주의 경제가 예기치 못한 모순을 야기하게 되었다. 그것은 곧 경제적으로나 사회적으로 계층 간의 불평등으로 이어졌으며 이런 빈익빈 부익부 현상은 불가피하게 국가나 정부의 경제에 대한 간섭이나 조정을 요구하게 되었다. 더욱이 자본주의 경제는 1930년대 미국에서 일어난 경제적 대공황과 같은 엄청난 침체현상을 야기함으로써 방임주의적 시장경제에 대한 정부의 간섭과 자본주의 수정을 가져오게 되었다. 이로써 국가는 제한적으로 시장에 간섭하는 정책을 채택했으며 성장보다는 분배에 더 관심을 두게 되었다. 그리고 국가가 직접 침체된 경제를 회복하기 위해 수리사업 등을 전개하였다. 국가가 시장에 간섭함으로써 정치와 경제 간의 관계는 엄격히 분리될 수 없었다. 국가와 시장은 다 같이 생산과 자원분배의 메커니즘이 되었다. 그리고 서방세계에서 국가들은 사회경제적 분배에 관심을 두고 정치적 갈등을 해소하기 위한 방법으로 복지정책들을 채택하였다. 복지정책들은 사회나 경제에 대한 정부의 규제적 조치들을 필요로 하였으며 전반적으로 국가와 시장 간의 긴밀한 상호관계를 확대시켰다.

한편 제2차 세계대전 이후에 출현한 많은 신생국가들에서는 경제적 후진성을 극복하기 위한 개발정책들이 추진되었다. 이들 국가에서는 대체로 정부가 주도하여 권위주의적으로 자원들을 배분하였으며 또한 계획적 개발전략을 추진하였다. 개발도상국들은 기본적으로 시장경제체제를 갖추지 못했으며 정부 중심의 전략과 방법들이 적용되었다. 따라서 국가와 시장 간의 구별은 불가능했으며 그 대신 국가가 중심이 되어 시장을 발전시키는 소위 '위로부터의 개혁과 발전'이 시도되었다. 자율적인 시장이 부재한 반면 권위주의적 국가체제만이 존재했을 뿐이다. 따라서 정치와 경제의 분리보다는 정치우위의 정치경제가 존재하게 되었다.

선진국들에 있어서나 개발도상국들에 있어 다 같이 정치와 경제는 전체적으로 분리해서 생각할 수 없게 되었다. 현대세계에서 국가는 시장 활동에 심오하게 영향을 미치고 있다. 즉 국가는 경제행태를 지배하는 규정뿐만 아니라 재산권의 보호와 분배와 관련된 많은 규제와 조치들을 취하고 있다. 다만 국민들은 국가가 시장에 영향을 주고 있으며 그들의 경제적 생활을 결정하고 있다는 사실을 인식하고 있다. 이는 정치경제의 출현에 영향을 미치는 하나의 주요한 요소가 되고 있다. 다시 말하면 시장 그 자체가 정치적 결과에 영향을 미치는 하나의 세력자원이 되고 있는 것이다. 현대세계에서 정치와 경제는 완전히 분리되어 기능하고 있다고 생각하기보다는 오히려 서로 영향을 미치는 상호 연관성을 가지고 있다고 봐야 할 것이다. 그러나 중요한 문제는 국가 내에서의 정치경제가 어떻게 국가들 간의 관계로 확대되고 있는가를 분석하고 이해하는 일이다. 정치경제의 개념이 부와 세력추구의 상호 동태적 관계로서 규정된다면 국가와 시장이 국제관계에서도 세력과 부의 분배에 영향을 미치기 위해 상호 행동한다는 점에 유의할 필요가 있다. 정치경제와 관련해서 세 가지 관점들이 제시되어 왔다.[15]

제2절 자유주의적 관점

이 관점은 시장의 확대에 관심을 두며 근본적으로 효율성의 증대와 부의 극대화에 대한 인간의 보편적인 욕망에 대한 반응으로 설명한다. 모든 경제를 국내적이든 국제적이든 두 개의 독립된 분야로서 분석하려고 한다. 즉 근대적이고 진보적인 분야와 전통적인 분야로서 구분한다. 근대적인 분야에서는 생산의 효율성과 경제적

---

15) *Ibid,* pp.65~80.

통합이 높은 수준으로 이루어지는 것을 특징으로 한다. 반면 전통적인 분야는 생산양식의 단순성과 지역적 자족성에 의해 특징된다. 이 관점에 의하면 경제발전과정은 경제적, 사회적, 정치적 구조들의 근대화를 통해서 전통적 분야가 근대적 분야로 흡수되고 변형되는 것으로 이해된다. 시장과 제도의 글로벌통합은 시장력이 높은 수준의 경제적 효율성과 글로벌 상호의존성의 결과로서 이해한다. 개인주의, 경제적 합리성, 행태적 극대화 등이 사회적 규범들로 강조된다. 이런 점에서 보면 시장경제의 출현은 시장력의 확대에 의해 자연적으로 나타나는 결과이다. 인간은 자연적으로 교역과 교환을 통해 그들의 경제활동을 확대하려고 하며 이런 과정에서 외부적 제안요소들을 제거하는 반면 기회를 증가시키려는 경향을 갖는다. 교통과 통신의 발달, 효율적인 경제제도의 증대, 그리고 거래비용의 축소 등이 전통적 경제를 근대적인 경제로 전환시킨다고 생각한다. 또한 이 관점은 근대 세계경제를 생산의 시장양식이 전 지구적으로 확산되며 새로운 영역들이 국제경제로 흡수되는 것을 특징으로 한다고 간주한다. 이런 확대과정은 갑자기 이루어지는 것이 아니라 계속적으로 진행되는 것으로 본다. 후진적 경제 분야의 근대적 분야로의 전환은 점증적으로 이루어지며 특히 경제조직의 시장양식에의 채택이 중요한 요소가 된다. 또한 이런 과정에서는 새로운 상품의 개발과 생산기술의 쇄신, 새로운 시장의 개방 및 공급의 증가 그리고 경제활동을 조직하고 관리하는 새로운 수단들이 요구된다. 그뿐만 아니라 경제생활의 화폐화, 도시화, 소통과 교통의 진보 등이 특히 중요하다. 왜냐하면 이러한 사태발전은 경제적 거래의 비용을 축소시키며 개별적 시장의 확산과 통합을 용이하게 해 주기 때문이다. 전반적으로 이러한 요소들은 글로벌경제의 상호 의존성을 진전시킨다. 경제적 발전과정은 시장의 경쟁과 가격 메커니즘을 보다 높은 수준으로 전환시켜 생산적 효율성과 부의 극대화를 가져오는 것으로 간주되었다. 결과적으로 시장의 확대, 자본의 축적, 생산력의 증대, 새로운 기술의 발달, 조직형태의 쇄신 등이 세계를 계속적인 경제성장과 글로벌 상호 의존성의 과정으로 이끈다고 주장한다. 또한 경제근대화의 과정은 단기적으로 보면 사회정치적 발전에 의해 영향을 받지만, 장기적으로는 그러한 과정에서부터 벗어나게 된다. 기본적으로 근대세계의 출현은 시장에 내재하는 요소들의 결과라고 규정된다.

제3절 세계체계론적 관점

이 관점은 국제정치경제의 역사와 진보는 소위 근대세계체계의 개념으로 이해될 수 있다고 주장한다. 즉 그러한 체계는 임마누엘 월러스틴(Immanuel Wallerstein)에 의하면 단일적 노동 분화와 다양한 문화체계를 가지고 있는 하나의 단위로서 규정된다. 그리고 세계는 하나의 구조적 전체로서 간주되며(여기서 세계는 전체 지구를 의미하지 않는다) 또한 적절한 분석의 단위와 수준으로 이해된다. 현대세계는 구조 내에 있는 모든 부분들이 기능적으로 그리고 필연적으로 연관되어 있는 하나의 체계이며 또한 일련의 경제법칙들에 따라서 활동하는 하나의 체계를 말한다. 여기서 정치경제학의 주요한 과제는 이러한 체계의 기원과 구조와 기능을 분석하는 것이다.

　세계체계론적 관점은 기본적으로 사회현실에 대한 마르크스주의적 개념에 바탕을 두고 있다. 첫째로 이 관점은 인간행태의 결정요소로서 경제영역의 중요성과 정치적 갈등에 대한 계급적 갈등을 수용한다. 그러나 전통적 마르크시즘은 국내에서의 계급구조와 갈등에 초점을 두는 반면 세계체계이론은 국제적 위계질서와 국가와 경제적 계급들 간의 투쟁을 말한다. 둘째로 분석의 초점은 자본주의를 전 지구적 현상으로 간주한다. 그러나 전통적 마르크시즘은 국제적 경제를 불균등하지만 발전을 가져오고 궁극적으로 세계적 통합을 가져오는 것으로 간주한 반면, 세계체계이론은 이미 통합된 경제체계가 경제력에 의해 형성된 계급지배의 국가들 간의 위계질서로 구성된 것으로 가정한다. 그리고 그러한 세계경제체제는 종속된 주변부의 저발전을 생산하는 것으로 간주한다. 끝으로 근대 세계경제는 본질적으로 모순을 내포한다. 그리고 역사발전을 결정하는 법칙에 의해서 기능하는 것으로 인식된다. 또한 그러한 역사발전은 위기를 가져오며 결국 붕괴된다고 인식한다. 전통적 마르크시즘은 자본주의가 세계를 발전시키는 역사적 사명을 가지고 있다고 주장한다. 그러나 세계체계이론가들은 세계자본주의 체계가 덜 발전된 국가들을 저발전 상태로 남게 한다고 가정한다.

　전통적 마르크시즘과 세계체계이론이 다르지만 그들은 다 같이 세계경제는 지배적인 중심부와 종속된 주변부를 포함하고 있다고 주장한다. 이러한 세계경제의 구성요소들은 하나의 통합된 전체로서 상호작용한다고 보고 있다. 또한 하나로 통합된 전체로서 중심부에서 자본축적과 발전을 가져오는 메커니즘들이 똑같이 주변부에서 경제적 정치적 저발전을 생성시킨다고 가정한다. 중심부와 주변부를 분리하면서도 세계체계이론가들은 이들을 밀접히 연관된 것으로 보고 있다. 즉 그들은 일종의 이원주의를 강조하고 있다. 프랭크(Andre Gunder Frank)의 말에 의하면 선진경제와 후진경제 간의 통합된 상업적 네트워크가 '저발전의 발전'으로 나아가게 한다는 것이다. 이런 근대체계는 이미 16세기로부터 현재까지 이른바 서구적 자본주의라는 본질적 요소들을 변화시키지 않은 데 특징이 있다고 주장한다. 즉 부자는 계속 부자가 되고 가난한 자는 계속 가난해지는 체계를 재생산해 왔다는 것이다. 결국 마르크스주의 이론에서 강조된 자본주의적 생산양식의 붕괴는 불가피하다는 것이다. 그러나 현실은 오히려 자본주의(수정되었지만)가 계속 생존하고 있는 반면 마르크스주의를 바탕으로 한 사회주의는 지구상에서 그 힘을 상실하고 있는 것이다.

제4절 패권안정이론

이 이론은 찰스 킨들버거(Charles Kindleberger)에 의해 처음 제시되었다.[16] 그에 의하면 개방적이고 자유주의적인 세계경제는 하나의 패권적 혹은 지배적 세력을 필요로 한다는 것이다. 패권안정이론은 기본적으로 하나의 단일국가에 의해 지배되는 세력의 패권적

---

16) Charles P. Kindleberger, *Power and Money: The economics of International Politics and The Politics of International Economics*(NY: Basic Books, 1970) 참조.

구조가 강력한 국제적 레짐들을 발전시키는 데 기여한다고 본다. 나아가 패권적 세력은 자유경제질서의 규범과 규칙들을 수립하고 유지한다는 것이다. 반면 그러한 세력이 없다면 자유경제질서도 사라질 것이라고 가정한다. 자유적 국제경제는 자유시장과 이를 유지하는 패권국가의 존재에 기반을 두어 왔다. 자유시장은 개방과 무차별 같은 규범을 수반한다. 사실 제2차 세계대전이 끝날 무렵 형성된 국제경제질서인 브레턴우즈(Bretton Woods) 체계는 전쟁에서 승리한 미국과 영국을 비롯한 연합국들의 세력과 이념에 바탕을 둔 것이었다. 그들은 국제경제질서가 자유주의의 이념에 기반을 두어야 한다고 강력히 주장했다. 그들은 보호주의 경제 때문에 전쟁이 발생한다고 강조한 반면 자유주의 국제경제체계는 국가 간의 경제적 번영과 경제적 조화를 가져올 뿐만 아니라 국제평화도 가져올 것이라고 믿었다. 1933년부터 1944년에 걸쳐 미국 국무장관을 지낸 코델 헐(Cordell Hull)은 다음과 같이 주장했다.

> "방해를 받지 않는 무역은 평화와 긴밀하게 연결된다. 그 반면 고율의 관세무역장벽, 불공정한 경제사의 경쟁은 전쟁과 연결된다. 무역에 있어서 보다 더 자유로운 유통(차별대우(discrimination)나 장애물(obstruction)이 거의 없다는 의미에서의 보다 자유로운)을 달성할 수 있다면 일국은 타국을 극도로 시기하지 않을 것이고 모든 국가의 생활수준은 향상될 것이다. 또한 이에 따라 전쟁을 일으키는 경제적 불만족은 사라지고 우리는 지속적인 평화에 알맞은 기회를 가질 수 있을 것이다."[17]

전반적으로 패권안정이론은 개방적 자유시장경제를 위해서는 세

---

17) Richard N. Gardner, *Sterling-Dollar Diplomacy in Current Perspective: The Origins and Prospects of Our International Economic Order*, ed.(NY: Columbia Univ. Press, 1980), p.9; John E. Spiro, 『國際政治經濟論』, 신정현 역(대학문화사, 1984), p.43에서 재인용.

가지 전제적 요소들이 필요하다고 본다. 즉 그들은 패권, 자유적 이데올로기, 그리고 공통적 이해관계 등이다. 특히 상당한 정도의 이데올로기적 합의, 안토니오 그람시(Antonio Gramsci)의 말을 빌리면 '이데올로기적 헤게모니'가 특별히 필요해진다. 돌이켜 보면 전후에 형성된 미국을 중심으로 한 서방세계의 국제경제체계는 자유주의에 대한 국가들의 합의와 참여에 의존하였다. 그러나 구소련을 중심으로 한 공산주의 블록이 등장함으로써 서방세계의 경제체계는 상당한 정도로 도전을 받았다. 그 결과 세계경제체계는 동서 양극체계에 의해 분할되었으며 적어도 탈냉전시대가 시작되기 전까지는 전 지구상에 두 개의 이질적인 경제체계가 존재해 왔다. 동서 양극체계가 존재하는 동안에도 서방경제체계는 미국과 그의 동맹국들의 패권에 의해 유지되어 왔다. 지금까지도 전후에 출현한 국제경제체계는 관세와 무역에 관한 일반협정(GATT)이나 국제통화기금(IMF) 그리고 국제부흥과 개발을 위한 국제부흥개발은행(IBRD) 등이 주축이 되어 유지되고 있다. 패권안정이론에 의하면 패권국은 국가들 간의 개방된 무역제도와 안정된 통화에 의해 재화와 용역이 유통될 수 있는 규정을 마련해야 하며 또한 책임을 져야 한다는 것이다. 이 이론은 자유경제체계는 자기 스스로 유지될 수 없으며 어떤 특정한 지배적 경제에 의해 장기적으로 유지되어야 한다는 것을 주장한다. 왜냐하면 국제경제에서 특수한 국가들이 다른 국가들을 실행시키면서 자기들의 이익을 추구할 수 있으며 이를 위하여 그들은 독점적 지위를 활용할 수 있기 때문이다. 따라서 국제경제의 안정을 위해서는 패권적 세력에 의한 안정이 필요하며 그러한 안정은 바로 패권국가로부터 제공될 수 있다고 주장한다. 과연 패권세력은 국제경제관계에서 공정하고 신뢰할 수 있는 세력으로 국가들 간의 상호이익을 위해 존재할 수 있을까? 이것이 패권안정이론이 갖는 기본적인 문제이다. 지금까지는 그러한 패권국가로서 또는 패권세력으로서 미국이 지배해 왔다. 그러나 중국이 공산주의 체제로서의 폐쇄성을 버리고 개방적 체제로 전환하면서 급속한 경제성장을 이룩한 나머지 새로운 패권국가로서의 지위를 확보하려고 한다고 많은 사람들이 말하고 있다. 소위 '중국위협론'이 제기되고 있는 것이다. 만약 패권이 한 국가에서 다른 국가로 전이될 경우 국제경제는 어떠한 변화를 맞게 될 것인가? 이 또한 미래세계의 안정을 위한 중요한 문제가 아닐 수 없다.

국제관계와 관련해서 정치경제에 대한 분석이론은 어느 한 가지 원인이나 이데올로기에 의해서 그 본질을 설명하기는 어렵다. 시장경제의 동력이 증대되고 그에 따라 국경을 넘어서는 시장통합과 확대가 불가피하다는 자유주의적 경제이론은 실제로 국제경제의 출현을 설명하는 한 가지 방법에 불과하다. 또한 자본주의 경제의 본질과 관련해서 계급갈등에 바탕을 둔 마르크스주의적 설명도 지나치게 이데올로기적이고 단순한 논리에 의존하고 있다. 끝으로 현실주의적 입장에서 국제경제가 지배적인 국가의 이익과 세력에 의해 유지되고 확대된다는 설명 또한 충분하지 않다. 다시 말해서 국제경제의 출현과 확대는 다인적 설명을 필요로 한다. 현대세계에서 발달한 과학과 기술이 없었다면 지금과 같은 국제경제에 대한 논의는 불가능했을지도 모른다. 시장의 확대나 국경의 개방 등이 모두 과학기술의 발달에 크게 기인되고 있음을 부정할 수 없다. 현대 과학기술에 의해 교통과 통신수단이 발달하였으며 이로 인해 국가

간 무역과 자본의 이동이 활발해졌으며 국가들은 자신들의 경제발
전에 필요한 개방과 협력의 자유주의적 정책들을 선택하게 되었다.
그 결과 국경을 넘어서는 경제활동이 동력을 얻게 되었으며 이를
뒷받침하기 위한 정치적 수단들이 적극적으로 사용되었다. 이런 맥
락에서 국제정치경제에 대한 설명이 필요해졌고 그 연장선상에서
소위 글로벌경제의 형성이나 경제의 세계화를 말하게 되었다.

제5절 글로벌경제의 미래

　세계화 과정은 여러 가지 측면에서 논의할 수 있다. 즉, 경제적,
사회문화적, 정치적 측면들에서 일어나는 변화를 통해 그 과정을
설명할 수 있다. 그중에서도 경제적 측면에서의 변화와 관련해서
세계화를 설명하는 경우가 많다. 경제적 측면에서의 세계화는 한마
디로 말해 국경을 넘어서 이루어지는 모든 종류의 경제적 활동이
강화되고 있는 것을 의미한다. 생산과 분배 그리고 금융 및 경영
등 다양한 경제적 분야들에서 세계화가 이루어지고 있다는 것이다.
이런 세계화는 과거 어느 때보다도 상호 연결되어 있다는 점에서
관심을 끈다. 그러나 세계화를 설명하는 이론들은 통일되어 있지
않다. 학자에 따라서는 글로벌경제가 아직도 형성되는 과정에 있다
고 말한다. 소위 경제적 통합과 관련해서 가까운 거리에 있던 독립
된 기업들 간에 행해졌던 재화와 용역의 거래가 좀 더 멀리 떨어져
있는 기업들 간의 대규모적인 거래로 바뀌고 있다는 것이다. 다시

말하면 경제통합의 수준과 범위가 확대되었다는 것이다. 오늘날 이루어지는 경제적 통합은 재화와 용역의 생산수준을 확장시키고 있으며 또한 가시적, 불가시적 무역을 증대시키고 있는 데서 과거의 통합과 다르다는 것이다. 그 실례로서 다국적 기업들의 경제적 활동과 그들의 세계적 네트워크의 출현을 들 수 있다.

경제적 세계화로 나타나는 글로벌경제의 특징들을 정리해 보면 다음과 같다. 첫째, 국가적 경제공간이 국제화되고 있으며 그 공간은 내적으로나 외적으로 침투된다. 둘째, 몇 개의 국가적 경제들을 포함하는 지역적 경제블록들이 형성되고 있다. 이런 블록들은 북미, 유럽, 동아시아 지역 등에서 현저하게 나타나고 있으며 여기서는 공식적인 연계들이 발전하고 있다. 유럽연합과 아시아-태평양 경제협력 포럼, 아시아-유럽회의 등이 대표적인 예이다. 셋째, 국가들 내에서 지역적, 지방적 경제협력들이 이루어짐으로써 소위 '지방적 국제화' 혹은 '수직적 지역체들'이 출현하고 있다. 이들은 일반적으로 국경을 넘어서 상호작용 관계를 갖고 있다. 넷째, 다국적 기업들과 횡국가적 은행들 그리고 국제적 생산 서비스 회사들이 그들의 경제활동을 보다 더 포괄적인 방향으로 확대함으로써 다국적화를 확대하고 있다. 그들은 자신들의 경제활동을 전 세계적인 범위로 확대시키며 그에 알맞은 전략들을 구사하고 있다. 이런 현상을 때때로 '글로벌 지방화'라고 말하기도 한다. 그들의 전략은 기본적으로 전 세계를 상대로 하고 있지만 종종 지방적 차이들을 이용하거나 또는 그들에 적응하는 데 기반을 두고 있다. 다섯째, 이러한 경제활동과 그에 따라 제기되는 쟁점들과 관련해서 많은 수의 국제적 레짐들이 형성되고 있다.

경제적 세계화 혹은 글로벌경제의 출현과 관련해서 몇 가지 문제점들이 제기되고 있다. 우선 그러한 과정에 경제적, 정치적 이질성이 그대로 내포되어 있다는 점에 주목할 필요가 있다. 앞에서 지적한 바와 같이 여러 가지 지역적, 경제적 통합이 이루어졌지만 그 통합과정에 포함된 국가들의 경제능력과 경제체제가 각기 다르다. 예를 들면 북미자유무역협정(NAFTA)의 경우 미국과 멕시코 간의 경제적 차이는 엄청나게 크다. 또한 유럽연합의 경우 독일과 그리스의 경제능력도 큰 차이를 보이고 있다. 그럼에도 불구하고 그들은 다 같이 통합된 시장경제의 틀 속에서 상호교류와 협력관계를 유지하고 있다. 통합된 시장 안에서 능력이 다른 국가들이 서로 개방적인 경제관계를 갖게 될 때 거기에는 이익분배상 차이가 생길 수밖에 없다.

현실주의적 입장에서 보면 강력한 경제능력을 가진 국가가 그렇지 못한 국가들보다 이익을 많이 볼 수 있는 유리한 입장에 있다. 비록 자유주의 입장에서 주장되는 비교우위원칙은 관련된 모든 국가들의 이익과 혜택을 내세우고 있지만 현실은 그러한 이익배분이 이루어지지 않고 있다는 것이다. 반드시 영합게임은 아니지만 경제적 능력이 낮은 국가들은 강한 국가들보다 적게 이익을 분배받을 수밖에 없다. 이것은 시장경제에 기초한 자본주의적 관점에서 보면 분명해진다. 시장경제에서 경제적 수단들을 많이 가지고 있는 강대국들이 그렇지 않은 약소국들보다 많은 이익을 분배받는다는 것은 부인할 수 없다. 또한 국가들 간에는 경제발전이나 경제정책 면에서 차이가 있다. 발전된 선진국과 그렇지 못한 후진국들 간의 통합된 시장에서 경제활동을 할 경우 후진국들은 불리한 입장에 처할 수 있다. 더욱이 후진국의 경우 경제발전에 필요한 자본과 기술이 외부로부터 유입될 때 그들에 대한 효율적인 관리와 통제를 하지 못하는 정책들을 채택할 수 있다. 자유주의 입장에서 보면 자본과 기술의 유입은 후진국들의 경제발전을 위해 반드시 필요한 것이지만 그러한 것들이 잘못 관리된다면 경제발전보다는 경제종속을 가져올 수 있다. 결국 개방정책을 취하는 국가들의 선택에 따라 또는 관리에 따라 성공과 실패가 결정될 수 있다. 과거 구소련은 개방과 개혁을 내세웠지만 붕괴되고 러시아 연방공화국으로 변화했으며 중국은 시장사회주의를 선택하면서 급속한 경제성장을 이룩하고 있다. 그만큼 글로벌경제의 네트워크에서 국가의 역할은 여전히 중요하다.

한편 글로벌경제는 국가와 시장들의 국제적 상호의존성을 확대시키고 있다. 따라서 한 국가나 시장의 활동이 다른 국가의 경제에 지대한 영향을 미치게 된다. 현재 출현하고 있는 글로벌경제는 상당수의 국가들이 재정적 건전성을 확보하고 있지 못하다는 점에서 많은 취약성을 내포하고 있다. 선진국들은 전후에 이룩한 경제성장과 더불어 복지정책을 선택함으로써 과도한 재정적 지출을 진행해왔다. 그에 따라 어떤 국가들은 국가채무의 부담을 안게 되었다. 또한 개발도상국들은 급속한 경제성장을 위하여 국내적으로나 국제적으로 많은 빚을 지게 되었고 그 결과 국가채무의 불이행이라는 경제적 위기를 맞은 경우도 있다. 그뿐만 아니라 미국과 같은 선진 자본주의 국가들에서는 시장자유주의를 확대한 반면 일부 금융기관들의 부도덕한 행위(파생상품의 판매 등)로 경제적, 금융적 위기를 초래했으며 그러한 위기는 곧 전 세계적으로 확산되었다. 소위 미국발 금융위기가 세계의 많은 국가들의 경제 상태를 악화시켰음은 주지하는 바와 같다. 또한 1990년대 후반기에 일어났던 아시아 지역에서의 경제위기도 거대한 국제금융의 무책임한 행동과 특정 국가들의 해이한 금융관리로 인해 발생했었다. 그리고 현재 유럽에서 제기되고 있는 경제위기도 글로벌경제가 내포하고 있는 취약성에서 그 원인을 찾아볼 수 있다. 그리스를 비롯한 남유럽의 국가들이 과도하게 재정적 지출을 행함으로써 경제적, 금융적 위기에 직면하고 있으며 이러한 위기는 유럽뿐만 아니라 전 세계의 국가들의 경제에도 영향을 미치고 있다.

그뿐만 아니라 글로벌경제가 안고 있는 또 다른 문제는 구성 국가들이 각기 다른 특수한 문화적 구조를 내포하고 있다는 것이다. 국가들에 따라 상이한 역사와 전통 그리고 문화가 경제생활이나 경제발전에 상당한 영향을 미치고 있음을 알 수 있다. 흔히 기독교를 믿는 국가들과 그렇지 않은 국가들 간에는 경제발전 차이가 크게 나타나고 있다고 주장한다. 막스 베버가 말하는 바와 같이 프로테스탄티즘을 믿는 사람들이 보다 더 근면하고 겸손하며 나아가 절약하는 생활태도를 가짐으로써 자본주의 발달에 기여했다는 것을 부정하기 힘들다. 문화적 차이가 크게 나타나고 있는 국가들이 하나의 통합된 시장에서 경제적 상호 의존관계를 가질 때 경제적 위기나 불안정이 나타나게 된다. 결국 글로벌경제는 시장경제라는 보편적 원칙을 바탕으로 하고 있지만 동시에 국가에 따른 특수한 문화적 차이도 함께 포함하고 있기 때문에 경제적 자유와 충돌을 완전히 극복하지 못하고 있다. 경제적 세계화는 곧 기회와 위기의 양면성을 표출시키면서 진행되고 있는 것이다.

제4장
세계화와 국가 그리고 거버넌스

제1절 국가의 조직과 역할

세계화를 하나의 세계를 지향하는 다각적인 변화과정으로서 규정할 때 국가는 어떻게 되어야 할 것인가에 관해서 각기 다른 견해들이 제기되어 왔다. 지금까지 국가에 대한 이론적 설명들을 종합해 보면 대체로 다음과 같이 세 가지로 정리해 볼 수 있다.[18]

(1) 국가중심론

이 이론은 국제 관계론에서 제기되어 온 현실주의적 전통에 따

---

18) Colin Hay, Michael Lister, and David Marsh(eds.), pp.202~204.

라 국가의 세력을 강조한다. 또한 이 이론은 일반적으로 정치학에서 다루어진 엘리트이론과 관계를 갖는다. 현실주의는 주로 국제체계를 주권국가들의 체계로 가장한다. 국가들이 폭력수단들을 통제하며 또한 다른 행위자들의 게임을 위한 규칙들을 결정한다. 여기서 다른 행위자들이란 기업, 개인, 그리고 여러 조직체들을 포함한다. 나아가 국가들은 대외적으로 항상 그들의 자유와 자율성을 추구한다. 왜냐하면 현재까지 세계정부가 존재하지 않으며 아마도 미래에도 그러한 정부는 존재하지 않을 것이라고 믿기 때문이다.

이러한 배경에서 왜 국가중심 현실론자들이 국가의 존재와 역할에 대해 회의적인 이론들을 거부하는가를 이해할 수 있다. 앞에서도 지적한 바와 같이 국가중심론의 기본 가정은 국가가 그를 제외한 모든 행위자들을 위해 게임의 규칙을 결정한다는 것이다. 국가들만이 군사력으로 이해되는 세력을 가지고 있으며 따라서 그들은 유일한 행위자들로 간주된다. 이런 맥락에서 현실론자들은 사적 기업들의 세력이 증가한다는 이유 때문에 또는 일반적으로 시장력이 증가하고 있다는 이유 때문으로 국가가 후퇴하거나 쇠퇴된다고 주장하는 견해들을 강력하게 부정한다. 즉, 국가는 사회 내에서 가장 강력한 세력을 가지고 있기 때문에 다른 비국가적 행위자들을 통제한다는 것이다. 따라서 시장의 역할과 기업을 포함한 사적 행위자들의 행동들이 국경을 넘어서서 증대하기 때문에 국가의 세력이나 역할이 축소되어야 한다는 국가변형이론은 국가중심론자들에 있어서는 받아들이기 힘든 것이다. 아무리 세계가 변한다 해도 국가의 본질은 변하지 않는다는 전제가 현실주의의 이론적 전통이다.

(2) 국가쇠퇴론

　　이 이론은 국가와 세력에 대해 다른 견해를 가지고 있다. 이 이론의 출발점은 개인적 시민이다. 이런 면에서 다원주의는 자유주의에 바탕을 둔다. 한편 국가는 유일한 세력의 조직체나 제도가 아니라고 본다. 국가는 법치와 개인들의 권리를 보호하는 장치이다. 국가는 사회에서 시민들의 생활과 자유와 재산을 보호하는 기관으로 간주된다. 처음부터 자유주의자들은 시민사회에서의 개인들과 집단들을 중심적 실체들로 보았다. 그들에 의하면 횡국가적 관계, 즉 국경을 넘어선 개인과 집단들 간의 관계가 최근 몇 십 년 동안 계속 증대해 왔다고 주장한다. 이런 관계들 때문에 국가와 정부세력의 쇠퇴가 불가피하다고 보고 있다.

　　또한 자유주의자들에게 있어 국가는 결코 하나의 강력하고 유일한 자율적 행위자가 아니다. 그것은 언제나 시민사회에 있어 개인과 집단들을 보호하는 하나의 조직체인 것이었다. 나아가 시민사회의 구성원들은 국가만이 아니라 비국가적 행위자들에 의해서도 강력하게 영향을 받는다고 믿었다. 자유주의 견해에 따르면 세력은 많은 행위자들에게 배분되는 것으로 간주된다. 그러한 세력배분은 광범위한 쟁점영역들에 따라 이루어지는 것으로 보았다. 국가들은 개인들과 집단들이 행하는 횡국가적 관계부터 압력을 받게 된다. 이것이 바로 국가의 후퇴나 쇠퇴를 주장하는 기반이 된다.

(3) 국가체계론

이 이론은 영토와 인구와 정부에 기반을 둔 주권국가들로 구성된 하나의 체계가 존재한다는 것을 인정한다. 그러나 이런 주권국가들은 자본주의에 기초한 글로벌경제체계와 공존한다고 주장한다. 이 이론의 주창자들은 정치와 경제 간의 관계에 대해서 많은 관심을 갖는다. 특히 그들은 하나의 자본주의 세계체계에서 국가가 경제적, 사회적 발전을 위한 가능성을 이용할 수 있는 능력에 초점을 둔다. 이런 맥락에서 주요한 관심은 국가와 시장 간의 관계에 있다. 칼 폴라니(Karl Polanyi)는 그러한 관계를 변증법적인 것으로 이해했다. 즉 국가는 시장을 창조하고 규제한다. 그러나 시장은 일단 창조된 다음에는 국가를 규제할 수 있는 세력의 원천이 된다. 현실주의자들은 국가가 시장을 통제한다고 주장하는 반면, 자유주의자들은 시장을 국가에 도전하고 국가를 규제하는 커다란 세력으로 간주한다. 그러나 체계론자들은 국가와 시장 간의 관계를 하나의 진전되는 상호의존관계로 보고 있다. 즉 그러한 관계 속에서 국가와 시장은 서로서로를 필요로 하고 서로에게 도움을 주는 것으로 파악된다. 동시에 국가와 시장은 정치적, 경제적 세력의 원천이며 그들 간에는 각기 다른 균형관계가 가능해진다. 일종의 변형이론으로서 국가체계이론은 국가를 이기거나 지는 것으로 보지 않고 국가의 상대적인 세력위치가 시간에 따라 그리고 쟁점에 따라 변화한다고 보는 것이다.

세 가지 이론들을 살펴보았지만 어느 한 가지만 가지고 국가의 존재나 형태 그리고 조직과 기능을 일방적으로 설명하기 힘들다. 그만큼 세계에는 수많은 다른 형태의 국가들이 존재하고 있기 때문이다. 다만 현대의 시간적, 공간적 변화와 더불어 국가가 어떻게 대응해야 될 것인가에 대한 기본적 문제의식에서 어떤 이념형(Ideal type)으로서 국가의 변형을 검토해 볼 수 있을 뿐이다. 다만 21세기를 내다보면서 세계가 전반적으로 변화와 발전을 경험하고 있기 때문에 국가의 변형을 심도 있게 논의해 보는 것은 실로 바람직한 일이다.

제2절 국가와 정부 그리고 거버넌스

현재 진행되고 있는 세계화 과정에서 국가는 그 조직형태나 역할수행에 있어 새로운 요소들을 필요로 하고 있다. 이미 산업화된 선진국들은 정부의 권력분립과 기능분화 그리고 시장의 자율적 경쟁, 사회적 분화와 전문화 등을 경험했다. 또한 그들은 행정적 체계와 군사조직체들 그리고 경찰력을 가지고 법적 질서를 확립하였으며 특히 제한된 영토와 인구들에 대한 정통적 세력을 행사해 왔다. 이런 모든 조치들은 국가 내에서의 안정을 유지하고 대외적으로 영토적 안전을 유지하기 위한 목적에서 취해진 것들이었다. 그리고 국가들은 일정한 영토 안에서 정치적, 사회적, 경제적 권리들을 가지고 있는 시민들의 안정된 공동체를 발전시켰으며 나아가 언어적, 문화적, 역사적 유대에 기반을 둔 민족공동체를 유지시켜 왔다. 이런 공동체들은 민족국가의 형성과 결속을 위해 기여했다. 동시에 그들은 국가 내에서의 경제를 발전시켰으며 그 결과 많은 사회적 집단들을 출현케 했다. 이런 집단들은 민족국가의 통일된 정체에 대해 상당한 정도로 압력을 가했다. 소위 사적 이익집단들이 출현하게 된 것이다. 이러한 속성들을 가졌던 민족국가들이 21세기에 세계화 과정을 경험하면서 새로운 변화의 도전들에 직면하고 있다. 그러한 도전들은 소위 후기근대국가의 개념에서 찾아볼 수 있다. 후기근대국가란 현실이 아니라 하나의 이념형인 것이다. 우선 정부와 별개로 몇 가지 영역들에서 다층적 거버넌스가 나타나고 있다.19) 즉 거버넌스는 초국가적, 국제적, 횡정부적, 그리고 횡국가적 관계들에서 살펴볼 수 있다. 또한 시민적 혹은 정서적 공동체에 기반을 둔 민족국가들이 초국가적 방향으로 변화함으로써 국가들의 성격이나 기능수행이 달라지고 있다. 예로서 국가에 대한 집단적 귀속감이 점차 해체되는 경향을 보이고 있다. 동시에 후기근대국가에서는 많은 분야의 경제활동들이 국경을 초월한 네트워크로 확대되고 있다. 오늘날 국가에 기반을 두었던 경제활동이 더 이상 지속되지 않고 있다. 다시 말해서 국가경제활동이 국경을 초월해서 세계 많은 지역들로 확대되고 있는 것이다.

　새로운 다층적 변화와 더불어 주목을 끄는 용어는 거버넌스이다. 이 용어는 1990년대에 사회과학자들과 운동가들에 의해 제기되고 논의되었다. 특히 거버넌스는 예산축소와 국가공동화, 국가능력의 개발, 정치와 사회 간의 파트너십에 대한 관심, 그리고 정치권위의

---

19) B. Guy Peters and Jon Pierre, "Governance, Goverment and the State", Colin Hay, Michael Lister, and David Marsh (eds.), pp.209~222.

다층화와 같은 문제들에 대한 논의에서 비롯되었다. 간단히 말하면 거버넌스는 집단적 이익의 추구와 사회의 방향설정과 조정에 대한 관심 증대와 관련된 것이다. 본질적으로 거버넌스는 국가의 능력에 대한 문제를 제기한다. 즉 거버넌스는 국가 내에서 민주적 투입과 책임을 어떻게 변화시키고 조정할 것인가 하는 문제를 제기시킨다. 세계화와 국가공동화의 이론가들은 다 같이 거버넌스란 국가와 그의 제도들 이외에 다른 행위자들에 의해서 점차적으로 지배되는 하나의 과정이라고 규정한다. 산업화된 국가에서는 정부의 공식적인 제도들이 네트워크나 시장과 같은 사회적 행위자들의 통치능력에 의해 대체되어야 한다고 주장되었다. 예를 들면 다원주의이론은 정부의 권위나 능력이 많은 사회적 이익집단들에 의해 대체되어야 하고 나아가 견제되어야 한다고 보았다. 그러나 문제는 그러한 대체나 견제가 어느 정도로 이루어지는가 하는 데에 있다. 진정으로 민주주의가 이루어지기 위해서는 개인이나 집단들이 정치과정이나 사회적 네트워크에서의 참여가 보장되어야 한다. 이런 점에서 대처리즘(Thatcherism)은 정치와 사회와의 관계에 대한 새로운 변화를 대표한 것이었다. 사실 거버넌스를 공적, 사적 행위자들 간의 조화된 행동의 제도화된 형태로 본다면 이러한 것은 영국이나 미국의 경우 이미 잘 알려진 것이었다. 결코 새로운 것은 아니다. 정치체계의 모든 수준에서 공적, 사적 협력과 조정을 위한 제도화된 형태들은 서구사회에 있어서 오래전부터 존재해 왔다. 다만 새로운 현상은 그러한 형태가 보다 더 심오해지고 국경을 넘어선 여러 분야들에서 나타나고 있다는 것이다. 또 한 가지 중요한 점은 정부로부터 거버넌스로의 통치 이행 과정이 아니라, 거버넌스에서 정부의 역할이 무엇인가 하는 문제이다. 현대 영국에서 거버넌스는 정부 없이 생겨난 것이 아니다. 오히려 변화한 것은 거버넌스 속에서 정부가 어느 정도의 비중을 가지고 역할을 수행하는가 하는 점이다. 즉 정부 없는 거버넌스가 아니라 정부와 거버넌스가 어떻게 협력하느냐 하는 점이 중요하다. 이와 관련해서 여러 가지 모델들이 제기되고 있다. 이 모델들의 스펙트럼에서 한쪽에서는 사회적 행위자들이 집단적 목표들을 제대로 이행하지 못하며 그들은 시장이나 시민사회를 질곡시킬 것이라고 주장한다. 그리고 그들은 외적 환경에서 나타나는 주요한 행위자들과 대화를 하거나 협력할 수 있는 능력을 갖지 못한다. 한편 다른 스펙트럼에 있는 모델은 거버넌스를 정책 분야에서 정부 간 네트워크에 의해 형성된 하나의 과정으로 간주한다. 이 모델은 집단적 목표들이 다수의 행위자들과 이익집단들에 의해서 실현될 수 없다고 주장한다. 오히려 집단적 선택보다는 하나의 적은 사회부분으로서 존재하는 특수한 행위자가 혹은 소수의 행위자들이 좋은 결정을 내릴 수 있다고 말한다. 이런 양자 모델 사이에 여러 가지 대안적 모델들이 제기되고 있다. 예를 들면 다원주의 모델은 공공 분야를 지배적인 행위자로서 간주하면서 시민사회가 대표자들을 통해서 정체에 어느 정도 영향을 미친다고 주장한다. 반면 조합주의 모델은 사회적 행위자들에게 많은 참여를 허용하는 반면 국가의 거버넌스 활동에서 나타나는 호선(co – optation)의 대가를 지불해야 된다고 가정한다. 마지막으로 네덜란드 모델(Dutch Model)은 거버넌스 활동의 상당 부분을 위해 네트워크를 사용하며, 그러나 정부는 여전히 멀리서 방향을 제시하는 능력을 보유해야 한다고 가정한다. 이와 같이 여러 가지 거버넌스의 형태들이 제기되고 있지만 많은 국가들의 특수한 상황을 일반적으로 설명하기는 어렵다. 세계화 과정이 진행되는 동안 유럽의 국가들은 거버넌스에 대해 일종의 펜드럼과 같은 움직임을 보이고 있다. 예를 들면 스칸디나비아 국가들에 있어서는 분권화된 정부가 점차 사라지고 있는 반면 정부의 재집중화가 이루어지고 있는 것처럼 보인다. 스웨덴의 경우 몇몇 중요한 정부위원회들이 분권화된 지방정부체계와 공공행정의 분권화된 체계를 주의 깊게 검토하고 있다. 한편 대부분의 유럽 국가들은 글로벌경제가 야기하는 금융적 위기들에 대처하기 위해 과거에 수행해 왔던 복지국가의 형태를 수정하여 축소시키는 방향으로 나아가고 있다. 이런 국가형태나 정책변화와 관련해서 공적, 사적 행위들 간의 이해와 협력이 매우 중요하다. 그러나 많은 국가들에서 종종 정부의 긴축정책이나 최소 복지정책 등에 대해 정치적, 사회적 저항운동들이 일어나고 있음을 간과할 수 없다. 그리스에서 보는 것처럼 과도한 국가 채무로 인한 경제위기에 정부가 대처하기 위해 긴축정책을 취하거나 또는 IMF와 같은 국제적 금융단체로부터의 요구에 부흥하기 위한 조치들을 취할 때 노동자들이나 사회 빈민층들이 대거 거리에 나와 항의 시위를 벌이는 것을 자주 목격할 수 있다. 결국 정부가 선택하는 공공목적이나 이를 달성하기 위한 공공정책을 결정할 때에 사적 행위들과 긴밀히 협의하고 동의할 수 있도록 공적, 사적 협력과정이 이루어지도록 하는 것이 국가의 효율성이나 사회적 통합을 이끌어 내는 데 절대로 필요하다. 이런 점에서 거버넌스의 이해나 허용은 현대 국가에서 가장 중심적인 과제이다. 또한 거버넌스 과정을 위한 국가제도들에 있어 중요한 점은 선택의 우선순위를 결정하는 일정한 합의된 메커니즘을 마련한 것이다. 이를 위해 국가는 권위를 사용하고 재정적 자원을 지출해야 한다. 그리고 사적 행위자들이 충분히 표현할 수 있는 자유와 토론의 장을 제공해야 된다. 이제 국가만이 공식적인 제도들을 가지고 사회와 경제를 권위적으로 지배하는 시대는 지나갔다. 오히려 국가와 정부 그리고 사회가 다 같이 소통하면서 문제를 해결하고 새로운 선택을 할 수 있는 민주적 거버넌스가 필요하다.

국가와 그의 제도들은 항상 변화한다. 그러나 그들은 정책을 만들고 실천하는 데 있어 가시적인 행위자들로 남아 있어야 한다. 즉 그들은 거버넌스의 과정에서 그들의 역할을 수행해야 한다. 사회적 행위자들은 국내적으로나 국제적으로 중요한 행위자들이다. 특히 국제적으로 거버넌스는 증대되고 있으며 그의 과정과 구조들이 점차 복잡해지고 있음을 인정해야 한다. 현대 국가는 정부의 공식적인 역할과 더불어 다양한 거버넌스 과정을 접목시켜야 그의 능력을 증대시킬 수 있다.

제3절 국가의 변형: 적응과 쇄신

본질적으로 국가와 시장은 상충된 개념들이 아니다. 시장의 기능이 증대된다고 해서 국가의 역할이 줄어들거나 없어지는 것은 아니다. 두 개념들은 차이는 있지만 기능적으로 상호 보완적인 관계를 가진다. 시장이 잘못 기능하거나 정상적인 궤도를 벗어날 경우

에는 국가가 시장의 기능을 보완하거나 교정하는 역할을 수행해야
한다. 또한 시장은 국가의 부를 창출하기 위해 필요한 반면 국가는
시장을 위해 필요한 질서와 안정을 제공해야 한다. 따라서 국가 없
는 시장이나 시장 없는 국가는 상상하기 힘들다. 두 개념들은 각기
독자적인 활동영역을 가지고 서로 도움을 주는 관계에 있는 것이
다. 어느 하나가 다른 하나를 완전히 흡수하거나 인정하지 않으면
다른 하나도 존재하기 힘들다. 예를 들면 국가가 모든 것을 독점하
는 전제주의체제였던 구소련의 사회주의가 붕괴된 것은 시장의 존
재와 기능을 인정하지 않았기 때문이다. 시장기능이 인정되지 않았
기 때문에 생산성이 둔화되었고 따라서 경제활동이 경쟁력을 잃게
되고 전반적으로 국가의 생명력이 줄어들게 되었던 것이다. 지금도
국가와 시장 간의 관계를 주의 깊게 살펴봐야 한다.

세계화 과정은 앞에서 지적한 바와 같이 시장의 통합과 확대 그
리고 자본주의 경제를 기반으로 해서 진행되고 있다. 따라서 시장
의 기능이 점차 증대되고 있으며 국가의 구성과 역할에 대한 새로
운 논의가 이루어졌다. 세계화론자들은 대체로 국가를 후퇴했다고
보기도 하고 또는 속 빈 강정에 비유하기도 했다. 그러나 세계화를
논의하기 시작한 지 20여 년이 지난 오늘날 과연 그러한가? 결론부
터 말하면 그렇지 않음을 알 수 있다. 세계화는 많은 기회를 가져
오는 반면 동시에 많은 문제점을 야기하고 있다. 이러한 문제점들
은 단순히 시장기능에 의해서 해결될 수 없으며 오히려 국가의 역
할을 증대시키는 결과를 가져오고 있다. 세계화로 생겨난 글로벌경
제는 '국가가 글로벌 재정적 오염'에 대처해야 한다는 경고적 메시
지를 남기고 있다. 이미 1990년대 후반기에 있었던 아시아 국가들

의 금융위기나 또는 2008년에 발생한 미국발 금융위기가 미국경제 뿐만 아니라 다른 많은 나라들의 경제를 위기에 처하게 했음은 주지하는 바와 같다. 이런 경제위기들에 대처하기 위해 국가들은 이전에 경험하지 못한 대처방안들을 모색하고 많은 주요 국가들과 다자적 협의과정을 거쳐 공동적인 방안들을 모색하기도 했다. 미국은 자유시장경제의 대표적인 국가임에도 불구하고 월가의 금융위기에 대처하기 위해 거액의 긴급 규제금융을 지출하였으며 동시에 거대은행 등 금융기관들에 대한 감시와 제재를 강화하였다. 미국의회를 통과한 '금융개혁법'은 시장경제원칙에 부합하지 않는 것이다. 그 밖에 G20 국가들이 금융위기들을 극복하기 위해 상당한 액수의 재정지출을 감행하였으며 이로써 위기들은 어느 정도 극복될 수 있었다. 그러나 위기극복과 더불어 국가들은 과도한 지출로 야기되는 경제적 불안정과 인플레이션을 차단하기 위해 새로운 소위 '출구전략'을 모색하게 되었다. 한편 유럽 국가들은 새로이 나타나는 그리스 등 남유럽국가들에서 발생하고 있는 금융위기들에 공동으로 대처하는 방안들을 모색하고 있다. 동시에 그들은 재정지출을 줄이는 데 관심을 가지며 복지정책을 수정하는 방향으로 나아가고 있다. 국가들은 위기극복과 더불어 금리인상과 긴축재정 조치들을 취함으로써 구매력 감소 현상을 염려하지 않을 수 없다. 소위 더블딥(Double-Dip)을 염려하면서 그들은 경제적 침체현상이 일어날지도 모른다는 우려를 피할 수 없게 된다. 결국 글로벌경제가 안고 있는 취약성에 대처하기 위해 국가들은 개별적으로나 집단적으로 그들의 역할을 증대해야 하며 그와 함께 경제성장을 지속해야 하는 과제를 안고 있다. 더욱 어려운 문제는 세계화가 시장경제와 자본주의를 기반으로 해서 추진되고 있다는 점이다. 본질적으로 시장과 자본은 자유주의를 전제로 하고 있으며 경쟁원칙을 수용하고 있다. 시장은 자유방임적 이론에 의하면 공급과 수요가 보이지 않는 손에 의해서 자동 조절된다는 전제를 원칙으로 하고 있다. 그러나 현실은 시장의 자동조절과정을 전적으로 받아들이기 어렵게 하고 있다. 인간이 항상 절제적이고 합리적이며 동시에 박애주의적이라면 시장기능은 공정하게 행해질 수 있을 것이다. 그러나 인간은 '탐욕스러운 이기적 본능'을 버리지 못하는 존재이기 때문에 자유주의적 시장에서 강조되는 경쟁의 원칙은 빈부의 격차로 시장의 왜곡을 가져오게 하는 경우가 많다. 자본주의 경제가 경기의 호황과 불황의 사이클에서 벗어나지 못하는 이유가 여기에 있다. 초기 자본주의 모순을 극복하기 위해 마르크스주의와 같은 과격한 혁명적 방법이 제시되기도 했지만, 또한 자본주의 시장에서 수요를 증대시키고 구매력과 고용 그리고 투자를 증진시키기 위해 정부의 지출을 늘려야 한다는 케인즈주의(Keynesianism)가 등장하기도 했다. 현재에도 글로벌금융위기에 대한 정부지출의 증대가 새로이 케인즈적인 경제이론에 대한 관심을 갖게 한다.

또한 시장경제에서 강조되는 경쟁원칙은 필연적으로 승자와 패자의 이분법적 결과를 가져오며 승자는 소수인 동시에 패자는 다수가 된다. 그리고 승자는 많은 이익을 얻게 되는 동시에 패자는 많은 상실을 피할 수 없게 된다. 이런 현상이 되풀이될 경우 자본주의 사회에서 자본의 거대화는 쉽게 일어날 수 있으며 반면 패자가 승자가 되는 기회는 점점 줄어들게 된다. 이것이 시장경제가 가져오는 가장 큰 병폐 중의 하나이다. 세계화가 자유시장경제와 자본주의 그리고 자유민주주의를 확대시키는 데 목표를 두고 있지만 그 과정에서 파생되는 갖가지 병폐들을 누가 치유할 수 있을까? 개인이나 집단들도 일정부분 치유를 위해 기여할 수 있지만 가장 중요한 책임은 결국 국가가 져야 하는 것이다. 이런 이유에서 세계화 시대의 국가의 역할은 점점 커지고 있는 것이다. 세계화 시대에 강조되는 시장경제의 경쟁에서 승리하기 위해 국가가 필요한 정책들을 수행해야 되지만 동시에 경쟁에서 뒤진 패자들을 위한 정책들도 간구되어야 한다. 즉 국가는 경쟁력 향상을 위해 고도의 지식과 정보를 확보하는 사회적 기반을 확대하는 반면 경쟁력을 갖지 못하는 사회 구성원들에게도 혜택이 돌아가는 배려와 박애의 제도적 기반을 마련해야 하는 이중적 역할을 수행해야 한다. 국가는 성장과 동시에 분배를 적절하게 조화시키는 제도들을 만들어 나가야 한다. 예를 들면 시장에서 대기업과 중소기업이 경쟁하게 되면 누가 유리할까? 항상 대기업들이 유리한 입장에 있음은 자명하다. 반면 중소기업들은 상대적으로 불리한 입장에 서게 된다. 그러나 대기업들만으로 국가경제를 발전시킬 수 없다. 대신 대기업과 중소기업이 공존하면서 서로 이익을 볼 수 있는 게임의 룰을 마련해야 한다. 게임의 룰을 만드는 것이나 이를 지켜 나가는 데에 있어 국가의 역할은 실로 막중하다. 어떻게 국가 개입이나 규제 없이 자동적으로 상생과 공영의 룰이 지켜질 것인가?

세계화는 국경 개방과 자유로운 인적 교류와 접촉을 증대시키고 있다. 많은 사람들이 국경을 넘어 여러 지역으로 이동하며 여행과 관광을 확대하고 있다. 자유로운 인적 교류는 많은 사람들 간의 상호이해와 소통의 기회를 제공한다. 비록 그들 간의 문화적, 인종적 차이가 있지만 상호접촉을 통해서 그러한 차이가 상당한 정도로 해소될 수 있다. 또한 발달된 통신수단들도 그러한 차이를 좁히는 데 기여하고 있다. 교통의 발달은 지구를 작게 만들고 있으며 사람들 간의 교류와 접촉의 속도를 가속화시키고 있다. 사람들은 멀리 떨어져 있지만 짧은 시간으로 서로의 의사를 교환하고 이해의 폭을 넓힐 수 있게 되었으며 그들 간의 오해와 갈등의 여지를 줄여나갈 수 있다. 그러나 한편 세계화는 부정적인 효과를 초래하기도 한다. 국경이 개방되고 자유로운 왕래가 허용됨으로써 마약이나 무기거래, 지적재산권, 밀수, 범죄행위, 위폐의 유통, 돈세탁, 위험한 질병 등이 글로벌하게 확대되고 있다. 이에 대해 국가는 엄격한 대처방안들을 모색해 왔다. 그러나 종종 실패하는 경우도 있었다. 따라서 국가는 사회적 안전이나 질서유지를 위해 법적, 제도적 장치를 마련하고 범죄와의 전쟁을 수행해야 한다. 특히 테러행위가 증대되고 있어 국가들은 그들의 안전을 유지하기 위해 온갖 조치들을 강구하고 있다. 2001년 9·11테러로 인해 미국 본토가 처음으로 공격을 받음으로써 국가들은 그들의 안전보장을 위해 국경을 초월해서 행해지는 테러행위를 방지하는 데 관심을 두고 있다. 미국은 9·11테러 이후 국토안전부를 새로 신설하고 공항이나 항만에서 검사를 강화하고 테러범들을 색출하는 데 진력하고 있다. 그뿐만 아니라 미국과 그의 우방국들은 테러집단들을 근절하기 위해 이라크와 아프가니스탄 그리고 파키스탄 등지에서 전쟁을 수행하고 있다.

이상에서 살펴본 바와 같이 세계화 과정은 인류에게 혜택만을 주는 것은 아니다. 세계화의 부정적 요소들을 제거하기 위해 국가는 한층 더 규제적인 능력을 증대시켜야 한다. 사실 국가는 다국적 기업의 횡포나 국제적 투기자들의 불법적 행위들을 방지하기 위한 법적, 제도적 장치를 마련하는 동시에 국내에서 발생하는 범죄적 폭력행위 등을 방지하는 데 필요한 능력을 갖춰 나가야 한다. 여기서 국가는 엄격한 법치를 행해야 되며 또한 융통성 있는 주권적 관할권을 유지해야 한다. 주권이 퇴색되고 있다고 하지만 아직도 국제적 관계에서는 국가안보라는 차원에서 국가는 주권행사에 주의를 기울여야 한다. 자유무역의 원칙을 받아들이면서도 또한 부분별로 공적 이익을 위한 보호주의적 조치들을 완전히 폐지할 수 없다. 국가들 간 대화와 협상이 필요하지만 언제나 간과할 수 없는 것은 분명하지 않은 국가이익의 보호라는 점이다. 이러한 점에서 국가는 강성국가가 되어야 한다. 외부적 침투에 대해 엄격한 대응능력을 갖추지 못하는 연성국가는 국가발전에 긴요한 법적, 행정적, 정치적 능력을 확보하지 못한 국가이다.

역사적으로 국가는 언제나 고정된 것이 아니라 환경변화에 따라서 적응하면서 존재해 왔다. 근대 초기에 국가는 절대왕정체제를 유지해 왔으며 이후 시민혁명에 의해 새로운 환경이 형성됨으로써 국가는 불가피하게 제한정부의 형태로 변화하였다. 그리고 후기자본주의 사회가 등장함으로써 국가는 복지국가 형태를 띠게 되었다. 이러한 국가의 적응이나 변화는 주로 유럽사회에서 이루어져 왔다. 아시아의 경우 그 변화양태는 유럽과 달랐다. 아시아에서는 오랫동안 독특한 전제주의(동양적 전제주의)하에서 왕정체제를 유지해 왔다. 중국에서는 청나라가 붕괴되기 전까지 중앙집권적 절대왕정국가가 유지되었으며 청조 말기부터 기존체제에 대한 두 가지 도전이 있었다. 하나는 서구 제국주의 세력의 침투였고, 다른 하나는 내부적으로 청조체제에 대한 농민들의 불만이었다. 결국 농민혁명을 공산주의 이데올로기로 무장한 공산당 세력에 의해 사회주의 국가 체제가 등장하였으며 지금까지 그러한 국가체제가 계속되고 있다. 다만 모택동 주석의 지배하에 있었던 공산당 독재국가가 지금은 이데올로기보다는 실용주의노선으로 바뀌면서 경제발전에 치중하는 강대국가로 변화하고 있다. 1970년대 말부터 중국은 시장사회주의체제를 지탱하면서 부분적으로 사유재산제를 허용하는 한편, 경제개발을 위해 서방 자본주의 국가들과 협력하면서 급속한 경제성장을 이룩해 왔다. 한편 러시아에서도 1917년 볼셰비키혁명 이후 프롤레타리아 독재국가가 형성되었고 이어 초강대국으로 부상하였다. 그러나 70여 년이 지난 1980년대 후반부터 구소련은 개혁과 개방정책을 추구하면서 체제를 새로운 시장경제와 민주화 과정으로 전환시켰다. 그 결과 러시아 연방이 탄생했으며 지금도 여전히 강대국으로 남아 있다. 어떠한 경우에도 환경의 변화에 따라 그 국가의 체제와 역할이 변화해 왔으며 이제 세계화라는 새로운 환경에 처해서 국가가 어떠한 역할을 해야 하고 어떠한 형태로 변화해야 하는가가 실로 중요한 문제가 되고 있다. 세계화론자들은 앞으로 2050년이나 2100년 사이에 미국의 가치와 이념, 그리고 국가 세력에 의해 이끌어지는 하나의 세계가 출현할 것으로 예측하고 있지만 과연 그러한 세계가 가능하게 될 것인가? 현재에도 세계는 하나가 아니라 여러 개의 세계들로 존재하고 있음을 간과할 수 없다. 따라서 국가는 여전히 필요하고 중요하게 된다. 그러나 국가는 그의 역할수행방식이나 기반에 변화를 가져와야 한다. 우선 국가는 통치방식에 있어 종래의 강제력 행사로부터 동의를 구하는 데 바탕을 두어야 한다. 이는 세계화가 자유주의와 민주주의를 확산시키고 있기 때문에 그리고 사회 내에서 시민사회들이 출현함으로써 국가는 본래 합법적으로 강제력을 행사하는 데 집중하였지만 현재에는 그러한 역할수행이 받아들여지기 어려운 상황에 있다. 국가는 정책결정이나 집행과정에서 일방적으로 역할을 수행하기보다는 사회 내에 있는 다양한 사적, 공적 행위자들과 협력할 필요가 있다. 특히 시장과 사회적 네트워크의 기능이 확대된 현대 산업사회에서 강제력보다는 설득과 동의가 국가의 역할수행에서 중요한 요소가 되고 있다. 결국 이러한 방식과 과정을 통해 국가는 그의 역할을 좀 더 효율적이며 적극적으로 주장할 수 있다. 나아가 국가는 동의과정을 확대시킴으로써 정통성의 기반을 강화시킬 수 있다. 지금까지 국가는 국민의 대표기관이라는 측면에서 그의 정통성을 주장할 수 있었다. 그러나 사회가 다양화되고 복잡해짐으로써 단순히 수적 다수결의 원칙을 기반으로 한 대표성은 국가나 정부의 정통성을 확보하는 데 충분하지 않다. 더욱이 오늘날의 사회는 상당한 정도로 이질적인 요소들을 포함하고 있다. 어느 사회나 새로운 이민자들이 늘어나고 있으며 그들은 문화적 동질성을 공유하고 있지 못함에도 불구하고 시민으로서 행동하고 있다. 실제로 사회 내에는 다양한 인종적, 문화적, 종교적 소수집단들이 존재하고 있으며 동시에 선거 등 정치과정에 참여하고 있다. 이로 인해 현대국가들에서는 다인종 다문화적 사회가 형성되고 있지만 이들은 국가 정통성 형성에 있어 완전한 시민으로서 활동하고 있지 못하다. 따라서 국가는 이들을 시민들로 동화시키거나 통합시키는 문제에 관심을 가져야 된다. 이런 활동은 결국 국가의 정통성을 견고하게 확립하는 데 기여한다. 세계화 과정이 국경개방과 더불어 사회의 다양성이 형성됨으로써 국가도 그러한 다양성을 인정하고 정치과정에 반영함으로써 정통성을 한층 더 강화시킬 수 있게 된다. 1776년에 자유방임경제를 주장한 아담 스미스는 그의 저서 국부론에서 다음과 같이 말했다. "첫째, 국가는 군사력의 수단을 사용해서 다른 독립사회들의 폭력행위나 침입으로부터 사회를 보호해야 한다. 둘째, 국가는 가능한 한 사회의 모든 구성원들을 부정의나 억압으로부터 보호하고 정당한 행정부를 수립하는 의무를 갖는다. 셋째, 국가는 이윤이 어떤 특정한 개인들이나 소수사람들에게만 돌아가지 않도록 공공제도를 수립하고 공공업무를 수행해야 한다."[20] 스미스의 지적은 세계화가 진행되는 오늘날의 변화 속에서도 국가가 일정한 역할을 수행해야 한다는 점에서 주목할 만하다.

어떠한 시대에 살던 자족적이지 못한 인간에게 국가는 반드시 필요하고 중요하다. 마치 불완전한 인간에게 신이 그러한 것처럼. 그러나 국가는 언제나 정의로운 국가가 되어야 한다. 그래야만 정의로운 개인의 삶이 보장될 수 있기 때문이다. 그리고 국가는 미국 링컨(Abraham Lincoln) 대통령이 1863년에 게티즈버그(Gettysburg)에서 행한 연설에서 말했던 바와 같이 "국민의, 국민에 의한, 국민을 위한 정부"를 유지해야 한다.

---

20) Adam Smith, *The Wealth of Nations*, ed. with an Introduction, Notes, Marginal Summary and an Enlarged Index by Edwin Cannan and with an Introduction by Max Lerner (NY: The Modern Library, 1937), pp.653–689

제5장
세계화와 국제체계

제1절 국제체계구조의 본질

국가들 간의 관계를 어떻게 규정하고 어떻게 이해할 것인가 하는 문제는 항상 학자들 간 논쟁의 중심에 있어 왔다. 왜냐하면 국가들 간의 관계는 오래전부터 그들이 갖고 있는 세력을 중심으로 한 무정부적이고 항상 변화하는 것으로 규정되어 왔기 때문이다. 이런 관계를 좀 더 분명하게 분석하고 그에 따라 과학적 지식을 얻으려고 많은 학문적 시도가 있어 왔다. 국제체계란 바로 그러한 시도와 관련된 것이다. 복잡한 국제정치를 체계적으로 분석하고 이해하기 위한 개념으로서 국제체계가 제시되었다. 본래 체계라는 개념은 1960년대 초에 다양한 정치생활을 분석하기 위한 목적에서 적용되었다. 데이비드 이스턴(David Easton)의 체계모델분석이 대표적인 실례이다.[21] 개념상 체계는 구성단위들이 상호관계를 가지면서 하나의 실체를 유지하는 것으로 파악된다. 국제체계는 바로 이러한 체계모델을 원용해서 국제관계를 분석하려고 시도한 것이다. 그리고 국제체계는 상호 작용하는 단위들이 구조로 구성되어 있다고 간주한다. 이때 구조는 단위들의 상호작용 패턴으로 규정된다.[22] 국제정치의 경우 구조는 서로 간의 관계를 가지는 국가들의 위치적 배열과 관계된다. 비록 추상적이지만 구조는 국제정치의 전반적인 패턴을 서술한다.

전통적으로 국제정치의 전반적 패턴을 서술하는 방식은 주로 세력균형(Balance of power)의 이념에 의존하였었다. 이 이념은 어떤 국가든 지배의 위치를 달성하려고 할 경우 다른 국가들에 의해서 반대에 부딪히거나 또는 패배당한다고 주장한다. 세력균형 개념은 보기에는 단순한 것 같지만 실제로는 매우 애매모호하다. 따라서 이 개념은 항상 분석자들 간의 논쟁의 대상이었다. 그 이유는 균형이나 혹은 평형이 구체적으로 무엇을 의미하는지 알기가 힘들기 때문이다. 한편에서 균형은 능력의 균등한 분배를 의미하기도 하고 또는 체계상의 안정을 함의하기도 한다. 그러나 지배를 모색하는 국가를 패배시키기 위해 반대국가들은 세력의 우월성을 확보해야 된다. 왜냐하면 양측이 균등하게 균형화된 상황에서 이긴다는 것은 불가능하기 때문이다. 예를 들면 제2차 세계대전 당시 독일과 일본이 연합국과 균등한 능력을 가졌다면 연합국들이 독일이나 일본을 패배시키는 것은 불가능했을 것이다. 또한 세력균형이 하나의 자동

---

21) David Easton, *A Framework for Political Analysis*(Englewood Cliffs, NJ: Prentice-Hall, 1965) 참조.
22) Kenneth Waltz, *Theory of International Politics*(Reading, MA: Addison-Wesley, 1979), p.79.

적인 메커니즘이나 혹은 세련된 정책결정의 결과로서 작용하는지
의 여부와 관련해서 견해들이 다르게 나타나고 있다. 실제로 지배
를 모색하는 국가나 혹은 국가연합이 나머지 국가들에 의해 반대
되는지 여부를 알기는 매우 힘들다. 간단히 말하면 어느 국가들 간
의 세력균형이 현실적으로 유지되는지 여부를 알기는 어렵다는 것
이다. 다른 한편 세력균형은 국가들이 정책목표로서 균형을 추구할
때만 효과적일 수 있다고 주장한다. 국제정치현실에서 국가의 지도
자들은 종종 자신들의 정책목표를 합리화시키기 위해서 세력균형
의 개념을 사용한다. 즉 그들의 정책목표가 바로 세력균형을 유지
하는 데 있다고 주장하는 것이다. 또한 지배세력을 추구하는 국가
들과 그에 반대하는 국가들 사이에서 세력균형을 유지하기 위해
균형자가 나타나기도 한다. 18세기에 유럽국가들 간의 대표적인 균
형자 역할을 한 국가가 영국이었다. 영국은 유럽 대륙에서 어느 특
정 국가나 국가들이 우세하게 될 경우 이들을 견제하기 위해 반대
편 국가들의 편에 서서 쌍방 간의 세력균형을 유지하려고 했다. 독
일이 강해지면 상쇄국으로 약한 프랑스와 손을 잡아 독일의 세력
을 견제했으며 또한 프랑스가 강해지면 독일 편에 서서 프랑스세
력을 견제하려고 했다. 그러나 국제정치에서 세력균형 개념은 항상
현실주의에 기반을 두고 작용하였다. 비록 세력균형이 국제체계를
불안전하게 서술하고 있다 할지라도 그것은 항상 평화를 유지하는
메커니즘으로서 강조되었다. 현실주의자들은 세력균형을 평화를
유지하는 메커니즘으로서 인정한 반면, 자유주의자들과 급진주의
적 비평가들은 세력균형이 오히려 전쟁의 원인이 된다고 생각했다.
세력균형이 평화를 유지하지 못한다고 생각하고 그 대안으로 민족

자결주의나 집단적 안전보장 장치를 수립하는 경우도 있었다. 실제로 제1차 세계대전 이후 미국의 우드로 윌슨(Thomas Woodrow Wilson) 대통령은 유럽에서 세력균형의 개념을 반대하고 대신 민족자결주의를 주창하고 일종의 세계적인 거대한 연합을 수립하였다. 그것이 국제연맹을 추진시켰으며 이는 기본적으로 집단적 안전보장의 메커니즘을 통해서 침략을 방지하고 평화를 유지하려는 하나의 글로벌 조직이었다. 그러나 이 조직이 전쟁을 방지하는 데 실패하였으며 다시 제2차 세계대전이 일어나게 되었다. 세계대전에서 승리한 연합국들은 세력균형 개념의 부적합성을 인정하고 대신 전후세계의 공동적 문제들을 해결하기 위한 하나의 메커니즘으로서 국제연합을 창설하였다. 국제연합에서는 세계안전과 평화를 위해 안전보장이사회의 5개 상임이사국에 주요결정들을 내릴 수 있는 집단적 권한을 집중시켰다. 한편 제2차 세계대전 이후에 냉전이 발생함으로써 국제연합 자체가 공산주의 국가들과 비공산국가들 간의 대결과 갈등으로 희생되었다. 전후의 냉전 체계는 미국과 소련의 두 초강대국들을 중심으로 세계를 양극화시켰다. 다수의 분석가들은 냉전의 양극체계가 과거와는 다르게 세력균형체계를 대체했다고 보았다. 그러나 사실은 그렇지 않았다. 양극체계의 본질은 동맹체계의 형성에 있었다. 즉 동서 양 진영 간의 대립관계가 일종의 세력균형 개념에 기초하여 유지되었던 것이다. 그러나 동서 양극체계는 시간이 지남에 따라 점차 완화되는 경향을 보였으며 1970년대에 들어서는 다극체계로 변화하였다. 1960년대 초부터 소련을 중심으로 하였던 공산주의 진영은 중소분쟁이 시작됨으로써 점차 분해되었다. 스탈린 사망 이후 소련에서는 스탈린 격하운동과 서방과의 평화공존 노선이 출현하였다. 이에 대해 중국은 소련을 이데올로기적으로 수정주의를 취하고 있다고 비난하고 소련과 대치하였다. 결국 공산주의 진영 내에서 소련과 중국은 패권을 차지하기 위해 분열하였다. 그 후 중소분쟁은 제한적이지만 국경분쟁으로까지 확대되었다. 한편 자유주의 진영 내에서도 미국 중심에서 점차 다극화 현상을 보였다. 즉 전후에 패망했던 일본이 경제건설에 성공했으며 또한 유럽이 전쟁폐허에서 회복되어 상당한 정도의 경제적 성장을 거두었다. 이로써 유럽과 일본은 일방적인 미국의 리더십에 대해 독자적인 위치를 점유하려고 하였다. 결국 세계의 중요한 결정들이 미국과 소련에서부터 중국, 일본, 유럽 등지로 확대되어 이루어지는 경향을 보였다. 이로써 국제체계의 구조는 다극화되기 시작했으며 동서 냉전구조는 점차 해체되는 과정을 겪게 되었다. 다시 말하면 다극구조가 나타난 것이었다. 그 후 소련군이 아프가니스탄에서 철수하게 되었고 미국과의 경쟁에서 패배함으로써 1980년대 후반부터는 소련체제가 변질되기 시작했고 마침내 1991년에 러시아 공화국으로 대체되었다. 소위 냉전체계의 종식이 일어난 것이다. 소련과 동구공산국가들이 붕괴되거나 변질됨으로써 미국만이 유일한 초강대국으로서 남게 되었다. 그 결과 많은 사람들은 냉전 이후의 국제체계를 단극체계(Uni-polar)가 등장하게 되었다고 말하였다. 다시 말하면 미국만이 유일한 패권국가로 남게 되었다는 것이다. 이로써 세계화의 논의가 시작된 것이다. 그러나 국가들 간에 세력이 상당한 정도로 확산됨으로써 미국만이 세계 모든 문제를 결정할 수 있는 유일한 위치에 있지 못했다. 이는 세계문제를 논의하거나 해결하려고 할 때 미국이 다른 국가들과 협의하거나 동의를 얻으려고 해야 한다는 것을 의미한다. 러시아나 중국 그리고 일본이 미국과 동일한 위치에 있지는 못하지만 그들도 세계문제들을 해결하려고 할 때 일정한 발언권을 확보하려고 행동하고 있다. 유럽도 하나의 연합으로 통합함으로써 그의 정치적, 경제적 위상을 높이고 있다. 이와 관련해서 오늘날의 세계가 단극-다극 체계로 유지되고 있다고 말하는 사람이 많다. 그러나 현실주의 시각에서 볼 때 국제체계는 일정한 위계적 구조를 가지고 있음을 부정할 수 없다. 능력배분에 있어 미국과 강대국들은 상당한 능력을 소유하고 있으며 반면 개발도상국들이나 후진국들은 여전히 불리한 입장에 있다. 능력배분에서의 차이는 국제체계의 본질상 국가들 간의 관계가 무정부주의적이면서도 순서에 따라 형성되고 있음을 의미한다. 능력을 많이 가진 국가가 순서상 상위에 속하며 그렇지 못한 국가들은 하위에 속하게 된다. 따라서 체계구조는 무정부적이면서도 위계질서에 기반을 두는 특징을 갖는다. 단극-다극 체계에서는 하나의 초강대국이 다른 다수의 강대국들과 협력관계를 유지하지만 그들 간에는 반대세력이나 반대연합의 등장을 저지하기 위해 지배적 동맹관계를 계속 유지해 나가려는 국가들이 있다. 즉 그들 간에는 현상유지를 바라는 국가들과 이를 반대하는 국가들 간의 긴장과 갈등이 일어난다. 패권을 소유한 강대국가는 다른 국가들과 동맹관계를 유지하면서 기존의 패권을 계속 유지하려는 반면, 다른 강대국은 이에 도전하면서 자신의 세력을 증대시키는 네 관심을 갖는다. 그 결과 시간이 지남에 따라 패권전이가 한 국가에서 다른 국가에로 일어날 수 있다. 이것이 체계구조가 갖는 또 다른 특징이다. 약소국가들은 그들의 안전을 위하여 이러한 체계구조의 본질을 잘 이해해야 한다. 그렇지 않을 경우 그들은 국가 안전을 위협하는 불리한 입장에 처할 수도 있다.

한편 국제체계는 단위들 간의 일정한 위치적 배열을 중심으로 한 구조를 포함하고 있다. 구조는 앞에서 말한 바와 같이 국가들 간의 관계를 기본적으로 무정부적인 관계로 가정하며 이러한 관계 속에서 국가들 간의 이익과 세력을 중심으로 한 상호 행위의 패턴과 관련된다. 국가들 간의 상호 관계는 서열원칙을 포함하며 동시에 국가들 간의 능력배분을 중심으로 해서 이루어진다. 따라서 그러한 구조는 불가피하게 위계적 구별을 생산시킨다. 이것은 국제체계가 자기이익 중심의 국가(단위)들로 이루어져 있으며 이들은 각기 능력에 따라 행동한다는 현실주의적 관점에 기반을 둔다. 국가의 능력들은 각기 상이하며 그들을 구성하는 속성들은 각기 다른 것으로 이해된다. 모든 단위들이 동등하다고 가정하는 것은 허위이다. 그러나 단위들은 능력에 따라 그들의 고유한 이익을 추구한다는 데 특징이 있다. 국제체계의 구조는 다음 <그림 1-1>에서 나타는 바와 같이 피라미드식 모형을 유지하고 있는 것으로 간주된다. 피라미드모형의 국제체계 정점에는 지배국가(패권국 혹은 초강대국)가 위치하고 있으며 그 밑에 강대국가들 그리고 중진국가들, 약소국가들과 식민지들이 차례로 분포되어 있는 것으로 주장된다.

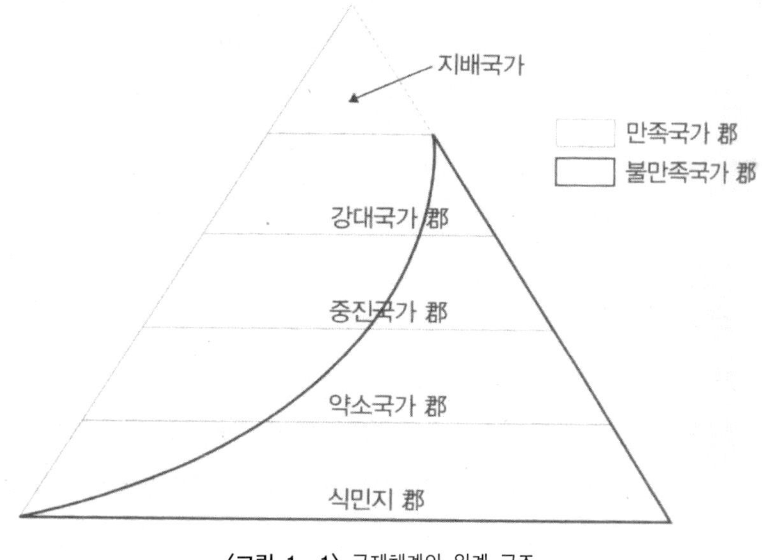

<그림 1-1> 국제체계의 위계 구조

출처: A. F. K. Organski, *World Politics*(NY: Alfred A. Knopf, 1958), p.369; 우철구 · 박건영 편,
『현대 국제관계이론과 한국』(사회평론, 2004), p.124에서 재인용.

위계적 구조 내에는 지배적 국가를 비롯해서 이미 구축된 세계 질서에서 공공재배분 과정에 만족하고 있는 국가들과 만족하지 못 하는 국가들로 나뉘어 있다. 그러나 일반적으로 위계적 국제체계의 구조에서 대부분의 강대국들은 지배국가의 리더십에 대해 상대적으로 적은 불만을 가지고 적응하는 태도를 보인다. 그 이유는 강대국들도 기존의 세계질서에서 혜택을 보고 있다고 판단하고 있으며 일정한 범위 내에서 그들의 영향력을 행사하고 있기 때문이다. 그러나 불만국가들은 상대적으로 국력이 열세하며 지배국이 구축해 놓은 세계질서에 만족하지 못하지만 적응해 나간다. 동시에 이느 시점에서 국가능력이 축적되어 지배국과 비슷한 수준에 이르면 지배국을 비롯한 만족국가들에 도전한다. 지배국가와 만족하는 강대국들은 기본적으로 세계질서의 현상유지를 원하지만 그렇지 못한 강대국가들과 중진국가들 그리고 약소국가들과 식민지들은 어떤 방식으로든 현상변화를 추구한다. 왜냐하면 이들은 현상변화를 통해 보다 많은 이익을 얻으려고 하기 때문이다. 이로부터 국가들 간의 분쟁과 갈등이 나타나게 된다. 언제나 국가의 능력은 시대에 따라 변화하고 있음을 알 수 있다. <표 1-2>에서 나타나는 바와 같이 2020까지 미국은 국력지수에 있어 다른 국가들보다 훨씬 많은 능력을 보이고 있다. 예를 들면 국력지수 면에서 2005년에 미국은 23.64인 반면 세계 2위의 경제대국으로 부상한 중국은 11.21에 불과하다.

〈표 1-2〉 주요 국가들의 국력 지수 변화

	2000	2005	2010
미국	24.17	23.64	23.07
일본	6.40	6.47	6.11
중국	10.65	11.21	11.75
러시아	2.27	2.25	2.11
독일	4.01	4.11	4.19
프랑스	3.48	3.33	3.23
영국	2.91	2.86	2.79
이탈리아	2.54	2.35	2.16
인도	6.67	6.87	7.06
브라질	2.31	2.23	2.17
한국	1.64	1.66	1.86
북한	0.13	0.13	0.12

출처: International Futures Model, "Basic Report"(http://ifsmodel.org/frm_Basicreport.aspx.), 이상현 편, p.26에서 재구성.
국력지수는 세계 총국력을 100으로 했을 때 각국이 차지하는 비율임.

그러나 양적으로 미국의 국력은 2000년에 비해서 다른 국가들과의 격차가 감소되고 있음을 나타내 주고 있다. 다시 말하면 상대적으로 미국이 국가 능력 면에서 다른 국가들과의 차이가 줄어들고 있음을 알 수 있다. 여전히 다른 국가들의 GDP가 미국 GDP에 비해 훨씬 뒤떨어져 있기 때문에 미국의 지배적 위치에 도전할 수 있는 국가는 출현하지 않을 것으로 판단된다. 다만 급속히 성장하고 있는 중국의 GDP가 미국 GDP의 77% 정도에 도달할 것으로 예측되기 때문에 미국에 도전할 가능성이 다른 국가들에 비해 높은 것으로 나타나고 있다. 따라서 미국의 지배권에 대한 중국의 도전이 증대될 것으로 보이며 그 결과 중국위협론이 환상적인 것으로만 생각될 수는 없을 것이다. 한편 국가능력의 증대와 관련해서 아시아 지역의 국가들이 현저한 약진을 보이고 있는 점도 눈여겨볼 만하다. 흔히 19세기를 유럽의 세계라고 한다면 그리고 20세기를 북미의 세계라고 한다면, 21세기는 적어도 GDP 면에서 아시아의 세계가 될 것이라고 예측하는 것은 과장이 아니다. 우선 국력의 한 지수인 인구 측면에서 보면 아시아 인구가 압도적으로 많다. 일본이 경제대국으로 활동하고 있으며 중국과 인도가 거대한 인구를 가지고 있으면서 급속한 경제성장을 이룩한 나머지 무시할 수 없는 경제대국의 위상을 가지고 있다. 이미 중국이 GDP에서 세계 2위로 부상했으며 일본은 3위를 차지하고 있고 인도가 4위로 부상하고 있다. 특히 중국은 2000년대에 들어서 경제력과 군사력 외에 문화건설을 국가의 또 하나의 목표로 내걸고 추진하고 있다. 전통적인 정신적 자산인 중국의 문화를 재정리하고 세계 도처에 확산시키려는 시도를 하고 있다. 이것 또한 중국을 세계강대국으로 도약시키는 중요한 요소가 될 수 있다. 또한 한국도 11위에 올라서 있다. 결국 동남아시아의 인도네시아와 말레이시아의 약진을 전망해 볼 때 앞으로 가까운 장래에 아시아 국가들이 세계경제에서 우월한 입장을 차지하게 될 것으로 전망된다. 물론 이러한 전망은 현재와 같은 국가들의 성장추세가 지속될 경우에만 가능한 것이다.

제2절 세계화와 미국의 역할

사실상 세계화 과정은 냉전종식과 더불어 처음부터 미국의 주도적 역할에서 시작되었다. 세계화가 시장자유주의와 민주주의 확산을 수반하고 있으며 이러한 가치와 이념들은 미국에 의해 강조되었다. 따라서 세계화가 미국의 패권에 의존하고 있음을 부인할 수 없다. 그동안 세계화는 글로벌 이동성을 증대시키고 글로벌경제를 실현하면서 몇 가지 성과를 거두었다. 우선 국경을 초월한 개인들과 집단들 간의 접촉과 교류가 증대함으로써 그들 간의 상호이해와 협력을 가능케 했다. 세계화론자들은 지구상에 살고 있는 사람들 간의 소통을 확대함으로써 국제관계의 안정과 평화에 기여하였다고 주장한다. 그러나 비판론자들은 사회적 소통과 경제적 통합을 세계적인 수준에서 가능케 한 근본적인 동력이 무엇인가를 파악해 보는 것이 더 중요한 일이라고 주장한다. 또한 세계화는 많은 사람들에게 경제적 이익을 가져다주었다고 간주되었다. 특히 개발도상국들은 노동집약적인 생산단계에서부터 시작하여 일정한 발전단계나 발전모형을 추적함으로써 그들의 경제성장을 성공적으로 추진할 수 있었다고 평가한다. 이러한 현상은 아시아 국가들에서 현저하게 나타났던 것이다. 많은 국가들이 세계화 과정에서 역사상 처음으로 글로벌 불평등성을 줄일 수 있었다. 그러나 반면 동남아지역이나 아프리카 등에 살고 있는 많은 사람들은 아직도 하루에 1달러 미만으로 살아가고 있는 것이 현실이다. 이러한 현실을 고려해 볼 때 세계화 과정은 국가들 간의 양극화를 심화시켰음을 알 수 있다. 사실 세계화로 인해 생겨난 글로벌 이익은 배분 측면에서 미국을 비롯한 선진국들에 많이 치중된 반면, 후진국들에는 그 몫이 매우 적은 것이었음이 분명하다. 이런 경제적 양극화는 국제정치에서 갈등과 대립을 야기하는 요인이 된다.

그 결과 세계화는 여전히 위험을 내포하고 있다. 즉 는 사람들을 보다 나은 조건에 살 수 있도록 하는 반면, 훨씬 더 어려운 조건에서 살게도 한다는 점에 문제가 있다. 첫째로 세계화가 진행되고 있음에도 불구하고 많은 국가들에서 아직도 보호주의적 조치들을 취하는 경우가 있다. 이런 조치들은 국가 내에서 특정한 분야에 따라 다른 형태들로 취해지고 있다. 강철이나 농업과 같이 국가의 기간산업 분야에서 국가들은 보호주의적 조치를 취하면서 국가경제를 발전시키는 데 관심을 둔다. 현대회사들은 글로벌이익의 추구에 관심을 갖지만 또한 고용주들의 소속국가에 대해서도 관심을 갖는다. 특히 회사고용인들은 고용주들의 태도와 달리 보호주의에 대한 요구를 상하게 내세우고 있다.

둘째로 아직도 집단주의 이념들이 나타나고 있다. 이 이념들은 기본적으로 반자유주의적 성향을 가진다. 따라서 집단주의 이념을 주장하는 사람들은 계속 세계자본주의에 대해서 저항하며 집단적 행동을 취한다. 종종 자유주의에 반대하면서 집단주의 이념을 선호하는 사람들은 급진적인 사회주의나 또는 급진적 민족주의 이념에 수렴된다. 두 집단들은 경제에 대한 국가의 통제를 요구하며 이기적인 개인에 대한 집단의 우월성을 강조한다. 이러한 집단적 운동들은 다양한 형태를 띤다. 즉 환경론자들, 개발로비스트들, 민중주의자들, 사회주의자들 때로는 공산주의자들과 무정부주의자들을 포함하고 있다. 그들은 자유주의적 세계자본주의에 반대하는 데 공통적인 이해관계를 가지고 있다. 그들은 반대는 하지만 단결된 사회적 세력으로 활동하는 데 실패한다. 이러한 점에서 조직화된 노동계급과 다르다. 다시 말하면 그들은 경제를 어떻게 운영할 것인가 하는 대안적 방법을 제시하지 못하고 있으며 목적을 달성하는 과정에서 여전히 분열되어 있다.

셋째로 세계화는 경제적 불안정성을 내포하고 있다. 20세기 초에 미국에서 일어난 대공황사태는 통합된 경제가 붕괴될 경우에 어떠한 사태가 오는 것을 잘 예시해 주고 있다. 경제적 상호 의존성은 깊은 글로벌경제에서 나타나는 금융위기나 환율위기는 선진국들뿐만 아니라 개발도상국들을 포함한 많은 국가들의 경제를 위기에 처하게 할 수 있는 위험성을 내포하고 있다. 이는 경제능력이나 발전수준이 다른 국가들이 하나의 경제적 존(zone)으로 통합될 경우 쉽게 나타날 수 있다. 그러한 위험성이 내재되어 있기 때문에 국가들은 종종 보호주의에 이끌린다. 특히 미국과 같이 국가채무가 엄청나게 늘어나고 있는 국가에서는 자유주의적 개방정책보다는 보호주의 경제체제를 강화하려는 성향을 보인다. 이럴 경우, 글로벌경제는 더욱더 어려운 상황에 직면하게 된다.

넷째로 세계화 과정을 어렵게 만드는 요인으로서 주요국가들 간의 국제적 경쟁이 일어나고 있다는 점을 들 수 있다. 특히 지정학적 특수성 때문에 국가들 간의 경쟁은 더욱 첨예하게 나타날 수 있다. 그리고 그러한 경쟁은 세계화 과정을 위해 필요한 여러 가지 레짐들을 형성하고 유지하는 데 부정적으로 작용한다. 탈냉전 이후 미국이 유일한 초강대국으로 남아 있으면서 패권국가로서 세계화 과정을 이끌어 가고 있지만 중국이나 러시아가 여전히 경쟁국가로서 그들의 영향력을 확대하려는 데 관심을 갖고 있다. 이들 간에는 횡국가적 국제관계가 유지되는 데 한계를 가지며, 또한 세계화 레짐들을 유지하는 데도 어려움이 있다. 예를 들면 미국과 중국은 다같이 세계화 과정에 참여하고 있지만 동북아 지역에서 일어나고 있는 지정학적 긴장 상태를 대처하는 데 대립적인 관계를 보이고 있다. 경제적으로는 두 국가가 상호 보완적 협력관계를 유지하면서 정치적, 군사적으로는 여전히 경쟁적 태도를 견지하고 있다. 또한 미국과 러시아의 관계에서도 유사한 국제적 경쟁관계가 지속되고 있다. 러시아가 세계경제의 질서에 참여하고 있지만 미국의 패권적 지위에 대해서는 견제하려는 전략적 태도를 계속 견지하고 있다. 러시아는 국내적으로 시장경제와 민주화를 추진하고 있지만 국제적으로는 계속 강대국으로서 위상과 역할을 강화해 나가고 있다. 최근에 미국으로부터 추방된 러시아 '스파이'들을 만난 자리에서 수상인 블라디미르 푸틴(Vladimir Putin)이 "강한 러시아를 만들어야 한다"고 말한 것은 그 의미가 크다고 할 수 있다. 강대국들 간의 국제적 경쟁이 첨예하게 나타날 경우, 미국의 패권은 계속 도전받게 될 것이며 미국이 이끄는 세계화 과정은 상당한 어려움에 처하게 될 것이다.

끝으로 세계화를 위협하는 또 다른 요소는 자원의 부족이다. 세계화는 확대된 시장경제에서 국가들 간의 무한경쟁을 요구하고 있다. 국가들은 세계시장에서 생존하기 위해서 경쟁으로부터 승리하는 목표를 세우고 있다. 그러한 목표 실현의 가장 중요한 방법이 급속한 경제성장을 이룩하고 또한 그것을 지속해 나가는 것이다. 국가들의 경제성장 전략은 필연적으로 자원을 필요로 하며 효율적으로 자원을 활용하는 전략을 중요시한다. 그러나 자원은 한정되어 있다. 무한한 성장과 한정된 자원 간의 관계에서 모순의 불가피성이 나타난다. 일찍이 로마클럽(The Club of Rome)은 ‘성장의 한계’를 지적한 바 있다. 더욱이 성장은 자원을 고갈시킬 뿐만 아니라 환경을 악화시키는 결과를 가져온다. 미국을 비롯한 선진국들과 중국, 러시아, 인도, 브라질 등 소위 브릭스(BRICs) 국가들이 계속 성장을 추구할 경우 자원의 고갈은 피할 수 없으며, 하나뿐인 지구가 온난화와 생태 파괴 등으로 인하여 상상하기 힘들 정도로 파괴될 것임은 자명하다. 이것이 세계화 과정의 한계인 동시에 위협이 되고 있는 것이다. 한정된 자원은 국가들 간의 자원경쟁을 야기하며 때로는 갈등을 유발하기도 한다. 중국 등이 아프리카에 대한 외교를 강화시키는 이유도 여기에 있다. 환경파괴를 막기 위해 국가들 간의 다자적 협의가 진행되고 있지만, 아직도 국가들은 그들의 이익에 따라 합의된 내용들을 충분히 실천에 옮기지 않고 있다. 또한 국가들간의 자원만족주의가 표면화 될 가능성이 커지고 있다. 어떻게 할 것인가? 여기에 세계화를 추진하는 미국의 리더십에 근본적인 책임이 있다.

　이상에서 논의한 지역 간 세계화의 위험성 이외에도 중요하게 고려되어야 할 점은 미국의 패권이 얼마 동안 유용하게 지속될 수 있을까 하는 점이다. 또한 패권전이가 실제로 일어날 경우 세계화 과정은 과연 성공적으로 추진될 수 있을 것인가? 미국의 패권도 변화양상을 보이고 있다. 지난 부시 행정부에 있어서의 미국 패권은 일방주의와 우월성 원칙에 기반을 두었었다. 그 결과 테러리즘에 대한 선제적 공격이 행해졌으며 모든 국가들에 대해 미국적 규범과 행동원칙들을 적용하려고 하였다. 이라크에서의 전쟁이 대표적인 실례이다. 우방 국가들이나 동맹 국가들과의 사전적 협의나 합의 없이 미국이 일방적으로 이라크에 대한 공격을 감행하였으며 또한 다수의 국가들을 전쟁과정에 참여시켰다. 물론 전쟁을 통하여 사담후세인 정권을 축출하는 데 성공하였지만, 다른 많은 국가들은 미국의 일방적 패권에 대해 비판적인 태도를 취했다. 당시 프랑스 대통령인 자크 시라크(Jacques Rene Chirac)는 "우리는 하나나 두 개의 국가들이 다른 국가의 운명을 통제하는 시대에 더 이상 있지 않다"고 선언했다.[23] 이것은 미국의 패권에 대한 매우 날카로운 비판이었다. 사실 현대 세계는 다양한 이익을 가진 국가들로 구성되어 있기 때문에 모든 국가를 지배하는 보편적 규범이나 규칙이라는 것은 있을 수 없다. 오히려 이러한 이유 때문에 부시 행정부는 사전에 UN 안전보장이사회의 합의를 거치지 않고 일방적으로 이라크에 대한 공격을 감행했으며, 그것을 예방적 전쟁 독트린으로 합리화했다. 한편 현재의 오바마 행정부는 그러한 미국의 일방주의

---

23) Robert Jervis, "Explaining the Bush Doctrine," Robert J. Art and Robert Jervis, p.422

행태를 비판하고 대신 상호협의와 협력을 통해 미국의 패권적 지위를 유지하려 하고 있다. 근래에 들어 아프가니스탄과 파키스탄에서 테러 행위에 대한 전쟁을 수행하면서 미국은 우방국들과 일정한 협의과정을 거쳐 전쟁에의 참여를 유도하고 있으며, 또한 글로벌 금융위기를 해결하기 위해 다자주의에 입각한 다수의 국가들과의 협의를 진행시키고 있다. G20회의가 좋은 실례이다. 이와 같은 세계화를 성공적으로 이끌어 가기 위해서는 미국의 리더십이 가장 중요하며 또한 다른 경쟁 국가들과의 긴밀한 협의가 수반되어야 한다. 그러나 미국의 일방적 강요나 압력은 미국 자신이나 우방국들에 불필요한 오해를 불러일으킬 수 있다. 더욱 어려운 점은 세계화 과정이 기대했던 대로 진행되기 어렵다는 것이다. 그러나 미국의 패권이 다른 국가의 부상으로 바뀌게 될 때 세계화는 또한 어려운 상황에 처하게 될 것이다. 소위 패권전이 이론이 가까운 시일 안에 현실로 나타날 경우 세계질서는 혼란에 빠지게 되며, 특히 군사적으로나 경제적으로 약소국가들은 엄청난 위협을 받게 될 것이다.

제6장
세계화와 국가안보

제1절 국가안보의 본질

근대 국가가 출현한 이래 언제나 국가의 안전을 대외적 위협으로부터 지키는 것은 가장 중요한 국가의 책무였다. 그러나 그러한 책무를 수행하는 데 실패한 역사가 사실상 인류역사의 전부라고 말해도 과언은 아니다. 역사적으로 많은 강력한 국가들이 존재했지만 그들도 국가의 안전을 확실히 보장하는 데 실패하여 국가체계를 다른 형태의 체계로 교체시키곤 하였다. 국가안보를 유지하는 문제와 관련해서 두 가지 기본명제들을 고려해 볼 수 있다. 하나는 아무리 강력한 세력을 가진 국가라 할지라도 그의 안전을 영구적으로 보장하지는 못한다는 것이다. 로마제국이 멸망한 것이나 근대 제국주의 국가들이 붕괴한 것은 역사가 잘 증명해 주고 있다. 현대

세계에서도 가장 강력한 미국의 안전보장이 확실하게 지켜지지 않고 있음은 잘 알 수 있다. 미국은 남북전쟁 이후 처음으로 9·11테러에 의해 본토공격을 받았으며 이로 인해 대규모의 인적, 물적 손실을 입었다. 세계의 유일한 패권적 지위를 가진 미국에서 그러한 공격이 일어난 것은 미국의 자존심에 대한 크나큰 충격이었다. 그 결과 지금까지도 미국은 특정한 지역들에서 대테러 전쟁을 진행하고 있다. 또한 동양에서도 국가의 안전은 종종 위협을 받았으며 그 결과 국가 자체가 변화하였다. 오랫동안 독특한 전제주의 왕정국가를 유지해 온 중국은 때때로 새로운 왕정국가에 의해 교체되었으며 20세기에 들어서는 처음으로 공산주의 혁명에 의한 일당독재국가를 지속하고 있다. 한국의 경우 지정학적 특성 때문에 수많은 전쟁을 경험하였으며 그에 따라 왕정체제가 교체되어 왔다. 19세기에 들어 강대국들의 세력경쟁의 결과로 조선왕조는 일본식민지로 전락했으며 제2차 세계대전의 종결과 더불어 해방을 맞이했으나 다시 미국과 소련의 한반도 분할점령에 의해 분단되었으며 그에 따라 두 개의 이질적인 국가들이 나타나게 되었다. 그만큼 어떤 국가든 그 국가의 영구적인 안전보장은 유지되지 않는 것이다. 둘째는 국제체계가 여전히 무정부적인 상태를 벗어나지 못하고 있으며 그에 따라 개별국가의 안전이 완전하게 보장되지 않고 있다는 점이다. 비록 인류역사상 처음으로 보편적인 UN과 같은 국제조직이 나타났지만 여전히 국가들의 안전과 독립을 보장해 주지 못하고 있다. 그 결과 아무리 세계가 변화하고 있다 할지라도 국가의 안보는 여전히 개별국가의 책임으로 남아 있다.

세계화 과정에서도 마찬가지로 국가의 안보는 여전히 국가의 기본적인 과제로 남아 있다. 물론 쌍무적 혹은 다자적 동맹체계를 형성하여 구성 국가들이 안전을 집단적으로 보장받으려고 하지만 그럼에도 국가안보는 계속 외부세계로부터 위협을 받고 있다. 어느 의미에서 세계화 과정은 국가안보환경의 변화로 이해될 수 있다. 특히 소련을 비롯한 공산주의 붕괴와 더불어 냉전이 종식된 것은 새로운 국가안보의 환경변화로 볼 수 있다. 동서냉전에서는 국가들의 관계가 이데올로기적으로나 군사적으로 대립과 갈등 속에서 매우 위태로운 상황에 처해 있었다. 국가들은 공산주의와 자유민주주의 간의 이데올로기적 대립에 따라 그들의 대외적 활동이 제한되었으며 또한 어느 한 진영에 안정되어 그들의 안전보장을 유지하였다. 냉전시대에는 국가들의 안보가 바로 진영 내의 안보와 동일시되었으며 진영 내에 속한 국가들의 집단적 군사력에 의해 유지되었었다. 물론 동서 양 진영의 경쟁적 팽창과 봉쇄를 특징으로 한 세계전략에 의해 개별국가들의 안전이나 독립성이 훼손되는 경우도 많았다. 전후에 나타난 독일분단과 한국분단 그리고 베트남분단 등은 같은 맥락 속에서 이해될 수 있다. 처음부터 한반도가 38도선을 중심으로 이북지역이 소련군에 의해 점령되었고 이남지역이 미군에 의해 점령된 것은 미소 양 진영의 세력팽창의 결과였다. 특히 소련은 과거 스탈린 지배하에서 세계 도처에서 팽창정책을 추구하였으며 이에 대해 미국은 그러한 팽창을 저지하기 위한 봉쇄정책을 취하였다. 이로써 분단국가들은 별개의 국가들로 나누어졌으며 그러한 국가분단은 고정화되었다. 그러나 베트남의 경우 무력에 의해 통일국가로 변하였으며 독일은 흡수방식으로 평화적인 과정을 거쳐 통일되었다. 한반도는 여전히 분단국가로 남아 있으며 상호 간 대립과 갈등으로 고도의 긴장을 유발시키고 있다. 한반도에 있어 한때는 상호적응과 협력관계가 나타났지만 다시 고도의 긴장을 수반한 적대적 갈등을 나타내고 있다. 남북한 간의 갈등이 가져오는 특수한 효과는 동북아 지역의 국제정치를 다시 이분화시키고 있다는 점이다. 즉 한반도 문제를 둘러싼 주변 4대 강국들 간의 관계가 과거 냉전시대처럼 두 개의 삼각구도(triangle)로 분리되어 서로 세력경쟁과 갈등을 일으키는 지역적 위험(Regional Risks)으로 확대되고 있다. 이유야 어디에 있든 간에 새로운 삼각구조의 출현은 탈냉전의 세계화시대와는 너무도 거리가 먼 것이다. 어떤 사람들은 이러한 사태를 신냉전시대의 출현이라고 말하기도 한다. 분단된 한반도에서 한편에서는 미국과 일본이 한국의 입장을 지지하는 반면, 다른 한편에서는 중국과 러시아가 북한의 입장을 옹호하고 있는 현실은 참으로 한국의 안보에 심대한 영향을 미치고 있는 것이다.

세계화 과정이 국가안보에 어떤 방식으로든 많은 영향을 미치고 있음은 주지하는 바와 같다. 국경선이 개방되고 다층적인 글로벌 이동성이 늘어남으로 인해서 국가의 안전을 효율적으로 지키는 문제는 여전히 국가의 중요한 과제이다. 앞에서도 지적한 바와 같이 외부세계로부터 국가안전을 해치는 많은 요소들이 침투되고 있다. 그들 중에 특히 주목할 것은 테러행위들의 확산이다. 테러는 폭력적이며 동시에 불법적으로 국가의 안전과 질서를 파괴하는 효과를 가진다. 그뿐만 아니라 국제화가 강조하고 있는 시장자유주의가 국내에서나 국제적으로 빈부의 양극화를 초래함으로써 국가안전을 위협하는 요소가 되고 있음은 이미 지적한 바와 같다. 또한 세계화 과정은 정치에 대한 시장의 우월적 지위와 기능을 강조함으로써 국가안보 문제를 해결하는 데 필요한 정치적, 군사적 노력을 등한시하는 연성국가의 출현을 가능하게 하고 있다. 모든 문제를 시장이 해결해야 하는 것으로 받아들이는 반면, 국가나 정치의 역할을 소홀히 할 때 국가안보에 대한 관심은 줄어들게 된다. 이것 또한 새로운 환경변화인 동시에 국가안보를 위태롭게 하는 중요한 요소이다.

한편 한반도에 한정해서 안보환경의 변화를 생각해 보면 두 가지 점을 특별히 주목할 수 있다. 하나는 남북한 관계에서 경제적으로 뚜렷한 불균등성이 고조되고 있다. 즉 경제력에서 볼 때 남북한의 차이는 엄청난 것이다.[24] 한국은 산업화된 선진국가로 나아가고 있는 반면, 북한은 폐쇄경제를 유지하면서 식량부족 등 경제적 빈곤을 계속 유지하고 있다. 경제력 측면에서의 차이는 자연히 군사력 수준의 유지에 있어서도 커다란 간격을 낳게 하고 있다. 예를 들면 연간 군사비 지출에서도 2003년도에 남북 간에는 커다란 차이를 보이고 있다. 그럼에도 불구하고 북한은 국가예산의 많은 부분을 군사력 분야에 할당해 오고 있다. 오래전부터 북한의 실질 군사비는 국민총소득의 30% 이상을 상회한 것으로 추정되고 있다.[25]

또 다른 하나는 북한이 핵무기를 개발하고 있다는 점이다. 핵무기란 대량살상을 목표로 하는 것으로 한반도뿐만 아니라 동북아 지역에서의 세력균형에 지대한 영향을 미치고 있다. 한국이 재래식 군사력에 있어서는 북한과 균형관계를 유지하고 있지만 핵무기와 같은 대량살상무기와 관련해서는 그러한 균형관계가 성립되지 않

---

24) 한 통계 자료에 의하면 2000년에 고내총생산에 있어 한국은 7,449억 달러였는 데 비해, 북한은 203억 달러로 기록되었다. 2010년에는 각각 한국은 11,940억 달러, 북한은 270달러로 늘어날 것으로 전망되었다.
이에 관해서는 이상현 편, 『한국의 국가전략 2020: 외교 • 안보』(세종연구소, 2005), p.24 참고.
25) 국방부, 『국방백서』(2008), p.23.

고 있는 것이다. 한국은 계속 한반도 비핵화를 고수하고 있지만, 북한은 1994년에 합의한 한반도 비핵화 원칙을 무시하고 핵무기를 개발하고 있는 것이다. 남북한이 적대적 대립관계를 유지하는 동안 북한의 핵무장은 한국의 국가안보에 치명적인 위협이 될 수 있다. 이에 한국은 미국과의 동맹을 강화하면서 미국으로부터 핵우산을 제공받을 수밖에 없었다. 그러나 한미동맹관계의 유지는 지정학적으로 주변 강대국들로부터 경계를 받게 된다. 최근의 한미 간의 연례적 합동훈련에 대해 중국이 강력하게 반발한 것은 강대국들 간의 세력정치의 결과로 이해될 수 있다. 과거에도 그러했던 것처럼 한반도를 둘러싼 강대국들 간의 세력정치는 한국의 국가안보유지에 커다란 장애요인이 되고 있다. 따라서 한국의 국가안보를 위해서는 동북아 지역에서 일어나는 강대국 정치에서 얼마만큼 자유로워질 수 있느냐가 하나의 중요한 바로미터가 된다. 강대국가들은 언제나 그들 자신의 국가이익에 따라 행동한다. 한반도를 포함한 동북아 지역은 그들의 이해관계가 첨예하게 얽혀 있으며 그들 간의 세력정치는 아무리 세계화가 상호 협력적으로 진행된다 하더라도 계속 유지될 것이다. 그리고 그러한 세력정치는 바로 한국의 국가안보와 직접적으로 관계를 가진다.

제2절 패권세력과 국가안보

이른바 패권이론에서 제기되는 중요한 문제는 세 가지로 집약된다. 첫째로 패권이 어떻게 규정될 수 있는가? 둘째로 패권이 과연 국가들 간의 관계를 안정시킬 수 있는가? 셋째로 패권은 얼마나 오랫동안 지속될 수 있는가? 본래 패권이론은 국제정치경제를 논의하는 과정에서 제기됐었다. 앞에서도 지적한 바와 같이 소위 패권 안정론에서 세계정치질서는 어떤 단일 지배세력의 등장에 의해 안정될 수 있다고 주장되었다. 이런 주장은 보통 국제적 레짐들의 형성이 패권에 의존하고 있으며 레짐들의 기능이 바로 국제질서의 안정을 가져온다는 것이다. 여기서 중요한 한 가지 전제는 패권이 계속되어야 한다는 것이다. 이것은 국가정책의 상호적응과 협력이 패권의 영속화에 의존한다는 것을 함축한다. 정치경제적 측면에서 패권은 네 가지 요소를 강조한다.[26] 즉 패권세력은 원료에 대한 통제, 자본재의 통제, 시장에 대한 통제 그리고 고가상품의 생산에 있어 경쟁적 이점 등을 가져야 한다는 것이다. 이러한 요소들이 패권세력의 형성에 중요한 영향을 미쳐 왔지만 이들은 전통적으로 영토적 팽창이나 제국주의 출현을 정당화시키기도 했다.

한편 현대사회에서 패권세력은 정치경제적 맥락에서만 파악되기보다는 군사력의 증강과도 깊은 관계를 가진다. 위에서 제시한 경제적 요소들에 대한 통제를 뒷받침하기 위해 패권세력은 반드시 강력한 군사력을 확보해야 한다. 군사력이 뒷받침되지 않는다면 어떠한 세력이나 국가도 물질적 자원들에 대한 우월성을 지속적으로 유지해 나갈 수 없다.

앞에서 지적한 바와 같이 탈냉전 이후의 세계에서 패권적 지위

---

26) Robert Keohane, "Hegemony in The World Political Economy," Robert J. Art and Robert Jervis, p.284

와 역할을 확보한 국가는 미국이었다. 탈냉전 이후에 미국은 계속해서 국제정치경제 안정자의 역할뿐만 아니라 그의 유지를 위해 중요한 역할을 수행하고 있다. 그뿐만 아니라 미국은 현재 진행되고 있는 세계화 과정에서도 주도적인 역할을 담당하고 있다. 미국은 보다 강력하고 보다 안전하며 미국이 직면한 여러 가지 도전들을 극복하는 동시에 전 세계 사람들의 열망에 부흥하는 패권세력이 되기 위해 계속 국가안보전략과 글로벌 리더십을 바탕으로 한 전략을 추구하고 있다. 미국은 현대세계가 하나의 과도기에 있다고 평가하고 있다. 이러한 평가는 2010년 5월에 미행정부가 의회에 제출한 보고서에서 잘 나타나 있다.[27] 미국은 현재의 세계가 양면성을 보이고 있다고 믿고 있다. 하나는 밝은 면이고 다른 하나는 어두운 면이다. 우선 미국은 최근 10여 년 동안 세계화가 전례 없는 규모로 진행되고 있으며 그에 따라 자유국가들과 시장경제 그리고 사회적 진보가 성공적으로 이루어졌다고 판단하고 있다. 결국 세계화는 전 지구상에 새로운 기회의 문을 열어 놓았으며 지구상의 수많은 사람들이 민주주의의 혜택을 입고 있다고 보았다. 나아가 강대국 간의 평화의 가능성이 커졌다고 생각했다. 반면 세계화는 지구상에 위험성을 증대시켰다고 지적하고 있다. 즉 국제적 테러리즘이 확대되었으며 핵무기 등 대량살상기술들이 퍼져 나가고 있고 또한 경제적 소유와 지구의 환경이 나빠지고 있다고 보았다. 이러한 이유에서 미국의 글로벌 리더십은 한층 더 강화되어야 한다고 주장되고 있다. 물론 그러한 리더십은 하나의 제국을 건설하는 것이 아니라 보다 많은 개인들과 국가들이 그들 자신의 운명을 결정

---

27) 미국의회보고서, *National Security Strategy*(Washington D.C, May 2010) 참조.

하고 그들이 아끼고 존중하는 평화와 존엄성에 따라 살 수 있는 하나의 세계를 형성하는 데 목적을 두어야 한다는 것이다. 특히 두 가지 어두운 측면들이 지적되고 있다. 하나는 전략적 안보환경이 안정되지 못하다는 것이다. 오히려 고도의 극단적 폭력이 수반되고 있다. 테러리즘이 전 지구상으로 확대되고 있으며 이는 세계화 시대에 큰 위협이 되고 있다. 광범위한 폭력과 갈등의 네트워크와의 전쟁에서 미국은 여전히 자유롭지 못하다. 이라크에서 전쟁이 끝났지만, 아프가니스탄과 파키스탄 등지에서 일어나고 있는 테러리즘에 대한 전쟁을 계속할 수밖에 없다. 또한 이런 다각적인 위협에 대처해서 미국은 군사적 우월성을 견제할 뿐만 아니라 세계적 안보를 위해 다른 국가들과의 협력관계를 유지해 나가야 한다. 그뿐만 아니라 미국과 세계의 안전에 대한 커다란 위험은 대량파괴무기의 위험으로부터 나오고 있다. 특히 핵무기의 확산이 그러한 위험을 조성시키고 있다. 그리고 현대인들의 생활과 군사적 활동에 영향을 미치는 우주공간과 사이버공간의 능력들이 파괴되거나 공격받을 위험에 처해 있다. 기후변화와 질병의 확산도 미국인들뿐만 아니라 지역 내의 많은 사람들의 안전을 위협하고 있다. 특히 세계 도처에 산재해 있는 실패한 국가들이 갈등을 조장하고 있으며 지역적, 세계적 안전을 위태롭게 하고 있다. 한편 앞에서도 지적되었지만 글로벌경제가 세계인들의 부와 생활수준들을 향상시키고 있지만 다른 한편 국가들 간의 불균등성을 증대시키고 있다.

그리고 문화적, 인구학적 긴장이 국가들 간의 관계에서나 지역적으로 증대되고 있어 안정된 국제질서를 유지하는 데 장애요인이 되고 있다. 동시에 민주주의가 확산됨으로써 현대 세계에서는 점점 개인의 보편적인 권리와 그것을 추구하는 능력이 증대되고 있는 한편, 인종적 정체성을 새롭게 인식시켜 정치적 갈등을 유발시키는 경우가 많아졌다. 또 다른 하나는 글로벌경제가 내포하고 있는 취약성이다. 글로벌경제의 출현과 더불어 국가들 간의 협력과 상호의존성이 강조되는 반면, 금융위기의 발생처럼 상당한 불안정성이 세계경제를 파탄시킬 수 있는 위험성을 내포하고 있는 것이다. 따라서 미국은 지속 가능한 글로벌경제 질서를 유지해 나가야 하는 패권적 위치에 놓여 있다. 글로벌경제의 안전을 유지하기 위해 미국은 전례 없이 국가들과의 파트너십을 강화해 나가야 하며, 그에 따라 포괄적인 세계 안보 전략이 요구된다. 특히 미국의 글로벌 리더십은 미국뿐만 아니라 다른 국가들과의 재정적 책임을 공유하는 데 중점을 두어야 한다. 만약 그러한 책임이 공유되지 못하고 또한 미국이 국가채무위기를 해결하지 못한다면 미국의 국가안보도 위태롭게 된다. 다시 말하면 어느 국가에서든 안보문제는 경제문제와 직결되는 것이며 특히 국가의 재정적 위기는 경제력의 약화는 물론 국가안보의 능력도 유지될 수 없도록 하는 것임은 분명하다. 군사력 한 가지에만 의존해서 국가안보 문제를 해결하려고 하는 것은 바람직하지 않다. 국가안보는 언제나 건전한 경제력에 바탕을 두어야 하며 그러한 의미에서 글로벌 금융위기에 대한 미국의 리더십은 중요한 의미를 갖는다. 미국의 국방장관인 밥 게이츠(Bob Gates)는 "우리가 약한 경제를 갖는다면, 우리는 강력한 군사력을 가질 수 없다"고 한 말은 의미하는 바가 크다.[28] 동시에 미국은 현재 진행되고 있는 세계화 과정을 계속 추진해 나갈 의사를 갖고 있

---

28) "When debts is a national security issue", *The Korea Herald*(May 15, 2010), pp.12~13.

음을 나타내고 있다. 즉 미국은 인종적으로나 지역적으로, 종교적으로나 문화적으로 각기 상이한 사람들로 구성되어 있는 국가이기 때문에 다른 사람들 간의 평화를 계속 증진시킬 수 있으며 민주주의와 개인의 권리가 소중한 일체성을 희생시키지 않고 보장될 수 있다고 믿고 있다. 따라서 위에서 지적한 바와 같이 많은 어려움을 안고 있지만 세계화를 추진하는 데 있어 미국보다 더 적합한 위치에 있는 국가는 없다고 말하고 있다. 개인들이 경쟁적 세계에서 성공할 수 있도록 확립되어 있고 그들의 신념과 정체성의 뿌리를 훼손시키지 않고 희생시키지 않는 세계화 과정을 진전시키는 데 미국보다 더 나은 국가는 지구 위에 존재하지 않는다고 주장한다. 그 결과 미국만이 세계화를 추진시킬 수 있는 글로벌 리더십을 가져야 한다는 것이다. 그러나 미국은 세계화를 위한 글로벌 리더십을 확립하기 위해 미국 자체의 국가적 안보능력을 강화시키는 데 초점을 두고 있다. 오바마 행정부는 미국의 국가안보능력을 증진시키기 위한 정부 차원의 전략을 다음과 같이 몇 가지로 집약시키고 있다.[29]

첫째, 국방능력의 향상이다. 미국은 오늘날 진행되고 있는 전쟁에서 승리하는 데 필요한 군사력을 강화시키는 데 우선적인 목적을 두고 있다. 그러한 군사력은 미국과 미국의 이익 그리고 동맹국들과 파트너들에 대한 위협을 방지하고 억제할 수 있는 능력과 광범위하게 일어나고 있는 위기상황들에 대처할 수 있는 능력을 포함한다.

둘째, 외교를 국가안보의 기본적인 능력을 향상시키는 데 필수적인 것으로 간주한다. 외교란 미국이 취해 온 개입과 동맹 및 우방 국가들과의 협력 그리고 공동 기반을 마련하는 데 필요한 수단으

---

29) 미국의회보고서, pp.14~16.

로 초점을 둔다. 여기서 특히 다른 국가들과 국제조직들뿐만 아니라 기업들이나 비정부적 조직체들 같은 비국가 행위자들을 동원하고 상호 연관시키고 필요한 경우 협의를 해 나가는 것을 중요한 외교의 수단으로 생각한다.

셋째, 지속적인 국가성장과 번영 및 영향력을 확대하는 데 필요한 경제제도와 경제적 도구들을 효율적으로 상호 연관시켜 기능하도록 하는 것이 국가안보전략상 긴요하다. 이러한 요소들 간의 상호 연관성이 국내적으로뿐만 아니라 국제적으로 잘 유지되도록 하는 것이 국가의 경제력을 증진시키고 나아가 글로벌경제의 상호 의존성을 건전한 기반 위에서 유지되도록 하는 것이 필요하다. 특히 다른 국가들과의 상호 경제적 이익의 추구와 그러한 경제적 관계의 유지가 미국의 국가안보 전략의 중요한 요소가 된다.

넷째, 발전은 전략적, 경제적 그리고 도덕적으로 국가안보전략의 필수적인 요소이다. 특히 개발도상국들과 그들의 국민들을 안보위협으로부터 벗어나도록 하기 위한 원조제공에 초점을 둔다. 나아가 여러 제도를 통하여 글로벌경제발전의 혜택을 균등하게 돌아갈 수 있도록 책임 있는 민주적 제도들을 마련하는 것이 중요하다. 글로벌 범죄 네트워크와 갖가지 갈등들을 방지하고 억제하기 위해서 글로벌경제의 발전과 분배가 국가안보전략에 필수적인 요소이다.

다섯째, 미국의 국토안보가 정부와 사회의 중요한 기능이다. 이를 위해 민간방위와 위기대응, 법치, 세관, 국경선 순찰 그리고 이민과 같은 쟁점들에 대해 정부가 확고한 태도를 취해야 한다. 이는 글로벌 이동성과 글로벌경제가 증대되고 있는 상황에서, 미국은 국경선을 중심으로 하나의 국가로서 안전을 강화하기 위한 수단이며 세계화를 좀 더 효율적으로 지속시키기 위한 기반으로 생각한다.

여섯째, 정보수집능력의 개발에 중점을 두고 있다. 이는 미국의 안정과 번영이 그러한 능력의 질적 발전에 의존하고 있다고 믿고 있다. 수집된 정보를 시기적절하게 평가하고 공유하며 그리고 정보 행위를 위협하는 것을 억제하는 능력을 갖추는 것이 미국의 국가 안보를 위해 긴요하다고 생각한다. 이를 위해 미국은 국내에서 정보공동체를 보다 더 능률적으로 통합시키고 외국과의 정보 수집을 교환할 수 있도록 강력한 유대관계를 유지하는 것이 필요하다.

일곱째, 미국은 국가안보전략의 수단으로 전략적 소통을 중요시한다. 이는 미국이 글로벌 정통성을 계속 유지하고 미국의 정책목적을 달성하는 데 효과적이다. 이를 위해 정부 전체를 통해서 일종의 소통문화를 발전시키는 동시에 엘리트뿐만 아니라 일반 국민들의 태도, 여론, 고충 그리고 관심사를 소통 수단들을 통해 신뢰하는 사회를 유지해야 한다. 여기서 중요시되는 것은 새로운 미디어를 통한 국민들과의 소통하는 방법을 광범위하게 사용하는 일이다.

여덟 번째, 미국의 국가안보를 위해 미국 국민들의 이념과 가치, 에너지 창의성 그리고 탄력성을 최대한 발휘시키는 공동체들을 허용하고 유지시키는 것이 필요하다. 이와 관련해서 정부는 사적 행위자들, 즉 비정부적 조직체들과 전략적 파트너십을 유지해야 하며 특히 그들과의 협력을 강화시켜 개입과 조정, 투명성 그리고 정보공유를 위한 가능한 기회들을 많이 만들어 가는 것이 필요하다. 이러한 의미에서 미국은 국내외적으로 거버넌스를 확대·발전시켜야 한다.

이상에서 열거한 것은 미국의 국가안보전략을 강화시키는 데 필요한 요소들 이다. 이러한 요소들과 더불어 미국이 취해야 할 중요

한 것은 글로벌 안보를 위한 미국의 패권적 글로벌 리더십을 효과
적으로 발휘하는 일이다. 미국의 글로벌 리더십은 몇 가지 점들에
새로이 중점을 두어야 한다. 우선 미국의 리더십은 다른 국가들과
의 상호이해와 협력의 바탕 위에서 행사되어야 한다. 오늘날의 세계
는 과거 팍스로마나(Pax Romana) 시대나 팍스브리태니카(Pax Britanica)
시대와는 달리 국제환경에서 다양한 요소들이 많이 내재해 있으며
또한 다극체계를 구성하는 주요 강대국들이 존재하고 있으므로 이
들과의 협의와 대화를 통해 공동의 협력질서를 구축하는 것이 바
람직하다. 아무리 미국이 패권적 지위를 확보하고 있다 하더라도
세계의 모든 문제를 단독으로 해결할 수 있는 능력을 가지고 있지
못하다. 더욱이 핵무기 시대에서 핵은 국가들의 관계를 일방적으로
지배할 수 있는 국가능력은 제한될 수 밖에 없다. 핵의 공포균형이
현대세계에서 국가들 간의 관계를 규제하는 중요한 요소가 되고
있다. 따라서 미국의 일방주의적 리더십은 상호주의적 리더십으로
전환되어야 하며 그럴 경우에는 미국의 패권질서는 상당기간 지속
가능해질 수 있다. 그리고 미국의 글로벌 리더십은 무력에 의한 강
제보다도 상호이해에 의한 동의와 지지에 기반을 두어야 한다. 이
를 위해서 미국은 다른 국가들과의 '세력균형'이 아니라 '이익균
형'을 유지해야 하며 이를 위해 지속적으로 대화와 타협을 추구해
나가야 한다. 일종의 다자주의적 외교와 협상이 요구된다고 볼 수
있다. 마지막으로 미국의 글로벌 리더십은 도덕적 원칙에 기반을
두어야 한다. 때때로 미국의 일방주의적 공격이나 무력시위가 필요
할지도 모르지만 기본적으로 미국은 자신의 글로벌 리더십이 다른
국가들의 이해를 얻어 나가야 하며 가치 및 문화의 측면에서 공유

된 영역을 확대해 나가도록 해야 한다. 적어도 세계의 많은 국민들의 가치기준에서 정통성을 최대한 이끌어 낼 수 있는 리더십이 발휘되어야 한다. 보다 많은 개인들과 국가들이 그들 자신의 운명을 결정할 수 있는 자율성을 보장하는 세계를 구현하고 그 속에서 평화와 안전이 보장될 수 있도록 미국의 글로벌 리더십이 발휘될 때 미국뿐만 아니라 세계안보가 보장될 수 있을 것이다. 그리고 현재 세계 도처에서 나타나고 있는 극단주의적 폭력이나 전쟁은 최소한으로 줄어들게 될 것이다. 한편 다른 강대국들이나 약소국들도 그들의 자율적 국가안보태세를 강화하는 동시에 미국의 글로벌 리더십에 따른 세계화 과정에 능동적으로 참여하면서 세계평화를 유지해 나가야 한다. 이러한 과정에서 국가들은 과도한 세력경쟁이나 자국의 안보를 위한 이기적 전략행동을 삼가면서 절제적 관계를 유지해 나가야 한다.

제3절 국가안보의 패러다임

국가안보 문제를 이해하고 분석하는 데 적용되는 시각들은 다양하다. 이에 따라 그것에 대한 해결을 모색하는 방법들도 또한 각기 상이하다. 앞에서도 지적한 바와 같이 국가안보 문제는 개별국가가 해결해야 할 중요한 과제로 남아 있다. 이런 문제 해결 방법은 또한 국가안보 문제를 어떻게 보느냐에 따라서 다르게 모색되고 있다. 주로 세 가지 패러다임(paradigm)들이 제기되어 왔다.

(1) 현실주의

현실주의는 국제정치를 연구하는 데 사용된 오래된 패러다임이
다. 기본적으로 현실주의 패러다임은 국가들 간의 관계를 이익의
갈등으로 파악하고자 한다. 국가들은 자기들의 이익을 극대화시키
기 위해 세력을 증대시키는 데 관심을 두어 왔다. 세력의 증대를
통하여 국가들은 자신들이 당면하고 있는 국가안전문제를 해결하
려고 했다. 그러나 세력 증대에 목표를 둔 국가의 일방적인 행동들
은 오히려 국가안보 환경을 복잡하게 만드는 경우도 있었다. 소위
안보딜레마가 발생하게 된 것이다. 개념상 현실주의는 몇 가지 기
본 가정들을 제시하고 있다.[30] 첫째로, 인간관계는 본질적으로 갈
등적이다. 이는 자연 상태에 대한 홉스적 이미지와 같은 의미를 갖
는다. 둘째로, 개인이 아니라 집단이나 계급이 기본적인 사회적 단
위이다. 셋째로, 세력과 안보는 인간의 주요한 동기부여이다. 전통
적인 현실주의와 달리 신현실주의는 국제체계의 구조적 제약요인
들을 강조하며, 국제체계에서 국가들의 활동을 설명하는 데 주로
사용하였다. 전통적 현실주의가 행위자들의 관계에 초점을 두는 반
면, 신현실주의는 구조 자체를 국가들의 활동을 제약하는 요인으로
간주한다.[31] 따라서 국제체계에서 국제체계구조는 구조적 요인 때
문에 국가들의 활동이 전혀 예기치 못한 다른 결과를 가져온다고
가정한다. 전통적 현실주의에서는 국가의 세력이 강조됨으로써 그
들이 추구하는 이익은 바로 그러한 세력의 축적과 이용에 의해서

---

30) Haward H. Lentner, *International Politics: Theory and Practice*, pp.39~40.
31) Kenneth Waltz, *Theory of International Politics* 참조.

만 달성될 수 있다고 보았다. 즉 국가가 소유하고 있는 세력은 그 국가의 이익을 추구할 수 있는 기반을 제공한다. 다시 말해서 세력과 이익 간에는 일종의 결정론적인 관계를 가지고 있다는 것이다. 현실주의자들은 이익이란 세력으로부터 나오며 윤리 또한 세력의 기능이라고 주장한다. 그들은 정치가 다른 어떤 분야들, 즉 경제나 윤리보다도 우월성을 가진다고 전제한다. 그들에 의하면 사회적 윤리란 강력한 집단에 의해서 형성되며 사상 또한 세력관계에 의해서 나타난다고 주장한다. 현실주의자들은 세력증대에 중심을 두고 있음에도 불구하고 그 세력이 성과를 거두기 위해서는 도덕적 절제규범에 순응해야 한다고 간주하였다. 현실주의는 절제를 미덕으로 간주하지만, 최고의 미덕으로 보지는 않는다. 한 행위자의 결과가 어떻게 될 것이며 다른 행위자들이 어떻게 반응하고 어떠한 수단을 사용할 것인가를 충분히 고려하는 것이 중요하다고 생각한다. 따라서 국가들 간의 관계에서 한 국가가 다른 국가들의 세력을 면밀히 검토하고 그들이 어떠한 이익을 추구하려고 하는가를 정확하게 계산하는 것이 필요해진다. 여기서 국가의 외교가 중요한 관심을 가지게 되며, 동시에 국가의 안보가 정책의 중심과제가 된다. 국가안보 정책들이 성과를 가져오기 위해서는 국가가 이익이나 목표를 달성하기 위한 충분한 세력을 가지고 있는가를 합리적으로 평가하는 것이 중요하다. 이러한 맥락에서 국가안보 문제는 관련된 국가들의 세력이나 이익들을 정확히 평가하고 그에 대한 대책을 합리적으로 강구해 나가는 정책 결정 과정을 필요로 한다. 전통적으로 현실주의자들은 국가안보를 위해 다른 국가들과의 관계에서 세력균형이 필요하다고 간주하였다.[32] 즉, 한 국가가 자신의 안보

문제를 해결하기 위해서는 다른 국가와의 세력균형이 유지되어야 한다는 것이었다. 이는 주로 19세기에 유럽국가들 간에 전쟁을 방지하고 국가들의 안보를 위해 사용된 개념이었다. 그러나 세력균형이 어떠한 것이고 어떻게 면밀히 측정될 수 있는가가 문제였다.

현재에도 국제관계를 현실주의적 관점에서 설명하려고 할 때 종종 세력균형의 개념이 적용되고 있다. 한편 세계 제1차 세계대전과 제2차 세계대전을 거치면서 국제평화와 안전을 위한 방안으로 집단주의적 세력 개념이 출현하였다. 이것은 몇몇 국가들이 집단적으로 세력을 축적하여 특정국가의 침략이나 공격을 방지하려는 데 목적을 두었다. 실제로 제2차 세계대전 이후에 출현한 UN의 안전보장이사회의 기본이념은 바로 집단주의적 세력에 의한 국제평화와 안전을 확보하려는 데 그 의의를 두었었다. 그러나 UN 안전보장이사회의 5대 상임이사국들 간의 완전한 합의가 이루어질 경우에만 그러한 세력의 사용이 가능하게 규정되어 있기 때문에 냉전 시에 미소 간의 대립은 집단주의적 원칙을 적용하는 데 한계를 드러냈다. 따라서 전반적으로 UN의 국제평화와 안전을 위한 역할은 크게 제한을 받게 되었다.

현대세계에서 국가안보에 대한 현실주의적 설명은 주로 두 가지 문제들에 초점을 둔다. 하나는 미국의 패권이고, 또 다른 하나는 핵무기이다. 과연 미국의 패권이 국가안보 문제를 해결하는 데 도움을 줄 수 있는가 하는 것이다. 그리고 핵무기가 엄청난 파괴력을 가지고 있기 때문에 전쟁을 억제하는 효과를 가지고 있는가 하는

---

32) 세력균형 개념에 관한 논의에 대해서는 Inis L. Claude, *Power and International Relations*(NY: Random House, 1962) 참조.

점이다. 탈냉전 이후 미국이 패권적 지위에 있게 되고 그에 따른 글로벌 리더십을 행사함으로써 세계가 냉전시대에 비해 안정되어 있다고 말할 수 있을지 모르지만, 그러나 세계 도처에서 크고 작은 전쟁들이 일어나고 있음은 여전히 세계평화가 현실로 나타나지 않고 있음을 보여 주고 있다. 또한 미국의 패권적 리더십은 다른 강대국들에 의해 도전을 받고 있으며, 그 결과 얼마 동안 미국의 패권이 유지될 것인가에 대한 의문이 제기되고 있다. 물론, 미국이 어떻게 그의 글로벌 리더십을 발휘하느냐에 따라 상황은 달라질 수 있다. 현재로서는 미국에 필요한 것은 일방주의적 리더십의 행사가 아니라 다른 강대국들과의 협의와 협력을 위한 이른바 세계 질서를 위한 합의권을 형성하는 일이다. 그뿐만 아니라 현재 제기되고 있는 글로벌경제의 취약성을 극복하는 데 미국이 리더십을 발휘하여 세계를 경제적으로 안정시키는 데 중추적인 기여를 해야 한다. 왜냐하면 글로벌경제가 세계적인 침체로 어려움에 처하게 될 때 각국의 국가안보 상황도 악화될 것이며, 그 결과 국가들은 각자 자기들이 보유하고 있는 세력을 중심으로 안보문제를 해결하려고 할 것이다. 나아가 그들은 국가안보를 위해 세력을 증대시켜야 하며 종종 국가 간 갈등을 유발시킬 것이다. 따라서 패권안정이론에서 논의된 안정자의 역할이 커다란 장애에 직면하게 될지도 모른다.

또한 핵무기의 효과에 대한 논의가 관심을 끌었다. 즉 핵무기 개발이 주요 국가들의 전쟁을 억제시키는 효과가 있을 것인가에 대한 것이었나. 사실, 미·소 냉전 시대에 평화적 공존 이론을 가능케 한 요인 중의 하나가 핵무기였음은 부인할 수 없다. 핵무기가 가지고 있는 엄청난 파괴력 때문에 핵국가들 간에 전쟁이 소위 비용과 혜택의 측면에서 일어날 수 없다는 가정이 제기되었다. 물론, 핵무기를 보유한 국가들 간에 전면전이 일어난다는 것은 상상하기 힘들다. 그러나 현대 세계에서 핵을 갖지 않은 지역이나 국가들 간에 낮은 수준의 폭력을 수반한 전쟁들이 종종 일어나고 있다. 이것은 현대 세계에서 핵무기가 전쟁억제력의 효과를 갖는다는 것을 일반화시킬 수 없는 한계성을 보여 주고 있다.

(2) 자유주의

자유주의는 국제관계에서 국가들 간의 이익의 조화가 가능하다는 것을 전제로 한다.[33] 자유주의는 집단을 사회생활의 기본단위로 간주하는 현실주의와는 달리, 개인을 기본단위라고 간주한다. 그리고 개인들은 갈등적이 아니라 협력적으로 자신들의 이익을 추구할 수 있다고 생각한다. 또한 그들은 자신들의 이익을 추구하는 데 있어 인간의 자유가 보장되어야 한다는 것을 강조한다. 이것은 자연상태에 대한 존 로크적인 이미지를 반영한 것이다. 동시에 자유주의에서는 정부의 역할이 최소화되어야 하며, 대신 개인들 간의 협력이 최대한 실현될 수 있도록 해야 한다는 것이다. 이런 자유주의적 이념들은 국가들 간의 관계에서도 그대로 강조되었다. 국가들 간의 갈등보다는 협력이 가능하다고 믿고 있다. 그리고 그러한 협력은 제도들을 통해서 더욱 촉진될 수 있다고 보고 있다. 이것이 현실주의와 근본적으로 다른 것이다. 나아가 자유주의는 국가들 간

---

33) 자유주의에 대해서는 Haward H. Lentner, *International Politics: Theory and Practice*, pp.40~42 참조.

의 관계에서 제도들을 통한 협력증진에 관심을 두는 동시에, 국가들 간의 경제적 상호 의존성 증대가 국가안보 문제를 해결하는 데 중요하다고 보고 있다. 즉 자유주의자들은 국제적 제도들이나 경제적 상호 의존성이 국가들 간의 갈등을 축소시키며, 상호 간 이해와 타협을 가능하게 한다고 가정한다. 특히 국제정치경제의 관점에서 자유주의는 앞에서도 지적한 바와 같이 무역이나 투자, 금융 등이 안보문제만큼 중요하며 두 문제 영역 간에는 밀접한 관계가 있다고 본다. 다시 말하면 경제영역들이 정치적, 군사적 영역들과 상호 간 연관성을 갖고 있음을 강조한다. 오히려 국제정치경제에서는 회사들이나 다국적 기업들이 국가들 못지않게 국제관계에서 중요한 역할을 수행한다고 보고 있다. 또한 자유주의자들은 국가안보 문제를 접근하는 데 있어서도 다른 국가들과 협력하여 공동적으로 대처할 수 있다고 주장하였다. 이와 관련하여 새로운 안보 공식으로 공동안보나 협력안보가 제기되었다. 역시 국가들 간의 협력과 타협이 가능하다는 전제하에서 자유주의자들은 국가안보 문제를 국가들 간의 쌍무적 혹은 다자적 협력을 통해 해결할 수 있다고 가정하였다. 탈냉전시대에 특정지역에서 발생하는 다자주의적 안보 공동체 형성에 관한 논의가 활발해지고 있으며 이는 관련 국가들 간에 접촉하고 대화를 가짐으로써 갈등이나 전쟁을 사전에 방지할 수 있는 효과를 가져올 수 있다.

한편 신자유주의적 제도주의자들에게 있어 자유주의는 국제관계에서의 협력이 국제조직들에 의해 더 증진될 수 있음을 강조한다. 이러한 조직들은 정부활동에 필요한 용역과 서비스를 제공한다는 것이다. 그리고 그러한 조직들은 다른 정부들의 활동에 대한 정보를 제공하며, 또한 그들의 예측 가능성을 제시하기도 한다. 자유주의적 입장에서 특별히 관심을 두는 것은 민주주의와의 상호 의존성이 국가안보와 관련해서 어떠한 효과를 갖는가 하는 점이다. 민주주의는 이념과 가치 및 체제의 측면에서 국가들 간의 관계를 안정시키고 평화를 유지하는 데 기여한다고 주장되어 왔다. 일반적으로 민주주의는 타협과 비폭력, 그리고 법치를 통하여 기능하며 이와 관련된 여러 가지 레짐들을 산출하는 것으로 평가된다. 이런 가치들과 레짐들이 국가의 외교정책에 반영될 때, 그들은 세계평화에 기여하게 된다는 것이다. 또한 민주주의는 자유로운 공개적 토론을 보장하기 때문에 정보의 유통을 원활히 촉진시키며 그들과 국가가 어떤 정책을 채택하는 경우 실수의 가능성을 극소화시키며, 반대로 세계평화를 증진시킨다고 보았다. 국가안보 문제를 해결하는 데 중요한 요소는 정보의 소통이다. 그런 점에서 민주주의에서 정책선택에 대한 공개적인 토론이 이루어질 경우 한 국가가 다른 국가의 의도나 정보를 비교적 용이하게 파악할 수 있기 때문에 그들 간의 오해나 불신이 일어나지 않게 된다. 따라서 타 국가의 오해나 불신에서 비롯되는 배타적인 국가안보 정책은 회피될 수 있다. 이러한 점에서 민주주의는 국가들 간의 갈등이나 오해의 소지를 줄일 수 있으며, 따라서 그들 간의 분쟁이나 전쟁도 예방할 수 있도록 한다. 즉 민주평화론의 논리적 근거가 여기에 있다. 그러나 민주평화론은 아직도 경험적으로 더 많이 입증되어야 할 필요가 있다. 우선, 민주주의에 대한 공통적인 이념이나 가치들이 국가마다 다르게 받아들여지고 있으며, 또한 제도나 과정들이 상이하게 적용되고 있기 때문에 일반적으로 민주주의가 평화를 유지하거나 형성시키는 데 기여한다고 말하기는 어렵다. 또한 민주주의 국가들 간에도 국가이익이나 세력을 증진시키기 위해 서로 갈등적이거나 타협하기 어려운 정책들을 추구하는 경우가 많다. 이러한 정책들이 오히려 국가들 간의 갈등관계를 조성하며 나아가 분쟁으로 이어질 가능성도 배제할 수 없다. 따라서 민주주의정권들이 그러한 정책들을 포기할 것이라는 가정도 또한 받아들이기 어렵다.

또한 자유주의적 관점에서 경제적 상호 의존성은 국가안보유지에 긍정적인 효과가 있다고 간주한다. "자유무역을 신의외교"라고 말한 19세기 영국의 리처드 곱든(Richard Cobden)을 포함하여 많은 자유무역의 옹호자들은 자유무역이 사람들을 평화의 유대 속으로 단결시키는 확고한 방법이며 그에 따라 개별국가의 번영이나 그들 간의 변화를 위해 긴요하다고 판단하였다. 더 나아가 그들은 만약 상품이 국경을 넘어갈 수 없다면, 군대의 의사가 중요한 역할을 할 수밖에 없다고 주장하기도 하였다. 또한 그들은 경제적 상호관계는 국가들로 하여금 무역을 통해 부를 획득하게 하며 그렇지 않은 경우 그들 간에는 전쟁만이 있을 뿐이라고 말하기도 했다.[34] 결국 자유주의 이론은 국제관계에서 국가들은 부의 획득에 우선권을 두며 무역이 그러한 부를 얻는 데 좋은 방법이라고 가정한다. 그리고 그들은 자유주의적 국제경제는 결국 평화를 가져오는 힘이라고 말하기도 했다.[35] 그들에 의하면 경제적 교환에 의해 얻어지는 부는 정치적으로 강력한 국가를 형성시킨다. 그러나 그들의 주장은 종종 현대세계에서 사실이 되고 있지만, 동시에 취약성도 내포하고 있

---

34) Robert Jervis, "The Era of Leading Power Peace," Robert J. Art and Robert Jervis, p.381
35) 자유무역과 평화와의 관계에 대해서는, Hans J. Morgenthau, *Politics Among Nations: The Struggle for Power and Peace*, 5th edition(NY: Knopf, 1973), p.33과 Robert Gilpin, p.56 참조.

다. 국가들은 국가이익의 측면에서 경제적 이익보다 명예나 영광을 더 중요하게 생각하는 경우도 있다. 특히 정치 지도자들은 물질적인 이익보다는 국가의 안보나 명예를 국가이익으로 간주하면서 더 많은 비중을 두는 경향이 있다. 그러나 전반적으로 상호 의존성의 평화적 영향력에 대한 논의는 한계점을 가지고 있다. 첫째로, 의존성의 비용은 정치적 가치에 의해 평가 절하되는 경우가 있다. 의존성이 국가들 간의 경제적 번영을 촉진시킨다고는 하지만, 정치적 이해관계에 따라 그의 효과가 낮게 평가될 경우, 그것은 평화유지에 커다란 기여를 할 수 없다. 둘째로, 의존성은 국가들 간의 거래가 부당하게 이루어질 경우, 오히려 갈등을 증대시킬 수 있다. 말하자면 부당한 거래는 국가로 하여금 자신이 이용당하는 것으로 인식될 수 있으며, 그 결과 분쟁의 근원을 제공하기도 한다. 셋째로 상호 의존성은 확실히 평화를 보장하지 못한다. 비록 높은 수준에서 경제통합이 이루어진다 하더라도 내부적으로 어떤 갈등이나 위기에 직면하게 될 경우 오히려 그러한 통합은 평화적으로 해체되거나 또는 내부적 분열에 노출될 수 있다. 통합된 공동체 내에서의 내부적 분열이 일어나게 되는 것이다. 예를 들면 국가들 간의 경제적 의존성이 대칭적이 아니고 비대칭적으로 인식될 경우 그것은 내부적으로 반목과 갈등을 일으키는 요인이 될 수 있다. 국가에 따라서는 의존성을 종속으로 생각할 수 있기 때문이다. 넷째로 의존성은 원인이기보다는 효과가 될 수 있다. 즉 국가들 간의 평화와 협력에 대한 기대를 발생시키는 것이 아니라 그러한 기대를 갖게 만드는 것에 불과하다.

(3) 사회구성주의

일반적으로 사회구성주의는 비폭력의 규범과 공유된 정체성의 역할을 강조한다. 이 이론에 의하면 상호 호혜적 행태와 기대의 과정을 통해서 선진민주주의 국가들은 서로 우호적인 관계를 가진다고 주장한다. 사회구성주의는 물질적 요소들보다 이념들과 이미지 및 적절한 행위 개념들이 국가들 간의 관계를 개선시키고 안정시키는 데 더 중요하게 기여한다고 간주한다.[36] 국제관계에서 행위자들의 행태, 신념, 기대의 자유로운 사이클이 그들 간의 관계에 영향을 미친다는 것이다. 다시 말하면, 사람들은 평화에 기여하는 태도, 신념, 가치들로 사회화된다는 것이다. 공동체 안에서 개인들이 그들 자신의 국가를 다른 국가들보다도 강력하고 선한 것으로 보게 될 때, 그들은 과거에 있었던 것처럼 극단적 민족주의에 덜 노출된다는 것이다. 예를 들면, 제1차 세계대전 전에 독일인들은 금세기의 선택된 사람들이라는 배타적 민족주의를 내세웠었다. 그 결과 그들은 제1차 세계대전을 일으키게 되었다고 많은 사람들이 주장하고 있다. 현재에도 이러한 경우들을 종종 볼 수 있다. 한반도에서 남북한 간의 갈등이 깊어진 이유도 여기에서 찾아볼 수 있다. 즉 북한 주민들이 주체사상이나 김일성 유일사상에 의해 고도로 사회화됨으로써 남한과의 적대적 갈등을 고조시켰다. 북한 지도층이나 주민들이 남한을 볼 때 적대적인 감정을 노정시키는 것은 바로 과노한 사회회 과정에 기인하는 것이다. 결국 한 국가 안에서나 혹은

---

36) Robert Jervis, "Theories of War in an Era of Leading-Power Peace: Presidential Address, American Political Science Association, 2001", *American Political Science Review*, Vol.96, No.1(March 2002), pp.1~4.

공동체 안에서 구성원들의 가치체계나 신념 및 태도의 형성에 영향을 주는 사회화 과정이 국가안보 문제와도 긴밀한 관계가 있음을 알 수 있다.

그러나 구성주의는 원인에 대한 결과를 잘못 이해했다는 점에서 비판을 받고 있다. 다시 말하면 정체성, 이미지, 자아 이미지 등은 일종의 상부구조이다. 그리고 그들은 평화의 산물이며 물질적 동기의 산물이다. 여기서 중요한 문제는 사람들의 생각이 아니라 그런 생각을 이끄는 요소들에 대한 문제이다. 국가들 간의 관계에서 나타나는 안정과 평화의 문제를 논의하는 데 너무 지나치게 사회화 과정의 영향에 많은 비중을 두고 있다는 점에서 구성주의 타당성은 줄어들게 된다. 또한 이념들의 중요성을 너무 강조하는 것도 문제가 아닐 수 없다. 아마도 과거 사람들은 이념이나 이데올로기에 몰입하여 자신들의 행동을 결정했을지는 모르지만 현재의 사람들은 그러한 것들을 맹신하지 않을 것이다. 구성주의는 과도하게 사회화된 행위자들에 초점을 두는 반면, 아마도 물질적 조건들이 다르기 때문에 다르게 행동하는 사람들을 형성시키는 데 작용하는 기관들의 역할을 너무 등한시하였다.

결국 국가안보 문제를 접근하는 데는 매우 복잡하고 다양한 변수들이 작용한다. 어느 한 가지 패러다임에만 의존해서 그의 본질을 이해하거나 해결방법을 모색하는 것은 바람직하지 못하다. 전쟁은 언제나 예상치 못한 상황에서 발생하며, 그의 원인과 결과에 대한 설명 또한 일정한 패러다임에 따라 이루어질 수 없다. 평화도 마찬가지다. 아직까지 세계 평화는 실현되지 않고 있으며, 다만 세계화 과정이 진행되고 있을 뿐이다. 그러나 세계화 과정 자체가 국가들 간의 전쟁을 방지하지 못하며, 평화를 보장하지 못한다. 따라서 국가안보 문제는 여전히 개별국가의 책임으로 남아 있다. 다만 국제적 환경이 변화함에 따라 국가안보의 정책이나 전략이 달라지고 있을 뿐이다. 오늘날 전쟁은 다양한 형태로 이루어지고 있으며, 그 결과도 예측하기 힘들다. 더욱이 과학기술의 발달에 의해 전쟁은 총체적 형태로 변화하고 있으며, 따라서 이에 대한 대응도 포괄적으로 이루어지지 않으면 안 된다. 예를 들면, 전력 개발도 대칭적 측면에서부터 비대칭적 측면에 이르기까지 다양한 형태로 이루어져야 한다. 국가안보 문제 또한 다양한 측면에서 종합적으로 다루어져야 한다. 가장 중요한 것은 국가안보 문제를 포괄적 패러다임을 가지고 지속적으로 풀어 가는 일이다. 이를 위해서는 탁월한 정치리더십이 요구된다. 국가안보 문제는 지역에 따라, 또는 국가들 간의 관계에 따라 다르게 제기되고 있기 때문에, 이에 대한 정확한 인식 및 판단 능력과 해결 능력이 수반되어야 한다. 사태를 너무 과도하게 인식하거나 혹은 너무 과소하게 평가하는 경우 국가안보는 위태로운 상황에 처하게 된다. 그리고 어느 한 가지 원인에만 집착하지 않고 다인적 원인과 결과를 종합적으로 그리고 거시적으로 평가하고 필요한 대응방안을 강구해 나가는 정치리더십이 발휘되어야 한다.

  1990년대 초, 냉전이 종식됨과 더불어 세계정치를 보는 견해들이 다양하게 나타났다. 즉 냉전 종식은 소련의 공산주의가 붕괴되고 미국만이 유일한 초강대국으로 남게 됨으로써 앞으로 세계질서가 어떻게 전개될 것인가 하는 데에 대한 의문이 다양한 형태로 나타났다. 우선 국제관계가 미국 중심의 단극체제에 의해서 지배될 것인가, 아니면 다른 강대국들과의 다극체제에 의해 지배될 것인가 하는 문제가 관심의 초점이 되었다. 미국이 초강대국으로 남아 있게 됨으로써 앞으로의 세계는 시장경제와 자유민주주의 세계로 통합될 것이라는 견해가 있었다. 이것이 대표적으로 '역사의 종언'으로 집약되었다. 다른 한편, 세계는 다양한 민족국가들 간의 전통적 갈등관계로 전개될 것이라는 견해도 있었고, 또한 오히려 민족국가가 사라지고 세계는 부족주의와 세계주의로 갈등적 경쟁관계를 일으킬 것이라는 견해도 있었다. 여러 가지 미래 세계에 대한 비전들 가운데 관심을 끈 것은 바로 '문명충돌론'이었다.[37] 이것은 새로운 세계에서 갈등의 근원적인 요인은 이데올로기적인 것이나 경제적인 것이 아니라는 가설이었다. 그 대신 인류의 분열과 갈등을 가져오는 지배적인 요인은 문화적이라는 것이다. 여전히 세계정치의 무대에서 가장 중요한 행위자들은 민족국가들이지만 글로벌 정치의 주요한 갈등은 상이한 문명들을 가진 집단과 국가들 간에 일어날

---

37) Samel P. Huntington, "The Clash of Civilizations?" *Foreign Affairs*, Vol.72, No.3(Summer 1993), pp.22~49.

것이라고 전망하였다. 이 문화적 충돌에 대한 전망은 바로 사무엘
P. 헌팅턴 교수에 의해 제기되었다. 그는 문명 간의 갈등이 근대세
계에서 일어나는 갈등의 전개에서 가장 최근의 국면이 될 것이라
고 주장하였다. 웨스트팔리아 평화조약에서 시작된 근대 국제체계
의 출현 이래, 서방세계의 갈등들은 주로 왕과 제왕들 간에 일어났
으며, 이어 출현한 민족국가들 간에 발생하였다. 그 후 제1, 2차 세
계대전을 거친 후에 세계는 두 개의 초강대국들에 의한 냉전시대
를 맞이하게 되었다. 냉전시대의 갈등은 민족국가들 간의 갈등이
아니라 이데올로기적 갈등이었다. 냉전적 갈등은 서방세계에 한정
된 것이 아니라 전 세계로 확장된 것이며 세계를 미 – 소 양대 진영
으로 나눈 것이었다. 냉전 시대의 이데올로기적 갈등이 종식된 이
후 세계는 이데올로기가 아니라 문명에 의해 또다시 충돌할 가능
성이 있다고 지적한 것은 매우 흥미 있는 지적 사고였다고 말할 수
있다. 그리고 문명 충돌에 관한 지적은 국가안보와 관련해서도 중
요한 의미를 갖는다고 말할 수 있다. 왜냐하면 그러한 충돌은 바로
개별국가들의 미래 안보 문제와 직접적으로 관련되기 때문이다.

개념상 문명이란 하나의 문화적 실체로서 규정되었다. 헌팅턴 교
수는 촌락, 지역, 인종적 집단, 민족구성원 그리고 종교적 집단들이
모두 특정한 문화를 구성하고 있다고 보았다. 한 지역의 문화는 다
른 지역의 문화와 다를 수 있다. 그러나 그들이 보다 큰 지역적 수
준에서는 어떤 공통성을 갖게 된다. 예를 들면 남부이탈리아의 문
화는 북부이탈리아의 문화와 다를 수 있다. 그러나 그들은 하나의
공통적인 이탈리아 문화를 형성하며, 반면 독일 지역의 문화와 구
별된다. 그리고 유럽공동체들은 아랍이나 중국공동체들과 구별되

는 문화적 특성들을 공유하고 있다. 결국 아랍이나 중국 그리고 서유럽의 공동체들이 각기 특수한 문화적 실체들을 구성하고 있으며 이들이 바로 문명의 기반을 이루고 있다. 다시 말하면 문명이란 최고수준의 문화적 집합체이며 또한 최고수준의 문화적 정체성으로 구성된다. 그러한 집합체에 살고 있는 사람들은 각기 공통적인 객관적 요소들을 가지며 또한 주관적인 자아정체성을 가지고 있다. 객관적 요소들이란 언어, 역사, 종교, 관습 그리고 제도들을 포함한다. 그리고 집합체 안에 살고 있는 사람들의 자아정체성의 수준은 매우 광범위하며 다양하게 형성된다. 즉 로마의 거주자들은 자기 자신을 로마인으로서 또는 이탈리아인으로서 그리고 가톨릭 신자로서, 혹은 기독교인으로서 그리고 유럽인으로서 각기 다양한 정도의 자기 정체성을 가지고 있다. 또한 한 문명 속에는 여러 개의 민족국가들이 포함되고 있다. 이에 따라 헌팅턴 교수는 몇 가지 대표적인 문명들을 지적했다. 이들은 서유럽문명, 라틴아메리카문명, 아랍문명, 일본문명, 유럽 및 북미문명, 이슬람문명, 힌두문명, 슬라브정교문명, 아프리카문명, 그리고 유교문명 등이다. 미래에 이들 간에 충돌이 일어날 것인가?

헌팅턴 교수는 문명들간의 충돌 가능성을 다음과 같은 몇 가지 요인들로 설명했다. 첫째로 문명들 간에는 차이가 있으며 그러한 차이는 사실일 뿐만 아니라 기본적이다. 이러한 차이들은 하루아침에 이루어진 것이 아니라 수 세기에 걸친 산물이다. 둘째로 세계는 점점 좁은 공간으로 변화하고 있다. 그리고 상이한 문명원에 살고 있는 사람들끼리의 상호작용이 증대되고 있다. 이러한 상호작용의 증대는 문명의식을 고조시키며 나아가 문명과 문명들 간의 차이를 일깨워 준다. 셋째로 전 세계를 통한 경제적 근대화와 사회 변화의 과정은 지방적 정체성에 따라 사람들을 분리시킨다. 그 결과 그들은 정체성의 근원으로서 민족국가를 약화시키는 반면 지방적, 종교적 차이에 따라 특정한 집단을 중심으로 정체성을 강조한다. 아랍 세계에 있어서 근본주의자들의 출현은 이러한 측면에서 설명될 수 있다. 넷째로 문명의식의 성장은 서유럽인들과 비서유럽인들 간의 분열을 증대시킨다. 서유럽인들은 세력의 정점에 서 있다고 생각하는 반면, 비서유럽인들은 자기 세계로의 회귀경향을 증대시킨다. 따라서 서유럽인들과 비서유럽인들 간에는 점차적으로 대결양상을 보인다. 다섯째로 문화적 특성과 차이들은 덜 상호적이며 따라서 쉽게 타협되거나 마찰을 줄여 가기 힘들다. 계급이나 이데올로기적 갈등에 있어서는 선택의 문제가 중요하지만, 문명의 갈등에서는 본질의 문제가 중요하다. 즉 당신이 어느 쪽에 있느냐가 아니라, 당신이 무엇이냐 하는 질문들의 차이이다. 결국 문명의 갈등은 변화될 수 없는 것으로 어느 의미에서는 숙명적인 것으로 받아들여진다. 여섯째로 경제적 지역주의가 증대되고 있다. 경제적 지역주의는 대체로 특정한 문명과 연관성을 가지고 있다. 왜냐하면 공동적 문화는 지역의 경제적 확대에 기여하기 때문이다. 예를 들면 중화권 경제 지역주의의 공통적인 문화는 유교에 기반을 두고 있다. 즉 중국 본토와 홍콩, 타이완, 싱가포르 그리고 화교사회들이 이데올로기적 갈등을 초월하여 하나의 공통적 문화를 바탕으로 상호 간 경제적 통합과 발전을 도모하고 있다. 이들은 유교적 문명권을 형성하면서 경제적 블록을 바탕으로 급속한 경제발전을 실현하고 있다. 그뿐만 아니라 비아랍 무슬림 국가들도 문화와 종교를 중심으로 경제협력

조직체를 형성하고 있다. 만약 문명의 충돌이 일어난다면 두 가지 수준에서 그 가능성을 예상해 볼 수 있다. 하나는 미시적 수준으로 문명권들 간의 집단들이 서로 영토의 지배를 위해 투쟁하는 경우를 상상해 볼 수 있다. 다른 하나는 거시적 수준으로 다른 문명권에 있는 국가들이 군사력과 경제력을 동원하여 국제사회를 통제하기 위해 투쟁하는 경우이다. 한편 관심을 끄는 것은 유교문명권과 이슬람 문명권 간의 연결 가능성이다. 이들은 서유럽의 문명권과 경쟁하면서 그들의 세력을 확대하는 데 관심을 갖고 있다. 적어도 서방국가들과 비교될 수 있는 그들의 군사력과 경제력을 확보하는 데 근본 목표를 두고 있다. 앞으로 문명 충돌이 발생한다면 서유럽 문명과 이슬람 문명과 연결된 중국 유교문명 간의 충돌을 예상해 볼 수 있다. 그러나 앞에서도 말한 바와 같이 이러한 문명충돌은 어디까지나 가설에 머무르고 있다. 과연 그러한 충돌이 현실로 나타날 것인가는 단정하기 힘들다. 오히려 이에 대한 반대이론이 제기될 수 있다. 우선 문명의 차이가 존재한다 할지라도 왜 문명은 충돌해야 하는가에 대한 의문이 제기된다. 서유럽문명은 서구적이며 근대적이다. 반면 비서유럽문명들은 서구적이 되지 않으면서 근대적이 되려고 시도하고 있다. 따라서 두 문명들 간의 충돌보다는 비서구적인 문명들은 근대 과학과 기술을 통해서 부를 증진시키는 데 관심을 갖게 될 것이다. 그들은 전통적 문화와 가치를 유지하면서 경제적 근대화를 추진해 나갈 것이다. 이러한 맥락에서 두 문명들은 충돌하기보다는 대화와 타협을 선택할 것이다. 문명충돌은 미래의 세계에서 상상해 볼 수·있는 최악의 시나리오다.

제5절 인간안보론

    지금까지 안보문제는 국가에 한정해서 논의되어 왔다. 물론 국제적 안보를 논의하는 경우도 많았다. 그러나 최근에 안보문제가 인간에 기반을 두고 논의되고 있다. 특히 인간에 바탕을 둔 안보논의는 현대글로벌정치의 사태진전과 관련하여 중심적 관심사로 제기되고 있다.[38] 사실 세계화는 국가수준에서 안보에 영향을 줄 뿐만 아니라 개인들의 일상 생활수준에도 영향을 미치고 있다. 좀 더 구체적으로 말하면 세계화는 지구상의 남반구에 살고 있는 사람들에게 많은 영향을 미치고 있으며 이들은 두 가지 맥락에서 중요한 의미를 갖는다. 하나는 대부분 그들이 빈곤하다는 점이며 또 다른 하나는 그들이 공포 속에서 살고 있다는 것이다. 따라서 인간 안보문제의 중심은 이들이 어떻게 빈곤과 공포로부터 벗어나 자유로운 시민들로 살아갈 수 있는가 하는 점이다. 세계적으로 빈곤은 소외계층의 사람들을 글로벌시민들로 전환시키는 데 세계화가 어떠한 영향을 미칠 것인가를 분석하는 것 또한 중요한 문제이다. 국가중심이론가들은 인간안보도 국가안보를 통해 실현될 수 있다고 말한다. 그러나 본질적으로 인간안보란 국경을 넘어서서 전 지구적으로 제기되는 보편적 가치이며 세계적인 맥락에서 논의되어야 할 본질적 과제이다. 왜냐하면 인간이란 기본적으로 보편적 존재이며 따라서 그의 안보는 어느 한 국가에 한정해서 실현될 수 있는 문제가

---

38) 인간안보(Human Security)에 관해서는 Caroline Thomas, "Globalization and Human Security", in Anthony McGrew and Nana K. Poku(eds.), *Globalization, Development and Human Security*(MA: Polity Press 2007), pp.107~131 참조.

아니기 때문이다. 인간이면 성이나 인종에 관계없이 누구나 인간답게 살아가야 할 권리를 가지고 있다고 믿기 때문이다.

현실적으로 인간안보가 학자들이나 지식인들 사이에서 관심을 끌게 된 것은 1990년대 중반에 일어난 일련의 사건들과 관련이 있다. 즉 탈냉전 이후에 중대한 인도주의적 위기들이 발생하였다. 1992년에서 1995년 사이에 보스니아에서 인종대학살이 일어났으며 1994년에는 르완다에서 같은 사건이 일어났었다. 보스니아에서는 20여만 명이, 르완다에서는 50만 명이 각각 학살되었다. 이러한 사건들은 경제적 세계화가 진행되는 과정에서 일어났다는 점에서 주목을 끈다. 1990년대에 인간안보와 관련하여 두 가지 새로운 접근들이 나타났다. 하나는 캐나다 정부가 대표적으로 내세운 것으로 폭력으로부터 개인의 보호에 대한 관심이었다. 다른 하나는 일본 정부가 취한 것으로 1990년대 말에 일어난 아시아 통화위기의 여파로 인간안보에 대한 경제적 측면을 강조한 것이다. 두 가지 접근들은 인간안보의 두 가지 통합적이고 상호 연관된 구성요소들을 제시한 것이었다.

(1) 빈곤으로부터의 자유

빈곤과 불평등은 인간안보에 대한 두 가지 본질적 도전이다. 1970년대 중반에 개발도상국들은 UN을 통하여 신국제경제질서를 수립할 것을 요구했다. 그러나 그러한 요구는 IMF와 세계은행 그리고 G7 등 덜 민주적인 국제금융제도들로 대체되었다. 이들은 한정된 분야에 걸쳐 어느 정도 성과를 거두기도 했지만 세계적 수준에서 빈곤과 불평등의 문제들을 해결하지 못했다. 1994년에 UNDP(유엔개발계획)의 연례보고서는 인간안보와 관련해서 다음과 같이 지적하였다.

> "너무도 오랫동안 안보의 개념은 국가들과의 갈등잠재력에 의해 형성되어 왔다. 너무도 오랫동안 안보는 국가의 국경선에 대한 위협과 동일시되어 왔다. 너무도 오랫동안 국가들은 그들의 안보를 보호하기 위해 무기를 개발해 왔다. 오늘날 대부분의 사람들에게 있어 불안정의 감정은 격변적인 세계적 사건에 대한 공포로부터가 아니라 일상생활에 대한 우려로부터 보다 많이 나타나고 있다. 직업안보, 소득안보, 건강안보, 환경안보, 범죄로부터의 안보들은 전 세계적으로 일어나고 있는 인간안보에 대한 관심사들이다."

1990년대에 OECD국가들은 글로벌 빈곤을 축소시키기 위한 새로운 목표들을 설정했다. 그리고 교육과 건강 등등에 관한 목표들도 포함하였다. 그러나 이러한 목표들은 원조증가와 같은 새로운 재원들을 결여하였다. 또한 구조적 불평등해소와 부채 절감과 같은 조치들을 수반하지 않았다. 동시에 이 기간 원조는 계속 줄어든 반면, 사적 자본의 유입은 어마어마하게 증가하였고 또한 매우 파괴적이었다. 사적 사본은 소수의 국가들에 집중되었으며 나머지 대다수의 국가들은 아무것도 받지 못했다. 결국 세계화의 혜택은 불균등하게 배분되었고 이에 대한 정치적 저항은 증가되었다. 2000년에 당시 세계은행의 총재였던 제임스 울펀슨(James Wolfensohn)은 다음과 같이 말했다. "우리가 안보에 대해서 생각할 때 우리는 군사력이나 국경선을 넘어서 생각해야 한다. 우리는 인간안보를 생각해야 한다. 우리는 다른 전쟁, 즉 빈곤에 대한 싸움에서 이겨야 한다." 이것은 빈곤과의 전쟁을 말한 것이다. 그리고 그러한 전쟁에서 이기기 위해서는 국제적으로 성장과 평등을 동시에 추구해야 한다. 빈곤과의 전쟁은 글로벌 정의를 실현하는 것이며 이는 글로벌 해결책을 필요로 하는 것이다. 그러나 9 · 11테러가 일어났음에도 불구하고 글로벌 정의를 실현하기 위한 방법에 있어서 합의가 이루어지지 않고 있다. 사회정의를 주장하는 많은 사람들은 시장은 인간안보를 실현시킬 수 없다고 말한다. 오히려 시장은 불안정의 원인이 된다고 보고 있다. 다만 UN기구들은 인간안보의 개념을 말로써만 강조하고 있다.

(2) 공포로부터의 자유

1990년대 중반에 들어서 단순히 국가안보의 문제에 더해서 인간안보의 개념이 보다 많은 관심을 끌었다. 몇몇 국가의 지도자들은 국가의 안전에 더해서 개인의 인간적 보호와 그들이 살고 있는 공동체의 안전에 관심을 갖기 시작했다. 예를 들면 캐나다의 외무부 장관이었던 일로이드 엑스월시(Lloyd Axworthy)는 냉전이 종식된 이후에 국가들 간의 갈등보다도 국가 내에서의 갈등이 더 증대했다고 지적하고 따라서 이에 대해 관심을 가져야 된다고 지적하였다. 실제로 국가 간 전쟁을 통해서 1990년대에 사망한 사람들의 수는 1980년대와 비교해서 2/3로 줄어들었다. 그러나 반대로 1990년대에 국내 사회의 갈등에 의해 사망한 사람들의 수는 360만 명으로 집계되었다. 더욱이 이런 갈등과 연관하여 일어난 피란민의 수는 같은 기간에 50%나 증가하여 1,800만 명에 이르렀다. 결국 국내적 갈등에 의해서 생겨난 민간사상자들의 수가 크게 증가하였으며 동시에 여성과 어린이들의 희생이 증가되었다. 이런 점에서 빈곤으로부터의 자유로서 인간안보가 중요성을 갖지만 또한 공포로부터의 인간안보의 문제가 주목을 끌게 되었다. 공포로부터의 자유라는 측면에서 인간안보는 국제적 간섭이나 인도적 구제 그리고 탈 갈등의 평화구축과 같은 조치들을 통해서 실현되어야 한다는 주장들이 제기되었다. 이와 관련하여 많은 NGO들과 주요 개인들의 역할이 증대되었다. 1997년에 대인지뢰에 관한 오타와회의가 열렸다. 여기서는 국가들 간의 파트너십이 강조되어 대인지뢰에 관한 문제를 해결하는 데 일정한 합의를 이루었으며 그것을 기점으로 다른 분야에 대한 논의가 계속될 수 있을 것으로 기대했다. 이런 파트너십은 인간안보 네트워크를 형성시키는 계기를 마련했으며 여기에는 12개 이상의 국가들이 참여했다. 이러한 비공식적인 네트워크는 다수국가들이 참여하는 집단적 행위들을 이끌어 내는 데 성과를 거뒀으며 결과적으로 새로운 이슈들에 대한 국제적 관심을 이끌어 내는 데 하나의 촉매로서 작용하였다. 그 결과 점증하는 비국가행위자들이 국제적, 인도주의적 문제나 또는 인권과 관련된 법과 제도들을 이끌어 내는 데 적극적으로 활동하게 되었다. 인권이나 인간안보에 대한 법률적 접근은 1998년에 국제범죄재판소를 수립하는 결과를 가져왔다. 이로써 공포로부터의 자유라는 의미에서 인간안보의 추구는 국제사회의 관심을 끌었으며 국제적 제도의 창출을 가능하게 하였다.

공포로부터의 자유는 빈곤으로부터의 자유와 분리될 수 없다. 빈곤한 사회나 국가에서는 개인들이 불안정한 생활을 지속할 수밖에 없으며 그러한 불안정성은 바로 공포를 구성하는 요인이 된다. 또한 사회적으로나 개인들 간의 불안정성이 증대될 때 그들의 생활은 빈곤에서 벗어나기 힘들다. 사회 내에서의 갈등과 분열은 대부분 구성원들의 빈곤에서 비롯됨을 간과할 수 없다. 그 결과 빈곤과 공포는 어느 사회에서나 악순환의 관계를 가지며 두 가지 요소들은 상호 연관성을 가지고 있다. 다시 말하면 인간안보를 보장하지 못하는 국가안보는 실제로 의무가 없으며 또한 국가안보가 적절히 확보되지 못할 때 인간안보도 크게 손상될 수밖에 없다. 인간안보 문제는 본질적으로 인간 중심의 개념에서 접근되어야 한다. 따라서 기계론적 분석시각으로부터 정치적인 동태적 분석으로의 패러다임적 전환을 필요로 한다. 기본적으로 인간은 기계가 아니기 때문이다. 그 결과 인간안보의 문제도 세계를 살아 있는 개체나 혹은 유기체로서 간주하고 해결책을 모색해야 한다. 개인이나 공동체는 빈곤으로부터 자유를 향유하기 위해서 공포로부터 자유로워야 한다. 그리고 빈곤으로부터의 자유가 없을 경우에는 공포로부터의 자유도 없다. 인간안보의 두 가지 측면들을 함께 고려하는 시도가 UN에서 나타났다. 2000년에 UN안전보장이사회가 처음으로 에이즈 문제를 공식적으로 논의한 것은 바로 인간안보의 중요성을 반영한 것이었다. 그리고 2001년 가을에 인간안보위원회가 설치되었다. 이 위원회는 UN부설로 설립되었으며 일본이 기금을 제공하여 설치되었으며 인간안보의 두 가지 측면들인 빈곤과 공포로부터의 자유를 실현하는 데 목적을 두었다. 나아가 인간안보위원회는 개발과 갈등의 두 측면들을 연결하는 데 초점을 두었다. 그리고 이 위원회는 구체적으로 정책형성과 실천을 위한 기구로서 활동하였다.

(3) 세계화와 인간안보

　일반적으로 세계화가 무엇을 의미하는가에 대한 견해들이 광범위하게 제기되고 있음은 앞에서 지적한 바와 같다. 대체로 세계화는 국경을 넘어서 이념과 사람들, 상품, 서비스, 자본들이 자유롭게 이동하여 경제와 사회의 통합을 증진시키는 것으로 이해되고 있다. 그러나 그의 충격과 가치가 어떠한 것인가에 대해서는 견해가 일치하지 않고 있다. 지금까지 인간안보의 문제를 다루는 사람들은 대체로 세계화에 대해 비판적인 견해들을 취하고 있다. 그들은 글로벌 불평등성과 광범위한 빈곤을 지적하고 있으며 이러한 것들이 글로벌 체계 안에서 일어나고 있다고 지적한다. 2004년까지 IMF의 경영이사였던 오스트 콜러(Horst Kohler)는 글로벌경제의 통합이 인간복지를 증진시키기 위한 잠재력을 가지고 있다고 믿는 반면, 너무나 많은 세계의 사람들이 아직도 확실히 뒤처져 있다는 것을 시인하고 있다. 말하자면 세계의 부유한 국가들과 빈곤한 국가들과의 불균형이 전례 없이 벌어지고 있다는 것이다. 통계에 의하면 지구상에 약 30억 명이 하루에 2달러 미만으로 살아가고 있다고 한다. 문제는 빈부의 차이가 세계화가 진행되는 과정에서도 줄어들기보다는 점점 더 늘어나고 있다는 것이다. 더욱 어려운 문제는 국가 간의 불평등보다도 국가 내의 불평등이 더욱 심화되고 있고 따라서 심각한 사회적 문제들이 제기되고 있는 것이다. 예를 들면 중국에서 글로벌경제통합이 이루어지고 있는 반면 농촌과 도시 간의 양극화가 점점 더 심화되고 있다. 동시에 과거보다도 실업자의 수가 더욱 증대되고 있다. 인도의 경우에도 1990년대 국가성장지표는 긍정적으로 보였지만 내면적으로 매우 복잡한 양상을 보이고 있다. 인도에서 경제성장이 지리적으로 그리고 사회부문별로 불균형화되고 있으며 따라서 빈곤 퇴치는 중요한 국가적 과제가 되고 있다. 결국 세계화는 빈곤으로부터의 자유에 중점을 두는 인간안보가 더욱 해결되기 어려운 상황에 처해 있다고 말할 수 있다. 인간안보가 점점 더 취약성을 많이 내포하고 있기 때문에 그에 대한 정책적 대안들은 사회적 변형을 도모하는 데 집중되고 있다. 대신 그러한 정책은 신자유주의적 어젠다가 아니라 보다 더 급진적인 방향에서 평등과 단결, 지속 가능성 등을 위한 정치로 지향되고 있다. 근래에 들어 인간안보 연구는 새로운 개념적 전환을 모색하고 있다. 흔히 세계화 과정에서 일반화되고 있는 '하나의 사이즈'가 모든 국가안보나 혹은 국가발전의 지표들에 적용된다는 분석 개념은 매우 제한되어 있다는 것이다. 그 대신 인간안보 문제는 살아 있는 경험들을 바탕으로 접근되어야 한다는 것이다. 즉 다각적 요소들이 인간들의 구체적 존재에 영향을 미친다고 보는 것이다. 방법론적으로 인간안보를 악화시키는 요인들을 세계 전체의 구조와 기능 속에서 발견하고 그들을 다각적인 수준에서 극복하는 노력이 요구된다.

기본적으로 인간안보는 세계화의 보편적 과정과 인간 개개인의 특수한 존재와 공동체에 대한 복합적 인식구조를 바탕으로 적절한 해결방안들을 필요로 한다. 그러한 측면에서 인간안보는 본질적으로 정치적 프로젝트이다. 이는 인간안보가 좀 더 광범위하고 다각적인 분석과정을 통하여 이해되어야 한다는 것을 의미한다. 이와 함께 세계화는 구조적으로 인간안보의 문제를 해결하지 않고는 바람직한 결과를 가져오지 못할 것이다.

제7장
남북한 관계와 국가안보

제1절 세계화와 한반도

오늘날 대부분의 사람들이 세계화의 시대에 살고 있다는 데 대해 이의를 제기할 사람은 별로 많지 않다. 앞에서 지적한 바와 같이 상당부분의 지역들과 사람들이 세계화 과정에서 제외되고 있지만 그러나 세계의 전반적인 변화과정이 서로 복잡하게 연결되고 있음을 부정하기 어렵다. 물론 세계화가 무엇인가 하는 의문에 대해 합의된 견해가 없지만 현대세계가 어떤 하나의 지향점을 향해서 변화하고 있음은 사실이다. 예기치 못한 과학과 기술의 발달로 세계가 점점 좁아지고 가까워지고 있다. 그렇게 작아지는 세계를 향해서 개인이나 국가들이 다 같이 일정한 방향으로 행동양태를 보이고 있다. 즉 국가들은 좀 더 개방적인 정책을 채택하고 있으며 동시에 보다 넓은 시장의 통합을 추구하고 있다. 시장경제확대와 자유무역은 국가들의 경제발전에 유용한 것으로 생각되고 있다. 그들은 비교우위원칙에 입각해서 자유무역의 혜택을 증대시키려 하고 있으며 여전히 국가의 부를 축적하는 유용한 방법으로 간주하고 있다. 그러나 산업분야별로 국가들에 따라 자유무역을 유보하고 대신 보호주의 정책을 고수하고 있는 경우도 있다. 몇몇 개발도상국들은 대외적으로 개방정책을 추구하고 자유 시장경제를 확대해 나가면서 국가발전에 필요한 자본과 기술을 해외로부터 획득하려고 한다. 사실 개발도상국들 중에서 대외적으로 개방과 협력을 효율적으로 국가발전 전략으로 전환시키는 경우 급속한 경제성장을 이룩하고 정치적으로 권위주의를 종식시킨 국가들이 많이 있다. 소위 아시아의 4마리 용이라고 불리는 국가들이 그 대표적인 실례이다. 세계화 과정은 미국이 주도적으로 이끌어 가고 있지만 이 과정에서 많은 선진국들과 개발도상국들이 공동으로 참여하여 새로운 세계질서를 형성시켜 나가고 있다. 이들이 추진하는 세계질서에서는 시장의 우월성이 강조되며 그에 따라 국가들 간의 무한경쟁이 불가피하게 일어나고 있다. 통합된 시장에서 국가들 간의 무한경쟁은 필연적으로 혜택의 불평등한 배분을 피할 수 없게 된다. 따라서 국가들은 새로운 세계질서에 적극 참여하면서 동시에 시장에서의 경쟁에서 승리하기 위해 고도의 국가전략을 행사하고 있다. 국가들은 한편에서는 협력하면서 다른 한편에서는 자신들의 특수한 국가이익을 극대화시키기 위해 노력하고 있는 것이다. 다시 말하면 현대세계에서 국가들은 이중의 과제를 지고 있는 것이다.

세계의 대부분 국가들이 국경을 개방하고 상호 협력하면서 시장경제를 적극 활용하여 국가이익을 증대시키는 반면 한반도에서는 아직도 남북 간 분단으로 인한 대결적 구조를 지속시키고 있다. 너무도 대조적인 현상이 아닐 수 없다. 세계는 점점 개방되고 좁아지고 있는데 한반도의 한쪽은 계속 문을 닫고 은둔의 나라로 남아 있다. 그러면서 분단된 남북한은 서로 대치하면서 반목과 갈등을 유발시키고 있다. 또한 다른 한쪽은 세계화 과정에 깊이 관여하면서 지속 가능한 경제성장을 도모하고 있으며 전반적으로 발전된 선진국가로의 진입을 추구하고 있다. 그 결과 남북한 쌍방은 경제발전의 측면에서 엄청난 차이를 보이고 있다. 한국과 북한 간의 GDP 차이는 점점 크게 벌어지고 있다. 그럼에도 남북한은 정치적, 군사적으로 대결상태를 유지하면서 고도의 긴장감을 수반하고 있다. 세계화 과정에서 국내적으로나 국제적으로 많은 갈등과 분쟁이 일어나고 있지만 한반도에서의 남북한 간의 갈등은 특수한 의미를 지니고 있다. 이미 세계는 탈냉전화를 통하여 공산주의 이데올로기가 더 이상 지배의 이데올로기로서 정통성을 상실하고 앞에서 지적한 바와 같이 하나의 세계를 향해 변화하고 있지만 한반도에서의 남북한 관계는 전혀 다른 양태를 보이고 있다. 세계에서 일어나는 많은 분쟁들은 이데올로기를 벗어나 종교적, 인종적 차이에 의해 일어났지만 남북한의 갈등은 여전히 이데올로기적 속성을 강하게 내포하고 있다. 물론 북한의 공산주의가 상당한 정도로 변질되어 있지만 아직도 그의 공식적인 이념과 체제는 공산주의로 채색되어 있다. 반면 한국은 건국 초기에서부터 자유주의와 민주주의 그리고 시장경제를 기반으로 국가발전전략을 추진하였다. 이로써 한반노에서의 분열과 갈등은 여전히 냉전적 구조에 머무르고 있다. 혹자는 탈냉전시대에 한반도에서 일어나고 있는 분쟁과 대립을 일컬어 신냉전이라고 부르기도 하였다. 이 같은 남북한의 관계는 현대세계에서 일어나고 있는 개방과 협력의 시대와는 맞지 않는 것으로 그 특수성을 가지고 있다고 말할 수 있다. 또한 탈냉전과 더불어 세계는 지역주의 혹은 지역적 협력을 특징으로 하였다. 유럽지역에서 생겨난 유럽연합(EU)은 말할 필요도 없고 그 외의 많은 지역에서 지역적 협력 레짐들이 형성되었다. 사실 이러한 지역주의와 지역적 협력 레짐들의 확대가 세계화 과정의 주요기반이 되었는지도 모른다. 동남아지역에서도 아세안(ASEAN)과 같은 지역적 협력체가 형성되었으며 이들을 통하여 관련 국가들은 경제협력뿐만 아니라 안보문제에 대해서도 견해를 교환하고 있다. 또한 아시아·태평양 경제협력회의(ASPAC)가 구성되어 아시아와 태평양 지역에 있는 많은 국가들이 일정한 경제협력 문제를 논의하고 그들 간의 신뢰성을 증진시키고 있다. 그러나 동북아 지역에서는 아직 경제나 안보 면에서 상호 협력하는 지역주의가 출현하지 않고 있다. 물론 한국, 중국, 일본 간의 3국 간 대화 채널이 열려 있지만 이들이 위치하고 있는 동북아 지역에서는 경제적, 안보적 협력을 위한 지역적 실체가 형성되지 못하고 있다.

동북아 지역에서는 국가들 간 상당 정도의 세력정치가 영향을 미치고 있다. 지역 내의 국가들은 경제적으로는 어느 정도 협력과 상호 의존의 관계를 유지하지만 정치적으로는 상호 불신과 국가이익을 추구하는 세력정치의 양태를 보이고 있다. 더욱이 중국은 세계 제2위의 경제대국으로 발전하면서 동북아 지역 내에서 패권세력으로 부상하는 동시에 세계적 수준에서 다방면에 걸쳐 미국과의 첨예한 경쟁관계를 형성하고 있다. 말하자면 세계적 수준에서뿐만 아니라 동북아 지역 수준에서도 불안정한 세력정치가 전개되고 있는 것이다. 여기에 한반도에서의 남북관계가 여전히 긴장을 수반한 불안정한 관계로 유지되고 있기 때문에 동북아 지역은 더욱더 복잡하고 예측 불가능한 정치적 관계를 나타내고 있다. 특히 북한이 핵무기를 개발하고 있기 때문에 지역적 세력균형의 유지가 위협을 받고 있으며 따라서 한반도 주변 국가들의 전략이나 정책이 불확실성의 전략적 구조를 탈피하지 못하고 있다. 사실 동북아 지역은 중국, 러시아, 일본 등 강대국들이 인접하고 있으며 태평양을 사이에 두고 미국의 이해관계가 첨예하게 개입되어 있기 때문에 탈냉전의 세계화 과정에서도 특수한 세력정치의 갈등양상을 포함하고 있다. 최근에 남중국해의 영유권 문제와 관련하여 중국과 미국은 상충된 반응을 보였으며 한반도에서도 갈등 양상을 보였다. 예를 들면 최근에 발생한 천안함 침몰사태 이후에 미국이 한국과 연합하여 전개한 합동 군사훈련에 대해 북한은 물론 중국도 민감한 반응을 보였다. 중국은 그러한 군사훈련을 자국의 안보를 위태롭게 하는 사태라고 규정하고 강렬히 반대하였다. 좁은 한반도를 둘러싸고 미국과 중국 간의 벌어진 긴장된 갈등 상황은 한국의 국가안보와 통일문제를 새삼 다른 각도에서 내다보는 데 필요한 충분한 사례였다. 결국 남북한 분단이나 동북아 지역주의가 현재 진행되고 있는 세계화 과정과는 먼 거리에 있음을 인식하지 않을 수 없으며 이에 따라 미래의 비전도 특별한 통찰력을 통하여 재정리되어야 할 것이다.

(1) 분단의 시작과 원인

오랫동안 한반도에는 하나의 통일된 국가가 존재해 왔었다. 통일된 신라시대부터 고려 그리고 조선에 이르기까지 2,000여 년 동안 통일된 형태의 국가체제가 있었다. 이러한 국가는 흔히 전통적으로 '조용한 아침의 나라'로 불렸다. 그러나 19세기 말엽부터 서구 열강들의 한반도에 대한 접근과 동시에 그들 간의 세력 경쟁을 위한 다툼이 있었다. 그들은 우선적으로 한국의 문호개방을 주장하였다. 그러나 당시 조선왕조는 개방보다는 폐쇄적인 정책을 추구하였다. 동시에 한국은 오랫동안 조공관계를 가지면서 중국으로부터 대외적 안전과 독립을 보장받고 있었다. 이에 대해 새로이 근대 국가로 출발했던 일본이 한국의 문호를 개방하려는 데 적극적인 관심을 보였다. 그러한 가운데 지리적으로 인접해 있던 일본과 중국 간의 충돌이 불가피했다. 일본은 가능한 한 한국을 중국의 지배영역에서 분리시켜 자국의 영향권 안에 놓아두려고 시도하였다. 그 결과 1895년에 일본과 중국이 한반도에서 전쟁을 일으켰다. 소위 청일전쟁이 일어났던 것이다. 이 전쟁에서 일본은 승리하였으며 전통적인 한반도에 대한 중국의 영향권은 후퇴하게 되었다. 그리고 일본은 한반도에 대한 러시아의 진출을 억제하는 데도 관심을 보였다. 마침내 1905년에 러일전쟁이 한반도 인근에서 일어났다. 이 전쟁에서도 일본이 승리하여 러시아 세력은 한반도에서 물러났다. 결국 청일전쟁과 러일전쟁을 통하여 일본은 한반도에 대한 지배권을 확보했으며 1910년에 이르러 한국을 식민지화하였다. 35년간의 일제에 의한 식민지 통치를 거쳐서 일본의 패배로 독립을 획득한 한반도에는 또다시 불행한 역사가 시작되었다. 그것은 한반도의 분단에서 비롯되었다.

한반도 분단에 대한 원인과 그 과정을 설명하는 데는 두 가지 견해들이 있다. 하나는 외인론이고 다른 하나는 내인론이다. 먼저 외인론에 의하면 한반도의 분단은 외부세력에 의해 이루어졌다는 것이다. 이는 한반도가 일제로부터 해방된 이후 일본군의 무장해제를 구실로 미군과 소련군이 한반도를 분할 점령한 데서 그 원인을 설명한다. 즉 제2차 세계대전 당시 연합국이었던 미국과 소련이 한반도에서 일본군의 무장해제를 위해 38도선을 중심으로 이북과 이남을 각각 군사적으로 점령하기로 합의함으로써 한반도의 비극은 시작되었다는 것이다. 미군이 38도선 이남을 그리고 소련군이 그 이북을 각각 점령하고 군정을 실시함으로써 한반도에서 38도선은 국경 아닌 분할경계선이 되었던 것이다. 그리고 이들은 각각 점령지역에서 3년 동안 군정을 실시하여 각 지역에 서로 상치되는 정치체계를 수립함으로써 분단은 한층 더 공식적인 과정으로 전개되었다. 물론 미군과 소련군이 미소공동위원회를 설치하여 한반도에서 통일된 국가를 수립하려고 했지만 그러한 노력은 실패로 돌아갔다. 사실 제2차 세계대전이 끝난 이후로 미국과 소련 간에는 냉전체제가 출현하기 시작했으며 이로 인해 한반도 문제에 대한 양국 간의 견해가 합치될 수 없었다. 당시 스탈린체제하에 있던 소련은 동유럽지역을 비롯하여 세계 도처에서 공산주의 팽창정책을 추구하였으며 반면 미국은 이를 저지하기 위한 봉쇄전략을 펼쳤다. 팽창과 봉쇄는 사실상 한반도에서 접경을 형성하였다. 이러한 상황에서 한반도가 통일된 하나의 국가를 수립하기란 적어도 물리적인 측면에서 볼 때 불가능한 일이었다. 왜냐하면 냉전과 더불어 미국과 소련 간에는 첨예하게 대립된 세력정치가 행해지고 있었기 때문이다. 1948년에 한국과 북한에 각각 공식적으로 정부가 수립된 후 3년이 지난 다음 북한의 남침에 의한 한국전쟁이 일어났다. 3여 년 동안 지속된 전쟁에서 수많은 한국인들과 외국 군인들이 희생되었으며 엄청난 파괴로 인한 물질적 피해가 발생하였다. 전쟁이 북한의 남한에 대한 침략으로부터 시작되었지만 그 진행과정에서는 한국을 위한, 미국을 비롯한 UN군의 참전과 북한에 대한 소련과 중국의 지원 및 참전으로 한국전쟁은 실제로 국제적인 전쟁으로 변화하였다. 어느 의미에서는 한국전쟁이 미소 간의 대리전쟁으로 변질되었던 것이다. 치열한 쌍방 간의 전투를 거쳐 1953년 7월 27일에 미국과 UN 그리고 중국과 북한 간의 휴전협정을 체결하여 한국전쟁은 휴전상태에 들어가게 되었다. 여기에 특이할 만한 것은 한국이 휴전협정에 서명하지 않았다는 것이다. 한국이 휴전협정의 당사국이 되지 못한 것은 휴전 후 전개된 남북한 관계의 논의나 협상과정에서 중요한 의미를 갖게 되었다. 한국전쟁은 분단된 남북한 관계를 한층 더 고정화시켰으며 쌍방 간의 높은 수준의 적대감을 유발시켰다. 한반도에서 3여 년간 걸친 전쟁은 남북한 간의 형성된 휴전체제를 안정적으로 관리하는 데 어려움을 갖게 했으며 또한 쌍방 간의 평화적인 접촉이나 교류를 형성시키는 데 크게 부정적으로 작용하였다. 쌍방 간에는 적대감이 존속하는 반면 화해와 협력의 가능성을 발견하기 어려웠다.

　다음으로 내인론에 의하면 한반도의 분단은 민족 내부의 분열에서부터 시작되었다고 한다. 이는 오래전부터 한민족 내부에서 민족적 분열과 갈등이 있었으며 이것이 남북분단의 시작이 되었다는 것이다. 한국에 처음 공산주의 이념이 들어오기 시작한 것은 1920년대 초였으며, 이때부터 당시 일제의 식민지 지배하에 있던 한반도에서는 정치세력들 간의 대립과 분열이 증대하기 시작하였으며 특히 이들 간의 분열은 항일독립운동에서 더욱 뚜렷이 나타났다. 국내뿐만 아니라 해외에서도 민족주의 세력과 공산주의 세력 간의 분열이 첨예하게 나타났던 것이다. 이들은 중국 내륙에서나 만주지역에서 혹은 연해주 지역에서 항일독립투쟁을 전개하면서도 서로 대립적이고 분열적인 세력다툼을 벌였으며 일본제국주의가 패망한 이후에도 그들 간의 세력분열은 한반도 내에서도 줄어들지 않았다. 38도선 이남에서 미군정이 실시되는 동안에도 좌우세력의 분열과 투쟁이 일어났으며, 이북에서는 일부 민족주의 세력이 활동했지만 주로 공산주의 세력이 소련 붉은 군대의 지원하에 소비에트 체제를 강화시켜 나갔다. 그 결과 남한에서는 이승만 정부가 이끄는 민족공화국이 탄생했으며 북한에서는 김일성 세력이 이끄는 '민주주의인민공화국'이 출현하였다. 남북한 두 개의 정부가 수립되는 과정에서 민족 내의 분열된 세력이 각기 지배권을 차지한 것을 보면 내인론의 의미를 가볍게 볼 수 없을 것이다.

　그러나 앞에서 말한 바와 같이 미군과 소련군에 의한 군사적인 한반도 분할점령이 분단의 물리적 기반을 제공하였음을 부인할 수 없다. 여기에 민족 내의 분열된 세력들이 정치적으로 민족분단을

가중시킨 것이다. 결국 분단의 시작을 논의할 때 어느 한 가지에서
만 그 원인을 찾으려고 하기보다는 두 가지 요인군들을 종합적으
로 검토해 보는 것이 중요하다. 왜냐하면 한반도의 분단문제를 논
의하거나 해결하려고 할 때, 항상 외부세력의 작용을 배제할 수 없
기 때문이다. 정치적 목적에서 분단이나 통일문제를 민족 내부의
문제로만 보려고 하는 것은 바람직하지 못할 뿐만 아니라 또한 현
실적이지도 못하다. 그만큼 분단의 시작과 지속이 외부세력과 내부
세력과의 복합적인 과정으로 이루어지고 있음을 부정할 수 없다.
그리고 그의 해결을 모색하는 과정도 보다 더 복잡한 대내외적 요
인들이 작용하고 있다는 전제하에서 이루어져야 한다.

(2) 분단의 지속과 갈등

주지하는 바와 같이 휴전이 성립된 이후에 한반도에서는 지금까
지 전쟁이 없는 남북한 간의 휴전상태가 지속되고 있다. 쌍방 간에
전쟁이 없다는 말은 일반적으로 전면전쟁이 일어나지 않았다는 것
이다. 휴전 이후 크고 작은 무력도발들이 있었고 충돌들이 일어났
음은 잘 알려진 사실이다. 현재에도 쌍방 간에는 긴장이 고조되고
있고 군사적 대치관계가 유지되고 있다. 어느 의미에서는 전쟁이
없는 불안정한 평화가 계속되고 있는 것이다. 실제로 휴전이란 말
그대로 전투행위를 중지하는 것이다. 그것은 평화를 의미하지는 않
는다. 그런 의미에서 한반도에서의 남북한 관계는 언제나 전쟁이
다시 일어날 수 있는 가능성을 안고 있는 것이며 기껏해야 휴전이

전쟁으로 회귀하지 않도록 억제하고 관리하는 일이 필요하게 된다.

1953년 휴전이 성립된 이후 지금까지의 남북관계를 전반적으로 검토해 볼 때 몇 가지 특징들이 있었음을 알 수 있다. 첫째로 탈냉전화시대에 살고 있음에도 불구하고 남북한 간에는 이데올로기적, 군사적 대립과 갈등이 존속하고 있다. 북한은 여전히 공산주의를 공식적인 이데올로기로 인정하고 있으며 한국은 자유민주주의를 채택하고 있다. 두 이데올로기들은 본질적으로 상생하기 힘들며 때로는 고도의 갈등을 보이고 있다. 공산주의와 자본주의는 처음부터 양립되기 어려운 이데올로기였음은 잘 알려진 사실이다. 공산주의가 자본주의의 모순을 비판하는 데서 출발한 이데올로기로서 자본주의가 내세우고 있는 사유재산제와 시장경제 그리고 경제적 자유주의를 부정하면서 집단주의와 프롤레타리아 계급독재를 기본이념 요소로 내세우고 있기 때문에 두 이데올로기는 양립하기 어려운 것이었다. 이와 같이 상충된 이데올로기를 바탕으로 북한은 특수한 지배이념으로서 주체사상을 중심으로 일인세습독재체제를 강화시켜 왔다. 세습제는 다른 공산주의 사회에서는 찾아보기 힘든 북한식 특수한 전제주의적 이념에 바탕을 둔 것이다. 반면 북한만의 특수한 지배체제를 유지하기 위해서 북한지도층들은 전례 없는 폐쇄적 고립정책을 추구하였다. 그 결과 현재 북한은 경제적으로 매우 낙후된 국가로 남아 있으며 그 속에서 살고 있는 주민들은 매우 궁핍한 생활을 하고 있다. 과거 김일성 주석이 북한에서 '지상낙원'을 건설했다고 호언장담한 것과 현실은 너무나도 다른 것이다. 이것은 공산주의 이데올로기가 지향하고 있는 계급 없는 사회 실현과도 거리가 먼 것임은 두말할 필요가 없다. 한편 한국은 건국과

더불어 자유민주주의 이데올로기를 채택하였지만 일인독재체제와
권위주의 군부독재를 경험하면서 경제적 근대화를 추진해 왔으며
1980년대 후반에 들어서부터 민주화를 실현하기 시작하였다. 그
결과 현재에는 근대화와 민주화의 두 가지 국가적 목표들을 어느
정도 달성하였고 새로이 선진화를 지향하고 있다. 이는 한국이 내
세우고 있는 자유민주주의 이데올로기의 목표와 부합하는 것이다.
공산주의와 자본주의의 두 이데올로기들이 남북한에서 각기 대치
하고 있는 반면 쌍방은 휴전 이래 계속해서 군사적 대결을 지속하
고 있다. 따라서 휴전선을 중심으로 남북한 간의 헤아리기 힘든 엄
청난 군사력이 배치되고 있으며 서로 간에 적대적 관계가 상존하
고 있다. 이로 인해 쌍방 간에 군사적 충돌이 종종 일어나고 있음
은 앞에서 지적한 바와 같다. 그리고 쌍방은 계속 군비강화를 중요
한 국가적 목표로 추구해 왔다. 상당한 액수의 군사비가 매년 지출
되었으며 또한 첨단 화학무기들이 도입되었다. 사실 좁은 한반도에
남북한의 병력 수가 160만 명 이상에 달하고 있다는 것은 전 세계
적으로 한반도의 군사밀집도가 매우 높은 수준에 있는 것을 의미
한다. 더욱이 북한이 근래에 들어 핵무기를 개발하고 있음은 더욱
놀라운 사실이다. 좁은 한반도에서 핵무기를 개발한다는 것은 아무
리 방어적인 목적을 가지고 있다 하더라도 민족공멸을 가져올 수
있는 위험성을 내포하고 있는 것이다. 한편 한국은 1954년에 미국
과 상호방위조약을 체결한 이후로 군사적 동맹관계를 유지하고 있
으며 북한으로부터의 침략이나 공격을 억제하는 데 공동으로 대처
하고 있다. 쌍방 간에는 여전히 높은 불신의 벽을 공유하고 있으며
한국은 북한으로부터의 위협을 억제하기 위한 전략적 수단으로 긴

밀한 한미동맹관계를 유지하고 있다. 북한은 중국과 인접해 있으면서 중국으로부터 많은 경제적 지원을 받고 있으며 핵무기 등 첨단 무기들을 개발하여 한국에 대한 전력강화에 집중하고 있다.

둘째로 긴 휴전기간에 남북한 간에 대립과 갈등만이 존속해 왔던 것은 아니다. 종종 화해와 공존 및 협력을 위한 남북 간의 상호 적응의 기회도 있었다. 그 몇 가지 예를 들면 다음과 같다. 돌이켜 보면 분단과 더불어 한반도에서 공식적으로 두 개의 정부들이 수립되기 전에 김구 선생이나 김규식 선생들이 주도하는 민족주의 세력과 북한 공산주의 세력 간에 통일정부 수립을 위한 남북협상이 이루어졌지만 그 결과는 실패였다. 이후 남북 간에는 아무런 협상이나 대화도 없었다. 오히려 쌍방 간의 대결과 긴장만이 고조되었다. 실제로 1960년대에 한국의 박정희 정부는 '선 건설 후 통일'의 원칙을 세우고 경제건설에 집중하였다. 한편 북한의 김일성 정권은 소위 '4대 군사노선'[39]을 채택하는 등 군사 우선정책을 적극 추진하였다. 그러나 처음으로 1970년대에 들어서 남북 간에는 본격적으로 회담이 제의되었으며 또한 비밀리에 접촉이 이루어졌다. 그 결과 1971년 8월에 남북한의 적십자 회담이 최초로 개최되었으며 1972년에는 역사적인 '7·4남북공동성명'이 채택되었다. 이 성명은 남북 분단사에서 가장 의미 있는 것이었다. 이 성명에서 쌍방은 남북한 통일원칙들에 합의를 보았다. 즉 쌍방은 통일은 자유적으로, 평화적으로 그리고 민족적 대단결을 중심으로 해결되어야 한다는 통일의 3대 원칙에 합의하였다. 그리고 쌍방은 이 성명에서

---

[39] 북한이 1960년대 초에 채택한 '4내 군사 노선'은 전 국토의 요새, 전 인민의 무장화, 전 군의 간부화, 군장비의 현대화 등을 내용으로 하였으며 이를 배경으로 군사력을 대폭 증강시켰다.

앞으로 서로 화해하고 이해를 증진시키기 위해 다방면적인 제반교
류를 실시하기로 합의하였다. 7·4남북공동성명에 남북한이 합의
한 것은 국제관계의 변화 속에서 이루어졌기 때문에 주목할 필요
가 있다. 1970년대 들어 국제관계는 이전의 미소양극체계에서 다
극체계로 변화하기 시작했으며 특히 미국의 대동아시아 정책이 변
화하기 시작하였다. 당시까지 미국은 대중국 봉쇄정책을 유지해 왔
으나 점차 중국과 비밀접촉을 통해 중국을 사실적으로 인정하기
시작하였으며 마침내 1971년에 미국의 닉슨 대통령이 중국을 방문
하였다. 이로부터 미국과 중국은 일종의 화해관계(Detente)를 갖게
되었다. 한편 미국은 소위 닉슨 독트린을 발표하여 아시아로부터
미군을 철수하기 시작했다. 그 일환으로 한반도에서 상당수의 미군
을 철수시켰으며 마침내 베트남에서도 완전 철수하여 베트남의 공
산화 통일을 가져왔다. 이러한 시기에 남북한 간에도 상호적응 과
정을 거쳐 위에서 말한 7·4남북공동성명을 발표하게 된 것이다.
그러나 남북한은 성명에 포함된 내용을 실현하기보다는 각기 내부
체제를 강화시키는 데 주력하였다. 한국은 1972년 10월에 소위 '10
월 유신헌법'을 공포하고 장기집권을 시작하였다. 북한도 헌법을
개정하고 주체사상을 강화하여 김일성 독재체제를 견고히 다져 나
갔다. 결국 성명은 발표되었지만 실천은 되지 못했던 것이다. 이후
1990년대에 들어 남북한 간에는 또다시 고위급 회담이 개최되고
그 결과 남북기본합의서가 발표되었다. 이 합의서가 나온 것은 7·
4남북공동성명이 발표된 이래 긴 단절의 시간을 거쳐 다시 남북한
간의 대화를 통해 당국자 간의 합의가 이루어졌다는 점에서 큰 의
의가 있었다. 이 기본합의서에서 남북한은 서로 상대방의 체제를

인정하고, 또 상호 간에 무력을 사용하지 않는 불가침 원칙을 천명
하였으며 모든 문제들을 대화와 협상으로 해결한다는 원칙을 발표
하였다. 즉 남북한 간 불가침 협정에 합의했으며 나아가 군사적 대
결상태를 해소하기 위해 노력할 것에 의견을 같이하였다. 그리고
민족동질성과 경제발전을 위해 남북교류와 협력을 실시할 것에도
합의를 보았다. 이 합의서는 남북한 간의 평화적인 통일을 실현하
기 위한 중요한 문제들에 대한 쌍방 간의 포괄적인 합의를 포함하
고 있다는 점에서 그 의의가 매우 컸었다. 그러나 이것 또한 실현
되지 못했다. 기본합의서가 채택된 시기는 공산주의체제가 붕괴되
고 냉전이 종식된 시기였다. 이어 탈냉전시대가 도래하였음에도 불
구하고 남북한 간에는 또 다른 긴장이 발생하였다. 그것은 북한의
핵개발 시도였다. 이로 인해 한반도 내외에서는 고도의 긴장이 출
현하였으며 그 결과 남북한 관계도 또다시 경화되었다. 이미 남북
간에 한반도의 비핵화 공동선언이 있었고 또한 군비통제에 관한
합의가 있었음에도 불구하고 북한이 핵개발을 추진하고 있다는 사
실은 한국뿐만 아니라 미국, 일본 등 주변 국가들의 대북 정책을
다시 강화시키는 결과를 가져왔다.

그 후 1998년에 한국에서 김대중 정부가 출현하면서 대북정책을
획기적으로 변화시켰다. 종래와는 달리 김대중 정부는 소위 '햇볕
정책'으로 일컬어지는 대북포용정책을 취함으로써 남북한 관계는
점차 개선되는 과정으로 나아갔다. 그 결과 2000년 6월에 최초로
평양에서 남북한 정상회담이 개최되었으며 회담결과로 '6·15공동
선언'이 발표되었다. 이 선언에서 양측의 정상들은 구체석으로 통
일 방안을 제시했다. 이들은 남측의 연합제 제안과 북측의 낮은 단

계의 연방제 제안이 서로 공통성이 있다고 인정하고 이를 기반으로 해서 통일을 지향해 나가기로 합의하였던 것이다. 무엇보다도 한국의 김대중 대통령과 북한의 김정일 국방위원장 간에 정상회담이 일어났다는 것에 의미가 매우 컸다. 이를 기점으로 남북한 간에는 긴밀한 접촉과 대화가 있었으며 화해와 긴장완화를 위한 상당한 쌍방 간의 상호적응의 진전이 있었다. 이를 기초로 노무현 정부에 들어서도 남북한 간에 교류와 협력이 계속되었다. 쌍방 간의 경제적 협력이 특히 두드러졌으며 사회적 교류와 이산가족제 또한 상당한 정도로 추진되었다. 개성공단의 설치와 운영 그리고 금강산 관광사업의 진행은 남북한 경제적 교류와 통합의 가능성을 열어준 좋은 실례이다. 마침내 노무현 대통령은 북한 김정일 위원장과의 정상회담을 갖게 되었으며 회담결과로 이른바 '10·4정상선언'을 발표하게 되었다. 이 선언에서 양 정상은 '6·15공동선언'을 구현해 나갈 것에 합의했으며 한반도에서 군사적 적대관계를 종식시키고 긴장완화와 평화를 보장하기 위해 긴밀히 협력하기로 의견을 모았다. 특히 양 정상은 남과 북이 '민족경제'의 균형적 발전과 공동협력을 위해 경제협력 사업을 확대해 나갈 것을 합의하였다. 이 선언은 남북 간의 협력과 통일을 위해 비교적 구체적 합의 사항들을 포함하고 있다는 점에서 주목을 끌었다. 그러나 한국에서 2008년에 새로이 출현한 이명박 정부가 선언 자체를 부정하는 방향으로 나아감으로써 남북한 관계는 다시 긴장관계로 진전되었다. 특히 북한의 핵무기 개발이 본격화되고 북한체제의 불확실성이 증대됨으로써 쌍방관계는 전반적으로 냉전으로 회귀하는 모습을 보이고 있다.

전반적으로 한반도 분단의 역사는 갈등과 화해의 반복이었음을 알 수 있다. 왜 이러한 반복이 일어나고 있는 것인가? 다 같이 종전 후에 분단국가로 시작한 독일은 이미 통일되었는데 한국은 아직도 분단을 지속하고 있는 것인가? 그리고 서로 간에 갈등만 증폭시키고 있는가? 위에서 기술한 내용들을 종합해 볼 때 한반도 분단의 시작과 지속에는 언제나 국내적 요인과 대외적 요인들이 상호 작용하였음을 알 수 있다. 때에 따라 어느 요인들이 더 중요하게 영향을 미쳤는가는 알기가 힘들지만 두 가지 요인들이 함께 작용하였음을 이해해야 한다. 대외적인 요인으로는 한반도 주변의 강국들 간의 세력정치가 시대적으로 달라져 왔음에 주목할 필요가 있으며, 국내적으로는 좀 더 복잡한 요인들이 작용하고 있다는 것을 간과할 수 없다. 특정 정치세력이나 정부의 정책 그리고 사회구조와 정치적 리더십 등이 국내적으로 남북관계의 변화를 가져오는 데 중요하게 영향을 미쳐 왔음을 인식해야 한다. 그럼에도 우선 필요한 것은 분단의 평화적 관리와 분단의 극복을 끊임없이 추구하는 쌍방의 정책이 유지되는 것이다. 독일이 1969년부터 동방정책을 추진한 이후 20여 년 동안 통일정책을 지속적으로 추진하여 평화적인 흡수통일을 실현한 것은 다시 평가되어야 할 것이다. 한국은 너무 정책의 단절이 많았다. 북한이 계속 적대적 대남정책을 버리지 않고 있지만 이를 억제하고 평화와 통일을 향한 한국의 주도적인 역할이 요구된다. 동시에 주변 국가들의 이해와 지지를 얻어 통일 과정을 외교적으로 이끌어 나가는 국가 대전략(A grard strategy)이 마련되어야 한다.

이미 오래전부터 국가의 영토가 기술의 발달에 의해 외부세력으로부터 침투되고 있다고 지적되어 왔다. 존 허즈(John Herz)는 현대 세계가 중세에 있던 작은 단위들이 근대국가로 출현했던 시대 상황과 유사하다고 말한 바 있다.[40] 그는 기술발달로 무기체제가 발달하였으며 이로 인해 영토적 국가들이 상당한 정도로 이완되었다고 지적했다. 말하자면 우주기술의 발달이나 미사일의 발달로 인해서 국가의 영토가 무의식적으로 침투당하고 있음을 관찰한 것이었다. 또한 이러한 기술의 발달은 경제적, 심리적인 측면에서 국가의 경계선을 초월한 많은 활동들을 촉진시켰다. 경제활동들이 국경을 초월해서 확대되었으며 그에 따라 시장의 기능이 증대되었고 동시에 개인들의 심리적인 의식구조도 국경을 넘어서 변화하는 경향을 보였다. 이로 인해 앞에서 지적한 바와 같이 세계화론자들은 한발 더 나아가 국가의 종언을 말하기도 하였다. 국가에 비해 시장이 우월한 지위에 있게 되고 사람들은 시장에 의해 더욱더 지배되고 있으며, 반면 국가의 역할은 줄어들거나 사라지고 있다는 것이다. 그리고 그들은 보다 더 자유롭게 되기를 원한다.

그러한 현상이 일면 사실일 수 있지만 그러나 지나친 과장임에 분명하다. 왜냐하면 아직도 국가들은 국제사회에서 주요한 단위들로 존속하고 있으며, 그들의 대외적 활동은 그들 자신이 가지고 있

---

40) John H. Herz, "The Territorial State Revisited: Reflections on the Future of the Nation‑State", James N. Rosenau(ed.), *International Politics And Foreign Policy: a reader in research and theory*(NY: The Free Press, 1969), pp.76~89.

다고 생각되는 주권에 따라 움직이고 있음을 보여 주고 있기 때문이다. 더욱이 여전히 국가들은 사람들의 가슴속에 자신들의 생활을 보호하고 자신들에게 일정한 정체성을 제공하는 최고의 단위들로 깊이 새겨져 있기 때문이다. 정치적으로나 문화적으로 사람들은 국가를 충성심의 원천으로 간주하고 있으며, 어느 것도 국가보다 더 깊은 충성심의 원천은 없다고 믿고 있다. 따라서 아무리 세계화 시대에 살고 있다고 하더라도 국가는 여전히 개인들에게 없어서는 안 될 삶의 기본적 단위로서 존재가치를 가지고 있다. 쉽게 말하면 개인들에게 안정된 생활을 보장하고 그들의 행복한 생활을 영위하도록 하는 것이 국가 최고의 가치이고 책임인 것이다. 그런 면에서 아직도 세계화는 국가를 대신할 수 없으며 또한 시장도 국가를 대신할 수 없다.

같은 맥락에서 국가안보 문제는 국가가 해결해야 할 가장 중요한 과제이다. 왜냐하면 세계화 과정에서 진행되고 있는 국제관계는 개별국가의 안보문제를 해결해 주지 못하기 때문이다. 이는 당연한 귀결인지도 모른다. 세계화는 세계평화를 보장하지 못하기 때문이다. 결국 개별국가의 과제로 돌려지는 국가안보 문제는 결코 소홀히 취급될 수 없는 문제이다. 국제관계가 불투명하게 전개되고 있는 상황에서 국가는 자신의 안보를 확보하는 데 더욱 관심을 기울여야 한다. 더욱이 한반도에서와 같이 두 개의 분단국가들이 서로 대치하면서 갈등과 분열을 야기하고 있는 특수한 상황에서는 더욱 안보문제가 중요하게 제기된다.

그러나 이론적으로나 현실적으로 국가안보가 무엇인가 하는 질문에 대한 해답은 결코 간단하지 않다. 그 이유는 국가안보가 성격상 규범적이고 정책적이며 또한 시대에 따라 그 의미가 변화하기 때문이다. 본래 안보란 기본적으로 얻어진 가치들을 보존하는 것을 의미한다. 일찍이 월터 리퍼만(Walter Lippmann)은 안보란 한 국가가 전쟁에 의하지 않고 핵심적인 가치들을 희생시킬 위험에 처하지 않도록 하는 것이며 또한 도전을 받을 경우 전쟁에서의 승리를 통하여 그러한 가치를 유지하는 것이라고 말했다.[41] 이는 안보란 공격에 대해 방어하거나 혹은 그러한 공격을 격퇴시킬 수 있는 능력을 함유하고 있다는 것이다. 일반적으로 안보는 한 국가가 외부 세력의 위협으로부터 대내적인 가치들을 안전하게 보전하는 능력과 전략을 포함한다. 그러나 이러한 개념정의는 여전히 상당한 정도로 논쟁적이다. 왜냐하면 국가가 보존하고 있는 가치들이 무엇인가 하는 데 대한 견해에 일치가 이루어지기 힘들며 또한 가치들이 투명하게 정립된다 할지라도 그들을 어떻게 얼마만한 능력을 가지고 보전해야 하는가 하는 문제가 상대적이고 주관적인 성격을 포함하고 있기 때문이다. 한 국가가 보전해야 할 핵심적 가치들은 결코 일정하지 않다. 과거 왕정 지배하에서는 왕조의 이익을 보전하는 것이 국가가 지켜야 할 최선의 가치였던 반면에 공화정에서는 공공이익이라는 애매한 가치를 제시하고 있지만 구체적으로 설명하기는 매우 어렵다. 또한 한 국가의 대내적인 핵심적 가치들을 획일적으로 규정하는 것도 어려운 일이다. 왜냐하면 시대에 따라 그리고 국가에 따라 한 국가가 보전해야 할 가치들 자체가 변화하기 때문이다. 어느 시대에는 한 국가의 영토적 병합이 최선의 가치로 간주되지만 다른 시대에는 영토적 분리가 중요한 가치로 여겨지는

---

41) Walter Lippmann, *U.S. Foreign Policy* (Boston, 1943), p.51.

경우도 있다. 예를 들면 냉전시대의 체코슬로바키아는 탈냉전과 더불어 두 개의 국가로 분리되었으며 반면 동서독은 하나의 독일로 통일된 것이다. 이 경우 그들의 영토적 가치는 각기 다르게 인식된 것이다. 또한 과거에 보호주의적 정책을 추구했던 국가에서는 자국의 산업보호가 중요한 가치였던 반면에 자유주의 시대에는 오히려 개방과 상호교역을 촉진시키는 조치들이 국가의 긴요한 가치로 받아들여지고 있다. 이와 같이 한 국가의 가치들이란 국가들 간의 관계 속에서 항상 변화하며 오히려 그러한 변화 속에서 국가이익을 증대시키는 데 관련되고 있다.

그러나 현재 분단된 한반도에서 한국이 안보적 차원에서 보전해야 할 가치들을 정리해 본다면 대체로 다음과 같이 정리해 볼 수 있다. 그러한 가치들은 물질적인 것들과 정신적인 것들을 함께 포함하고 있다. 또한 그러한 가치들은 유형적인 것들과 무형적인 것들로 구분해 볼 수도 있다. 그러나 두 가지 유형의 가치들은 다 같이 한국의 핵심적인 가치들로 안전하게 보전해야 할 것들이다. 첫째로 국가안보의 차원에서 한국이 보전해야 할 중요한 가치들 중의 하나는 영토이다. 물론 영토의 개념에는 영공과 영해가 함께 포함된다. 적어도 한국이 국가로서 유지되기 위해서는 오랫동안 보전해 온 영토를 외부적인 세력의 위협으로부터 안전하게 보전하는 것이 가장 중요하다. 그러나 한국의 영토를 어떻게 규정하느냐 하는 것이 현실적으로 문제가 되고 있다. 왜냐하면 한국은 분단된 두 개의 국가 중 하나이기 때문이다. 헌법상에서는 한국의 영토가 한반도와 그 부속도서로 규정되고 있지만 실제로 한국의 실효적인 주권적 관할권이 미치고 있는 영토는 한반도에서 38도선 이남으로

되어 있기 때문이다. 38도선 이북은 북한의 지배권이 미치고 있는 지역임을 부정할 수 없다. 더욱이 남북한은 각기 두 개의 국가들로 UN에 정식으로 가입되어 있기 때문에 한국의 영토는 사실상 헌법에 명시된 내용과는 일치하지 않다. 현실적으로 남한지역만을 한국의 영토로 지배하면서 북한으로부터의 위협을 억제하고 안정된 '대한민국'을 보전하는 것이 국가안보상 중요한 의미를 가지고 있다. 이것이 현실적으로 한국 국민들이 간직하고 있는 핵심적 가치이다. 그러나 앞으로 통일과정을 지향하면서 헌법에 명시된 바와 같이 북한지역도 같은 영토로서 외부세력에 의해 부당하게 침투되고 지배되는 것을 긴 안목에서 방지할 수 있도록 필요한 전략을 구사하는 것이 필요하다. 통일을 남북한의 영토적 병합으로 간주한다면 한국의 국가안보 차원에서 영토의 개념을 거시적이고 유연하게 규정해야 할 것이다.

둘째로 국가안보상 중요한 가치는 민족의 생존유지에서 찾아볼 수 있다. 민족의 개념을 규정할 때도 또한 분단국가로서의 한계성을 인정하지 않을 수 없다. 사실 민족이라고 말할 때 남북한에 살고 있는 모든 주민들을 포함해야 한다. 왜냐하면 북한에 살고 있는 주민들도 한국 국민들과 같이 같은 언어를 사용하고 같은 역사와 전통을 공유하고 있으며 다 같이 한민족으로서의 소속감을 갖고 있기 때문이다. 다만 분단의 벽으로 인해 남북 간에는 민족적 이질화가 심화되고 있으며 서로 간에 자유로운 접촉과 교류가 허용되지 않는 데 문제가 있을 뿐이다. 따라서 현실적으로 한국의 안보와 관련하여 남한 지역에 살고 있는 민족성원들의 생명과 재산의 안전이 보장되어야 한다. 헌법에서도 국민들의 생명권과 재산권 그리고 행복추구권을 보장하고 있는 이상 국가는 최대한 외부세력의 위협으로부터 이러한 권리들을 보장하고 신장시키는 책임을 다할 때 국가안보의 가치는 한층 더 의미를 가진다. 이와 관련하여 특별히 두 가지 가치들이 추가될 수 있다. 하나는 경제적 번영이고 다른 하나는 평화의 구축과 유지이다. 한국은 아직도 개발도상국의 위치에 있기 때문에 계속 경제발전을 지속해 나가야 하며 이러한 목표가 실패할 경우 개인의 생존 자체가 위협을 받게 된다. 따라서 국가는 안보적 차원에서도 대외적으로는 글로벌경제의 취약성에 효율적으로 대처해 나가면서 국내적으로 지속 가능한 경제발전 전략을 성공적으로 추진해 나가야 할 것이다. 그리고 경제발전의 성과가 국내적으로 균등하게 배분될 수 있도록 구조적 개혁을 추진해야 하며 그 결과 사회적 갈등구조를 최대한 축소시켜 나가도록 해야 할 것이다. 또한 국내적으로나 대외적으로 평화체제를 형성해 나가야 한다. 우선 국내적으로는 국가가 노사관계를 평화적으로 해결하여 산업평화를 정착시키도록 당사자들 간의 대화와 협력을 촉진시켜 나가야 하며, 대외적으로는 북한을 포함하여 주변 국가들과의 관계를 개선시켜 나가야 할 것이다. 먼저 남북한 간의 정치적, 군사적 대결 구조를 완화시켜 나가는 데 한국이 이니셔티브를 취하는 것이 필요하며 이와 관련해서 주변 국가들과의 동북아 평화 레짐들을 만들어 나가는 데 외교적 동태성을 극대화시켜야 한다. 한반도의 평화는 주변 국가들과의 관계와 불가분의 관계를 가지며 상호 보완적인 과정으로 이끌어져야 한다. 이러한 면에서 지역적 다자협력의 메커니즘은 한반도의 평화를 위해서도 바람직한 것이다. 그 예로 북한의 핵 문제를 해결하기 위해 열리고 있는 6자회담은 단순히 북한 핵 문제 해결뿐만 아니라 미래의 동북아 평화체제를 구축하는 데에도 유용한 메커니즘으로 작용할 것이다.

셋째로 국가안보란 국가구성원들이 소중하게 추구하는 가치의 실현을 위해 기여해야 한다. 이런 맥락에서 한국 안보는 세계화 시대에 한국의 전통과 문화 그리고 역사의 재발견에 바탕을 두는 정체성의 유지에 관심을 가져야 하며 동시에 자유민주주의 실현을 위해 뒷받침되어야 한다. 특히 북한 공산주의와 대치하고 있는 상황에서 한국이 국가안보에 지대한 관심을 두는 것은 바로 한국인들이 소중하게 생각하는 민주주의, 자유 및 인권 등의 사상과 이념을 보전하고 발전시키려는 목적에서이다. 국가안보가 이러한 사상과 이념을 넘어서서 추구될 때 한국인들은 그의 정당성을 인정하지 않을 것이다. 국가가 안보정책을 추구할 경우에는 언제나 국민들의 동의와 지지를 얻을 때에만 효과를 가져오게 된다는 것은 두말할 나위가 없다. 가장 중요한 것은 국가의 안보와 국민들의 이해가 일치될 때에 그 목적은 최대한 실현될 수 있다는 것이다. 종종 과거 권위주의 시대에는 국가안보를 위해 민주주의나 자유가 유보되는 경우가 있었다. 물론 국가가 어떤 위기에 처할 경우에는 헌법상에도 특별한 제재와 권한이 부여되지만 그러나 그러한 경우는 항상 예외적이고 한시적인 규정으로 명시되어야 한다. 국가안보를 위해 민주주의를 희생하는 것은 의미가 없다. 오히려 민주주의와 자유를 확고한 기반 위에 정착시키기 위해 국가안보는 필요한 수단이 되어야 한다. 사실 국가안보가 확보되지 않는 상황에서 민주주의가 실현되기란 불가능하다. 오히려 국가가 대외적 위협으로부터 질서와 안정을 제공할 수 있을 때 민주주의는 일정한 과정을 거쳐 국가 내에서 뿌리를 내릴 수 있을 것이다. 그러한 측면에서 국가안보와 민주주의는 밀접한 관계를 가진다.

끝으로 한국에서 국가안보는 통일의 가치를 실현하는 데 긍정적으로 영향을 미쳐야 한다. 보통 한 국가의 안보는 상대 국가의 위험 여부에 따라 그 정도가 결정되는 경우가 많다. 한국에서도 북한으로부터의 위협이 상존하기 때문에 안보가 특별히 중요하게 취급되고 있는 것은 사실이다. 그리고 한국의 안보는 북한의 존재를 예의주시하면서 북한으로부터의 위협을 억제하는 데 중점을 두어 왔다. 남북한 관계의 갈등적 측면을 전제로 해서 한국의 안보는 중요한 의미를 부여받았다. 물론 국가안보가 대외관계의 갈등적, 위협적 측면을 안정적으로 관리하는 데 그 목적이 있지만 북한과의 관계에서는 분단의 안정적 관리뿐만 아니라 긴 통일과정을 안정적으로 이끌어 나가는 기반이 되어야 할 것으로 보인다. 실제로 안보가 확보되지 않으면 북한과의 관계에서 평화도 불가능할 뿐만 아니라 통일도 실현되기 어렵다. 안보란 본질적으로 국가의 생존을 보장하는 것이기 때문에 그러한 보장이 부재할 경우에는 평화나 통일도 불가능한 것이다. 따라서 한국에서 국가안보는 긍정적으로 한반도의 평화와 통일을 실현하는 출발점이 되어야 하며 좀 더 융통적인 성격을 포함해야 한다. 국가안보가 너무 경직된 시각에 의해서만 규정될 경우 그것은 오히려 상대방 국가의 오해와 불신을 자극하여 안보의 가치를 훼손시킬 위험을 내포하고 있다. 물론 외부로부터의 위협을 억제하기 위해 필요한 충분한 안보능력을 확보하는 것은 필수적이다. 예를 들면 냉전 시에 미소 간의 관계에서 서로 충분한 억제력을 확보하려는 데 관심을 집중시킨 것은 잘 알려진 사실이다. 결국 미국이 소련에 대한 핵전략에서 억제력을 충분히 확보하고 유지했기 때문에 양국 간에 데탕트관계가 열리기도 했으며 계속 경쟁적 관계를 유지하다가 마침내 소련의 붕괴로 미국의 국가안보는 새로운 국면에 접어들게 된 것이다. 즉 탈냉전시대가 열리게 되었고 미국은 유일한 초강대국으로서 패권적 지위를 유지하기 위해 광범위한 세계전략을 추구하게 된 것이다. 미국의 세계전략 속에서 특별히 관심을 끌게 된 것은 러시아를 견제하는 것이 아니라 세계 도처에서 등장하는 테러리즘에 대한 대응이었다. 미국이 오랜 기간에 걸친 이라크전쟁에서 군대를 철수했지만 아프가니스탄과 파키스탄에서 일어나고 있는 테러행위들에 대한 전투는 계속되고 있는 것이다.

한국의 국가안보에 있어서도 북한에 대한 충분한 억제력을 확보하고 유지하는 한편 북한과의 대화나 접촉을 통한 관계개선을 추구하는 것이 필요하다. 이를 통해서 북한으로부터의 위협을 최소화시킬 수 있는 안보전략을 모색하는 정치적 결정이 바람직하다. 그리고 그러한 결정은 결국 분단의 안정적 관리와 평화체제의 구축을 위한 초석이 될 것이다.

제4절 한국의 안보 전략

여전히 한반도의 분단이 안정적으로 유지되고 있지 못하며 종종 돌발적 사태발생으로 긴장이 고조되고 있기 때문에 한국의 국가안보는 더욱 중요한 의미를 갖는다. 본질적으로 한국의 국가안보를 위한 전략과 방법은 포괄적이어야 한다. 이는 그들이 군사적인 요소들뿐만 아니라 비군사적 요소들도 함께 포함해야 한다는 것을 의미한다. 군사적 요소들이란 말할 필요도 없이 국가의 병력이나 무기체계 등을 말한다. 반면 비군사적 요소들이란 경제적, 외교적 능력을 포함해서 소위 연성적(soft) 능력을 의미한다. 물론 국가안보를 위한 전략에 있어 핵심적인 요소는 군사적인 것임이 분명하다. 즉 한국의 안전과 방위를 위해 군사력 사용이 일차적으로 요구되고 있는 것이다. 그러나 한국의 국가안보에 위협을 주는 대외적 요소들이 다양하게 출현하고 있기 때문에 국가안보의 전략도 군사적, 비군사적인 요소들을 포함해서 포괄적, 다각적으로 모색되어야 한다. 또한 국가안보의 전략은 국내적인 요소들과 국외적인 요소들을 다 함께 고려해야 한다. 현대사회에서 한 국가의 안보전략이 대내외적 요소들과 긴밀히 관련되어 있기 때문이다. 다시 말하면 한국의 군사력과 외교능력이 다 함께 안보전략에서 중요하게 영향을 미치고 있음을 간과할 수 없다. 우선 국가안보의 전략과 방법을 위해 중요한 요소들을 열거하면 다음과 같이 집약시켜 볼 수 있다.

(1) 국방력의 강화

한국의 대외적 안전을 유지하기 위해 일정수준의 국방력이 유지되어야 함은 재론할 여지가 없다. 이는 특별히 두 가지 의미를 갖는다. 첫째로 국방력은 외부로부터의 공격이나 침략이 있을 때 이를 저지할 수 있는 능력을 말한다. 이러한 능력이 갖추어져 있지 못할 때 국가의 안보가 확보될 수 없음은 역사가 잘 증명해 주고 있다. 한국의 경우 역사적으로 수많은 전쟁을 치렀고 그러한 과정에서 엄청난 피해를 보게 된 것은 잘 알려져 있다. 예를 들면 과거 고려 말기에 중국이 청나라로부터 침략을 당한 것이나 조선시대에 일본으로부터 침략을 당하여 국가의 안위가 위태로웠음을 기억해 볼 수 있다. 또한 대한제국이 끝내 일본군국주의에 의해 식민지로 전락하게 된 것도 일차적으로는 대한제국의 국방력이 허약했기 때문이었다. 결국 아직도 국제관계가 무정부적인 성격을 극복하지 못하고 있기 때문에 국가의 안보를 유지하는 데 군사력을 중심으로 한 국방력의 강화가 필요하게 된다. 그러나 한국의 국방력을 어느 정도 강화하고 또 어떻게 강화시키느냐가 정책적으로 중요한 문제가 된다. 현재의 한반도 분단에서 한국의 국방력은 북한으로부터의 공격이나 무력적 도발을 저지할 수 있는 정도로 강화되고 유지되어야 한다. 특히 군사력의 강화를 위한 조건들이 충분히 충족되어야 한다. 그러나 너무 과도한 군사력 수준을 유지하거나 또는 너무 과소한 군사력 수준을 유지하는 것은 모두 국가안보를 위한 효율적인 방법이 되지 못한다. 왜냐하면 전자의 경우에는 과도한 군비 지출이 요구되는 반면 다른 분야에서의 지출을 줄여야 하기 때문이다. 그리고 과도한 군사력은 오히려 상대방의 경계심과 불안을 야기할 수 있기 때문이다. 또한 군사력이 너무 약하게 유지되는 것도 국가안보를 위태롭게 하는 요인이 된다. 따라서 중요한 것은 국가안보에 위협을 주는 대내외적 요소들을 정확히 판단하고 이에 대처할 수 있는 적절한 수준의 군사력을 확보하는 것이 중요하다.

그리고 그러한 군사력은 적의 공격이나 침략을 억제할 수 있는 능력이 되어야 한다. 이것은 바로 국가안보가 적에 대한 억제력을 확보해야 한다는 것을 의미한다.

보통 억제력이란 두 가지 요건을 충족시켜야 효과를 발휘할 수 있다고 말한다. 하나는 적의 공격이나 침략을 사전에 충분히 방지할 수 있는 능력의 과시이다. 적어도 적이 공격할 경우 그 적은 상대방으로부터 충분히 격퇴당할 수 있으며 상당한 정도의 피해를 볼 수 있게 하는 능력을 가져야 한다. 다른 하나는 적으로 하여금 그러한 두려움 때문에 공격을 받지 못하도록 하기 위해서는 군사력뿐만 아니라 최고 정치지도자의 확고한 신념과 의지의 표현이다. 억제력이란 사전에 적의 공격을 방지하는 데 주된 목적을 가지며 이를 위해서는 단순히 군사력의 존재뿐만 아니라 그러한 군사력을 사용하여 적에게 상응하는 피해를 가하려는 지도자의 확실한 의지와 신념을 적으로 하여금 갖게 하는 것이 필요하다. 그리고 또한 국방력에는 두 가지 유형의 전력들이 포함되어야 한다. 즉 적을 상대로 한 대칭적 전력과 비대칭적 전력이 다 함께 강화되어야 한다. 특히 북한을 상대로 한 한국의 군사력은 정상적인 재래식 군사력만을 확보할 뿐만 아니라 비정규적인 돌발 사태에 대처할 수 있는 특수한 전력을 함께 보유해야 할 것이다. 여전히 북한은 예측 불가능한 돌발적 사태들(예: 천안함 침몰사건 등)을 일으킬 수 있기 때문에 이에 대한 효과적인 전력을 강화할 필요가 있다.

(2) 적극적 외교

　기본적으로 한 국가가 아무리 강력한 국방력을 보유하고 있다
하더라도 국가가 홀로 자신의 안보를 확보하기란 불가능한 일이다.
미국이 현재 세계 초강대국의 영역을 보유하고 있지만 중동전쟁에
서 다국적군을 형성하여 적에 대처한 것은 바로 어느 국가든 자신
의 군사력만을 가지고는 충분히 적을 상대해서 승리를 거둘 수 없
다는 것을 잘 입증해 주고 있다. 한국도 적절한 수준에서 국방력을
유지하는 한편 주변 국가들과의 외교를 확대하여 국가안보의 기반
을 다져 나가야 한다. 특히 한국은 주변 강대국들에 둘러싸여 있기
때문에 이들에 대한 군사적인 갈등이나 충돌을 일으키는 것은 결
코 바람직한 일이 아니다. 왜냐하면 중국이나 러시아는 규모 면에
서 한국과 비교될 수 없는 강대국들이기 때문이다. 오히려 외교력
을 발휘하여 이들과 우호적인 협력관계를 확대해 나감으로써 한국
의 국가안보는 훨씬 더 튼튼한 기반을 확보할 수 있다. 최근에 일
어난 서해안 사태에서 나타났듯이 돌발적인 사건으로 인해 한국이
두 강대국들과 외교적으로나 전략적으로 갈등을 일으키는 것은 매
우 위험하다. 남북한이 분단된 상황에서 서로 대결국면을 보일 때
미국과 중국이 각기 어느 한편을 지지하고 그 결과 한반도를 포함
한 동북아 지역에서 신냉전의 분열구조를 보이는 것은 장기적으로
한국의 국가안보 유지에 유리한 상황이 아니다. 물론 북한을 효과
적으로 억제하기 위해 한국과 미국이 동맹 차원에서 서해안에서
합동 군사훈련을 실시하는 것은 바람직한 것일 수 있다. 그러나 그

러한 훈련이 이미 나타난 바와 같이 중국의 반대를 불러일으키는 것은 강대국 간의 세력정치 관계에서 한국이 어려운 상황에 처하게 될 수 있다는 우려도 무시될 수 없다. 한국은 강대국들 간의 세력정치에서 쉽사리 매몰되는 우를 범하지 않아야 할 것이다. 세계가 하나의 동질화된 시장구조로 변화하고 있다 할지라도 강대국들 간의 관계에서는 시장보다는 국가와 세력이 우월하게 작용하고 있음을 간과해서는 안 될 것이다. 오히려 강대국들은 한편에서는 시장의 우월적 지배를 통해서 자국의 국가이익을 증진시키는 반면 다른 한편에서는 전통적으로 유지되어 온 세력정치를 통한 패권경쟁을 포기하지 않고 있다. 아직도 중국이나 러시아 그리고 미국 등은 각기 강한 국가건설을 내세우고 있다. 이런 가운데 한국은 외교를 통해 비록 중진국가의 수준에 있지만 국가안보를 위한 외교적 활동을 강화시켜 나가는 것이 중요하다. 가능한 한 가까운 장래에 한국이 동북아 지역에서 지역적 안정과 평화를 위한 다자적 공동체가 형성될 수 있도록 외교적 노력을 다각적으로 전개해 나가는 것이 요구된다.

(3) 한미동맹의 유지

한국과 미국은 한국전쟁이 끝난 다음 해인 1954년에 상호방위조약을 체결하여 동맹관계를 갖게 되었다. 한미동맹은 두 가지 중요한 역할을 수행하여 왔다. 하나는 한반도에시 북한의 새로운 침략이나 무력적 도발을 억제하는 역할이며, 다른 하나는 동북아 지역

에서 세력균형을 유지하여 지역적 안전과 평화를 유지하는 역할이
다. 실제로 분단된 상황에서 비교적 안정적으로 휴전체제를 유지하
고 북한의 군사적 도발을 저지하는 데 한미동맹은 긴요한 억제력
을 제공하였다. 만약 한미동맹이 없었다면 남북한 간의 군사적 균
형은 유지되기 어려웠을 것이다. 근래에 들어 한미동맹은 한국의
국가안보를 위해 더욱 필요해졌다. 왜냐하면 한반도에서의 전략적
상황이 매우 불확실하고 유동적이기 때문이다. 특히 북한은 재래식
군사력 이외에 미사일과 핵무기 개발 등 첨단 전략무기들을 개발
하고 있기 때문에 한반도에서의 세력균형이 유지되기 어려운 상황
에 처해 있다. 한국이 단독으로 북한의 군사력을 억제하는 데 불리
한 입장에 있음은 분명한 사실이다. 따라서 한미동맹은 한국에 주
둔하는 미국 군사력에 의해 남북한 간의 세력균형과 억제력 확보
에 크게 기여하고 있는 것이다. 더욱이 북한이 핵무기를 개발하고
있기 때문에 이를 억제하기 위해서는 미국의 한국에 대한 핵우산
제공이 필요하게 되었다. 한편 세계전략 환경이 변화하고 있으므로
한미동맹도 융통성 있게 관리되어야 할 필요가 있다, 예를 들어 미
국은 근래에 들어 세계전략의 일환으로 주한미군의 전략적 유연성
을 주장하고 있다. 한국도 예상하여 동맹체제를 경직되게 유지할
것이 아니라 미국과 협력하여 유연성 있게 운영할 준비를 갖추어
야 할 것이다. 그리고 한국은 이미 미국과 합의한 바와 같이 한국
군에 대한 전시작전통제권 이양과 같은 문제를 한반도와 동북아
지역의 전략적 상황에 상응하여 처리해야 할 것이다. 전시작전통제
권 이양은 기본적으로 한미동맹 체제를 약화시키는 것이 아니라
오히려 강화시키면서 한국군의 자주적 역할을 증대시키는 데 목적

을 두어야 한다.

(4) 지속적 경제발전

언제나 국가안보 능력의 확보는 경제력에 의해 뒷받침되어야 한다. 약화된 경제력은 충분한 국가안보 전략의 추진을 어렵게 할 것이다. 특히 군사력의 강화는 경제력에 의해 추진될 수 있는 것이다. 한국은 아직도 개발도상국가군에 속해 있으며 따라서 지속 가능한 경제발전을 유지해야 한다. 그러나 그러한 경제발전은 여러 가지 도전들을 받고 있다. 첫째로 글로벌경제의 침체나 위기가 한국 경제의 지속적 발전을 크게 저해할 수 있다. 왜냐하면 한국 경제는 무역이나 자본유입 등에서 세계의 경제에 상당한 정도로 의존하고 있기 때문이다. 이미 한국 경제는 1990년대 후반기에 발생한 아시아의 금융위기에 의해 치명적인 타격을 입었던 경험이 있다. 소위 한국에서 IMF 경제위기가 일어났던 것이다. 이로써 국내경제는 심각한 침체를 겪게 되었다. 이런 위기의 재발을 방지하는 것이 한국 경제의 지속적 발전을 가능케 하는 일이다. 둘째로 한국 경제는 확대된 세계 시장에서 다른 국가들과 무한한 경쟁에서 유리한 입장을 차지해야 하는 도전에 직면하고 있다. 이러한 무한경쟁의 시장이 출현하는 것은 바로 세계화 과정의 산물인 것이다. 앞에서도 지적한 바와 같이 한국 경제가 세계 시장에 크게 의존하고 있기 때문에 그러한 시장에서 항상 승리해야 하는 부담이 제기되고 있다. 셋째로 한국 경제의 또 다른 중요한 문제는 국가 채무가 상당히 증가

되고 있다는 것이다. 현재 추세대로 국가 채무가 계속 늘어날 경우, 한국의 재정 건전성은 유지되기 힘들며, 또다시 극복하기 힘든 재정적 위기에 직면하게 될지도 모른다. 이런 한국 경제의 취약성은 국가안보 능력을 향상시키는 데 커다란 제약 요소가 될 것이다. 그리고 미국의 국방장관인 밥 게이츠(Bob Gates)가 말하는 바와 같이 경제가 약화될 경우 강력한 군사력을 보유한다는 것은 불가능한 일이다. 경제가 취약함에도 불구하고 강력한 군사력을 유지하려 할 경우, 오히려 국가안보는 위태롭게 될 수 있다. 왜냐하면 국가 재정상 커다란 불균형이 발생할 수 있기 때문이다. 과거 소련이 붕괴된 것도 이런 측면에서 설명이 가능하다. 즉 소련은 언제나 과도하게 강한 군사력을 유지하려고 한 반면, 경제는 점점 취약해졌기 때문에 결국 붕괴될 수밖에 없었던 것이다. 항상 한 국가의 군사력과 경제력은 균형 관계를 유지해야 한다. 더욱 중요한 것은 경제력을 증대시켜 이를 바탕으로 강력한 군사력을 발전시키는 것이다.

(5) 효율적 위기관리

국가안보를 건전한 토대 위에 정착시키기 위해서는 우선 위기가 발생하지 않도록 하는 것이 필요하지만, 만약 위기가 발생할 경우 그 위기를 적절히 관리하여 확대되지 않도록 하는 것이 중요하다. 따라서 국가안보 전략에 있어서는 언제나 효율적인 위기관리체계가 마련되어야 한다. 현대 사회에서 위기 상황들은 쉽게 발생할 수 있다. 위기 발생 자체를 완전히 차단하는 일은 거의 불가능하다. 오히려 발생한 위기를 신속하게 처리하여 그 위기가 확대되거나 다른 위기로 전파되지 않도록 위기관리체계를 갖추고 효율적으로 기능을 수행하도록 해야 한다. 위기관리체계가 효율적으로 기능하지 못할 경우, 국가안보는 위태롭게 된다. 예를 들면, 분단된 남북관계에서 크고 작은 위기들이 종종 발생하였다. 그러나 그러한 위기들이 더 큰 위기로 확대되지 않도록 한국은 신속한 조치들을 취해 온 결과, 지금까지 휴전 상태가 유지될 수 있었음을 간과할 수 없다. 최근에 서해안에서 일어난 '천안함 침몰 사건'이 지역적 위기로 발전하지 않도록 대처한 것은 한국의 국가안보를 위해 다행한 일이다. 또한 현대사회에서 자주 일어나는 자연 재해들을 최대한 방지하고 관리하는 위기관리체계 또한 국가안보상 매우 중요하다. 본래 위기란 예기치 못한 순간에 일어난다. 따라서 그러한 위기에 신속하게 대처하기 위해 위기관리체계가 국가안보 체계 안에 확고히 확립되어야 하며, 언제나 감시와 동원이 효율적으로 가능하도록 기능해야 한다.

(6) 지식과 정보의 획득

국가안보의 정책이나 전략을 수립할 때 가장 필요한 것은 상대 국가에 대한 지식과 정보를 가능한 한 많이, 그리고 정확하게 획득하는 일이다. 개념상 국가안보란 외부 세력이나 국가의 위협에 대처하는 것이며, 이를 위하여 그러한 세력이나 국기에 대한 지식과 정보가 부족할 경우, 올바른 안보 정책이나 전략을 강구할 수 없다.

지식을 얻기 위해 국가는 상대 국가에 대한 연구를 촉진시켜야 하며, 그 결과를 체계적으로 축적하여 보관하고 있어야 한다. 그리고 정보를 신속하게 수집하기 위하여 국가는 일정한 기관을 가지고 있어야 하며, 효율적으로 기관을 활용하여 상대국가의 정치적 의지나 군사적 능력을 파악하여야 한다. 흔히 적을 알고 나를 알면, 전쟁에서 언제나 승리할 수 있다는 명제는 실로 타당한 것이다. 한국은 특히 북한에 대한 지식이나 정보를 충분히 확보하지 못하고 있는 것 같다. 북한에서 무슨 일이 일어나고 있으며, 북한 군사력이 어느 정도이고 어떻게 전략적 태세를 갖추고 있는가를 정확히 알지 못하기 때문에, 북한에 대한 대응 전략을 수립하는 데 어려움을 갖는 경우가 많다. 북한에 대한 올바른 인식과 판단이 부족할 때, 그에 대한 정책이나 전략은 효과를 거두기가 힘들다. 따라서 국가는 상대 국가에 대한 연구와 정보의 획득을 위해 많은 투자를 해야 할 것이다.

(7) 사이버테러의 대처

현대는 전자기술의 발달로 인간 생활의 혁명을 가져오고 있지만, 동시에 국가적인 차원에서 요구되는 안전 유지에 취약성을 야기하기도 한다. IT 기술이 급속히 발달하여 인간 생활 전반에 영향을 미치고 있으며, 특히 경제나 군사 부문에 다각적으로 적용되고 있다. 오늘날 경제의 세계화나 통합이 현실로 나타나는 것도 IT 기술의 발달에 기인한다. 또한 군사적으로도 현대전은 전자전이라고 일컬어질 만큼 IT 기술은 무기 개발이나 군사 작전, 그리고 인력 관리 등 전 분야에 걸쳐 활용되고 있다. 그 결과, IT 기술은 국가안보상 매우 중요한 전략적 요소가 되고 있다. 정보의 획득이나 자료의 축적이 컴퓨터에 의해 과거보다 훨씬 용이하게 이루어지고 있음도 사실이다. 각종 미사일 개발이나 기타 전략 무기 개발에서 IT 기술의 유용성은 재론할 필요가 없다. 또한 적의 군사 작전이나 무기 체계를 무기력하게 만드는 데도 고도의 IT 기술이 적용되고 있다. 그런 면에서 전쟁은 점점 전자전이 되어 가고 있는 것이다.

그러나 국가안보 체계를 위태롭게 하는 것도 IT 기술이다. 다시 말하면 종종 사이버테러가 발생하여 국가나 정부의 활동을 방해하는 경우가 일어난다. 아직까지 사이버테러에 대한 적절한 대응 방안들이 나오지 않고 있다. 다만 컴퓨터 해킹 등 사이버테러가 발생할 경우, 이에 대처하는 전문가 집단이 형성되어 필요한 방안들을 모색하고 있을 뿐이다. 현 단계에서 국가안보상 중요한 것은 사이버테러를 방지하거나 대처하는 전문가 집단을 형성하여 장기적으로 연구하고 활동하도록 국가가 뒷받침하는 일이다.

(8) 소통문화의 확산

국가안보 전략이 효율적으로 강구되기 위해서는 사회 내에서 안보 전략에 대한 국민들의 이해와 신뢰, 그리고 지지가 절대로 필요하다. 이를 위해서는 무엇보다도 정부와 국민 간의 소통이 원활히 이루어지도록 제도와 문화를 갖추어야 한다. 소통문화는 정부뿐만 아니라 사회적 민간 분야에서 다양하게 존재하는 대중매체들을 적극적으로 활용하여 그 기반을 확대해야 한다. 동시에 사회에 기반을 둔 비정부적 조직체들을 소통과정에 끌어들여 국가안보에 유용한 국민여론을 조성해 나가는 것이 바람직하다. 그리고 소통은 쌍방향에서 이루어져야 한다. 우선, 정부가 정책이나 전략을 국민들에게 일정 부분 전달하는 하향적 의사전달체계가 기능해야 한다. 그리고 동시에 정부가 국민들로부터 반응을 수집하는 상향적 의사전달체계가 이루어져야 한다. 이를 통해서 국민적 합의를 도출해 내고 이를 바탕으로 국가안보의 정책과 전략이 추진될 때, 그 효과는 훨씬 크게 나타날 것이다. 그리고 그러한 소통 문화는 사회 내에서 분열과 갈등을 방지하는 데 기여할 것이다. 사실, 국가안보는 사회가 분열될 때 올바로 그 목적을 달성할 수 없다. 사회에서의 분열 구조는 주로 두 가지 양상으로 나타난다. 하나는 사회 내에 존재하는 인종적, 종교적 갈등에서 비롯되는 것이며, 다른 하나는 이데올로기적, 경제적 갈등에서 나타나는 것이다. 한국의 경우, 우려스러운 것은 후자의 경우이다. 현재 한국 사회에는 이데올로기적으로 분열과 갈등이 증대되고 있으며 그것은 좌우의 대립으로 집약되고 있다. 또한 이러한 좌우의 대립은 점증하는 경제적 양극화에 의해 더욱 분명해지고 있다. 사회 내의 좌우 대립 속에서 국가안보 전략은 정상적으로 추진되기 힘들다. 구체적으로 말하면 한국의 국가안보에 위협을 주는 북한에 대한 인식과 판단도 이데올로기적으로 분열되고 있으며, 따라서 국민적 합의에 바탕을 둔 대북정책이나 전략의 모색이 매우 어렵게 되고 있다. 본질적으로 국가안보는 이데올로기성을 배제해야 하며, 초당파적으로 필요한 정책과 전략을 필요로 한다. 왜냐하면 이데올로기란 현실(reality)이 아니기 때문이다. 국가안보 전략은 어디까지나 현실에 바탕을 두어야 하며, 그의 모색은 과학적 근거해서 추진되어야 한다. 그리고 국가안보는 최대한 국민적 합의를 기반으로 해서 현실적이고 과학적으로 추진될 때, 그 효과를 극대화시킬 수 있다. 다시 말하면 국가안보는 언제나 탈이데올로기적이어야 한다.

(9) 정치적 리더십의 역할

국가 내에서 제기되는 어떠한 문제보다도 국가안보 문제는 그 국가의 최고 결정권자의 역할과 밀접한 관계를 가진다. 왜냐하면 국가안보 문제는 그 해결을 위해 고도의 기술과 비밀성, 그리고 신속성을 요하기 때문이다. 특히 최고 결정자의 가치관이나 신념 체계, 경험, 개성 등이 중요하며, 이를 기반으로 하여 행해지는 상대 국가에 대한 그의 인식과 판단이 국가안보와 관련된 중요한 결정을 내리는 데 실질적으로 큰 영향을 미친다. 역사적으로 그러한 예는 허다하다. 예를 들면 제2차 세계대전 전에 영국 수상인 챔버린(Arthur Neville Chamberlain)과 독일의 총통인 히틀러(Adolf Hitler) 간에 있었던 회담에서 챔버린 수상이 독일에 대한 인식과 판단을 잘못한 결과 독일의 폴란드 침공과 제2차 세계대전이 일어났음을 기억할 수 있다. 이후부터 챔버린의 외교는 유화외교(The appeasement)라고 특징지어졌다. 또한 1980년에 미국의 로널드 레이건(Ronald Reagan) 전 대통령은 "1970년대에 이루어졌던 미 - 소

간의 데탕트를 중지할 것을 요구한다. 소련은 아직도 군사적 우위를 추구하며 군사적 대치 상황에서 미국을 패배시키려고 한다"고 말했다.[42] 레이건 대통령의 대소련 인식은 곧 미국의 소련에 대한 강경 정책의 시초가 되었다. 한국의 역사에서도 그러한 예들을 찾아볼 수 있다. 대표적으로 임진왜란이 일어나기 전 선조를 비롯한 조선의 지도자들은 일본을 과소평가하여 이율곡 선생의 '십만 양병설'을 거부했다. 그 결과 조선은 일본으로부터 침략을 당하였다. 이것이 바로 임진왜란이었다. 그만큼 국가안보에 관한 정책이나 전략을 수집할 때 지도자의 인식 능력과 판단이 결정적으로 영향을 미침을 알 수 있다. 북한에 대한 한국의 정치 지도자들의 인식도 두 가지로 분류된다. 김대중 전 대통령은 북한을 통일의 대상으로 인식했을 뿐만 아니라 북한 지도자들을 대화의 상대로 인정했었다. 그 결과 김대중 정부에서는 전례가 없는 대북포용정책이 추진되었다. 반면, 이명박 대통령은 북한을 핵개발국가로 인정하고 핵개발을 폐기하지 않는 한 북한과의 거래나 협력을 중단할 것을 선언하였다. 그는 비교적 보수적 입장에서 북한을 인식했으며, 그에 따라 과거 정부와 달리 강경한 대북정책을 취하였다. 결국 한국의 국가안보와 관련된 대북정책이 최고 지도자들의 인식 여하에 따라 달라질 수 있음을 알 수 있다. 동시에 국가안보를 위해 필수적인 군사력의 강화와 유지가 그러한 최고 지도자들의 인식과 밀접히 연관되어 있음을 간과할 수 없다.

---

42) Charles W. Kegley, JR and Eugene R. Wittkopf, *World Politics: Trend and Transformation*(NY: St. Martin's Press, 1981), p.35.

　국가안보전략상 긴요한 여러 가지 요소들이 열거되었지만 그중에서 가장 중요한 것들은 군사력과 경제력 그리고 외교력이다. 강한 군사력이 국가의 안보전략상 가장 필수적이지만 이것은 경제력과 외교력에 의해서 뒷받침될 때 더욱 효력을 가져올 수 있다. 그리고 이들은 다음 <그림 1-2>에서 보이는 바와 같이 서로 간에 상호 보완적 관계를 가져야 한다. 즉 경제력이 약한 국가는 강력한 군사력을 발전시키기 곤란하며, 반면 군사력이 취약하여 국가안보가 위태로운 상태에 처할 경우 그 국가의 경제도 발전할 수 없음은 실로 자명하다.

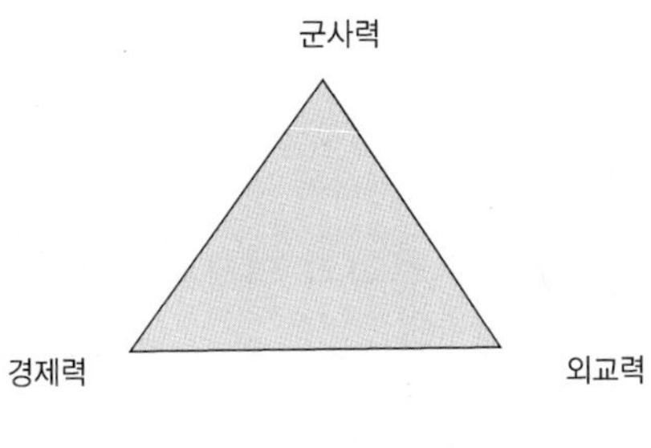

〈그림 1-2〉 안보능력의 삼각모형

　한 국가의 경제가 건전한 시장을 바탕으로 성장할 수 있다면 그러한 시장을 확보하기 위해서는 국가의 안보능력이 충분히 뒷받침되어야 한다. 또한 현대세계가 다극화되고 상호 의존성이 점차 깊어지고 있기 때문에 한 국가의 안보도 다른 국가들과의 협력을 통해 공동적으로 모색되는 것이 바람직하다. 앞에서 지적한 바와 같이 국가가 독자적으로 충분한 안보능력을 보장하기란 어려운 일이다. 이런 이유 때문에 오늘날 지역적으로나 세계적 수준에서 다양한 형태의 다자간 안보체제들이 형성되고 있는 것이다. 이를 위해 가장 중요한 것은 국가의 외교력이다. 국가의 외교력은 그 국가가 확보해야 한다. 특히 국가가 정책적으로 전문적 지식과 경험을 확보한 외교관들을 배양하는 일이 무엇보다도 선행되어야 하고, 정책개발이나 집행을 위한 능률적이고 진취적인 외교 체계를 갖추어야 한다.

제5절 역사와 지정학을 넘어서

한국 사회에서 국가안보 문제를 논의할 때 종종 두 가지 요소들이 자주 언급된다. 그들은 한국의 역사와 지정학적 특성이다. 한국의 역사를 개괄해 볼 때 영광과 치욕의 두 가지 측면들을 말할 수 있다. 영광의 측면을 말할 때 한국인들은 민족적 강인함과 끈질김을 지적한다. 이는 한국이 하나의 국가로서 수많은 외침을 받았지만 끝내 민족적 정체성을 상실하지 않고 유지해 온 것을 의미한다. 사실 한반도 북쪽에는 많은 소수민족들이 살아왔지만 그들은 국가를 형성하지 못하고 결국 중국에 흡수되어 현재 독립된 국가의 존재를 발견할 수 없게 되었다. 글안족이나 여진족 그리고 만주족들이 한반도 북방에 살아왔지만 그들은 하나의 독립된 정치적 실체로서 국가를 형성시키지 못하였다. 반면 한민족은 한반도를 중심으로 형태는 달리했지만 독립된 국가체계를 지속·발전시켜 온 것이다. 물론 간혹 외부세력의 침입으로 국권을 상실하기도 했지만 그러나 끈질긴 투쟁으로 다시 국가를 건설할 수 있었음에 한국인들은 자부심을 가지고 있다. 그뿐만 아니라 긴 역사를 통해서 한국은 자랑스러운 전통문화를 유지하고 있다. 예를 들면 금속활자나 금동불상 그리고 거북선 등 독특한 문화적 유산들을 보유하고 있다. 특히 한국인이 독자적으로 한글을 창안하여 사용하고 있기 때문에 더욱더 민족적 자긍심을 공유하게 되었다. 지금은 분단되어 있지만 한국인들이 강렬하게 통일국가를 실현하려는 의지를 갖고 있는 것도 독립된 국가로서 오랫동안 간직해 온 민족적 일체감과 문화적 유산들에 기인되는 것이다.

그러나 한국의 역사에 영광스러운 유산만이 있는 것은 아니다. 한국인들은 수많은 외세와의 전쟁을 통하여 고통을 당해 왔으며 끝내는 국권을 상실하는 비극을 경험하기도 했다. 한국의 역사적 비극들은 국가안보 문제를 접근하는 데 복합적으로 영향을 미치고 있다. 우선 역사의 비극이 국권의 상실에까지 이르렀기 때문에 한국인들은 어떠한 희생을 치르더라도 국가를 안전하게 지켜야 한다는 소명의식을 강하게 갖고 있다. 이것은 당연한 귀결이라고 말할 수 있다. 국가안보의 능력이나 조건들을 가능한 한 충분히 확보하여 국가의 독립과 자율성을 지키는 일은 모든 국가들에 중요한 과제이다. 그러나 한국의 경우에는 특별한 역사적 과정들이 있었기 때문에 국가안보가 최고의 가치를 가지고 있음을 부정할 수 없다. 더욱이 분단된 상황에서 북한으로부터 계속되는 위협에 직면하고 있기 때문에 한국은 그의 독특한 역사성과 더불어 민족의 정체성을 유지하기 위해 국가안보 문제가 더욱 소중하게 여겨진다. 그러나 한국 사회에서 국가안보 문제를 다룰 때 흔히 경계해야 할 사태들이 발생해 왔다. 즉 역사의 비극 때문에 과도한 집단적 '콤플렉스'가 일어나기도 했음을 인정하지 않을 수 없다. 또한 때때로 현실과 떨어진 과대한 자만심에 사로잡히거나 절제를 잃는 경우들도 있었다. 다시 말하지만 국가안보는 어디까지나 이성에 바탕을 두어야 하며 그의 대처과정은 과학적이어야 함에도 불구하고 지나치게 감상주의적 태도를 보이는 것은 오히려 건전한 국가안보를 위한 가치선택을 위태롭게 할 수 있다. 어느 의미에서 이러한 집단적 반응은 역사에 대한 올바른 인식과 판단을 하지 못하는 데서 비롯되는 것인지도 모른다.

흔히 역사란 반복되는 것인가 하는 의문을 제기하는 사람이 많다. 과연 그러한가? 역사를 해석하는 일은 결코 쉽지 않다. 왜냐하면 역사란 객관성과 주관성이 함께 내포하고 있기 때문이다. 역사는 정확한 자료를 근거로 정리하고 해석할 수 있어야 하는데 자료수집이나 객관적 해석이 사실상 불가능한 일이다. 또한 역사는 후세에 주관적인 가치판단에 의해 좌우되는 경우가 많기 때문에 그에 대한 올바른 해석은 어렵다.

일반적으로 역사는 반복되기보다는 진보하고 변화한다고 보는 것이 타당하다. 왜냐하면 인간은 항상 변화하기 때문이다. 따라서 시대의 변화에 따라 새로운 일들이 발생하며 그러한 측면에서 역사는 새롭게 조명되는 경향이 있다. 또한 역사는 현재 살고 있는 사람들에게 새로운 가치를 창조할 수 있는 자극제로 작용한다. 전통시대에 일어났던 많은 일들이 근대사회에는 더 이상 일어나지 않고 있음을 인지할 때 역사는 변화한다고 말해야 할 것이다. 현재 살고 있는 한국인들은 과거에 살았던 한국인들과는 큰 차이가 있다. 의식적인 면에서나 행동 면에서 현재 한국인들은 과거와 달리 상당한 정도로 적극적이고 자신감을 가지고 있으며 진취적인 개성을 소유하고 있다. 그러나 과거의 한국인들은 그야말로 '백의민족'으로서 주어진 환경에 수동적으로 생활하는 태도를 보였다. 물론 생활환경 자체가 한정되었기 때문에 거기에 순응해서 살 수밖에 없었던 것이 전통적인 한국인들이었다. 그러나 현대 한국인들은 환경 자체를 변화시켜 생활에 유리하게 이용하려는 의식과 태도 및 행동을 보이고 있는 것이다. 그러한 면에서 한국에 있어서 역사는 반복되기보다는 진보한다고 보는 것이 타당하다. 따라서 국가안보에 대한 한국의 대처능력이나 전략도 과거와는 달리 상당히 다르게 추진될 수 있다. 역사를 반복하기보다는 역사의 교훈을 중요시하면서 좀 더 진취적으로 한국의 국가안보전략이 추진될 수 있음은 분명하다. 실제로 한국은 어제의 한국이 아니다. 이미 널리 알려진 바와 같이 한국은 개발도상국가들 중에 성공한 국가로서 일컬어지고 있으며 그에 따라 국가안보에 필요한 제반조건들을 과거보다 훨씬 더 충족시킬 수 있는 위치에 서 있는 것이다.

한편 한국의 안보는 일반적으로 한국이 위치하고 있는 지정학적 특수성을 자주 거론케 한다. 한국은 동북아 지역에 위치하면서 중국, 러시아, 일본과 가까운 거리에 위치하고 있으며 지형상으로 보면 그늘에 포위되어 있다. 여기에 태평양을 사이에 둔 미국이 긴밀히 전략적으로 개입되어 있다. 따라서 4대 강국들의 복잡한 세력관계가 한국의 국가안보에 영향을 미치고 있다는 점에서 지정학적 고려가 논의되어 왔다. 돌이켜 보면 19세기 말부터 20세기 초에 이르기까지 강대국들은 한반도를 둘러싸고 치열한 세력정치 현상을 보여 왔으며 결국 그들 중에 하나였던 일본이 한반도의 지배권을 장악하였던 것이다. 그리고 일본은 태평양전쟁을 일으켜 제국주의적 팽창을 시도하였지만 결국 미국과 소련 등 연합국에 의해 역사상 처음으로 원자폭탄의 세례를 받았으며 끝내 패망하게 되었다. 그에 따라 한반도에서는 일본군의 무장해제와 더불어 미국과 소련에 의한 분단과정이 시작되었던 것이다. 한반도에 대한 주변 강대국들의 전략적 이해관계는 첨예하게 대립되었으며 지금도 그러한 대립은 해소되지 않고 있다. 분단이 지속되고 있는 상황에서 중국은 여전히 북한과 긴밀한 협력관계를 유지하는 반면 미국은 한국과 동맹관계를 유지하면서 한반도에 대한 그들의 전략적 이익을 추구하고 있는 것이다. 전반적으로 한국의 국가안보 문제는 주변 강대국들과 불가분의 관계를 가지고 있다고 말할 수 있다. 동북아지역에서 4대 강대국들이 위치해 있거나 전략적 개입을 계속하고 있는 것은 이 지역이 갖는 지정학적 특성에서 비롯된다는 것을 알 수 있다. 지금까지 이러한 지정학적 특성이 한국의 국가안보를 위해 부정적으로 영향을 미쳐 왔다. 실제로 한국은 규모나 국력면에서 4대 강대국들과 비교될 수 없다. 광대한 영토를 갖고 수억에 이르는 인구를 가지고 있는 중국이나 러시아에 비해 한국은 약소국가임이 분명하다. 또한 일본의 경제력이 한국에 비해 훨씬 앞서 있는 것도 사실이다. 이러한 요소들은 한국의 국가안보를 제약하는 요건들로 간주되었다. 그 결과 한국인들은 국가안보 문제를 생각할 때 흔히 소극적이고 불가피한 한계성을 인정하는 태도를 보여 왔다. 실제로 오래전부터 한국은 어느 한 강대국에 의해 그의 국가안보를 의존하는 경향을 나타냈다. 예를 들면 조선왕조 내내 한국은 중국과 종주관계를 유지하면서 대외적 침략이나 위협에 대처해 왔다. 임진왜란 당시 중국의 명나라 군대가 한반도에 들어와 일본군을 격퇴시킨 것은 잘 알려진 실례이다. 또한 청일전쟁 당시 중국군이 일본군과 한국에서 전쟁을 한 것도 같은 맥락에서 이야기할 수 있다. 즉 한국은 조선시대에 중국과 특별한 관계를 유지하면서 중국에 국가안보를 의존했던 것이다. 현재에는 분단 상황에서 미국과 동맹관계를 유지하면서 한국의 국가안보를 위해 상호 협력하고 있다.

그러나 한반도를 둘러싼 지정학적 특성이 한국의 국가안보에 부정적인 영향만을 끼친다고 보기보다는 새로운 시각에서 자율적으로 국가이익을 증대시킬 수 있는 시대를 맞이하고 있다. 세계화 과정에서 국경을 초월한 글로벌 이동성이 고도로 증대하고 개방된 시장을 통해 상품의 생산과 판매가 가능하게 된 것은 한국에 있어 새로운 기회가 되고 있음을 알 수 있다. 예를 들면 중국은 거대한 영토와 수많은 인구를 가지고 있으면서 근래에 들어 빠르게 경제적으로 성장하고 있기 때문에 구매력이 매우 큰 시장으로 변화하고 있다. 따라서 한국이 그러한 중국의 거대한 시장을 상품판매를 위해 활용한다면 상당한 국가이익을 증대시킬 수 있다. 또한 한국과 중국 간의 경제적 교류와 협력은 양국 간의 관계를 개선시킬 수 있는 많은 기회를 제공하게 될 것이다. 따라서 중국은 한국의 국가안보를 위해 유리한 전략적 파트너로서 역할을 수행할 수 있을 것이다. 한편 러시아도 광활한 영토를 가지고 있으며 원유와 가스 등 풍부한 자원을 가지고 있다. 그리고 근대과학문명을 발달시켰고 고도의 기술적 능력을 보유하고 있다. 냉전시대는 미국과 함께 초강대국으로서 서로 대치하고 경쟁할 정도로 강력한 국가능력을 가지고 있었다. 물론 구소련 공산주의가 붕괴된 이후 경제적 어려움을 겪게 되었지만 여전히 광대한 영토와 풍부한 자원을 가지고 있음은 사실이다. 이에 한국이 경제적으로 러시아와 긴밀한 협력관계를 발전시킨다면 자원이 부족하고 시장이 좁은 한국에는 또 다른 발전 기회가 주어질 것이다. 일본과 미국은 말할 필요도 없이 한국과 우호적인 협력관계를 갖고 있기 때문에 특별히 언급할 필요가 없다. 다만 그러한 협력관계는 좀 더 새로운 차원에서 그 기반을 확대하고 활용하는 것이 필요하다.

다시 말하면 한국은 주변 강대국들을 과거와 같이 국가안보 차원에서나 경제적 차원에서 두려움의 대상으로만 생각할 것이 아니라 오히려 한국의 미래발전을 위한 중요한 대상으로 생각해야 할 필요가 있다. 즉 4대 강대국들을 한국의 안보나 경제 면에서 활용하는 전략이 요구되는 것이다. 불가능하다고 생각할 이유가 없다. 4대 강대국들과 한국은 이미 공식적으로 외교관계를 수립하고 있으며 또한 경제적으로 교류와 협력을 확대하고 있다. 따라서 한국은 앞으로 국가안보와 경제발전을 위해 주변 강대국들을 적극적으로 이용할 수 있는 새로운 차원의 국가전략을 세워야 할 것이다. 이렇게 함으로써 한국은 지정학적 제약성을 벗어날 수 있게 된다. 오히려 거대한 강대국들이 주변에 있다는 것을 긍정적으로 인식하는 태도와 가치관이 요구된다. 현대세계에는 작지만 강하고 부유한 국가들이 많이 있다. 유럽에서는 오히려 작은 국가들이 안전하게 경제적 부를 누리고 있는 경우가 많다. 예를 들면 핀란드와 덴마크,

스위스, 오스트리아, 베네룩스3국 등은 작지만 주변 국가들과의 관계에서 독립과 자주성을 유지하면서 높은 수준의 개인당 국민소득을 누리고 있다. 그들도 과거에는 주변 강대국들 간의 전쟁으로 고통을 당했지만 지금은 세계 어느 강대국들에 비해서도 더 평화롭고 안정된 국가안보를 유지하고 있다. 또한 독일은 전후에 강대국들에 의해 분단되었지만 지금은 통일국가를 실현하고 유럽의 강대국으로 자리 잡고 있다. 되돌아보면 서독이 미국에 의해 국가안보를 보장받으면서 구소련의 이해를 얻어 평화적으로 동독을 흡수통일한 것은 실로 역사적 교훈이 될 수 있다.

전쟁은 언제 어느 곳에서나 일어날 수 있다. 이것은 지금까지의 역사가 잘 말해 주고 있다. 탈냉전과 세계화 과정이 진행되고 있지만 국가 간의 전쟁이 일어나지 않을 것이라고 생각하는 것은 현명한 일이 아니다. 본질적으로 인간이 새로운 인간으로 변화하지 않는 한, 전쟁이란 피할 수 없다. 따라서 어떠한 경우에도 국가안보란 항상 적절히 확보되고 준비되어야 한다. '유비무환'이라는 말은 국가안보를 위해서는 매우 적절한 말이다. 언제나 준비하고 있을 때 국가안보는 보다 튼튼히 지켜질 수 있는 것이다. 로마인들은 "평화를 원하면 전쟁을 준비하라"는 경구를 자주 언급했다. 이 경구는 현대 국가안보를 위해서도 여전히 중요한 의미를 내포하고 있다. 미국 프린스턴 대학교의 폴 크루그먼(Paul Krugman) 교수는 한 신문에 기고한 칼럼에서 다음과 같이 지적하였다.

"제1차 세계대전 직전 영국 작가 노먼 에인절(Ralph Norman Angell)은 『거대한 환상』(The Great Illusion)이라는 유명한 책을 펴냈다. 그는 전쟁은

무용지물이 됐고 근대 산업시대에서 군사적으로 승리해도 얻는 것보다 잃는
것이 많다고 주장했다. 그의 말이 틀린 것은 아니지만 어쨌든 전쟁은 계속
일어났다. …… 에인절은 군사적 정복이 이익이 된다는 믿음이 환상에 불과
하다고 한 점에서 옳았다. 그러나 경제적 합리성이 전쟁을 예방할 것이라는
믿음도 똑같이 환상에 불과하다. 오늘날 세계경제가 서로 의존하는 정도는
우리가 상상하는 것보다 훨씬 약하다."[43]

크루그먼 교수의 지적은 오늘날 세계화 시대에 살고 있는 사람
들에게 주는 의미 있는 메시지임에 틀림없다.

---

43) 폴 크루그먼(Paul Krugman), "세계화 시대라고 전쟁은 없을까", 「동아일보」, 2010년 08월 24일,
　　p.31.

제8장
한국의 국방력 건설

제1절 안보환경의 불확실성

국가안보에 영향을 미치는 외부적 환경은 항상 불확실성을 내포하고 있다는 데에 그 특징이 있다. 아무리 현대과학이 발달하여 우주시대를 열어 놓았고 세계화 과정이 진행되고 있지만 국가안보에 영향을 주는 외부세력이나 국가들의 관계는 안정되지 못하고 여전히 유동적이며 특히 개별국가들은 자국의 이익과 세력을 극대화시키는 데 관심을 두고 있다. 이로써 국가들 간의 이익갈등과 세력충돌의 가능성이 사라지지 않고 있으며 지금도 세계 도처에서는 분쟁과 전쟁이 계속되고 있다. 한국의 국가안보 문제를 논의하는 데 있어서도 이는 외부세계의 변화와 유동성을 중요히게 검토해야 하다. 논의의 편의상 한국의 국가안보에 영향을 줄 수 있는 외부환경을 세 가지 수준들로 나누어 검토하고자 한다. 그러한 수준들은 세계적, 지역적, 그리고 한반도 수준들이다. 이러한 수준들은 사실상 서로 연관되어 있다. 세계적 수준에서 일어나고 있는 분쟁이나 갈등들이 동북아 지역에도 영향을 미치고 있으며, 더 좁혀서 말해 보면 한반도의 남북한 관계에도 영향을 미치고 있음을 부인할 수 없다. 예를 들면 미국의 세계전략이 남북한 관계에 미치는 영향을 과소평가할 수 없으며 또한 한반도에서 일어나고 있는 갈등이나 충돌이 지역적으로나 세계적으로 영향을 미치고 있다. 이러한 측면에서도 오늘날 세계가 고도로 상호 연관되어 있음을 알 수 있다. 북한지역에서 일어나고 있는 정치적 사태들이 미국이나 중국의 대외정책에 영향을 주고 있음을 알 수 있다. 그만큼 현대세계에서 국가들의 상호활동의 범위는 확대되었지만 동시에 상호 간의 연계성이 긴밀해지고 있다. 또한 그러한 긴밀성은 빠르게 국경을 넘어서 전파되고 있다. 여기서 세계화의 한 단면을 찾아볼 수 있다. 그리고 그러한 세계화 현상이 개별국가들의 안보문제에 지대한 영향을 끼치고 있음도 사실이다.

(1) 세계적 수준의 안보환경

언제나 국가안보에 위협을 주는 요소들은 다양하다. 전통적인 군사적 위협이 외에 국경을 넘어서서 일어나거나 비군사적인 측면에서 발생하는 갖가지 위협들이 증대하고 있다. 따라서 현대사회의 위협양상은 매우 복잡하고 다양한 양태를 띠고 있다. 우선 냉전의 종식으로 세계수준의 위협은 사실상 사라진 반면 지역적으로 국한된 전쟁들이 일어나고 있다. 탈냉전과 더불어 지중해지역에서 발생한 코소보전쟁을 비롯해서 중동지역에서 전쟁들이 일어났다. 현재에도 한편에서는 미국의 종전선언과 더불어 전쟁이 종식되었지만 아직도 이라크 내부에서는 여러 가지 폭력사태들의 발생으로 엄청난 파괴와 더불어 인명살상이 이루어지고 있다. 그리고 아프가니스탄과 파키스탄 지역에서는 이슬람의 근본주의 세력들과 미국 간의 전투가 계속되고 있다. 실제로 9·11테러가 발생한 이래 세계는 테러공포를 벗어나지 못하고 있다. 특히 현대 세계는 테러뿐만 아니라 대량살상무기의 확산과 사이버 공격 등 초국가적 위협이 증대되고 전 세계적으로 확대되고 있다. 그리고 더욱 아이러니한 일은 미국이나 러시아, 중국, 영국, 프랑스 등 이른바 강대국들에서 크고 작은 테러폭력이 발생하였다는 것이다. 그 결과 이런 국가들을 포함해서 대부분의 국가들이 국경선 경비를 강화하고 동시에 공항 등에서 승객들의 출입국 관리를 엄격하게 시행하고 있다. 이는 세계화 시대에 국가들 간에 강조되고 있는 개방과 협력의 추세와 배치되는 것이다. 세계 최대의 자유주의 국가인 미국에서 멕시코 이민자들에 대한 관리를 강화하고 있는 것이나 유럽 국가들에서 집시들에 대한 통제강화 등은 글로벌 이동성을 증대시키는 세계화와 맞지 않는 국가주의적 조치들이라고 말할 수 있다. 비록 그들이 국가의 실증법을 지키지 않았다고 하더라도 인도주의적 차원에서 그들의 생활을 보호하는 것이 바람직할 것으로 보인다. 그러한 조치들로 국가 간이나 국내적으로 발생하는 갈등들은 자못 국가 산의 관계를 불안정하게 만들 수 있으며 결국 국가안보에 영향을 미치게 된다. 그리고 오늘날 세계에서 국가안보상 주목해야 할 위협은 대량살상무기(WMD)의 확산이다. 이미 국제사회에서 공식적으로 인정된 비확산조약(MBT)이 존재하고 다수의 국가들이 핵무기 등 대량살상무기들의 새로운 개발이나 확산을 방지하려고 하고 있지만 국가들은 점점 더 핵무기를 개발하고 보유하려는 데 관심을 두고 있다. 특히 그러한 국가들의 수가 점차 늘어나고 있다는 데 더 큰 문제가 있다. 그들은 그러한 무기의 개발이 방어적인 목적으로 시도되고 있다고 주장하지만 핵무기의 개발과 이를 운반하기 위한 미사일무기 등의 확산은 국가 간의 관계를 위협하는 요소가 된다. 어떤 특정한 국가가 핵무기를 개발하고 보유하는 경우에 다른 국가들도 자신의 국가안보를 위해서도 그러한 무기의 개발과 보유의 유혹에 빠지기 쉽다. 즉 '핵개발의 도미도 현상'이 나타날 수 있다. 만약 많은 국가들이 핵무기를 보유한다면 세계는 더욱 위험해질 수 있고 인류는 더욱 멸망에 빠질 수 있다. 왜냐하면 핵무기 자체가 인간이면 누구나 예상하기 힘들 정도로 엄청난 파괴력을 가지고 있기 때문이다. 특히 문제가 되는 것은 가공할 만한 핵무기가 일부 테러집단들이나 불량국가들(rogue states)에까지 확대될 경우, 세계는 한층 더 위험하게 될 것임은 자명하다. 이런 이유 때문에 북한의 핵 폐기는 반드시 실현되어야 한다.

또한 현대 과학기술의 발달로 인해 사이버테러가 점차 늘어나고 있는 것도 한국의 국가안보에서 중요하게 다루어져야 할 문제이다. 이는 한국에만 적용되는 문제가 아니다. 이미 미국도 국가안보전략상 사이버 전쟁을 상정하고 여기에 대한 대응을 강구해 나가고 있다. 미국에서는 상당한 수의 전략가들이 사이버전쟁에 대비한 전략

개발에 관심을 집중시키고 있다. 그들이 말하기를 앞으로 전쟁이 일어난다면 그것은 사이버전쟁이 될 것이라고 한다. 미국이 올해 초 발표한 4개년 국방보고서(QDR)에서 육, 해, 공, 우주 외에 사이버 공간을 5번째 전장으로 상정하고 이에 대한 교육과 훈련을 강화하고 있다. 영국도 정보국 산하의 사이버작전센터를 설립했으며 중국도 공개되지는 않았지만 '21세기 중반까지 정보화전 승리'를 말하였다. 요즘 핵무기 개발로 세계의 관심을 집중시키는 이란도 세계에서 두 번째로 큰 사이버군을 보유하고 있다고 스스로 자랑하고 있다. 그 외 러시아, 이스라엘, 북한 등 많은 국가들이 공식적으로나 비공식적으로 사이버전쟁에 대비하고 있다고 알려져 있다. 사실 사이버전은 전통적인 전쟁과 전략 개념 및 군사무기 체제를 흔들고 있다. 사이버전이 내포한 위험성을 고려해 볼 때 국가안보를 위해서 그에 대한 철저한 준비가 이루어져야 하며 재래식 무기나 핵무기와 마찬가지로 국가들 간의 관리나 통제를 위한 논의와 합의가 이루어져야 할 것으로 보인다.

그 밖에 자주 발생하는 질병, 자연재해, 지구온난화, 생태계파괴 등도 국가안보에 영향을 미치는 중요한 위협요소임을 간과할 수 없다. 또한 에너지 자원을 확보하기 위한 국가들 간의 경쟁도 국가안보를 위해 고려되어야 할 중요한 요소가 되고 있다. 왜냐하면 국가들이 무한한 성장을 계속하고 있기 때문에 석유 등 자원들이 계속 필요해지며 그것은 국가들 간의 첨예한 이익갈등을 야기할 뿐만 아니라 지구상에 매장되어 있는 자원의 고갈상태를 가져와 전 세계적으로 상당한 위기를 초래할 수 있다. 이미 강대국들 간의 자원 확보를 위한 외교전이 전개되고 있으며 이에 대한 특별한 대응이 이루어지지 않을 경우에는 위험한 갈등상태가 일어날 수 있다. 더욱이 자원 확보를 위한 외교전이 주로 강대국들 간에 벌어지고 있다는 점에 위험의 잠재성은 더욱 커지고 있는 것이다. 끝으로 앞에서도 논의한 바와 같이 국가안보상 위협적인 잠재력은 현재 형성되고 있는 글로벌경제이다. 시장이 확대되고 자본이 지배하는 글로벌경제는 동질적인 변화와 협력을 전제로 하고 있지만 현대세계에는 상당한 정도로 이질적인 요인들이 존재하고 있다. 따라서 글로벌경제는 개별국가의 경제에 부정적인 영향을 미쳐 그 국가의 경제력을 약화시킬 수 있으며 그럴 경우 국가의 안보는 심대한 타격을 받게 된다. 그리고 국가의 경제적 침체와 약화는 국가들 간의 대결과 충돌을 일으킬 수 있으며 따라서 세계화가 전쟁을 방지할 수 있다는 주장은 현실과 거리가 멀다. 특히 세계화 과정에서도 여전히 세력정치가 기능하고 있으며 이에 따라 국가들 간의 이해관계가 갈등적으로 변화하여 국가들의 경제를 악화시킬 수 있다. 아무리 강조해도 국가들의 세력정치가 그들 간의 경제관계를 결정하는 중요한 요소가 되고 있다. 역시 시장보다는 국가의 세력이 우월한 지배력을 행사하고 있는 것이다. 결국 현대세계는 많은 분야에서 국가안보에 위협을 주는 잠재적인 요소들을 내포하고 있음을 간과할 수 없다.

(2) 동북아 지역 수준의 안보환경

동북아 지역은 안보전략상 세계 어느 지역에 비해서도 높은 정도의 불안정성과 불확실성을 보이고 있다. 비록 냉전종식으로 세계 안보환경이 크게 변화했음에도 불구하고 동북아 지역에서는 여전히 냉전적 요소들이 강하게 남아 있다. 앞에서도 말한 바와 같이 이 지역은 세계 4대 강국들이 고도의 전략적 이해관계를 가지고 그들 간의 관계를 세력정치의 맥락에서 유지 내지는 변화시키고 있다. 그들은 각기 국가이익을 중심으로 지역 내에서 군사전략상 서로 대립하면서 경쟁하는 양상을 완화시키지 않고 있다. 이 지역 내에서 강대국들 간의 안보 및 군사적인 측면에서 내포된 특징들을 살펴보면 대체로 다음과 같다.

첫째로 지역 내 국가들이 여전히 강력한 군사력을 보유하고 있으면서 계속 군비증강을 추진하고 있다. 미국과 중국, 러시아, 일본 등 세계 4대 강국들은 세계 최대 군사력을 보유하고 있으며 그에 따라 동북아 지역을 군사력 밀집도가 가장 큰 지역으로 만들어 놓았다. 유럽 등 세계 다른 지역에서는 탈냉전과 더불어 비교적 국가들 간의 비군사적 관계가 현저하게 나타나는 반면 동북아 지역에서는 강대국들의 군사력이 집중되어 있으며 동시에 치열한 군비경쟁이 계속되고 있다. 미국은 유일한 초강대국으로서 그의 지위와 역할을 유지하면서 전통적 위협과 함께 다양한 형태로 나타나는 위협에 대응할 수 있는 군사력 건설을 계속 추진하고 있다. 특히 미국은 아시아·태평양 지역의 전략적 특수성을 고려하여 해군과 공군을 중심으로 군사력을 증강시키고 있다. 해군은 2008년 8월에 재래식 형태의 항공모함인 '키티호크함'을 원자력 항공모함인 '조지워싱턴함'으로 대체하였다. 또한 2010년까지 잠수함의 전력을 강화시켜 태평양에 배치하고 있는 것으로 알려지고 있다. 공군은 최첨단 전투기인 F-22 1개 대대를 괌에 순환 전개하고 있다. 그리고 주일미군을 육·해·공군 간 통합임무가 가능한 사령부로 개편하는 등 전략적 기반을 새롭게 다지고 있다. 일본 오키나와 주둔 미국 해병대 병력(약 8,000명)을 2014년까지 괌으로 이동하여 재배치할 계획을 가지고 있는 것으로 전해지고 있다.

일본은 2007년 1월에 '방위청'을 '방위성'으로 승격시키면서 일본자위대의 지역적 역할을 확대시키고 있다. 자위대 병력은 24만 명에 이르고 있으며 신형 무기 체제를 도입하여 첨단군사력으로 증강시키고 있다. 특히 일본은 이지스함을 신형으로 교체하는 동시에 아파치 공격헬기 등을 도입하여 전반적으로 최신의 무기체제로 자위대의 전력을 강화시키고 있다. 그 밖에 합동훈련을 통하여 자위대의 합동작전 수행능력을 증가시키고 있으며 나아가 정보수집, 정보전달 및 정보공유체제를 강화시키고 있다. 한편 일본은 북한이 핵실험을 실시함에 따라 미사일 방어(MD)체제를 조기에 구축하고 있으며 2007년 3월부터 동경 근처 4개 항공자위대 기지에 지상배치 유격미사일을 배치하였다. 또한 같은 해 12월에는 해상배치 유격미사일의 탄도미사일 유격시험을 태평양 하와이 근해에서 미국과 함께 공동으로 실시하였다. 그 밖에 일본은 SM-3탑재 이지스함 1척을 작전 배치하는 등 미국과 공동으로 지상 및 해상배치 미사일 방어체제를 구축하고 있다.

중국은 고도의 경제성장을 기반으로 하여 국방비를 지속적으로 증액시키면서 군 현대화를 추진하고 있다. 특히 육군은 신속대응능력을 갖추도록 하고 해군은 원양작전능력을 그리고 공군은 장거리 작전능력을 각각 향상시키는 데 집중하고 있다. 육군은 공격헬기부대를 중심으로 한 육군항공단을 증설하는 한편 기동전술 미사일부대를 창설하여 동남부지역에 배치한 것으로 알려지고 있다. 또한 해군은 러시아로부터 구축함과 잠수함을 도입하여 근해 방어 작전능력을 향상시켰다. 그리고 장거리 탄도미사일을 탑재한 JIN급 전략핵잠수함 1척을 실전에 배치하였고 앞으로 계속 전략핵잠수함을 증강 배치할 것으로 알려지고 있다. 공군 또한 러시아로부터 최신 전투기를 도입하는 한편 기술이전을 통해 자체 개발 항공기생산에 주력하고 있다. 현재 중국 공군은 10대의 공중급유기를 확보하고 있으며 이를 통해 전투기의 작전거리를 확대시키고 있다. 또한 중국은 2007년에 탄도미사일로 자국의 위성을 파괴하는 실험에 성공하였으며 나아가 달 탐사위성을 발사하고 우주정거장 건설계획을 세우는 등 우주개발에 주력하고 있다.

끝으로 러시아는 NATO의 동유럽지역에로의 확대와 미국의 동유럽에 대한 미사일 방어체계배치(MD) 추진 등을 중요한 안보환경 변화로 인식하고 자체적으로 전략적 억제능력을 제고하는 한편 전반적으로 군 구조를 개편하여 지휘체제의 효율성을 증대시키고 있다. 지상전략 부문에 있어서는 다수의 재래식 미사일을 폐기하고 신형 유도장치를 장착한 대륙 간 탄도미사일의 실전배치를 늘려나갔다. 해상부문에서는 잠수함전력을 보강시키고 있다. 러시아는 전략핵잠수함을 북양함대에 진수시키는 등 태평양 함대의 전력을 증강시키고 있다. 항공부문에서는 전략폭격기의 성능을 개량하여 장거리 작전능력을 제고시키고 있다. 또한 5세대 전투기를 개발하여 미래전에 대비하고 있는 것으로 전해지고 있다. 최근 북극해와 북태평양 등 전략적으로 새로운 관심을 끌고 있는 지역에 대한 정찰활동을 활발하게 실시하고 있다. 군 구조와 관련해서도 지휘체제를 단순화하여 작전의 효율성을 높이려고 하고 있으며 현재 지휘참모훈련을 통하여 그의 필요성과 유용성을 시험 중에 있다고 알려져 있다.

전반적으로 동북아 지역에서 4대 강대국들의 군사력은 이미 크게 증강되어 있음에도 불구하고 계속해서 그들은 군비를 증강시키고 있는 점에 주목할 필요가 있다. 그들이 보유하고 있는 핵무기 등 첨단 전략무기들은 이 지역을 전체적으로 파괴시키고도 남을 정도로 위협적이다. 예를 들면 다음 <표 1-3>에서 나타난 바와 같이 4대 강대국들의 국방비 지출은 매년 크게 늘어났다. 미국은 2005년에 비해 2007년에는 11.6%가 증가되었으며 일본은 같은 기간에 2.5%가 증가하였다. 특히 주목할 만한 것은 중국의 국방비지출 증가이다. 그중에서도 중국은 2005년에 비해 2007년에 국방비가 무려 54.6% 증가되었다.

<표 1-3> 세계 주요국 국방비 지출(2005~2007)

단위: 미화 백만 달러

	2005	2007	change(%)
세계	1,131,331	1,279,647	13.1 +
미국	495,326	552,568	11.6 +
중국	29,878	46,174	54.6 +
일본	43,910	41,039	2.5 +
한국	21,054	26,588	23.6 +
북한	n.a	n.a	n.a
러시아	18,768	32,215	71.06 +

IISS, *The Military Balance 2007*; 이춘근, "동북아시아 해양갈등의 원인과 해양 협력 방안"(Strategy 21, 통권25호, 2010, 한국해양전략 연구소), p.90 재구성.

　이와 같은 강대국들의 군비증강은 세계적으로뿐만 아니라 동북아 지역 내에서의 국제관계를 한층 더 불확실하게 만들고 있으며 미래의 지역안정과 평화에 큰 위협을 주고 있다고 말할 수 있다.

　둘째로 더욱 주목할 만한 것은 이 지역 내에서의 국가들 간의 정치적, 군사전략적 관계가 여전히 블록화되고 있다는 점이다. 이미 세계가 이데올로기적 대립과 갈등을 해체하고 국가들 간에, 필요에 따라 상호접촉과 교류가 빈번히 일어나고 있는 시대에 동북아 지역에서는 상당히 제한된 범위 내에서 탈냉전의 국가들 간의 상호관계가 일어나고 있을 뿐이다. 과거 냉전시대와는 달리 국가들은 정치적 접촉과 경제적 교류를 증대시키고 있는 반면 군사전략적으로는 양극적인 블록화가 계속 존재하고 있는 것이다. 이는 국가들이 정치적으로 '전략적 동반자' 관계를 말하면서 무역 등 경제적 교류를 증대시키는 반면 군사적으로는 대립적이고 경쟁적인 블록들을 형성하고 있음을 의미한다. 이 지역에서 미국은 여전히 초강대국으로서 패권적 지위를 유지하고 있다. 실제로 이 지역뿐만 아니라 전 세계적으로 군사적으로나 경제적으로 미국을 능가할 국가는 존재하지 않는다. 미국은 스스로 팍스아메리카나(Pax-Americana)를 추구하고 있지 않다고 주장하고 있지만 탈냉전 후 구소련의 붕괴와 더불어 세계 유일의 패권국가가 되고 있음을 부정할 수 없다. 이에 대해 중국은 미국의 패권을 인정하지 않으려 하고 있다. 중국은 정책적으로 패권주의와 강권주의를 반대하고 있다. 그에 따라 동북아 지역에서 미국과 중국은 협력하면서도 경쟁하는 이중적 관계를 유지하고 있다. 특히 국제정치적으로 민간문제가 발생했을 경우에 미국과 중국은 서로 대립하고 반대하는 입장을 취하고 있다.

예를 들면 최근에 한반도에서 일어난 천안함침몰 사건을 논의하는 UN안전보장이사회에서 중국은 북한에 의한 어뢰발사를 규탄하고 북한에 대한 제재조치를 취하려는 미국과 한국의 입장에 대해 이의를 제기하고 러시아 및 북한과 더불어 반대 입장을 분명히 하였다. 결국 이 문제를 둘러싸고 미국과 중국은 서로 반대되는 입장을 취했으며 나아가 동북아 지역에서 미국과 일본 그리고 한국을 한편으로 하고 중국과 러시아 그리고 북한을 또 다른 한편으로 하는 대립적인 두 개의 블록이 생겨난 것이다. 앞에서도 지적한 바와 같이 두 개의 삼각구도가 표면화된 것이다. 그뿐만 아니라 미국과 중국은 각각 그들이 만들어 놓은 전략적 구도 속에서 서로 대립적인 양상을 보이고 있다. 예를 들면 중국과 러시아가 중심이 되어 형성한 상하이협력기구(SCO)는 2005년부터 중국 주도로 회원국 간 연합훈련을 실시하였으며 2007년에는 러시아가 주도하여 또 다른 연합훈련을 실시하였다. 한편 미국과 일본 및 한국은 다른 PSI(Proliferation Security Initiative, 대량살상무기 확산방지구상) 참여국들과 함께 해상에서 합동군사훈련을 전개하고 있다. PSI는 세계평화와 질서를 유지하기 위해 위험한 무기나 물자들인 미사일, 대량파괴무기 그리고 마약 등을 해상에서 차단시키는 데 목적을 둔 것으로 2004년에는 일본 정부가 동북아시아 지역에서 공동훈련을 주관하기도 했다. 이 훈련은 일명 '팀사무라이 훈련'이라고도 하는데 여기에 참가한 국가들은 총 22개 국가들이다. 이 훈련에는 미국을 비롯한 15개국의 핵심국가들이 참여하고 있지만 중국은 불참하고 있다. 한국도 처음에는 훈련에 불참하였지만 2009년 5월에 전면적으로 참여하기로 결정하였다. 중국은 PSI에 가입하지 않았을 뿐만 아니라 북한과 더불어

PSI를 적극 비방하는 입장을 취했다. 중국은 공해상에서 어떤 국가든 그의 선박을 정선시키고 검문하는 것은 항해자유를 보장하고 있는 국제법을 위반하는 것이라고 주장하고 있다. 결과적으로 미국과 일본을 중심으로 한 국가들과 중국과 러시아를 중심으로 하는 국가들이 서로 다른 군사훈련에 참여하면서 상대방을 비판하고 견제하는 것은 동북아 지역의 군사전략적 세력관계가 두 블록 간에 대립적인 관계로 지속되고 있으며 지역 내에서 국가안보와 지역평화에 부정적인 효과를 미치고 있다고 볼 수 있다. 이런 면에서 동북아 지역은 아직도 냉전 상태를 완전히 탈피하지 못한 세력정치의 갈등양상을 내포하고 있는 것이다.

셋째로 동북아 지역은 지역 내 국가들 간에 해결되지 않은 영토분쟁 문제가 남아 있다. 대표적인 미해결 영토분쟁은 크게 네 가지로 열거해 볼 수 있다. 그들은 일본 - 러시아 간에 해결되지 않은 북방 4개 도서를 비롯하여 일본 - 중국 간의 센카쿠(중국명으로 디아오유다이)와 일본 - 한국 간의 독도 등이다. 이 세 가지 분쟁들에는 일본이 모두 관련되어 있다는 점에 주목할 필요가 있다. 또한 분쟁의 강도가 낮은 한국과 중국 간의 동지나 해상에 있는 이어도에 대한 분쟁도 서서히 전개되고 있다. 북방 4개 영토 문제는 제2차 세계대전 이후 구소련이 일본에 속해 있던 4개 도서들을 점령하여 지금까지 보유하고 있는 것이다. 전후에 수차례에 걸쳐 일본과 러시아가 외교적 접촉을 통하여 해결하려고 하였으나 지금까지 미해결된 채로 남아 있다. 보다 복잡한 문제는 센카쿠열도를 둘러싼 일본과 중국 간의 분쟁이다. 아직 표면화되지는 않았지만 종종 양국 간에 도서 관할권을 둘러싸고 외교적 마찰이 일어나고 있다. 현재는 일본의 관할하에 있지만 중국과 대만은 모두 이 섬들이 자신들의 영토라고 주장하고 있다. 섬들의 크기는 약 2.7제곱마일에 불과하지만 이 섬들은 전략상 매우 중요한 위치에 있다. 일본은 이 섬들이 류쿠열도의 일부분이라고 주장하고 있고 중국은 자국의 대륙붕 주변에 위치하고 있다. 역사적으로 이 섬들의 영유권에 관한 다양한 견해들이 제기되고 있지만 현재까지 아무런 해결책이 만들어지지 못하고 있다. 미국은 일본과 중국 간에 중립적 입장을 취하고 있다. 종종 중국과 일본은 분쟁 중인 해역에 자국의 군함을 파견하기도 하고 이 지역 근해에서 해군훈련을 실시하고 있다. 센카쿠 도서 부근에 대규모의 석유와 천연가스가 매장되어 있다는 사실은 이 도서들에 대한 영토분쟁이 쉽게 해결될 수 없음을 말해 준다. 한일 간 독도분쟁도 현재는 전략적으로 큰 관심을 끌고 있지 않지만 장래 영유권 문제를 둘러싼 한일 간의 외교적 분쟁으로 발전할 가능성을 배제할 수 없다. 끝으로 이어도에 한국은 1990년에 과학연구기지를 건설하기 시작했고 현재에도 기지사용을 계속하고 있다. 이에 대해 중국과 대만은 다 같이 반대 입장을 취하였다. 중국은 이어도를 중국 영토로 편입시키기 위해 비정부 간 기구를 조직했다고 발표하였다. 이 섬은 한국 남단제도에서 149㎞ 떨어진 곳에 위치하고 있으며 한국 입장에서 보면 남해의 해수면 4.6m 아래에 있는 바위이다. 그러나 중국은 자신의 영토라고 주장하면서 이어도의 영유권을 계속 주장하고 있다. 동북아 지역에서 국가들 간 제기되고 있는 영토분쟁들은 군비증강과 더불어 지역 내 국가들의 안보문제와 깊이 관련되어 있다. 특히 동북아시아 국가들은 중국을 비롯해서 모두 에너지자원의 확보에 관심을 증대시키고 있다. 특히 이 지역 국가들은 급속한 경제발전과 더불어 그의 지속적인 발전을 확보하기 위해 에너지자원의 안정적 확보와 에너지 수입을 위한 안전을 중요한 국가이익으로 간주하고 있다. 한국과 일본은 각각 해외에서 100%에 가까운 석유를 수입하고 있다. 중국도 1993년 이후 석유를 수입하는 국가가 되었다. 현재 중국의 석유의존도는 50%가 넘으며 앞으로 그에 대한 의존도는 더욱 늘어날 것으로 예상된다. 미국의 헨리 키신저 박사는 "아시아 국가들이 여러 가지 측면에서 상호 협조하고 있지만 서로를 전략적인 경쟁자로 간주하고 있다"고 지적했다. 이어 그는 "그런 이유 때문에 아시아의 국제질서는 20세기의 북대서양지역 국가들보다는 19세기의 유럽국가들 간의 관계와 더 많이 흡사하다"고 말하고 따라서 아시아 국가들의 전쟁 가능성은 배제할 수 없다고 말했다.[44] 결국 에너지 자원을 확보하려는 동북아 지역의 국가들 간의 분쟁과 갈등이 더욱 커질 것임을 알 수 있다. 특히 동중국해에 가치 있는 천연가스가 상당량 매장되어 있다는 사실로 인해 중국과 일본 간의 영토분쟁은 더욱 첨예하게 일어날 것으로 보인다. 중국이 근래에 들어 해군력을 강화시키려고 하는 이유도 여기에서 찾아볼 수 있다. 최근에도 중국은 남중국해에 있는 도서들에 대한 영유권을 강력하게 주장하는 것은 바로 그러한 도서들 근해에 에너지 자원들이 매장되어 있다는 사실과 무관하지 않다.

넷째로 안보환경상 더욱 어려운 문제는 동북아 지역이 국가들 간의 분쟁과 갈등의 잠재력을 많이 포함하고 있음에도 불구하고

---

44) Henry Kissinger, *Does America Need a Foreign Policy?: Toward a Doplomacy for the 21st Century*(NY: Simon and Schuster, 2001), p.110; 이춘근에서 재인용.

그들을 협상을 통해 해결할 수 있는 제도적 장치나 통로들이 마련되어 있지 않다는 점이다. 만약 분쟁이 발생한다면 그 분쟁을 평화적으로 협상을 통해 해결하는 갈등해소의 방법이 더욱 중요하다. 그러함에도 동북아 지역에는 아직도 안보적, 군사전략적 측면에서 야기되는 갖가지 분쟁들을 전쟁으로 확대시키지 않고 해결할 수 있는 국가들 간의 합의된 레짐들이 발달되어 있지 않다. 여기에 동북아 지역에서의 안보환경은 더욱 불확실해진다. 유럽의 경우 북대서양조약기구나 유럽연합과 같은 다자적 안보기구들이 기능하는 반면 동북아 지역에는 군사적 밀집도가 유럽보다 훨씬 더 큼에도 불구하고 예기치 못한 군사적 우발사태 등을 관련 국가들이나 지역 내 국가들이 함께 논의하고 해결할 수 있는 제도나 관행들이 결여되어 있다. 앞으로 미국을 비롯한 동북아 지역의 강대국들과 한반도에서 분단된 두 국가들이 참여하는 지역적 다자 안보협의체가 구성되어 지역 내 안정과 평화를 유지하는 것이 필요하다.

(3) 한반도 수준의 안보환경

한반도 내에서의 안보환경은 매우 불안정하다. 그 이유는 분단된 남북한 관계가 여전히 불안정하고 상당한 정도의 긴장을 수반하고 있기 때문이다. 한국의 안보전략상 가장 큰 위험요인은 바로 북한으로부터 발생한다. 남북한이 분단된 지 65년이 지나고 있지만 쌍방 간의 갈등은 해소되지 않고 있으며 비록 한정된 부분에서 상호 간 교류와 협력이 이루어지고 있지만 군사적 대립은 계속되고 있다. 한국전쟁이 끝난 이후 생겨난 휴전선에서 남북한 군대가 대치하고 있는 상황은 세계 어느 곳에서도 찾아보기 힘든 충돌의 위협을 내포하고 있다. 1953년 휴전이 성립된 이후에 수없이 많은 휴전협정 위반 사건들이 발생하였으며 이들은 곧 남북관계를 매우 위태롭고 불안정하게 만들어 왔다. 1971년에 역사적인 '7 · 4남북공동성명'이 발표되고 2001년에는 처음으로 남북 간 정상회담이 개최되어 통일과 관련된 기본적인 조건들에 합의를 이루어 내었지만 아직도 남북관계는 안정되지 못하고 불안한 대립의 분단으로 지속되고 있다. 결국 한국의 국가안보에 대해 가장 직접적이고 위협적인 요소는 휴전선 이북에 존재하는 북한으로부터 나오고 있음을 부인할 수 없다. 그 이유는 다음과 같은 몇 가지 측면들에서 찾아볼 수 있다. 첫째, 북한의 군사력과 그의 군사적 태세에서 비롯된다. 앞에서도 지적한 바와 같이 북한은 분단된 이래 계속 군사력을 증강시켰으며 그 결과 휴전선을 중심으로 엄청난 군사력을 배치시켜 놓고 있다. 그리고 그러한 군사력을 통해 한국의 안보에 대한 위협적인 태도와 행동을 계속 보여 왔다. 북한의 지도세력들이 종종 한국의 안보를 위협하는 발언들을 행해 왔으며 그러한 발언들은 남북한 관계를 더욱 긴장관계로 악화시키는 데 기여했다. 그뿐만 아니라 북한에 의해 종종 행해지는 폭력적인 도발행위들은 한반도의 안정을 해칠 뿐만 아니라 한국의 안보를 크게 위협하는 결과를 가져오기도 했다. 이러한 요소들이 휴전선을 중심으로 밀집된 남북한 군사적 대결 체제를 더욱 강화시켰으며 결국 남북한 쌍방의 군비경쟁을 가속화시켰다. 남북한 쌍방은 서로 불안하였기 때문에 자신들의 안전을 위해 더욱 많은 군사력을 필요로 하게 되었으며 그 결과 남북한은 군비경쟁을 위해 많은 국가적 희생과 지출을 감당하지 않으면 안 되었다. 특히 북한은 1953년 휴전체제가 성립된 이후부터 군사력을 증강시켜 막대한 전력을 보유하고 있다. 현재 경제적으로 상당한 어려움에 처해 있음에도 불구하고 북한은 소위 강성대국의 노선을 내세우면서 군사력 증강에 집중하여 한반도 상황을 더욱 위태롭게 만들고 있다. 이미 북한은 엄청난 재래식 군사력을 확보하고 있음에도 불구하고 다양한 비대칭적 전력을 개발하고 있으며 나아가 핵개발과 탄도미사일, 화생무기 등을 개발하여 전반적으로 첨단전략무기체제를 강화시키고 있다. 북한의 핵무기 개발은 앞에서도 지적한 바와 같이 단순히 한반도의 전략 상황을 위태롭게 할 뿐만 아니라 동북아 지역에서의 군사적 균형을 붕괴시킬 수 있는 요소로 나타나고 있다. 한국을 포함해 주변의 4대 강국들이 모두 북한의 핵개발을 저지하기 위해 북한비핵화를 위한 6자회담을 개최하고 있는 것도 북한 핵개발이 내포하고 있는 위험성이 크기 때문이다. 사실 북한은 NBT체제에 가입해 있다가 탈퇴하여 독자적으로 핵개발을 추진하고 있는 것으로 알려지고 있다. 그동안 북한은 3차례에 걸친 재처리 과정을 거쳐 약 40여kg의 플루토늄을 확보한 것으로 추정되고 있으며 2006년 10월에는 핵실험을 실시하기도 했다. 상당수의 전문가들은 북한이 이미 두 세계의 핵폭탄을 제조하여 보유하고 있는 것으로 평가하고 있다.

북한의 군사력 강화는 직접적으로 한반도에서 한국의 국가안보에 크나큰 위협을 주고 있다. 이외에 특히 한국의 국가안보와 관련해서 중요하게 고려되어야 할 것은 바로 북한의 경제적 낙후이다. 오래전부터 북한은 이른바 '우리식 사회주의'를 내걸고 폐쇄적인 자립갱생의 원칙하에 경제화를 추진해 왔다. 그러나 북한의 경제개발은 기대한 것과는 달리 성과를 거두지 못했으며 오히려 경제적 실패가 거듭되어 현재에는 주민을 위한 식량조달로 어려운 상황에 처한 것으로 알려져 있다. 그뿐만 아니라 외화나 에너지부족으로 인해 경제의 현상유지조차도 어려운 것으로 전해지고 있다. 많은 북한의 주민들이 중국 등으로 비밀리에 탈출하여 그들의 생계문제를 해결하려고 하고 있다. 그리고 상당수의 사람들은 한국으로 탈북하여 살고 있다. 이런 북한 주민들의 이탈현상은 바로 북한경제가 얼마나 어려운가 하는 것을 잘 입증해 주고 있다. 경제적 어려움이 상당 수준에 이르고 있는데도 북한 당국은 고도의 폐쇄사회를 더욱 강화시키고 있으며 또한 국제적 규범에 위반되는 대내외적 활동을 함으로써 세계 어느 국가들보다도 고립된 국가로 존재하고 있다. 경제적 어려움 속에서도 핵무기 개발 등을 추진하여 국제사회로부터 북한이 더욱 고립을 자처함으로써 북한경제는 외부세계의 국가로부터 지원과 협력을 받지 못하고 있다. 그 결과 앞에서도 말한 바와 같이 북한은 일명 '불량국가' 혹은 '실패한 국가'로 낙인찍히기도 한다. 한국의 국가안보상 염려스러운 것은 북한의 정치적, 경제적 낙후성이 앞으로 어떻게 전개될 것인가 하는 점이다. 흔히 한국 사회에서 자주 언급되고 있는 북한의 급변사태에 대한 대비가 필요하다고 말한 것은 결코 불필요한 이야기가 아니다. 탈냉전과 더불어 붕괴된 공산주의 국가들을 고려해 볼 때 북한 또한 그러한 전철이 일어날 가능성을 배제하는 것은 현실이 아닐 수 있다. 북한의 급변사태는 경제체제의 붕괴와 더불어 주민들의 대량적인 이탈과 동시에 과도한 혼란으로 인해 한국의 국가안보가 새로운 위협에 처할 수 있다는 점에서 주의 깊게 대처해 나가야 할 것이다. 이러한 점에서 한국 안보에 있어서는 일종의 위기상황 대처능력을 향상시키는 것이 필요하다. 현재까지 알려진 바로는 북한당국의 최대관심은 바로 북한체제 자체의 안전과 유지에 있다고 평가되고 있다. 북한 자신도 자기의 체제의 과제라고 인정하기 때문에 한국이나 미국과의 관계에서도 체제안정에 최대의 관심을 두고 있다. 핵무기 개발로 인해 국제사회로부터 갖가지 제재를 받고 있는 북한은 더욱더 경제적 어려움에 처하고 있으며 이로 인한 체제 안전도 보장되지 않고 있는 것으로 알려져 있다. 특히 최근에 들어 김정일 북한국방위원장의 후계체제를 확립하는 문제가 또한 북한체제의 안정에 어려움을 주고 있는 것으로 알려지고 있다. 사실상 현대에 들어 세계 어느 국가에서도 세습을 통한 권력의 이양이 이루어지는 곳은 없다. 북한에서 3대에 걸친 세습체계의 확립은 국제적으로 용인되기 어렵다.

경제적으로나 정치적으로 어려움에 처할수록 북한은 점점 더 중국에 의존하려는 경향을 보이고 있다. 중국은 북한과의 특별한 관계를 인지하면서 북한에 대한 식량 등 상당한 양의 경제적 지원을 제공하고 있다. 더욱이 중국은 '창지투(長吉圖 · 창춘 – 지린 – 투먼을 축으로 하는 경제개발계획)'를 추진하면서 두만강 유역의 훈춘, 나진, 청진을 연결하는 북한 북방지역의 항만건설 및 철도개설을 포함한 일련의 북중 경제개발과 협력을 추진하고 있는 것으로 알려지고 있다. 이런 중국의 북한에 대한 경제개발 협력모델은 이른바 중국의 북한에 대한 '경제영토'를 확대해 나가는 것으로 이해할 수 있다. 북한에 대한 중국의 경제적 진출은 두 가지 효과를 가져올 수 있다. 하나는 북한의 변화를 이끌어 낼 수 있는 좋은 촉진제가 될 수 있다는 점이다. 중국의 경제개발은 북한의 변화를 위해서 효과적인 모델로 작용할 수 있기 때문이다. 또 다른 하나는 한반도 통일 문제와 관련하여서 중국의 영향력이 점점 더 커질 수 있다는 점이다. 중국이 북한에 대해 경제 원조를 제공하는 한편, 중국은 이미 북한지역의 광산 등 자원개발과 도로 및 항만건설에 깊이 참여하고 있다는 것은 앞으로 한국의 국가안보나 통일과정을 이끌어 나가는 데 있어 중국의 이해관계가 중요하게 고려되어야 한다는 것을 시사해주고 있다. 한간에는 중국이 동북3성의 경제발전을 추진하는 연장선상과도 경제협력과 개발을 적극 추진하고 있다고 평가하는 경향이 있다.

결국 북한의 증강된 군사력이나 체제 안정의 취약성은 경제적 어려움과 함께 한국의 국가안보를 위협하는 중요한 요소들임을 알 수 있다. 한국의 국가안보를 위해서나 평화를 위해서 긴요한 것은 일차적으로 한국의 국력을 강화하고 이를 바탕으로 북한의 위협적인 요소들을 효과적으로 방지할 수 있는 억제력을 확보하는 일이다. 그뿐만 아니라, 충분한 억제력을 바탕으로 북한과의 점진적인 대화와 교류를 증대시키는 것도 필요하다. 한국은 자신의 안보를 위해 북한에 대한 강온양면의 전략을 적절한 방법으로 사용할 수 있는 지혜와 용기가 필요하다고 말할 수 있다.

   어느 국가에서나 그 국가의 안보를 위해 가장 필수적인 요소는 바로 국방력임은 재론할 필요가 없다. 강력한 국방력이 확보될 때 국가안보의 기반과 기회도 커지게 된다. 국방력이 확보되지 않은 국가에서는 국가안보가 보장될 수 없다. 개념상 국방력이란 다양한 의미를 내포한다. 단순히 군사력뿐만 아니라 한 국가의 경제력과 과학기술 그리고 교육 등이 중요한 것으로 간주된다. 더 넓은 의미로 국방력의 개념을 논의해 본다면 물질적인 요소들뿐만 아니라 정신적인 요소도 함께 고려되어야 한다. 예를 들면 아무리 군사적인 능력이 크다고 할지라도 그 국가 내에 살고 있는 사람들의 의식이나 정신상태가 국가안보 문제와 무관하게 전개된다면 국방력은 본래의 효과를 가져올 수 없다. 다시 말하면 국가의 시민들이 국방력의 확보에 무관심하거나 비협조적인 의식구조를 나타낼 때 국가안보를 위한 국방력은 본래의 기능을 수행할 수 없게 된다.

   본인은 이미 오래전에 수명의 전문가들과 공동연구로 출판한 저서인 『선진국방의 비전과 과제』에서 다음과 같이 기술하였다.

> 전반적으로 한반도 내외에서 전개되고 있는 안보상황은 고도의 불투명성과 불확실성을 내포하고 있다. 이런 상황에서 제기되고 있는 몇 가지 문제점들은 한국의 국방문제를 다루는 데 있어 특별히 고려되어야 할 것이다. 예를 들면 앞으로 한반도 주변 국제환경은 어떻게 변화할 것이며 그러한 변화는 한국의 국방문제에 어떠한 영향을 미칠 것인가? 그리고 국제적 환경변화를 어떻게 인식하고 평가할 것인가? 한국의 바람직한 국방 및 안보체제의 수립과 관련해서 특별히 해결해야 할 과제들은 어떤 것들이 있는가? 변

화하는 국방환경 속에서 한국의 군사력은 어떤 부문에서 어느 정도 증강시
켜야 할 것인가? 또한 국방비의 적정 수준은 어느 정도이고 어떤 기술개발
이 특별히 요망되는가? 한국에서 적절한 국방체제의 확립과 이를 운영하는
데 필요한 제도적 개선은 어떤 측면에서 모색되어야 할 것인가? 그리고 급
격한 사회변화 속에서 군은 어떤 위상을 견지하고 또 어떤 역할을 수행해야
할 것인가? 이런 문제점들은 오늘날 한국의 국방 및 안보문제와 관련해서
도 깊이 있게 논의되어야 할 것들로 이 분야에 대한 전문적인 지식을 갖고
있는 모든 사람들의 관심 대상이 되지 않을 수 없다. 과거 권위주의시대와
달리 민주적 시민사회의 성장과 더불어 한국에서도 국방의 문제는 민간 지
식인들에게도 중요한 연구의 대상이 되고 있다. 이는 매우 바람직한 현상이
아닐 수 없다. 그 이유는 국방비가 전체 국민의 세금에 의존하고 있으며 동
시에 국방의 문제가 국민의 생명과 안전에 직결되고 있기 때문이다.[45]

(1) 선진국방의 비전

오늘날 한국 사회는 각 부문들에 걸쳐 그들의 목표를 '선진화'로
규정하고 있다. 한국 정부도 공식적으로 선진화를 국정의 지표로
내세우고 있다. 국방 분야도 예외는 아니다. 시대상황이 변화함에
따라 국방에 있어서도 개혁이 요구되었으며 이를 통하여 한층 더
국방력을 강화시키는 데 주력하고 있다. 그러나 어려운 점은 선진
화의 기준과 개념이 분명하게 설명되지 못하고 있으며 국방 분야
의 선진화도 구체적으로 무엇을 어떻게 추진할 것인가에 대한 국
민적 합의를 도출하기가 어렵다. 막연하나마 그 개념을 규정해 본
다면 이미 선진화된 국가들의 제도나 과정 및 행태 등에서 나타나
는 특징들을 중심으로 소위 글로벌 스탠다드를 설정하고 이에 따
라 분야별로 개혁을 추진하는 과제를 포함한다. 그런 의미에서 한

---

45) 신정현 편, 『선진국방의 비전과 과제』(나남출판, 1996), pp.6~7.

국에서 추진하고 있는 국방개혁의 비전과 계획이 충분히 논의될 수 있다. 본질상 한국이 추진하고 있는 국방개혁의 목표는 대체로 네 가지를 포함하고 있다. 첫째는 자유민주주의 이념과 체제를 확고히 다지는 것이며, 둘째는 이미 언급되고 있는 중견국으로 성장한 한국의 국제질서에 대한 참여이다. 그리고 셋째는 총체적으로 한국의 국가안보 능력을 강화시키는 동시에 민족적 동질성을 증대시키는 것이다. 마지막으로 한국의 국방개혁이 지향해야 할 목표는 평화통일을 위한 국가적 능력을 갖추는 것이다. 한국에서 국방 분야의 전문가들이 제시하고 있는 국방개혁의 과제와 방향을 중심으로 몇 가지 특징들을 요약해 보면 다음과 같이 말할 수 있다.[46)]

① **최첨단 정예의 국방력 확보**: 우선 한국이 정예화되고 첨단 기술로 무장된 국방인력을 확보하는 것이 필요하다. 좀 더 구체적으로 말하면 고도로 전문화된 국방인력을 확보하고 최대로 과학적인 첨단 무기들을 확보하며 이들을 중심으로 종합적이고 총체적인 안보능력을 강화하는 것을 포함한다. 국방인력의 전문화와 정예화는 현대사회에서 국가안보능력을 확보하는 데 필수적인 요소이다. 이를 위해서는 고급화된 인력의 확보와 합리적인 교육 및 훈련이 수반되어야 하며 동시에 혁신적이고 창의적인 리더십 개발과 합리적인 조직구성이 이루어져야 한다. 여기에 새로운 군사독트린도 필요하다. 고급화된 국방인력의 확보는 전문적인 지식을 가진 인력들을 충원하고 계속 교육과 훈련을 통해 그들의 자질을 향상시켜 나가는 것이 필요하다. 나아가 전문화된 인력의 직업주의가 심화되어야

---

46) 이에 관해서는 이상현 편, pp.189~199와 국방백서 pp.78~117을 참조.

한다. 정신적으로 국방인력의 직업화는 건전한 정신적 자세와 태도에 많은 영향을 미친다. 국가의 안보확보가 중요한 만큼 국방인력은 앞에서 논의한 바와 같이 국민의 생명과 재산, 전통과 문화 그리고 가치관 등을 외부의 위협으로부터 보호해야 하는 책임을 지고 있기 때문에 그들의 정신 자세는 무엇보다도 중요한 것이다. 실제로 외부의 위협이 있을 때 앞에서 그것을 저지하는 일은 바로 군인들을 비롯한 국방인력의 책임이기 때문이다. 정예화된 국방인력의 확보를 위해서는 전문적인 리더십 개발이 중요하다. 국방인력 집단들을 이끌어 나갈 수 있는 지도자들의 능력을 향상시키기 위해서 그들의 전문성과 더불어 국가에 대한 충성심이 요구된다. 특히 그들의 국가에 대한 충성심이 결여될 경우에는 효율적인 국방력의 사용이 불가능하게 된다.

그리고 첨단 무기에 기반을 둔 국방능력의 강화를 위해서는 고도의 과학기술이 군사장비와 병기들에 적용되어야 한다. 구체적으로 이와 관련되어 지적되고 있는 요소들은 첫째, 장거리 투사체제의 증대, 둘째, 고도의 정밀성 확보, 셋째, 치명적 타격성의 증대, 그리고 한미 간 연합체제의 강화 등을 열거할 수 있다. 무엇보다도 한국의 국방력 강화를 위해서는 앞으로 예상할 수 있는 미래전쟁에 대비할 수 있는 첨단 장비의 개발과 축적이 필요하다. 왜냐하면 앞에서도 지적한 바와 같이 휴전선을 중심으로 북한이 계속 군사적 도발을 감행하고 있고 또한 북한 자체가 핵무기 등 첨단 전력으로 군사력을 강화하고 있기 때문이다. 한국도 국가안보를 위해 필요한 국방력이 첨단 과학기술로 무장한 군사력에 의해 뒷받침되어야 한다. 첨단 기술로 개발된 무기들을 확보하기 위해서는 현재 지적되고 있는 한미동맹 체제가 중요하다. 현실적으로 미국의 과학과 기술이 월등히 앞서 있고 또한 이들이 최첨단 무기개발에 사용되고 있기 때문에 한국은 첨단 무기개발을 위해 미국으로부터의 협력과 지원을 받아야 한다. 한미동맹이 북한의 침략이나 공격을 억제하는 국가안보의 기반이 되고 있지만 이에 못지않게 중요한 것은 한국의 자주적 국방능력을 증가시킨 데 대한 미국의 기여이다. 더욱이 전시작전통제권이 가까운 장래에 미국으로부터 한국으로의 이전이 이루어질 것으로 예상되는바 한국 자체의 국방력 강화를 위해 한미동맹은 어느 때보다도 긴밀한 협력을 필요로 한다.

② **군비통제를 위한 대비**: 한국의 국방력이 국가안보를 위해 충분히 확보될 때, 그것은 한반도의 안정과 평화를 위한 과정에서 제기될 수 있는 남북한 군비통제를 위한 제반조건들을 갖추어 나가야 한다. 남북한이 휴전선을 사이에 두고 불안정한 군사적 대치를 지속하고 있는 한 국가안보는 계속 위협을 받을 수밖에 없다. 그런 의미에서 국가안보 능력은 한편에서는 북한으로부터의 위협을 억제하고 분단의 안정적 관리에 기여하는 한편, 잠정적으로 남북한 쌍방 간의 군비통제를 위한 기반을 조성하는 데 필요한 역할을 수행해야 한다. 남북한 간의 군비통제는 쌍방 간의 군사적 관계를 안정화시키면서 동시에 한반도 통일을 위한 국가적 전략과 연관되는 것이다. 남북한 군비통제의 첫 번째 단계는 상호 간 신뢰를 구축하는 것이다. 물론 이것은 당장 실현되기 힘든 것이다. 그러나 한반도에서 전쟁을 방지하고 평화적 통일을 이루기 위해서는 궁극적으로 쌍방의 군사적 관계가 신뢰적 관계로 전환되고 이를 바탕으로 단

계적으로 필요한 방안들을 강구해 나가는 것이 필요하다. 지금까지 남북한 군비통제를 합리적으로 추진하는 방안으로 남북한 간의 정치적 신뢰 구축에서부터 시작하여 군사적 신뢰 구축 그리고 군비지출의 제한, 나아가 군비축소로 추진되어야 한다는 견해들이 많이 제기되었다. 물론 현재의 군사적 대치와 충돌상황을 고려할 때 그러한 군비통제의 추진과정은 쉽게 예측할 수 없다. 특히 북한은 여전히 한국에 대해 적대적인 군사적 대결태세를 줄이지 않고 있고 또한 한국은 그러한 북한의 태도에 상당한 정도의 적대감을 갖고 있다. 뒤에서 다시 자세하게 논의하겠지만 군비통제를 위한 접촉과 회담의 시작은 어느 쪽이든 먼저 한반도 미래에 대한 확고한 비전과 자신감을 가지고 이니셔티브를 취해 나가야 한다. 한국이 먼저 그러한 이니셔티브를 취해야 할 것이 아닌가? 그 이유는 한국이 북한에 비해 우월한 국력을 확보하고 있으며 훨씬 더 유리한 국가적 경쟁력과 리더십을 가지고 있기 때문이다. 한국에서 G20 정상회의가 개최된다고 하는 것은 그만큼 한국의 국가적 위상이 높아진 것을 말하며 이를 통하여 한반도 문제의 중요한 전환점이 될 수 있는 군비통제를 위한 비전과 실천이 한국으로부터 나와야 한다는 것을 함축한다.

(2) 군사력의 증강과제

국가안보를 위한 국방력의 확보를 위한 가장 핵심적인 요소는 바로 군사력의 증강이다. 근래에 들어 국가안보의 개념이 다양한 형태로 이해되고 있다. 전통적으로 국가안보 개념에는 억제 개념이 포함되었다. 그러나 현재에는 전쟁현상이 다양화되고 있음과 더불어 국가안보 개념이 억제 이외에 예방 혹은 선제공격의 개념들까지도 포함하고 있으며 나아가 신속결정 작전의 원칙까지도 함축하고 있다. 그리고 국내에서의 테러가 자주 일어남으로써 국가안보 개념은 국내국토 보존의 의미도 함께 내포하고 있다. 미국이 9·11 테러 이후에 연방정부 내에 국토안보부를 설치하여 국내치안에 적극적으로 대처하고 있음은 좋은 실례이다. 어떠한 경우든 다양해진 국가안보의 위협적 요소들에 대처하기 위해 다각적으로 군사력의 강화가 모색되어야 함은 시대적 요구이다. 군사력의 강화를 위해서는 기본적으로 국력에 기반을 둔 국방예산의 규모가 적절히 결정되어야 한다. 그리고 군사비 지출은 전반적으로 국방운영 분야와 관련하여 지속적인 개혁과정을 거치면서 가능한 한 저비율, 고효율의 실용적 국방운영체계와 연관되어야 한다. 또한 현재 한국의 국방부가 추진하고 있는 국방개혁의 방향과 연결하여 군 자체의 구조적 개혁을 통해 병력구조나 전력구조 및 지휘구조 등 앞으로 있을 미래전에 대비하여 질적으로 우수한 군사력을 발전시키는 데 목적을 두어야 한다.

2008년 한국의 「국방백서」에 의하면 한국의 군사력 증강은 다음과 같은 몇 가지 기본방향에서 추진되어야 할 것으로 보인다. 첫째는 정예화된 선진 강군을 육성하는 것이다. 이것은 21세기 안보전략 환경과 미래전 양상에 부합하는 군사력 강화를 추진하는 것을 의미한다. 특히 한국군이 강군으로 성장하기 위해 앞으로 정보기술 중심의 기술 집약형 군구조로 개편되고 실용적인 국방운영체계로 뒷받침되어야 할 것으로 보인다. 그러나 앞으로 군 자체의 병력수준을 어느 정도로 유지할 것인가 하는 문제가 제기되고 있다. 대체로 상당수의 전문가들은 현재의 군 병력 수를 어느 정도 줄여야 한다고 말하고 있다. 그 이유는 앞으로 사회에서 출산율이 계속 줄어들 경우 젊은이들의 군 충원 자체가 줄어들 수밖에 없을 것으로 예측하고 있기 때문이다. 이에 군을 첨단 기술집약형으로 발전시키는 것이 바람직하다고 말한다. 그리고 군 구조 개혁과 관련해서 특별히 주의를 기울여야 할 것은 한국 군사력이 너무나 크게 육군 중심으로 구성되어 있다는 것이다. 현대전에서는 해상과 공중에서의 전투가 중요시되기 때문에 한국군에서도 해군과 공군의 비중을 전체 군사력 수준에서 크게 증가시킬 필요가 있다. 또한 군 지휘구조와 관련해서 제기되고 있는 과제는 앞으로 방어계획과 작전수행이 한국군 중심으로 이루어지도록 효율적인 합동군체제를 발전시키는 것이다. 동시에 한미 간 군사협력기구를 만들어 한미공동방위체계를 정착시키는 것도 중요한 일이다.

둘째는 미래전에 대처하기 위한 전력구조를 발전시키는 것이다. 이를 위해서 특히 필요한 것은 조기경보 및 실시간 감시능력을 확보하고 네트워크 중심전(Network Centric Warfare)을 수행할 수 있는 체계를 구축하여 질적으로 우수한 기동타격 전력을 증진시켜야 한다. 한마디로 미래전은 과학전이 될 것임이 분명하다. 이미 오래 전에 한스 모건도(Hans Joachim Morgenthau)가 말한 바와 같이 현대전쟁은 간단히 버튼을 누르는 전쟁이며 싸우는 사람들이 누구인지 볼 수 없으며, 그들의 적이 살아 있는지 숙어 있는지도 알 수 없는, 그리고 누구를 죽여야 할지를 결코 알지 못하는 전쟁이 될 것이다. 이러한 점에서 군은 민간 전문가들을 가능한 한 많이 충원하여 미래과학전에 대비해야 할 것이다.

셋째는 예비군 전력을 정예화하는 것이다. 현대전이 총력전 양상으로 전개되고 있기 때문에 예비전력의 효율적 운영은 매우 중요하다. 이를 위해 예비군 편성 및 자원관리체계를 개선하고 실제로 교육훈련체계를 강화시키는 것이 필요하다.

넷째는 대외적으로 국방외교를 확대해 나가는 것이다. 특히 한국은 한미동맹을 기축으로 하여 한반도 주변에 위치하고 있는 중국, 일본, 러시아와의 협력적 군사관계를 발전시켜 나가는 것이 이 지역의 안정과 평화를 위해 필요하다. 그리고 국방외교의 지평을 확대하여 동남아 지역과 아시아 태평양 지역으로 확대해 나가는 것이 바람직하며 이를 위해 다자간 안보 포럼과 국제협력기구에 적극 참여해야 할 것이다. 특히 주변 강대국들과 군사정보와 기술을 교환하고 다층적 교류, 협력회의를 자주 개최하여 상호 간 신뢰를 구축하고 실질적으로 미래지향의 전략적 동반자 관계를 확대시켜 나가는 것이 중요하다.

끝으로 한국의 군사력이 한반도 내에서뿐만 아니라 동북아 지역의 평화구조를 창출하는 데 기여하는 것이다. 우선 남북한 간의 군사적 신뢰 구축을 통해 긴장관계를 완화시키고 나아가 점진적으로 군사적 협력관계를 증진시켜 궁극적으로 남북군비통제를 추진해 나가야 한다. 물론 남북 간 군사적 신뢰 구축이나 군비통제 조치들은 쉽게 이루어지기 어려운 과제이다. 따라서 이러한 과제는 점진적이고 단계적으로 추진해야 하며 기존의 남북 간에 합의한 내용에 따라 원칙적으로 다루어져야 한다. 결국 한국의 군사력은 국가안보를 위한 중추적인 요소로서 기능해야 할 뿐만 아니라 남북 간의 군비통제를 추진하기 위한 융통성 있는 전략과 영향을 갖추어 나가야 할 것이다. 마지막으로 한국의 군사력은 특별히 선진화된 정보체계를 갖추는 데 주력해야 할 것이다. 현대는 정보지식의 시대이며 이에 따라 전력의 효율적인 관리체계를 갖추기 위해서도 정보통신의 획득과 그 기반을 안정적으로 관리하기 위한 첨단통신 기술을 갖추어야 할 것이다. 또한 점차 지능화되고 있는 사이버위협에 효과적으로 대처하기 위한 정보보호체계를 강화하는 일이 적극적으로 추진되어야 할 것이다. 예를 들면 국내조직 내에 컴퓨터 침해사고대응반(CERT)을 편성하여 종합적이고 체계적인 정보방어 체계를 확립해야 한다.

한편 한국의 군사력이 보다 더 강력한 대북억제력을 확보하고 나아가 동북아시아 지역의 불안정한 세력정치에 대비하기 위해 한미동맹을 좀 더 미래지향적이고 포괄적 동맹으로 발전시켜야 할 것이다. 원래 한미동맹은 군사안보 분야에 한정되었으나 점차 이후의 역할이 세계전략 차원으로 확대되고 있기 때문에 한미동맹도 그 활동의 범위를 확대하여 한반도에서뿐만 아니라 동북아 지역의 평화와 번영에도 기여할 수 있는 새로운 전략동맹으로 그 역할을 증진시켜 나가야 할 것이다. 이미 2008년 10월에 열린 제4차 한미 안보협의회에서 한미국방부장관은 동맹의 미래비전을 구체화하기 위해 서로 간 긴밀히 협력하기로 합의하였다. 따라서 앞으로 한미 동맹은 그 기반을 공고히 하여 지역 내 국가들과도 전략적 협력을 강화해 나가면서 세계적 차원의 평화와 번영에도 기여할 수 있도록 해야 할 것이다. 그러나 무엇보다도 중요한 것은 불안정한 한반

도의 안보환경을 안정된 환경으로 전환시키는 데 한미동맹이 중요
한 역할을 수행해야 한다. 한미동맹이 군사적으로뿐만 아니라 정치
적으로도 북한을 억제시키면서 동시에 변화시킬 수 있는 전략적
유연성을 발휘하도록 해야 할 것이다. 한반도의 안정과 평화를 위
해서 가장 필요한 것은 북한의 핵 폐기를 이끌어 내어 남북한 관계
를 개선시켜 나가는 것이다. 이를 위해 한국과 미국은 동맹 차원에
서 긴밀한 협력관계를 유지해 나가야 할 것이다. 한미동맹은 여전
히 한국의 국가안보와 한반도의 평화를 위한 초석이 되어야 하며
나아가 동북아 지역 전체의 안정에도 기여할 수 있어야 한다.

제3절 '이데아(Ideas)'와 국가안보

　전통적으로 국가안보와 관련해서는 군사력 증강이 최선의 국가
적 과제로서 논의되어 왔다. 즉, 국가안보를 위해서는 국가가 자국
의 군사력을 강화하여 외부세력의 침략이나 공격을 방지하거나 억
제해야 한다는 견해가 지배적이었다. 이런 견해는 국제정치연구에
있어 상당한 영향을 미친 현실주의적 이론들에 바탕을 둔 것이었
다. 현실주의는 이미 논의한 바와 같이 국제정치를 국가들 간의 세
력과 이익에 근거하여 그들 간의 관계를 분석하는 데 중점을 둔 것
이었다. 그런 맥락에서 국가안보 문제를 연구하는 데 있어서도 현
실주의 이론들은 대체로 국가들 간의 세력균형을 유지하는 데 초
점을 두고 이를 통하여 국가의 안보와 세계평화를 실현할 수 있다

고 믿었다. 따라서 국가안보를 보장하기 위해서 군사력과 같은 물질적 요소들이 중요하게 취급되었다. 실제로 19세기 유럽역사에서 보면 국가들은 자국의 안보를 위해 다른 국가들과의 세력균형을 유지하는 데 관심을 집중시켰다. 소위 세력균형외교가 복잡하게 전개되었던 것이다. 예를 들면 대표적으로 나폴레옹 전쟁 이후에 유럽의 국제질서를 안정화시키기 위해 오스트리아의 외무장관이었던 클레멘스 메테르니히(Klemens von Metternich)는 세력균형 외교를 전개하였다. 그 밖에 많은 정치인들이나 외교관들도 국가세력과 이익의 개념에 바탕을 두고 그들이 속한 국가안보를 위해 활동하였다. 흔히 그들은 대외정책이나 안보정책을 추진하면서 지역 내에서나 다른 국가들과의 관계에서 세력균형을 위해 활동한다고 말하는 경우가 많았다.

그러나 국가안보 문제를 물질적인 요소들에만 근거하여 논의하는 것은 바람직하지 않은 것으로 간주되었다. 실제로 1980년대 중반에 들어서면서부터 국제정치가 크게 변화하였으며 이러한 변화를 설명하는 데 국가의 세력이나 이익과 같은 물질적 요소들에만 의존하여 설명하는 현실주의나 신현실주의는 새로운 비판에 직면하였다. 예를 들면 구소련 공산주의의 변화를 설명하는 데 있어서도 중요하게 영향을 미친 요소들이 무엇인가에 대해서 많은 이론들이 제기되었다. 당시 소련에서는 '신사고(New Thinking)'가 강조되었으며 이를 통하여 사회 자체의 개혁과 개방이 광범위하게 추진되었다. 이를 주도한 사람이 당시 소련 공산당 총서기였던 미하일 고르바초프(Mikhail Gorbachev)였다. 그러한 개혁과 개방을 이끌게 한 신사고의 이념과 정치적 리더십을 설명하려고 할 때 현실주의적 시각은 분명히 한계를 가지고 있었다. 더욱이 그러한 변화를 추진하는 과정에서 소련 공산주의는 붕괴되었던 것이다. 왜 소련이 붕괴되었는가? 이 문제를 국가안보와 관련해서 설명하려고 할 때 물질적 요소들만 가지고 말하기는 어려웠다. 왜냐하면 붕괴 시 소련의 국가안보를 위한 군사력은 미국과 대결하는 만큼 충분했으며 그럼에도 불구하고 소련이 붕괴한 것을 어떻게 설명할 수 있을까? 상당수의 전문가들은 소련과 같은 제국이 붕괴한 것은 군사력의 부족이 아니라 다른 요인들이 영향을 주었다고 말하고 있다.

특히 냉전종식과 더불어 현실주의와는 다른 자유주의 혹은 신자유주의의 시각들이 국제정치뿐 아니라 국가안보 문제를 연구하는 데 적용되었다. 이들은 세력이나 이익의 개념들 대신에 이데아(ideas)나 제도들에 의해서 국제정치의 변화나 국가안보 문제를 설명하려고 하였다.[47] 돌이켜 보면 소련은 더 이상 존재하지 않게 되었고 그와 더불어 생겨난 독립국가연합체로 조직된 다수의 국가들이 출현되었다. 이것은 분명 새로운 국제체계의 출현을 예고한 것이었고 동시에 권위주의적 사회주의로부터 민주주의적 자본주의로의 이행을 가능케 하는 변화과정이었다. 신자유주의는 변화과정에서 나타난 국가의 활동을 이데아에 의해 설명하고 있다. 사실 이데아의 개념에 의해 국가들 간의 관계를 설명하려는 시도는 본래 현실주의와 구별되는 이상주의(자유주의)에서부터 비롯되었다. 본질적으로 이상주의자들은 이데아가 사회적 인과관계의 기반을 형성한다는 것을 인정하였다. 그들은 상당부분 정치적 문제들에 있어

---

47) 이에 대해서는 Alexander Wendt, *Social Theory of Internaional Politics*(UK: Cambridge University Press, 1999)와 Peter J. Katzenstein(ed.), *The Culture of National Security: Norms and Identity in World Politics*(NY: Columbia University Press, 1996) 참조.

인간의 의지가 영향을 미친다는 것을 강조하면서 상상할 수 있는 이데아들을 가능한 미래를 위해서 필요하다고 보았다. 또한 그들은 주권국가들이 자유주의 원칙들에 기반을 둔 하나의 세계정부에 의해서 대치될 수 있다는 것을 상상하였다.

그리고 세계에 대한 이데아를 향해 노력함으로써 세계정부의 질서를 구축하는 것이 가능하다고 믿었다. 최근에 이에 대한 비판적 이론이 제기되었다. 이 이론은 국가들이 계속 존재한다고 가정했던 것과는 달리 새로운 사회조직 형태들이 정체성을 재규정하고 주권과 같은 개념들을 새롭게 제기함으로써 구축될 수 있다고 가정한다. 나아가 비판적 이론가들은 인간은 언어와 개념들을 조작할 수 있는 실질적인 힘을 가지고 있다고 말한다. 반면 그들은 현실주의자들의 국가세력이나 이익에 대한 강조를 거부하고 있다. 그들에 의하면 국제정치이론에서 중요하게 제기되어 온 주권과 같은 개념들은 인위적으로 만들어진 개념들이며 기껏해야 지배집단의 세력을 뒷받침하는 데 사용된 것이라고 주장하고 있다. 따라서 그러한 개념들은 본질적으로 중요한 의미를 가지고 있지 않다. 인간이 그것에 의미를 부여한 것뿐이다. 다시 말하면 인간이 어떤 개념을 거부하거나 그것을 다른 개념으로 대체할 수 있다는 것이다.

이로부터 구성주의적 접근방법이 생겨나게 되었다. 구성주의자들은 정치를 인간이 그 의미를 부여한 사물로서보다도 언어나 담론으로 취급한다. 그들은 정치과정이나 구조 그리고 제도들은 이데아들이 반영된 것이며, 정치과정에서 나타나는 행동도 이데아를 반영한 것으로 생각한다. 간단히 말하면 이데아들은 많은 인간 행동들을 유발시킨다는 것이다. 그리고 이데아들은 인간이나 국가의 행동들의 변화를 가져오는 요인으로 간주된다. 국가들 간의 관계를 규제하는 국제법이나 또는 국제조직체들이 세계평화를 가능하게 한다는 이상주의적 이론들도 기본적으로 이데아의 역할을 강조하는 전통에서 비롯된 것이다. 자유주의나 신자유주의적 시각들은 그러한 이상주의적 전통과 밀접한 관계를 갖는다. 그들은 국가안보를 위해 물질적 세력이 중요하다고 생각하는 현실주의적 시각과 달리 정신적, 문화적 요소들도 중요하다고 간주한다. 오히려 그들은 이데아를 인과적 의미로 취급한다. 다시 말하면 이데아가 처음 물질적 기반을 구성한다는 것이다. 그러나 이상주의나 자유주의가 현실세계 존재를 부정하는 것은 아니다. 다만 현실세계가 물질적 요소들 이상의 무엇을 내포하고 있다는 것이다. 따라서 물질적인 세계를 설명하는 데 있어서 문화적 요소들도 함께 고려되어야 한다는 점이 강조되고 있다.

국가안보 문제를 분석·연구하는 데 있어서도 신자유주의자들은 문화적, 제도적 맥락을 중요하게 생각하고 있다. 현실주의자들은 문화나 정체성 등이 국가행위자의 물질적 요소들로부터 파생된 것으로 보는 데 반해, 신자유주의적 제도주의자들은 오히려 문화나 정체성이 중요한 독립적인 요소들이라고 강조한다. 그들은 문화나 정통성을 다른 요소들과 마찬가지로 행위자 자신의 이익을 위해 전략적으로 사용하는 요소들로 받아들이고 있다. 이런 맥락에서 국가안보환경은 단순히 물질적인 요소들뿐만 아니라 문화적, 제도적 요소들로 구성되어 있다고 간주한다. 그러한 문화적 요소들은 국가 내에서 국민들의 인지적 능력을 고양시킬 뿐만 아니라 그들의 정서적 정향을 일정한 방향으로 이끌어 내는 데 도움을 준다고 믿고 있다. 나아가 그들은 문화적 환경이 여러 국가들의 행태에 영향을 줄 뿐만 아니라 국가의 기본성격에도 영향을 미친다고 주장한다. 즉 그들은 국가를 정체성으로 간주한다. 좀 더 구체적으로 말하면 그들은 국가안보 문제에 영향을 미치는 국제 문화 환경들을 3가지 측면에서 검토하고 있다.[48] 첫째는 공식적인 제도들이나 혹은 안보 레짐들이다. 즉 이들도 형성과정에서부터 기능수행에 이르기까지 광범위하게 국제환경에 영향을 받는다는 것이다. 둘째는 하나의 세계 정치문화가 존재한다는 것이다, 여기에는 국제법과 주권의 규칙 그리고 표준화된 사회적 정치적 조직체들을 위한 규범 그리고 광범위한 전문적 네트워크의 형성 등이 포함된다. 셋째는 국제적인 우호적 혹은 적대적 관계의 행동 패턴들이다. 이들도 중요한 문화적 영향을 받는다는 것이다. 예를 들면 캐나다와 쿠바는 다 같이 미국과 가까운 거리에 있는 국가들이다. 그러나 캐나다와 미국은 우호적인 관계를 가지고 있는 반면, 미국과 쿠바는 적대적인 관계를 유지하고 있다. 이는 문화적 환경이 중요하게 영향을 미친 것으로 이해해 볼 수 있다. 결국 신자유주의적 제도주의 방법은 기본적으로 행위자들의 본질과 그들의 능력 그리고 그들의 선호성과 정체성 등을 분석의 초점에 두고 있다. 신자유주의자인 로버트 코헤인(Robert Keohane)은 국가이익에 대한 사회학적 접근방법을 주장하였다.

국제적으로 문화적 환경들이 국가의 정체성이나 국가의 안보문제에 영향을 줄 수 있는 세 가지 측면들이 강조되었다.[49] 첫째로 그들은 하나의 실체로서 국가들의 생존을 위한 전망에 영향을 줄

---

48) Peter J. Katzenstein(ed.), p.34.
49) *Ibid.*, pp.35~36.

수 있다. 국가들이 생존하기 위해서 택하는 방법들은 여러 가지가 있다. 예를 들면 국가들은 효율적인 조직형태를 가지고 경쟁적인 물질적 환경에서 생존할 수도 있고 약소국들은 생존하기 위해서 국제사회로부터 합법성을 인정받는 것이 중요한 방법이 될 수 있다. 이런 방법들을 선택하는 데 있어 외부적 문화 환경들은 중요하게 영향을 미친다. 둘째로 환경들은 체계 내에서 국가의 주요한 성격들을 변화시키는 데 영향을 미친다. 오늘날은 19세기 후반과는 달리 하나의 국가가 식민지가 되기 위해 투표하는 것은 상상할 수 없다. 또한 19세기와 같이 국가들이 단독으로 전쟁을 수행하는 것도 상상하기 힘들다. 대부분 국가들은 상대편을 침략국가로 몰아가면서 다른 국가들과 연합하여 전쟁을 수행한다. 이때 국제적 규범이나 국내적 요소들이 중요하게 영향을 미친다. 마지막으로 문화 환경들은 기존 국제체계 내에서 국가의 성격을 변화시키는 데 영향을 미친다. 예를 들면 제2차 세계대전 후에 독일과 일본에서 정체성 정치가 시작되었다. 이는 두 국가들을 무역국가의 정체성으로 부각시켰다.

전반적으로 탈냉전 이후 국가안보 문제를 다루는 데 있어 물질적 요소들뿐만 아니라 국내적, 국제적 환경의 규범과 제도, 정체성 그리고 문화들이 중요하게 검토되고 있다. 사실 국가안보의 정책이나 능력을 물질적인 요소들에만 의존하는 것보다는 비물질적, 이데아적 요소들을 함께 고려하는 것이 바람직하다. 같은 맥락에서 조셉 나이(Joseph S. Nye Jr.)는 세력(power)의 변형을 위해 제도나 문화의 중요성을 강조하였다. 그는 강성(hard)세력의 중요성이 감소하고 있는 반면, 연성(soft)세력의 중요성이 증대하고 있다고 주장하였다.[50] 강성세력은 유형적 자원들에 의존하며 다른 국가들의 행태에 직접적으로 영향을 미치는 군사적 혹은 경제적 위협들을 포함한다. 반면 연성세력은 비유형적 자원들에 의존하며 여기에는 문화, 이데올로기, 제도 등을 포함한다. 그리고 이러한 요소들은 행위자들의 선호적인 사회적 행태를 선택하는 데 영향을 미친다. 물론 연성세력이 구체적으로 국제체계에서 단위들의 행태에 어떻게 영향을 미치는가를 경험적으로 설명하는 데는 상당한 한계성을 가지고 있다. 그러나 한 국가의 국력을 강성세력과 연성세력으로 구분하는 것은 국제정치나 국가안보 문제에 대한 분석에서 사회문화적 요소들을 중요하게 고려해야 하는 필요성을 증대시키고 있다. 결국 현실주의나 자유주의가 다 같이 앞으로의 분석을 좀 더 광범위한 사회학적 시각으로 재구성해야 한다는 점에서 중요한 의미가 있다.

한국에 있어서도 국가안보와 관련해서 군사력의 증강 못지않게 중요하게 취급되어야 할 것은 바로 비물질적, 비군사적 요소들이다. 다시 말하면 문화적 환경요소들이 국가안보의 정책결정이나 집행과정에서 다 같이 고려되어야 할 것이다. 한국 사회에 있어서도 규범이나 제도 그리고 정체성과 문화 등 국가안보 능력을 향상시키는 데 중요한 요소들이 되고 있다. 즉 비물질적인 사회적 가치들은 사회 내에서 국가안보 문제에 대한 합의권 형성을 용이하게 해줄 뿐만 아니라 안보의 미래방향이나 목적을 결정하는 데 영향을 미친다. 여기서 특히 두 가지 측면들을 생각해 볼 수 있다. 하나는 국내적으로 그러한 가치들이 국가안보에 어떠한 영향을 미칠 것인

---

50) Joseph S. Nye, *Bound to Lead: The Changing Nature of American Power*(NY: Basic Books, 1991) pp.31~32.

가 하는 점이고, 다른 하나는 구체적으로 한국의 위상과 이미지를 고양시켜 안보환경을 유리하게 변화시키는 것이다. 현재 한국은 산업화를 거쳐 민주주의를 공고화시키는 과정에 있다. 따라서 사회 내에서 민주주의의 규범과 제도 및 시민문화가 정착될 경우 그들은 국가안보를 좀 더 개방적이고 민주적인 방향에서 추진할 수 있으며 나아가 시민사회의 참여를 통해 한층 더 안정된 안보기반을 다져 나갈 수 있을 것이다. 그리고 그러한 비물질적 요소들은 사회 내에서 국가안보에 대한 국내적 거버넌스를 활발하게 형성·유지케 하여 총체적으로 국가안보의 구조와 과정을 다양화하면서 동시에 통일성을 갖도록 하는 데 기여할 것이다. 또한 국민적 합의권을 형성하여 국가안보에 대한 지지와 동의를 이끌어 내는 데도 유용하게 기능할 것이다. 한국 사회가 민주주의로 변화하고 있는 과정에서 국가 정체성의 확립은 정부의 정통성을 강화시킬 것이다. 그러한 정통성은 나아가 국가안보의 내적 기반을 한층 더 튼튼하게 조성할 수 있다. 그리고 국가안보의 이데아적, 비물질적 요소들은 국민들 간의 애국심과 단결력 등을 촉진시켜 결과적으로 국가안보정책의 추진을 효과적으로 가속화시킬 수 있다. 국민들이 왜 외국과 싸워야 하고 무엇을 위해 싸워야 하는가를 스스로 인식하고 이에 대처해 나갈 때 국가는 한층 더 안전하게 지켜질 수 있을 것이다.

한편, 한국의 문화적 요소들은 대외적으로 국가의 이미지를 개선시켜 국가안보에 호기능적으로 작용할 것이다. 구체적으로 한국의 대외적 이미지는 몇 가지 측면에서 생각해 볼 수 있다. 첫째, 한국은 성공한 국가로서의 대외적 이미지를 구축할 수 있다. 이미 알려진 바와 같이 한국은 개발도상국들 중에서 성공적으로 경제발전을 이룩하였으며 또한 민주화 과정을 적극적으로 추진하고 있는 모범적인 국가로 각인되고 있다. 이는 한국의 대외적 이미지를 높이는 데 기여할 것으로 보인다.

둘째, 한국은 분단국가로서 한반도와 동북아 지역의 평화를 위한 촉진제로서 이미지를 확립할 수 있다. 분단 상황이 여전히 긴장을 수반하고 있으며 동북아 지역이 높은 수준의 불확실성을 보이고 있는 가운데서 한국은 전쟁발발을 억제하고 남북관계의 평화적 해결을 추구하고 있기 때문에 대외적으로 평화적 이미지를 갖출 수 있다.

셋째, 한국은 세계화 시대에서 다자주의적 경제교류를 확대함으로써 글로벌경제에서 발생하는 위기들을 해결하고 나아가 선진국과 후진국 간의 일종의 교량 역할을 할 수 있는 위치에 있기 때문에 협력의 이미지를 강화시킬 수 있다. 실제로 남북 간의 경제적 격차는 더욱 벌어지고 있으며 이를 해결하기 위한 국제적 협력이 어느 때보다도 필요한 시대를 맞이하고 있다. 한국은 이른바 '중진국(middle power)'으로서 세계적으로 남북국가들 간에 생겨나는 갈등들을 조정역할을 수행할 수 있으며 특히 후진국들이 처한 문제들을 해결하는 데 관심을 기울여야 할 것이다. 이로써 한국은 국제사회에서 중재자 이미지를 증대시킬 수 있다.

넷째, 한국은 문화적 교류를 확대함으로써 국가들로부터 우호적인 이미지를 창출할 수 있다. 현재 한국인들은 예술 분야나 스포츠 분야에서 우수한 자질을 대내외적으로 보여 주고 있으며 이를 통한 비정부적 차원에서 다른 국가들과의 관계를 개선시켜 나기고 있다. 좀 더 전략적으로 특정한 분야들에 대한 국가의 집중적인 투자가 이루어져야 할 것으로 보인다.

　다섯째, 한국은 다자주의 외교에서 리더십을 발휘할 수 있는 입장에 처해 있다. 앞에서도 지적한 바와 같이 선진국과 후진국 간의 교량 역할뿐만 아니라 새로운 세계질서를 확립하는 데 있어서도 하나의 주도적 세력으로 글로벌 리더십을 확대해 나갈 필요가 있다. 한국 국력의 상당부분이 외부 세계와 연결되어 형성되고 있으며(수출형 발전전략) 국가 자체의 지속적인 성장을 위해서도 한국의 글로벌 리더십의 역할이 요구된다. 이미 한국은 근래에 들어 다자주의 회의체들을 국내에 유치하여 개최함으로써 국가적 위상을 높이고 있다. 예를 들면 ASEM회의와 APEC회의를 서울과 부산에서 개최한 바 있으며 또한 G20정상회의를 서울에서 개최함으로써 국가안보에 유용하게 작용할 수 있는 대외적 이미지를 상당한 정도로 향상시켰다. 이제부터 한국은 좀 더 적극적으로 글로벌 외교를 전개해 나가야 할 것이다. 그리고 좀 더 자율적으로 국제사회에서 조정과 협력을 위한 창의적인 외교행태가 나타나도록 해야 할 것이다. 결국 한국은 작지만 강한 국가로서, 그리고 부드러우면서 강인한 국가이미지를 형성시키는 일이 국가안보를 위해 필요하다. 이러한 이미지들의 형성이 국가안보를 위한 군사력 증강 못지않게 분단된 한국에서 매우 중요하다. 좋은 국가로서 한국의 대외적 이미지가 형성될 때, 어느 국가들도 한국의 존재를 무시할 수 없게 될 것이며 이로써 한국의 국가안보에 위협을 주는 대외적 요소들도 그만큼 줄어들게 될 것이다.

제4절 군, 국가 및 시민사회

일찍이 프러시아의 전략이론가인 크라우제비치(Carl von Clausewitz)는 자신의 저서인 『전쟁론(On War)』에서 전쟁이란 본질적으로 군사적 행동에 의해서만 수행될 수 없다고 지적한 바 있다.[51] 이것은 이미 전쟁이 단순히 군의 임무만이 아니라 정치적, 경제적, 사회적 분야들과도 관련되어 있는 것임을 암시한 것이었다. 사실 1800년대 초에, 당시 프랑스와의 전쟁에서 프러시아가 패배한 이유를 크라우제비치는 프러시아의 사회적 조건들이 열악했기 때문이라고 지적하였다. 그의 말은 군대만이 유일하게 국가를 방위하고 외부의 세력을 억제하는 책임을 지는 것은 아니며, 오히려 사회적 조건들이 군대의 조직과 활동을 지원하는 경우 훨씬 더 그의 영향력은 커질 수 있다는 것을 의미하고 있다. 다시 말하면 군 단독으로 전쟁에서 승리하기란 어려운 것이라는 점을 알 수 있다. 따라서 군과 국가 그리고 사회가 서로 연결하여 군의 능력을 증대시키고 나아가 군의 사기를 높일 수 있을 때 군은 전쟁에서 승리하게 될 것이다.

한국의 군도 예외가 아니다. 한국군이 국가안보를 위한 보루로서 맡은 바 책임을 다하기 위해서는 국민으로부터 신뢰받는 강력한 군이 되어야 하며 이를 위해서는 군 자체의 개혁과 발전도 필요하지만 무엇보다도 사회로부터 지지와 성원을 받아야 한다. 그럴 경우에 군은 명실공이 국민의 군대로 발전해 나갈 수 있다. 근래에

---

51) Carl von Clausewitz, *On War*, Michael Howard and Peter Paret(eds. and trans.)(NJ: Princeton University, 1976), p.75.

들어 한국에서는 시민사회의 활동이 증대하고 있다. 이것은 그동안 한국이 경제발전을 이룩하고 나아가 민주화를 공고히 추진해 나가는 것과 관계를 가진다. 즉 산업화로 인해 사회구조가 다원화되고 민주화로 인해 시민의식이 증대하였으며 그 결과 시민사회 안에 다양한 집단들이 생겨났다. 이들은 각 분야에서 전문성을 가지고 국가활동 과정에 참여하고 있다. 시민사회 활동이 활발할수록 국가체계의 구조와 기능은 한층 더 투명해지며 국가안보의 분야에서도 같은 효과를 가져올 수 있다.

보통 한 국가 안에서 시민사회의 기능들은 다양하지만 대체로 다음과 같이 집약해 볼 수 있다. 첫째는 정보지식의 제공이다. 이것은 국가가 어떤 정책을 결정하거나 집행하는 과정에서 필요로 하는 유용한 정보나 전문적인 지식을 시민사회들이 제공할 수 있다는 것이다. 말하자면 시민사회는 국가체계에서 투입기능을 담당하고 있다.

둘째는 국가나 정부의 정책을 지지하고 지원하는 기능이다. 시민단체들은 전문성을 가지고 정부의 정책들이 타당성과 효율성을 가지고 있다고 판단될 경우 그들의 입안과정이나 집행과정에서 그들을 지지하여 사회로부터 국가정책의 정당성을 이끌어 낼 수 있다. 이럴 경우 국가는 훨씬 더 용이하게 정부정책을 집행해 나갈 수 있게 된다.

셋째는 국가의 활동에 대한 감시와 견제 기능이다. 물론 제도적으로 국가의 집행기능을 의회가 감시하도록 되어 있지만 시민단체들은 나름대로 국가기능을 여론을 통하여 감시하고 견제하는 역할을 수행한다. 어느 의미에서 시민단체들의 이러한 역할은 완전히 제도적인 것은 아니라 할지라도 준제도적인 것으로 이해될 수 있다.

넷째는 시민사회의 출현과 기능 자체가 민주주의를 강화시키는 것이다. 즉 정부권력에 대한 감시와 견제기능을 수행함으로써 민주주의에서 강조되고 있는 권력의 부당한 횡포나 남용을 방지하는 견제 역할을 시민단체가 수행하고 있는 것이다. 물론 이 경우 전제가 되는 것은 시민단체 자체의 공공성과 전문성이 확보되는 것이다. 본질적으로 시민단체란 사적 이익을 추구하는 이익단체나 압력단체와는 다른 것이다. 시민단체는 어디까지나 공공목적을 실현하기 위해서 활동하는 것이어야 하며 그 자체가 객관적이고 공적인 목적을 위해 활동해야 한다.

끝으로 한국에서의 시민사회들은 종종 국경을 넘어서 다른 국가들의 시민사회들과 국제적 연대를 형성하여 보편적 문제들에 대해 이의를 제기하거나 대안들을 제시하기도 한다. 대표적으로 그들은 환경이나 인권문제들에 대한 국제적 연대활동을 전개하기도 하고 세계적 빈곤문제에 대한 항의집회를 갖기도 한다. 이렇게 함으로써 시민단체들은 특정쟁점들에 대해 세계여론을 형성시키는 데 기여한다. 말하자면 그들은 인간안보 문제에 대해 적극적으로 활동하며 그의 문제해결방법을 제시하기도 한다. 같은 맥락에서 한국의 안보정책이나 집행과정에서도 시민단체들의 참여가 허용되는 것이 시대상황의 변화에 맞춰 바람직한 것일 수 있다. 비록 안보정책의 결정이나 집행이 특수성을 가지고 있다 할지라도 그의 일정부분은 시민사회의 활동과 관련하여 공개되는 것이 가능해질 수 있어야 한다. 과거 권위주의적 정부하에서는 안보문세가 국가에 의헤 일방적으로 다루어졌지만 민주주의적 시민사회에서는 권위주의적 방식이 더 이상 정통성을 확보하기 힘들며 국민으로부터의 지지와 동의를 끌어내기 힘들다.

군 또한 시민사회와 상호 협력관계를 유지해 나가야 한다. 이를 위해서는 우선 군대문화가 합리적이고 민주적인 방향으로 변화해야 한다. 군조직의 특수성 때문에 시민사회와 간격을 넓혀 갈 경우 군은 국민으로부터 신뢰를 받기 힘들며 그에 따라 언제, 어느 곳에서나 싸워서 이길 수 있는 강한 군의 기반을 확보하기 힘들게 된다. 군도 시민사회의 문화적 요소에 어느 정도 적응하여 동질적인 문화기반을 확립해 나가야 할 것이다. 우선 군 자체에서 직업주의가 정착되어야 한다. 흔히 직업주의는 정치적 중립성을 특징으로 하면서 군인이 되는 것 자체를 하나의 직업으로 선택하고 그에 충실한 생활을 해 나가는 것을 의미한다. 다시 말하면 군인들은 그들의 생활을 통하여 자신과 가족의 생계를 이어 가는 직업인들이라고 스스로 생각한다. 직업으로서의 군대생활은 또 다른 특징을 갖는다. 즉 국방의 목표를 달성하는 소명의식과 더불어 전문성과 책임성이 수반되어야 하는 것이다. 한 통계에 의하면 한국군의 장교와 하사관 중에서 장교는 약 60%, 하사관은 약 30%가 자신들을 직업군인이라고 말했다.[52] 직업군인들은 일반직업인들과 다른 특징을 가지고 있기 때문에 일종의 조합주의적 성격을 띠고 특수한 이익집단으로 활동할 수 없다. 그러나 직업군인도 전문직업인으로서 활동해야 됨은 당연하다. 장교집단은 특별히 전문직의 속성이라고 할 수 있는 전문성, 책임성, 단체성의 세 가지 속성을 지니고 있

---

52) 신택현·최병순, 「전문직업군인제 정착을 위한 과제와 정책방향」, 신정현 편, 『선진국방의 비전과 과제』 p.306.

다. 따라서 현대의 장교집단은 전문적인 직업단체이다.[53] 현대에서 군사안보가 전문화되고 복잡해졌으며 또한 무기체계 자체가 첨단으로 발달되어 있기 때문에 직업군인을 전문직업인으로 보는 것은 설득력을 가진다. 따라서 현재 한국군도 전문 직업군인제도를 확립해야 하며 이를 통해 직업군인들은 국가안보를 전담하는 구성원으로서 높은 윤리성과 전문성을 유지하면서 군을 평생직장으로 생각하고 군사업무에 전념할 수 있도록 해야 할 것이다. 이와 관련하여 특별히 고려되어야 할 점은 직업의 안정성과 발전성 그리고 직업에 대한 보상과 근무여건을 종합적으로 보장하는 것이다. 군인사업에 의하면 직업군인은 특별한 사유에 해당되지 않는 한 전역을 강제로 하지 않도록 되어 있기 때문에 일반사회에서 기업보다도 직업의 안정성이 높다고 말할 수 있다. 그러나 또 다른 문제는 군직업의 사회적 직업으로의 이동이 어느 정도 보장되고 있는가 하는 것이다. 군에서 일정기간 직업군인으로 봉사한 후 전역하여 사회로 진출할 경우에 군에서의 근무경력이나 전문성이 기업에서도 그대로 인정이 되는지는 아직 미지수이다. 이로 인해 한국에 있어서 군직업주의는 안정성을 확보하기 힘들다. 또한 직업적 보상 문제에서도 민간기업의 보조수준과는 많은 차이가 있는 것으로 평가되고 있다. 통계자료에 의하면 장교의 경우는 초임 시 민간기업 대졸자 보수의 67.3% 수준에서, 20년 장기근속 시 87.5% 수준으로 나타나고 있다.[54] 하사원의 경우 근속 연수가 증가할수록 보수격차가 더

---

53) Samuel P. Huntington, "Officership as a Profession", Amos Perlmutter and Valerie Plave Bennett, *The Political Influnce of the Military: A Compararive Leader*(New Haven and London. Yale University Press, 1980), pp.37~45.
54) 신택현 · 최병순, 「전문직업군인제 정착을 위한 과제와 정책방향」, 신정현 편, p.317.

벌어지고 있는 것으로 나타나고 있다. 근무여건도 직업군인의 경우는 민간기업과는 달리 열악한 상황에 있는 것으로 알려져 있다. 결국 군은 직업군인으로 발전해야 하지만 복무환경이나 자기 능력개발 여건 등에 있어 여전히 사회에 있는 일반 직업인들에 비해 상당히 뒤떨어져 있는 것으로 평가될 수 있다. 군의 직업화와 전문화가 절대로 필요하지만 그를 위한 여건들이 충분히 개선되고 있지 않기 때문에 군대문화는 아직도 선진국 수준에 미치지 못하고 있다. 그러나 한국의 경제성장이 지속적으로 이루어지고 시민사회의 활동이 증대됨으로써 군에 대한 국가의 지원도 계속 늘어날 것으로 전망된다. 그에 따라 군의 전문직업주의도 점차 확산될 것으로 판단된다.

제9장
한국의 안보와 외교

제1절 국가안보와 외교

일반적으로 외교란 한 국가가 폭력에 의존하지 않고 자국의 국가이익을 대외적으로 극대화시키는 방법과 기술이라고 규정되고 있다. 국가안보와 관련해서 외교가 중요한 의미를 갖게 된 것은 유럽의 경우 근대국가의 출현에서부터 비롯되었다. 당시 국가들은 자국의 안보를 위해서 국가들 간의 세력균형을 유지하는 데 관심을 두었으며 이를 위해 외교의 중요성을 강조하였다. 그리고 외교는 국가안보의 기본이 되는 국력의 중요한 구성요소로 간주되었다. 국제정치이론의 대가였던 한스 모건도는 몇 가지 국력의 요소들을 제시하면서 불안정하지만 가장 중요한 것은 외교의 질(quality)이라고 지적하였다.[55] 그가 말한 외교의 질이란 여러 가지 다른 국력의 요소들을 하나의 통합된 전체로서 결합시키며 국가의 나아갈 방향과 비중을 제시하며 동시에 실제로 국력을 한층 더 유용하게 사용할 수 있는 잠재력을 제공하는 것이라고 규정하였다. 그는 "외교란 국력의 뇌에 해당되며 반면 국가의 사기는 그의 영혼이다"라고 기술하였다.[56) 현대에서 과학기술이 고도로 발달함으로써 외교에 대한 비중이 줄어든다고 말하고 있지만 오히려 그 반대로 높은 질의 외교는 국력 및 국가안보를 위해 여전히 중요한 요소가 되고 있음을 부정할 수 없다. 특히 약소국가들의 경우 외교를 통해서 국가안보를 보장하는 일은 더욱 중요하다. 그들은 상대적으로 다른 국가들에 비해 취약한 군사력이나 경제력을 보안하는 전략적 방법으로 외교를 사용할 수 있기 때문이다. 국가안보가 본질상 다른 국가들과의 관계에서 위협적 요소들을 제거하는 것을 목적으로 한다면 그러한 과정에서 사용될 수 있는 유일한 방법은 전쟁이 아니라 외교인 것이다. 첨단 대량살상무기체계가 발달한 현대에서 전쟁은 국가안보나 국가이익을 위한 방법이 될 수 없음은 자명하다. 오히려 전쟁이 일어날 경우, 국가 자체가 전면적으로 파괴될 위기를 맞게 된 것이다. 이런 면에서 외교와 전쟁은 상반되는 개념들이다.

그러나 국가들 간의 관계에서 대화와 협상을 특징으로 하는 외교가 실패하는 곳에서 전쟁이 발발하였음을 역사는 잘 보여 주고 있다. 과거에 국가들은 자신들의 세력이나 이익을 위해 외교를 중요하게 사용해 왔다. 그러나 그러한 외교가 성과를 거두지 못하고 실패할 경우, 그들 간에는 언제나 전쟁이 수반되었다. 이것이 바로

---

55) Hans J. Morgenthau, pp.140~144.
56) *Ibid*, p.140.

인류역사의 한 단면이었다. 외교가 국가안보를 위한 방법과 수단으로 사용된 실례들은 수없이 많다. 특히 국가들은 다른 국가들과 동맹을 맺거나 혹은 국가 스스로 중립국 위치를 취함으로써 자신들의 국가안보를 유리한 방향으로 이끌어 나아갔다. 예를 들어 보면 한국의 고대 삼국시대에 신라는 백제나 고구려에 비해 열악한 국가안보환경에 처해 있었다. 그러나 당시 신라의 김춘추 왕은 왕위에 오르기 전에 당나라에 가서 외교활동을 전개한 나머지 나당 연합군을 동원하여 백제와 고구려의 위협을 제거하는 동시에 나아가 삼국통일의 기반을 이룩하였다. 또한 근래에도 그러한 예를 찾아볼 수 있다. 한국이 분단된 상황에서 북한공산주의 세력의 남침으로 인해 발생한 전쟁에 직면하여 위기를 맞이했을 때 당시 이승만 초대 대통령은 미국과 UN 등에 외교활동을 적극적으로 전개하여 미군과 UN군을 한국에 참전시켜 침략세력들을 격퇴시켰다. 그리고 휴전 후, 1954년에 미국과 상호 방위조약을 체결하여 한미동맹체제를 형성함으로써 북한의 또 다른 남침 위협을 억제시키는 데 크게 공헌하였다. 결국 이승만 대통령의 외교는 한반도가 현재까지 분단 상태에 있지만 한국의 국가안보와 독립을 유지하는 데 기여한 바가 컸음을 인정하지 않을 수 없다. 또 다른 예는 독일의 역사에서 찾아볼 수 있다. 1870년에 보불전쟁을 종결시키고 독일제국의 기반을 다지는 데 있어 당시 프러시아의 재상이었던 비스마르크의 외교는 매우 탁월하였다. 그는 새로이 출현한 독일제국의 안성에 의해 독일과 오스트리아 그리고 이탈리아 간의 삼각동맹을 체결하여 러시아 등 외부국가들의 위협에 대처하였다. 또한 세2차 세계대전 후 분단독일을 다시 평화적으로 통일한 경우에도 서독의 외교는 괄목할만한 것이었다. 1969년 서독의 새로운 사민당 출신의 빌리 브란트(Willy Brandt) 수상이 내세웠던 동방정책이 효과를 나타냈고 그에 기초해서 동서독의 통일과정이 지속되었다.[57] 그리고 마침내 탈냉전의 출현과 더불어 서독은 동독을 흡수 통일했으며 독일의 통일은 기독교 민주당 출신인 헬무트 콜(Helmut Kohl) 총리에 의해 종결되었다. 두 번째의 독일 통일도 역시 우수한 정치적 리더십에 바탕을 둔 외교가 중요한 역할을 하였다.

또한 외교가 국가안보나 독립유지에 많은 영향을 미치고 있음을 또 다른 예들에서 찾아볼 수 있다. 미국의 초대 대통령이었던 조지 워싱턴(George Washington)은 고별연설(Farewell Address)에서 당시 신생국이었던 미합중국이 외교적으로 나아갈 바를 제시하였다. 그는 말하기를 "유럽은 많은 주요한 이익들을 가지고 있으며 그러나 그들은 우리와 관계가 없으며 따라서 멀리 떨어져 있는 것이 국가 이익에 도움이 된다"는 귀중한 충고를 남겼다.[58] 이것은 유럽의 세력정치에 미국이 개입해서는 안 된다는 것을 지적한 것이었다. 이로부터 미국의 고립주의 정책이 시작되었다. 그의 충고는 결국 미국의 국가안보와 이익을 위해 외교적으로 무엇이 필요한가를 말했던 것이다. 또한 외교가 국가들 간의 세력경쟁에서 자국의 안보와 독립을 유지케 한 경우를 태국의 외교에서 찾아볼 수 있다. 태국은 19세기에 동남아 지역에서 전개된 영국과 프랑스 등 서방열강들의 식민지 쟁탈과정에서 자국을 하나의 완충지대로 설정함으로써 양국으로부터의 식민지지배를 피할 수 있었다. 그 결과 태국은 동남

---

57) 서독의 동방정책에 관해서는 정용길, 『독일 1990년 10월 3일: 통일을 생각하며 독일을 바라본다』(동국대학교출판부, 2009), pp.131~150을 참조.
58) Hans J. Morgenthau, p.37.

아 지역에서 유일한 독립국가로 남아 있을 수 있었으며 이러한 태국의 외교는 소위 '대나무외교(Bamboo Diplomacy)'라고 불리었다. 그만큼 외교는 한 국가의 영토보전과 독립을 위한 효과적인 수단이라고 말할 수 있다. 한편 1949년에 건국한 중국은 신생인민국가의 안정과 독립을 위한 외교기조로서 평화공존과 자조외교의 노선을 선언했다. 그러한 외교기조는 1956년 전국인민대회에서 발표된 평화공존원칙으로 이어졌다. 이 원칙의 주요 내용은 첫째로 영토의 보전과 주권의 상호 존중, 둘째로 상호 불가침, 셋째로 내정 불간섭, 넷째로 호혜평등, 다섯째 평화공존 등 5개 항목이었다.[59] 결국 외교는 아무리 시대가 변화할지라도 국가안보와 불가분의 관계를 가지며 다만 변화된 시대에 따라 외교의 전략이 바뀌고 있을 뿐이다.

제2절 안보외교의 유형화

전통적으로 외교는 국가들 간의 대표자들을 통하여 서로 소통하고 협상하는 방식으로 주로 양자적 기반 위에서 행해졌다. 고대 인도나 중국 그리고 이집트에서부터 외교는 국가들 간의 분쟁을 해결하고 상호 협력이나 이해를 증진시키기 위한 방식으로 진행되었다. 그 후 중세에 들어서 외교는 별다른 효력을 가질 수 없었다. 이

---

59) Franklin W. Houn, *A Short History of Chinese Communism*(NJ: Prentice-Hall, Ind., 1973), p.216.

미 알려진 바와 같이 중세의 서구질서는 기독교 중심의 보편적 질서였으며 따라서 국가들 간의 외교적 공식은 존재하지 않았다. 중세 이후 르네상스시대에 들어서부터 외교는 근대국가 체계의 출현과 더불어 매우 중요시되었다. 그 한 예로 외교의 절차와 방식에 관한 규칙들이 1815년에 열린 비엔나회의를 통해서 정식화되었다. 이후부터 세계가 변화함에 따라 외교의 효과도 더욱더 커지게 되었다.

근대 국가들 간에 행해진 외교는 흔히 비밀외교라고 일컬어졌다. 국가들은 대표자들(외교관)을 상대국가에 파견하여 그들이 국가를 대신해서 비밀과 협상을 하거나 타협을 해서 국가의 이익을 최대한 실현하도록 했다. 왜냐하면 당시에는 오늘날과 같이 교통수단이나 통신수단이 발달되어 있지 않았기 때문이다. 그리고 국가들의 대표자들 간에 행해지는 협상 과정은 기술적으로나 정책적으로 비밀리에 이루어지는 경우가 많았다. 그 대표적인 예로 1905년에 미국 육군장관 태프트와 일본 총리 가쓰라와 간에 있었던 소위 '태프트-가쓰라밀약(The Taft-Katsura Agreement)'을 들 수 있다. 이 밀약에 의해 미국은 필리핀의 통치하고 일본은 한국의 지배권을 인정받게 되었다. 또한 국가의 대표자들은 협상뿐만 아니라 상대국에서 이루어지는 의식이나 행사에 참여함으로써 그들 자신의 국가 이익을 상징적으로 대표하는 역할을 수행하였다. 그리고 그들은 또 다른 과제들을 수행해야 했다. 그것은 상대국의 정보를 가능한 한 많이 수집하고 그것을 본국 정부에 보고하는 일이었다. 즉 상대국가의 인적 사항이나 정책과제, 의도 등을 정확히 파악하여 본국 정부에 전달하는 일은 자연히 비밀리에 이루어질 수밖에 없었다. 그러나 제1차 세계대전이 끝난 후에 미국의 우드로 윌슨(Woodrow Wilson) 대통령은 전통적인 외교를 비판하였으며, 비밀외교로 인해 전쟁이 발생하게 된다고 주장하였다. 그는 전통적인 비밀외교가 새로운 공개외교로 대체되어야 한다고 말했다. 윌슨 대통령은 '14개 조항'의 서문에서 다음과 같이 기술했다.

> 평화과정들이 시작될 때 절대적으로 개방되어야 하며 어떤 종류의 비밀적인 이해도 허용되어서는 안 된다는 것이 우리의 희망이고 목적이다. 정복과 세력 확대의 시대는 지나갔다. 비밀협약의 시대는 특정한 정부들의 이익에만 기여했다. 따라서 그러한 지역들은 항상 어느 순간이라도 세계의 평화를 위태롭게 했다. 현재 모든 공중인들의 견해에 분명한 것은 그들의 사상이 지난 시대에 매달려 있지 않다는 것은 행복한 사실이다. 따라서 모든 국가들이 그들의 목적을 세계의 정의와 평화에 일치하게 하는 것은 가능하게 되었다. 국가가 생각하는 목적들은 언제나 다음과 같이 간주되어야 한다. 가장 중요한 것은 "평화의 공개적 협약들이 이루어져야 하며 거기에는 어떠한 종류의 사적인 국제적 이해들도 포함되어서는 안 되며, 외교는 항상 솔직하게 그리고 공공적인 견해와 일치하여 이루어져야 한다는 것이다."[60]

그에 따라 새로운 공개외교 개념이 등장하였으며 특히 현대에 들어서는 국가들뿐만 아니라 다자적 조직체들이나 국제적 기구들 간에도 다양한 외교적 행태들이 이루어지고 있다. 한편 한 국가가 상대국가에 대해 취하는 정책내용에 따라 외교는 유화외교(appeasement)와 강경외교로 구분되기도 한다. 상대국가의 정치적 의도나 대외정책의 방향을 잘못 이해하고 판단하여 그 국가에 대해 적절한 대응조치를 취하지 못해 그 국가는 유화적인 정책을 취하고 따라서 외교적으로도 불리한 입상에 처하게 된다. 예를 들면 앞에서도 지적

---

60) *Selected Addresses and Public Papers of Woodrow Wilson*, edited by albert Bushnell Hart (NY: Boni and Liveright, Inc., 1918), pp.247~248; Hans J. Morgenthau, p.525.

한 바와 같이 제2차 세계대전에 영국의 챔버린 정부가 독일의 히틀러 정권에 대해 취한 외교는 대표적으로 유화외교로 지칭되고 있다. 챔버린과 히틀러 간의 런던 회의가 끝난 후 바로 히틀러는 폴란드를 무력 침공하였다. 이로써 제2차 세계대전이 시작되었다. 1950년 12월 영국 하원연설에서 당시 윈스턴(Winston Churchill) 처칠 수상은 유화외교는 상황에 따라 좋을 수도 있고 나쁠 수도 있다고 말했다. 즉 그는 "유화외교는 약하거나 두려움 때문에 취해질 경우 무의미하고 치명적이다. 반면 강한 힘을 가지고 취하는 유화외교는 아량이 넓고 고상한 것이며 아마도 세계평화를 향한 가장 확실하고 유일한 길일 수도 있다"고 말했다.[61] 반면 미국의 레이건 대통령은 당시 소련을 '악의 제국(empire of the evil)'이라고 규정하고 대소 강경외교를 전개하였음은 앞에서 지적한 바와 같다. 그는 1979년에 소련이 강행한 아프가니스탄 침공을 규탄하면서 그동안 소련과 미국 간의 유지되어 온 이른바 '화해외교(Detente)'를 비판하였다. 레이건 대통령의 대소 강경외교는 결국 소련공산주의의 붕괴를 촉진시켰다.

또한 외교는 냉전외교와 탈냉전외교로 구분될 수 있다. 냉전외교는 미소 양 진영 간의 대결을 특징으로 하고 있기 때문에 국가들의 외교도 대부분 진영외교로 이루어졌다. 즉 세계의 많은 국가들이 양대 진영으로 갈라져 있었기 때문에 그들의 외교활동도 진영 내에 머무르게 되었다는 것이다. 냉전시대에는 국가들의 외교가 이데올로기적, 군사적 장벽을 뛰어넘기가 매우 힘들었으며 기껏해야 자신들이 속한 진영 안에서 우호적 협력관계를 형성하는 데 집중하

---

61) Hans J. Morgenthau, p.67.

였다. 과거 한국의 외교가 반공외교로 일관되었던 것이나 서독의
외교가 할슈타인원칙(Hallstein Doctrine)에 의해 제한되었던 것 등
에서 그 실례들을 찾아볼 수 있다. 반면 냉전시대가 종결되고 탈냉
전시대가 도래함으로써 국가들의 외교도 또한 다각적으로 이루어
졌고 다양화되었다. 그 연장선상에서 오늘날 외교는 다자주의 방향
에서 전개되고 있으며 또한 그러한 다자적 외교를 통하여 다양한
쟁점들이 논의되고 있다. 다자주의 외교에서 논의되는 주요쟁점들
은 지구환경문제를 비롯해서 여성, 경제개발, 인권과 인구문제 등
이 포함되고 있다. 탈냉전의 국제사회에서 외교가 활발해지고 새로
운 방식들이 적용되는 이유는 대체로 세 가지 측면에서 설명될 수
있다. 첫째로 교통통신의 발달을 말할 수 있다. 이로 인해 국가들
간의 접촉과 교류가 증대될 수 있었으며 서로 간의 견해들을 비교
적 자유롭게 소통과정을 통해 교환할 수 있게 되었다. 둘째로 국제
사회를 구성하는 국가들의 수가 크게 증가했다. 1945년 창설당시
UN의 회원국은 51개국이었으나 현재 그 수는 200여 개로 늘어났
다. 이러한 국가 수의 확산은 외교적 소통을 통해 다양한 가치와
이념 및 견해들을 조정하고 협의해야 할 필요성을 증대시켰다. 셋
째로 외교적 어젠다가 크게 증대하였다. 앞에서도 말한 바와 같이
경제발전, 무역, 인권, 인구 그리고 환경보호 등의 문제들이 국가들
의 주요 관심사로 등장하였다. 과거 외교에서는 국가들 간의 세력,
이익, 안보 그리고 명예 등과 관련된 고위정치(High Politics)가 전
통적으로 국가들 간의 중요한 관심 사항이었지만, 현재에는 앞에서
열거한 이른바 하위정치(Low Politics)와 관련된 어젠다들이 외교의
중요한 관심사가 되었다.[62)]

지금은 세계화 시대이다. 이와 관련해서 외교의 규모나 방식도 변하고 있다. 소위 글로벌 외교가 행해지고 있는 것이다. 글로벌 외교에서는 국가의 대표자들이 참여하는 것보다도 직접 국가의 정상들이 참여하여 관련된 쟁점들을 논의하고 해결방안을 모색하는 데 그 특징이 있다. 현재 UN을 중심으로 한 정상들 간의 접촉이나 협상이 증대하고 있으며 또한 UN 밖에서도 지역적으로 다자적 협의체가 형성되어 정규적으로 각국의 정상들이 참여하여 회의를 진행하고 있다. 정상외교는 직접 중요한 쟁점들에 대해 국가를 대신해서 견해를 표출하고 나아가 해결방법을 모색하는 데 결정적 역할을 하고 있다는 것이다. 실제로 제기되는 다양한 글로벌 쟁점들이 신속한 결정들을 요구하고 있기 때문에 국가의 정상들이 직접 참여해서 외교적 활동을 전개할 때 합의된 내용들에 대한 정통성이 확보되며 나아가 효율성을 증대시킬 수 있다. 그러나 문제는 정상외교가 국가들 간의 세력정치의 양상으로 전개될 경우, 쟁점들에 대한 논의나 합의가 도출되기 어렵다는 것이다. 아직도 세계가 개방되고 다원화되고 있다 할지라도, 국가들 간의 세력 확대와 이익 증대에 바탕을 둔 외교적 행태는 사라지지 않고 있다. 더욱이 미국을 중심으로 한 패권화에 대해 반대 입장을 취하고 있는 국가들이 많이 존재하고 있다. 예를 들면 중국은 여전히 미국의 패권주의와 '강권정치'를 반대하는 입장을 취하고 있으며, 이러한 미중 간의 갈등은 세계 도처에서 감지되고 있다. 냉전 시 미소 간의 대립과 갈등이 국가들의 안보에 위협적 요소가 되었던 것과 마찬가지로 세계화 시대에 종종 나타나는 미중 간의 갈등 또한 국가들의 안보

---

62) Charles W. Kegley, JR and Eugene R. Wittkopf, p.28.

에 부정적인 영향을 미치고 있다. 과장된 면이 있다고 주장되기도 하지만 중국은 현재 제2의 경제대국이 되었으며 따라서 미국의 일방주의 외교나 패권적 지위에 대해 상당한 정도로 비판적인 입장을 취하고 있다. 그뿐만 아니라 국가들 간에는 무역이나 금융 및 자원문제와 관련해서 매우 민감한 경쟁적 자세를 보이고 있다. 특히 글로벌경제가 상당한 정도로 취약성을 갖고 있기 때문에 국가들은 경제적으로 날카로운 경쟁 상태를 유지하고 있다. 기본적으로 그들은 자유무역원칙에 동의하고 있지만 국가이익에 따라 다른 견해들을 가지고 있기 때문에 종종 그들 간에는 '무역전쟁'이나 '환율전쟁'과 같은 불협화음적인 외교적 관계가 출현하고 있다. 그들은 교역상품에 따라 보호주의적 조치들을 취하는 경우도 있으며 또한 환율문제와 관련해서 심각한 견해 차이를 나타내기도 한다. 여기에 지역에 따라 영토분쟁이 여전히 관련 국가들 간의 갈등을 가중시키는 요인으로 작용하고 있다.

현대외교가 다자주의 방식으로 진행되고 있지만 다른 한편 양자외교가 여전히 행해지고 있다. 쟁점에 따라 다자적 방식으로 해결을 모색할 수도 있지만 양자외교를 통해 관련 국가들이 쟁점들을 보다 더 심도 있게 논의하고 해결하고 있다. 지역이나 쟁점들에 따라 양자외교가 더욱 효과를 보일 수도 있다. 특히 국가안보와 관련된 쟁점들을 논의할 때 다자주의 방식보다 양자적 외교방식이 보다 더 효과적으로 사용될 수 있기 때문에 지금까지도 그러한 방식은 자주 적용되고 있다.

외교가 어떠한 방식으로 추진되든 추구하는 목적에 띠라 두 가지로 구분될 수 있다. 하나는 물질적 외교이고, 다른 하나는 문화외

교이다. 외교를 통해 국가들이 세력이나 영향력을 확대하려고 하거
나 또한 경제적 이익을 증대시키려고 할 때 그 외교는 물질적 외교
라고 말할 수 있다. 이와 관련해서 국가들은 서로 간에 협상을 통
해 필요한 조직들이나 절차들을 마련하는 데 합의하며 그 구체적
인 형태가 조약으로 나타난다. 그들은 조약을 체결함으로써 상호이
익을 증진시키려 하고 있으며 또한 안정된 관계를 유지하려고 한
다. 한편 국가들은 외교를 통해 비물질적인 문화적 교류나 접촉을
증대시키는 데도 관심을 둔다. 문화적 교류를 통해 국가들은 자신들
의 가치나 이미지를 증진시키며 상호이해를 확대하여 서로 우호적
인 관계를 형성하려고 한다. 달리 말하면 전자는 국가의 강성세력을
증진시키는 데 목적을 둔 외교라고 한다면, 후자는 연성세력을 증대
시키는 데 목적을 둔 외교라고 말할 수 있다. 그러나 이 두 가지 외
교는 서로 분리되어 있다고 하기보다는 상호 보완적인 관계를 갖는
것으로 이해해 볼 수 있다. 현대세계에서 시장이 개방되고 통합될
때 문화외교를 통한 물질적 외교의 효과가 훨씬 더 용이하게 실현
될 수 있다. 예를 들면 한 국가가 생산하는 상품이 다른 국가의 시
장에서 판매될 때 국가의 이미지는 상품의 가치나 판매에 중요한
영향을 미칠 수 있다. 결국 외교는 어떠한 형태로 이루어지든 국력
을 증가시키는 데 중요한 역할을 담당하며, 나아가 국가안보를 보다
더 튼튼한 기반 위에 올려놓을 수 있도록 뒷받침하는 데도 중요한
기능을 수행한다.

제3절 안보외교의 전략기조

국제환경이 변화함에 따라 국가의 안보와 외교를 위한 전략적 기조가 바뀌는 것은 실로 당연한 일이다. 왜냐하면 변화하는 국제환경에 잘 적응함으로써 국가는 한층 더 튼튼한 안보를 보장받을 수 있으며 나아가 국력을 증대시킬 수 있기 때문이다. *탈냉전* 이후에 미국 중심의 세계화 과정이 점차 확대되고 있으며 이에 대한 국가들의 적응과정이 복잡하게 전개되고 있다. 대부분의 국가들은 경제적, 사회적으로 개방정책을 추구하고 있으며 또한 시장경제와 자유무역을 정책적 기본방향으로 채택하고 있다. 이런 변화는 국가들에 대해 때때로 위기를 조성하는 반면 다른 한편 기회도 제공하고 있다. 국가들은 위기와 기회 속에서 자국의 국가이익을 최대한 증대시키는 데 관심을 가지며 이와 함께 국가안보의 기반을 확보하는 데도 관심을 기울이고 있다. 특히 강대국들 간에는 소위 '하위정치'의 상호 의존적 관계가 증대하는 반면, 그들 간에는 세력정치에 기반을 둔 갈등적 양상들이 여전히 나타나고 있다. 예를 들면 미국은 초강대국으로서 세계 패권질서를 유지하는 데 관심을 두고 있는 반면 중국을 비롯한 다른 강대국들은 자신들의 이익과 세력을 증대시키면서 미국의 패권에 도전하는 모습을 보이고 있다. 일본은 미국과의 양자적인 안보체제를 유지·강화시키는 한편 자신의 대외적 위상과 활동범위를 계속 확대시키려 하고 있다. 일본은 최근에 GNP 면에서 중국에 뒤지고 있지만 여전히 자신의 경제력에 상응하는 대외적 역할을 유지하려고 하고 있다. 중국 또한 급속한 경제발전을 이룩한 나머지 미국과의 무역 및 금융 마찰을 일으키고 있으며 점차 지역적으로나 세계적으로 강대국으로서의 영향력을 확보하려 하고 있다. 특히 중국은 군사적 현대화를 지속적으로 추진하고 있으며 아시아 지역에서 자신의 패권적 위상을 강화시키고 있다.

러시아 또한 구소련 체제의 붕괴의 늪에서 벗어나 거대한 영토 내에서 개발되는 원유의 수출과 첨단 과학 기술을 통해 경제성장을 이룩하고 있으며 강한 국가의 건설을 내세우고 있다. 사실 러시아 영토에 매장되어 있는 가스와 원유 등과 첨단 과학기술의 효과로 인해 러시아는 실제로 강대국의 지위와 역할을 확보하고 있는 것이다. 최근에는 앞에서도 언급한 바와 같이 분야별로 중국과 전략적 협력관계를 유지하면서 미국의 패권세력에 위협을 주고 있다. 전반적으로 미국을 비롯한 강대국들은 한편에서는 세계화에 따른 글로벌 협력관계를 유지하면서 다른 한편 자신들의 세력과 이익을 유지·강화시키는 데 초점을 두고 있다. 이러한 의미에서 강대국들 간의 관계는 이중성을 내포하고 있다고 말할 수 있다.

새로이 변화하는 세계질서와 더불어 한국의 국가안보를 위한 외교 전략도 불가피하게 변화할 수밖에 없다. 여기서는 안보전략의 기조와 관련하여 두 가지 측면들을 제시해 보고자 한다.

(1) 참여와 균형의 외교

한국 외교는 두 가지 새로운 요소들을 포함하고 있다. 하나는 앞에서도 말한 것과 같이 한국의 국가적 능력과 위상의 변화이다. 그리고 다른 하나는 한국 외교가 이른바 글로벌 외교의 시대를 맞고 있는 것이다. 한국은 분단국가로 남아 있지만 국제적으로 중진국의 위상을 인정받고 있다. 실제로 한국의 경제력이나 문화적 성숙도는 세계 200여 개 국가들 중 상위권에 속하고 있으며 그에 따른 외교적 역할도 증대하고 있다. 이런 측면에서 한국 외교는 앞으로 더욱 적극적으로 국제사회에 참여할 필요가 있으며 국가들과의 다양한 협상과 타협을 통해 국가이익을 증대시킬 수 있는 기회를 갖고 있다. 또한 향상된 국제적 지위와 더불어 한국은 분단 상태로부터 발생하는 불안정과 긴장을 억제하고 관리할 수 있는 충분한 외교적 환경을 맞이하고 있다.

개념상 참여란 한 국가가 다른 국가들과의 관계에서나 또는 복잡해진 국제사회에 자율적이고 능동적으로 참여해서 국가의 안보와 이익을 증대시켜 나가는 행위를 의미한다. 이제 한국은 작은 국가가 아니다. 새로운 세계질서를 형성해 가는 데 있어서나 세계평화를 이룩하는 과정에서 적극적으로 자신의 목소리를 내야 하는 국제적 위치에 있다. 또한 한반도 분단과 관련해서 종종 발생하는 남북한 간의 충돌이나 마찰을 평화적으로 해결할 수 있는 능력과 역할도 가지고 있다고 할 수 있다. 특히 세계화와 더불어 나타나는 글로벌경제위기를 해소하는 데 한국은 건설적인 대안들을 제시함으로써 참여외교의 효과를 증진시켜 나갈 수 있다.

참여외교는 몇 가지 특징들을 포함한다. 첫째는 적극적인 행동과 의사의 표출이다. 이제 한국 외교는 나율직이고 수동적인 행동양식에서 벗어나 스스로 새로운 활동영역을 찾아내고 또 관여함으로써 국제사회에서 국가의 위상을 높일 수 있으며 이를 통해 다른 국가들과의 우호적 협력관계를 증진시켜 나갈 수 있게 된다. 둘째는 상대적 자율성을 높이는 것이다. 물론 한 국가의 대외적 활동이 완전히 자율성을 보장해 주지는 않는다. 국제체계론자들의 견해에 의하면 국가의 대외적 활동은 구조에 의해 제약을 받는다. 비록 국제체계의 구조적 현실주의가 존재한다 할지라도 한국은 안보외교를 전개하는 데 있어 가능한 한 자율성을 높여 나가는 것이 필요하다. 특히 한국은 과거의 냉전구조의 틀에서 벗어나 자율적인 활동영역을 확대해 나가도록 하는 것이 필요하다. 이것이 탈냉전화의 세계화 속에서 한국 외교가 지향해야 할 방향이고 전략인 것이다. 셋째는 실용주의 외교이다. 이미 탈냉전화로 세계는 '이데올로기적 갈등과 대립을 벗어나게 되었으며 국가들은 자유롭게 대외적으로 활동할 수 있는 환경과 기반을 갖게 되었다. 그 결과 모든 국가들은 자국의 이익을 추구하는 실용적인 외교에 주력하고 있으며 따라서 한국 외교도 국가적 차원에서 실익 중심의 대외적 활동을 전개해 나가야 한다. 물론 무엇이 국가적 이익인가 하는 문제는 정책 결정자들 간에 면밀히 숙고되어야 할 과제이다. 넷째는 다원주의 외교이다. 한 국가의 안보외교는 다양한 국제적 변수들에 의해 영향을 받는다. 어느 한 가지 변수에만 의존해서 안보정책을 결정하고 이를 외교를 통해 추진하는 것은 현대사회의 복합성과 관련해서 볼 때 결코 바람직한 결과를 가져올 수 없다. 한 국가가 물질적 변수들에만 한정하여 자기 이익을 추구할 때 진정한 의미에서 국가이익이 될 수 없다. 따라서 물질적 변수들과 비물질적 변수들을 함께 고려하여 국가안보나 국가이익을 위한 외교가 전개되어야 한다. 결국 외교에 있어 참여전략은 개방적이고 상호 의존적이며 또한 다원적인 국제사회에서 국가의 외교적 활동을 보다 더 적극적으로 전개시키고 이를 통해 국가이익을 증대시켜 나가는 데 초점을 두는 것이다.

한편 균형은 국가의 참여 외교 전략이 전개되는 과정에서 지향해야 할 방향이다. 균형의 의미는 기본적으로 급격한 현상타파나 붕괴를 목표로 하는 것이 아니다. 가능한 한 주어진 상황 속에서 국가의 활동범위를 점진적으로 확대시키면서 다른 국가들과의 상호 협력하에서 현상변화를 도모해 나가는 데 본래의 의미가 있다. 한국 외교에 있어 균형전략은 한국이 국제사회에서 균형자의 역할을 수행하는 것을 의미하는 것이 아니라, 본질적으로 한국과 다른 국가들과의 '균형된' 관계를 유지시켜 나가는 전략적 의미를 갖는다. 다시 말하면 균형전략은 한국과 다른 국가들과의 관계에서 정태적인 평형이 아니라 동태적인 평형을 유지하는 데 그 특징이 있다. 쉽게 말해서 한국 외교가 균형외교에 초점을 두어야 한다는 것은 한국이 주변 국가들과 각각 우호적이고 협력적인 관계를 발전시켜 나가는 것을 말한다. 예를 들면 한국은 미국과 동맹관계를 유지하고 있지만 미국의 경쟁국인 중국이나 러시아와도 우호적이고 협력적인 관계를 발전시켜 나가는 것이다. 비록 냉전시대에는 중국이나 러시아가 다 같이 한국에 대해 적대적인 관계를 가지고 있었지만, 현재 한국은 이들과 공식적으로 외교관계를 수립하고 있으며, 이제 탈냉전시기에 동북아 지역의 안정이나 평화를 위해 한국이 이들 두 국가들과의 관계를 발전시켜 니기는 것이 필요하다. 다시 말하면 한반도를 둘러싸고 있는 주변 강대국들과 한국이 상호 협력적인 관계를 확대해 나감으로써 강대국들 간의 갈등과 균열을 방지하여 전체적으로 동북아 지역의 안정과 평화에 기여할 수 있다. 이렇게 될 경우에, 한국의 국가안보는 한층 더 견고해질 수 있으며 남북관계도 현재보다는 더욱 진전된 양상으로 나타날 것이다. 그 결과 한반도의 평화와 통일을 위한 주변 국제환경이 조성될 수 있을 것이다. 통일이 남북한 간에 해결될 수 있는 문제라고 생각될 수 있지만, 동시에 주변 국가들의 지지와 동원이 또한 필요하게 된다. 이런 의미에서 한반도 통일문제는 민족 간의 문제인 동시에 국제적인 문제로서 접근될 수 있다.

한국의 균형외교는 몇 가지 특징을 확보할 수 있다. 첫째로 국제체계의 다원화와 다극화 추세에 맞춰 국가의 대외적 자율성을 한층 더 증대시킬 수 있다. 그리고 어느 한 쟁점에만 고착되기보다는 융통성 있게 다양한 문제들에 대해 주변 국가들과 우호적인 관계를 발전시킴으로써 한국 안보외교는 더욱 효과를 가져올 수 있다. 둘째로 비록 한국이 지리적으로 강대국들에 둘러싸여 있지만 이들과 관계를 발전시켜 나감으로써 한국의 새로운 역할수행의 기회가 증대될 수 있다. 균형은 결국 국가들 간의 관계를 안정시킬 수 있을 뿐만 아니라 그들과 상호이익을 증대시킬 수 있는 국제환경을 창출해 낼 수 있게 할 것이다. 셋째로 한국은 동북아 지역에서 국가들 간의 협력적 구조를 창출하는 데 기여할 수 있다. 그 결과 지역 내에서 불안정이 조성되거나 국가들 간의 갈등을 방지하는 데 일정한 역할을 수행할 수 있게 될 것이다. 넷째로 한국은 기존의 동맹관계나 안보체계를 계속 유지시키면서 새로운 지역질서를 만들어 나가는 데 기여할 수 있다. 결국 동북아 지역에서 다자적 지역안보 질서를 형성함으로써 한국의 국가안보도 그러한 질서 내에서 보장될 수 있게 될 것이다.

(2) 탈세력정치의 외교

앞에서 지적한 바와 같이 탈냉전의 세계질서 속에서도 강대국 간의 세력정치의 양상이 나타나고 있음은 부인하기 힘들다. 그러나 한국 외교의 기본방향은 강대국들 간에 전개되는 세력정치 구조로부터 벗어나 좀 더 자유롭게 국가들과의 교류·협력을 증대시켜 나가는 하위 정치적 외교를 전개해 나가야 한다. 국가들 간의 관계에서 이데올로기적 행동양식이 사라지고 있으며 오히려 그들은 보다 더 구체적이고 합리적인 협상과 타협의 과정을 거쳐 국가이익을 증대시키려 하고 있다. 그리고 그들은 시장의 개방화와 더불어 국가들 간에는 자유무역이 행해지고 있으며 이를 위한 국가들 간의 협력이 어느 때보다도 강조되고 있다. 이미 말한 바와 같이 자유무역의 확대는 국가들 간의 갈등관계를 축소시키고 나아가 평화를 실현하는 데 기여한다는 견해들이 있었다. 그럼에도 불구하고 강대국들 간의 세력정치가 행해질 경우에 세계는 불안정해질 수 있으며 끝내는 전쟁으로 확대될 위험이 있다. 역사적으로 강대국들 간의 세력전이가 이루어질 경우에는 전쟁이 수반되었음을 알 수 있다. 다만 영국의 제국주의가 미국의 패권으로 세력전이가 이루어지는 경우에 전쟁은 일어나지 않았다. 그러나 본질적으로 국가들 간의 세력정치는 협력보다는 갈등을 일으키는 경우들이 많으며 그렇게 될 경우 세계는 한층 더 위태롭게 된다. 그 이유는 현대세계가 너무도 엄청난 파괴력을 가진 대량살상무기체제를 갖고 있기 때문이다. 이런 이유에서 물리학자인 알베르트 아인슈타인 박사는 "앞으로 제3차 세계대전에서 어떠한 무기가 사용될지는 모르지만, 그다음에 올 제4차 세계대전에서는 막대기와 돌만이 사용될 것이다"라고 말한 바가 있다.[63] 그만큼 국제사회에서 국가들의 세력정치 양상은 위험할 뿐만 아니라 바람직하지 않다.

따라서 한국 외교는 강대국들 간의 세력정치에서 벗어나 하위정치적인 양상에 많은 관심을 두어야 한다. 특히 미래의 한국 안보외교는 다른 국가들과의 교류와 접촉을 확대하고 그들과 신뢰를 구축하는 데 중점을 두어야 하며 동시에 그들과 경제적, 문화적 교류를 확대해 나가는 것이 바람직하다. 특히 한국이 다른 국가들과 문화외교를 발전시켜 나갈 때 한국에 대한 신뢰와 이미지가 증진될 수 있으며 이를 바탕으로 한 경제적 교류도 증대될 수 있다. 국가들 간의 신뢰는 두 가지 수준에서 이루어질 수 있다. 하나는 국가지도자들 간에 쌓이는 신뢰이며, 다른 하나는 사회저변에서 신뢰인프라를 구축해 나가는 것이다. 현대세계에서 자주 이루어지는 국가들 간의 양자적 혹은 다자적 정상회담이 열리는 것은 그들 간의 이해의 폭을 넓히고 신뢰를 쌓아 국가들 간에 일어날 수 있는 마찰과 갈등을 예방하거나 축적시켜 나가는 점에서 그 의의가 크다. 또한 현재 한국이 추진하고 있는 여러 국가들과의 자유무역협정 체결도 국제적 갈등을 해소시키고 그들과 협력을 증진시킨다는 점에서 특별한 의미가 있다. 이제 한국 외교는 종래와 같이 상위정치의 궤도

---

63) *Ibid*, p.322.

에만 머물러 있을 것이 아니라 좀 더 유연하고 창의적인 방법으로 다른 국가들의 협력을 이끌어 내는 다각적인 전략이 필요하다. 한 가지 전략으로 외교 거버넌스의 활성화가 요구된다. 그리고 무엇보다도 다른 국가들과 문화적 교류를 확대해 나가는 일이 중요하다. 국가들 간의 문화적 교류와 협력은 서로 상대방에 대한 심층적인 이해를 용이하게 하며 신뢰를 구축하는 데 긍정적으로 영향을 미친다. 그리고 앞에서도 말한 바와 같이 문화외교는 국가의 세일즈 외교를 효과적으로 확대시키는 요인이 된다. 이와 관련하여 한국이 앞으로 문화대국이 되어야 한다는 백범 김구 선생의 글은 시사한 바가 크다.

> "나는 우리나라가 세계에서 가장 아름다운 나라가 되기를 원한다. 가장 부강한 나라가 되기를 원하는 것은 아니다. 내가 남의 침략에 가슴이 아팠으니 내 나라가 남을 침략하는 것을 원치 아니한다. 우리의 부력(富力)은 우리의 생활을 풍족히 할 만하고 우리의 강력은 남의 침략을 막을 만하면 족하다. 오직 한없이 가지고 싶은 것은 높은 문화의 힘이다. 문화의 힘은 우리 자신을 행복하게 하고 나아가서 남에게 행복을 주겠기 때문이다. 지금 인류에게 부족한 것은 부력도 아니요 경제력도 아니다. 자연과학의 힘은 아무리 많아도 좋으나 인류 전체로 보면 현대의 자연과학만 가지고도 편안히 살아가기에 넉넉하다. 인류가 현재에 불행한 근본이유는 인의(仁義)가 부족하고 자비가 부족하고 사랑이 부족한 때문이다. 이 마음만 발달이 되면 현재의 물질력으로 20억이 다 편안하게 살아갈 수 있을 것이다. 인류의 이 정신을 배양하는 것은 오직 문화이다. 나는 우리나라가 남의 것을 모방하는 나라가 되지 말고 이러한 높고 새로운 문화의 근원이 되고 목표가 되고 모범이 되기를 원한다. 그래서 진정한 세계의 평화가 우리나라에서 우리나라로 말미암아 세계에 실현되기를 원한다. 홍익인간(弘益人間)이라는 우리 국조 단군의 이상이 이것이라고 믿는다."[64]

---

64) 김학민, 이명갑 註解, 『백범일지』(학민사, 1997), p.377; 신정현 외, 『21세기 한국의 정치: 쟁점과 전망』(한국학술정보, 2010), p.63에서 재인용.

　　김구 선생의 글은 한국이 먼저 문화국가로 발전하고 나아가 다른 국가들과 문화외교를 확대해 나간다면 그것이 한국에 이익이 될 뿐만 아니라 다른 국가들과의 평화적 관계를 형성할 수 있음을 강조한 것이다. 또한 외교에 있어서 문화의 효력이 얼마나 큰 것인가를 제시해 주고 있다. 그리고 동북아 세 국가들 간의 평화가 문화에 바탕을 두고 이루어질 수 있음을 암시한 글이었다. 한국의 문화외교와 관련하여 한 가지 시나리오를 생각해 볼 수 있다. 만약 한국과 중국 및 일본이 하나의 문화공동체를 형성한다면 이는 이 지역의 안정과 평화에 크게 기여할 수 있을 것이다. 다행히도 세 국가들은 유교적 문화권에 속해 있으며 다 같이 지리적으로 인접해 있기 때문에 한국이 중국과 일본과 더불어 문화공동체를 형성하여 상호 협력과 이익을 증진시켜 나간다면 동북아 지역의 평화는 어느 때보다도 가능해질 수 있지 않은가? 또한 세 국가들은 경제발전의 성과를 거두었으며 앞으로도 그들의 발전 잠재성은 어느 국가에 못지않게 큰 것으로 평가되고 있다. 이 지역에서 국가들 간에 시장이 개방되고 경제적 교류와 협력이 증대되며 나아가 문화공동체가 형성될 경우에 한국의 국가안보는 더욱 보장될 수 있을 뿐만 아니라 남북한 간의 평화적 통일접근도 훨씬 더 용이해질 수 있을 것이다. 가능한 한 한국이 외교적으로 중국 및 일본을 상대로 문화공동체의 형성을 위한 이니셔티브를 취하는 것이 바람직하다.

(3) 사회문화외교

전반적으로 탈냉전시대의 국제관계에서는 하위정치적 교류관계
가 두드러지게 증대하였다. 특히 국가들 간의 사회적 이동이 증대
하였고 또한 문화적 교류가 과거보다 훨씬 더 활발해졌다. 이는 탈
냉전이 가져온 두 가지 요소들에 기인되었다. 하나는 주요 강대국
들 간의 직접적인 군사적 충돌 가능성이 현격히 줄어들었다는 것
이다. 다시 말하면 소련을 비롯한 공산주의 체제들이 붕괴됨으로써
동서 간의 군사적 대립과 갈등이 사라지게 되었다. 이로써 국제관
계에서는 일종의 탈군사화 현상이 증대하게 되었다. 물론 국가들
간에 군사적 대립이나 충돌이 완전히 사라진 것은 아니다. 다만 세
계적 수준에서 강대국들 간의 군사적 갈등이 줄어든 것이다. 또 다
른 하나는 그러나 약소국가들 간의 세력 갈등은 계속되고 있다는
것이다. 한반도를 비롯하여 동남아시아, 아프리카, 중동 지역 등에
서 여전히 국가들 간에 군사적 갈등이 일어나고 있으며 이는 탈냉
전 이전에 있었던 강대국들 간의 군사적 대립이나 갈등 못지않게
중요한 관심을 끌고 있다. 따라서 약소국가들 간의 갈등이나 전쟁
의 위협을 줄이기 위해 문화적 교류는 더욱 필요하다. 즉 유럽이나
미주대륙에서와 같이 문화적 관계들은 오해나 무지 및 공포의 근
원들을 축소시키는 데 중요한 역할을 할 수 있다.

실제로 국가안보외교에서도 사회문화외교는 중요한 의미를 갖는
다. 몇 가지 측면에서 그 중요성을 검토해 볼 수 있다. 첫째로 미국
과 소련을 중심으로 한두 초강대국들 산의 세력 갈등이 사라진 반
면, 새로운 다극적 세력관계가 출현하고 있으며 또한 약소국가들과

강대국들 간의 새로운 관계 패턴이 출현하여 국가들 간에는 대립
보다는 협력과 대화를 통한 상호이해와 상호이익의 필요성이 증대
되었다. 그들 간에는 무역이 증대하였고 이를 위한 문화적 근접성
이 요구되었다. 문화는 국가들 간의 상호이해를 증진시키는 요인이
되었으며 이를 통해 국가들은 무역을 더욱 용이하게 증대시키게
되었다. 즉 문화는 국가들 간의 무역을 증대시키는 협력의 기반을
제공하였다. 둘째로 국가들은 과학적, 교육적 및 기술적 목적을 위
해서 전 세계적으로 비정치적이고 비군사적인 네트워크를 확대시
킬 필요성을 갖게 되었다. 이러한 네트워크들은 국가들 간의 과학
적, 기술적 교류를 용이하게 하였을 뿐만 아니라 금융이나 무역에
있어, 그리고 농업과 보건 등에 있어서 과학기술의 적용을 확대시
켰다. 그리고 국가들 간의 다양한 네트워크를 통하여 보다 더 지속
적인 세계 공동체를 형성시킬 수 있다는 희망은 국경선을 넘어 확
대되었다. 결국 이러한 희망이 국가들 간의 대립이나 갈등보다도
협력의 중요성을 증대시켰으며 따라서 국가안보환경에도 많은 변
화가 일어나게 한 요인이 되었다. 셋째로 문화외교는 새로운 국제
체계와 지역체계들의 출현을 용이하게 하는 주요한 요소가 될 수
있다. 두 가지 수준에서 그 역할을 생각해 볼 수 있다. 하나는 국제
체계들을 설명할 수 있는 새로운 개념들을 제공하는 것이다. 또 다
른 하나는 국가들이 자국에 대해서나 타국에 대해 수행하는 역할
을 인식하는 기준들을 제공하는 것이다. 즉 한국이 다른 국가들에
대해 어떠한 인식을 가지며, 다른 국가들은 한국에 대해 어떠한 인
식을 가질 것인가 하는 문제가 바로 문화외교에 의해 영향을 받게
된다는 것이다. 새로운 국제체계는 개별국가들의 문화정책들을 필

요로 하며, 그들은 자신들의 사회가 어떠한 사회인가를 인식하고 다른 사회들에 대해서도 어떠한 인식을 가져야 할 것인가를 결정하는 데 영향을 미친다. 어떠한 형태이든 정부의 문화정책은 한 국가 내의 정체성을 형성시키는 데 중요한 역할을 수행한다. 또한 국가의 정체성은 바로 그 국가의 안보외교에도 영향을 미친다.

사실 탈냉전 이후에 국가안보에 영향을 미치는 국제체계 자체가 크게 변화함으로써 안보연구를 위한 시각들도 달라졌다. 첫째로 상당수 학자들은 안보환경들이 물질적인 요소들에만 기반을 형성하기보다는 문화적, 제도적 요소들에 의존해서 많은 영향을 받고 있다고 가정한다. 그들은 세력균형이나 관료정치와 같은 물질주의에 의존했던 종래의 현실주의적 관점에서 벗어나 문화적, 제도적 요소들을 중요하게 간주하고 있다. 둘째로 그들은 문화적 환경들이 여러 국가들의 행태에 영향을 줄 뿐만 아니라, 국가 정체성에도 영향을 미친다고 주장하고 있다.[65] 이런 관점에서 문화외교는 국가안보 문제를 다루는 데 있어 중요한 의미를 가진다. 그것은 국가들 간의 상호 인식체계에 변화를 가져오게 함으로써 그들 간의 전반적인 외교적 관계를 개선시키는 역할을 수행한다. 문화외교는 국가들의 행동들을 보다 더 문명화되고 세련된 것으로 변화하게 함으로써 그들의 이익들은 수렴될 수 있다고 가정한다. 나아가 문화외교는 한 국가가 다른 국가의 목표나 열망 그리고 이익과 손실 등을 인식하게 하는 지식과 정보를 얻게 함으로써 오히려 국가들과의 관계를 개선시켜 나가는 데 기여할 수 있다. 특히 다른 국가들의 정책 결정자들의 능력이나 의지 및 개성들을 파악함으로써 문화외교는

---

65) Peter J. Katzenstein ed., pp.1-32 참조

더욱 안정된 국제관계를 형성시켜 나갈 수 있다. 전반적으로 사회적 행위자들의 대외적 활동이 증대되고 또 국가들 간의 문화적 교류가 활발해지고 있기 때문에 문화외교는 국가의 위상과 이미지를 새롭게 구축하는 데 기여하며 따라서 국가안보를 위한 환경조성에도 크게 기여할 수 있음을 알 수 있다. 이에 한국은 문화외교를 위한 새로운 정부적, 비정부적 네트워크를 형성해 나가야 할 것이다.

제4절 안보외교의 범주

한국의 국가안보를 위한 유용한 외교 활동은 대체로 다음과 같이 세 가지 범주들로 나누어 볼 수 있다. 그들은 양자적, 다자적 그리고 소다자적 범주들로 구분해 볼 수 있다. 이들은 실제로 상호 간 중복되는 측면이 있지만 논의의 편리를 위해 우선 세 가지로 구분하여 안보외교가 전개되는 과정을 검토해 볼 수 있다.

(1) 양자적 범주

이는 한국의 안보외교에 직접적으로 연관성을 갖는 주변 강대국들과의 관계를 의미한다. 다시 말하면 한·미, 한·중, 한·러시아 그리고 한일 관계들로 구분해 볼 수 있다. 우선 한국의 국가안보와 관련해서 가장 중요하게 생각되는 것은 한미 간의 안보동맹이다.

한국전쟁이 끝난 이래 한미 간에는 동맹체제가 형성되었으며 이를 통해 한미 간에는 다양한 분야에 걸쳐 긴밀한 협력관계를 유지해 왔다. 한미동맹은 두 가지 기본적인 목적들을 가지고 있다. 하나는 한반도에서 북한에 대한 억제력을 충분히 확보해 나가는 것이다. 분단된 이래 현재까지 남북관계는 휴전체제하에서 유지되어 온 반면 언제나 상당한 정도의 불안정성을 지속해 왔다. 주로 북한의 다양한 형태의 도발로 인해 그러한 불안정성이 조성되었으며 결국 한국의 국가안보에 상당한 위험요소가 되어 왔다. 따라서 한미동맹은 북한의 도발들을 억제하고 한반도 내에서 휴전체제를 유지하는 데 기여를 해 왔다. 한미동맹을 통하여 한국은 자체적으로 군사력을 증가시켜 왔으며 또한 상당수의 미군을 한국 내에 주둔시킴으로써 북한에 대한 충분한 억제적 전략을 확보하였다. 나아가 한미동맹은 단순히 군사적 분야에서만 필요한 역할을 담당하여 왔을 뿐만 아니라 경제적 차이로 양국 간의 교류와 협력을 증진시키는 데 크게 영향을 미쳤다. 대북억제력을 확보함으로써 한국은 경제적 발전을 빠른 속도로 이룩할 수 있었으며 나아가 정치적 민주화를 추진할 수 있었다. 그리고 사회문화적으로 상호교류를 확대해 나감으로써 한미동맹은 한국의 사회적 변화를 세계적 기준에 부흥하도록 이끌어 나가는 데 중추적인 역할을 담당하였다. 이로써 한국은 개발도상국가들 중에서 매우 모범적으로 발전해 온 국가로서 현대세계에서 주목을 받게 되었다. 그러나 북한으로부터의 위협적인 도전은 한국의 국가안보를 위태롭게 하는 요인이 되고 있다. 또 다른 하나는 한반도에 속해 있는 동북아 지역의 안정과 평화를 유지해 나가는 것이다. 동북아 지역은 여전히 강대국들 간의 세력정치 현

상이 두드러지게 나타나고 있으며 따라서 세계의 다른 지역들보다
도 지역적 안정을 위협받고 있는 곳이다.

동북아 지역은 근래에 들어 두 가지 면에서 세계의 주목을 받고
있다. 첫째로 이 지역 내의 국가들은 앞에서 지적한 바와 같이 계속
군비를 증강시키고 있다. 특히 일본을 제외한 미국과 중국 그리고
러시아는 다 같이 핵무기로 무장되어 있으며 계속해서 첨단 무기를
발전시키고 있다. 이에 더하여 북한 또한 핵무기 개발을 추진하여
지역적 안보 상황을 더욱 불투명하게 만들고 있다. 둘째로 주목해야
할 사항은 이 지역 내의 국가들이 괄목할 만한 경제력을 보유하고
있다는 점이다. 미국과 일본은 이미 선진국가로서 광대한 경제력을
갖고 있으며 중국 또한 급속한 경제성장을 이룩하고 있다. 나아가
러시아도 앞서 말한 바와 같이 과거 공산주의 체제의 실패에서 벗
어나 강대국가로 성장하고 있다. 통계에 의하면 미국을 제외한 아시
아 지역의 국가들이 세계경제에서 압도적인 높은 수준의 경제력을
갖고 있다. 중국과 일본, 그리고 한국이 차지하는 경제력의 비중이
점차 높아지고 있으며 이런 점에서 21세기는 아시아의 세계가 될
것이라고 아시아에서 말한다. 아시아 지역의 경제력 증대와 걸맞지
않게 동북아 지역의 안보환경은 상당한 정도로 불안정하고 불확실
하다. 그러므로 한국의 국가안보의 장래가 염려스러운 것이다. 따라
서 한미동맹 관계는 여전히 중요한 의미를 갖는다.

그러나 세계적으로 안보환경이 변화하고 있기 때문에 한미동맹
도 그에 따라 탄력적이고 유연하게 운영되어야 할 필요성을 갖게
되었다. 무엇보다도 한미동맹은 동북아 지역 내에서 강대국들 간의
세력 갈등을 억제하면서 동북아 지역의 안정과 평화를 위한 전략

적 기반을 제공해야 한다. 이 지역 내에서 중국과 러시아는 계속 한미동맹을 부정적으로 인식하고 이에 대처하는 전략을 구사하고 있음이 분명하다. 탈냉전과 세계화 시대에 한미동맹은 다른 강대국들과의 관계를 대립적인 갈등관계로 발전하지 않도록 유지하면서 한반도 분단 상황을 안정화시키는 중요한 지렛대 역할을 수행해야 할 것이다. 또한 한미동맹은 한미 양국의 국가적 능력이나 위상이 과거와는 달리 변화함으로써 동맹 자체의 역할분담도 새롭게 조정되어야 할 것이다. 한국의 경제적 능력이 현저하게 증가함으로써 동맹유지에 필요한 한국 측의 재정적 부담을 증대시키는 일은 당연한 일이다. 그러나 다른 한편 한국은 동맹 자체를 보다 더 균등한 입장에서 운영될 수 있도록 재조정할 필요가 있다. 다시 말하면 한미동맹에서 한국의 자주적 효과를 증대시켜 나가면서 미국과 긴밀한 협력관계를 유지해 나가야 할 것이다. 즉 한미동맹은 미국의 세계 전략적 이익과 한국의 국가 전략적 이익을 잘 조정하여 한층 더 그 기능이 역동적이고 효율적으로 이루어지도록 해야 할 것이다.

한중관계 역시 한국의 외교상 매우 중요한 의미를 갖는다. 중국은 강대해진 국력과 더불어 동북아 지역에서 패권 국가로서의 지위를 확보하는 데 관심을 두고 있다. 이런 면에서 중국은 미국과 종종 대치하는 갈등 관계를 보이고 있다. 미국이 여전히 동북아 지역에서 이미 확보하고 있는 패권적 지위에 대해 중국은 불만족스럽게 생각하고 그러한 미중 간의 갈등적 상황이 한국의 국가안보에 영향을 미치고 있다. 한국은 중국과 무역 등 경제 교류를 증대시키고 있으며, 문화적으로 활발한 교류를 지속하고 있다. 한국의 중국과의 무역량이 미국과의 무역량보다 많아지고 있음은 놀라운 일이 아니다. 그만큼 한중 간에는 지리적으로 인접해 있을 뿐만 아니라 경제적으로도 긴밀해진 상호관계가 유지되고 있다. 그리고 한국과 중국 간에는 종종 정상회담이 열렸으며, 이를 통하여 양국 간 전략적 동반자 관계를 선언하였다. 그 밖에도 한중 간에는 고위급 전략대화가 이루어지고 있다. 이런 한중 간의 외교적 전략 대화는 북한의 무력도발을 억제하고 남북한 관계를 안정시키는 데 도움이 될 것이다. 그러나 한국의 국가안보상 놀라운 일은 중국이 계속 북한의 입장을 지지하고 있다는 점이다. 어느 면에서 한중 관계는 한국이나 중국 다 같이 일종의 '정경분리' 원칙을 적용하고 있는 것처럼 보인다. 이러한 원칙을 타개하고 한국이 중국과 정치적으로나 경제적으로 긴밀한 우호적 관계를 발전시켜 나가는 것이 국가안보를 위해 바람직한 일이다. 그러나 현실은 중국이 계속 북한과의 특별한 우호관계를 유지하고 있다는 것이다. 여기에 한국의 안보 외교의 딜레마가 있다. 중국은 여전히 북한의 후원국이 되고 있으며, 점차 북한에 대한 경제적 지원을 확대하고 있다. 이는 북한의 무력적 도발을 억제하는 데 상당한 한계를 제공하고 있다. 미국과 국제사회가 북한의 핵개발에 대해 제재조치를 취하고 있지만, 중국의 북한에 대한 지원은 계속되고 있다. 어느 일간지에서 보도된 바와 같이 중국은 미국과의 관계에서 북한을 하나의 완충 지대로 만들려고 하고 있는 것 같다. 다시 말하면, 동북아 지역에서 미국의 영향력을 북한을 사이에 두고 견제하려고 하는 중국의 전략이 북한과 중국 간의 특별한 협력을 유지시키는 요인으로 이해되고 있다. 이에 따라 한국은 중국에 대해 좀 더 역동적인 하위 정치적 관계를 확대해 나가는 것이 전략상 유효하다. 한국이 중국과의 경제 관계를 확대해 나가는 것은 바람직한 현상이지만, 한국 경제가 중국 경제에 과대하게 의존되는 것은 결코 바람직하지 않다. 한국과 중국 간의 경제 관계는 상호 이익을 증대시키고 가능한 한 균형 잡힌 토대 위에서 계속 확대되어야 할 것이다. 또 한 가지 한국이 중국과의 관계에서 추진할 수 있는 외교전략은 공정성의 원칙 위에서 한중 자유무역협정을 체결하는 것이다. 이를 바탕으로 한중일 삼국 간의 자유무역협정이 체결된다면 한국의 국가안보에 유리한 지역적 환경이 조성될 수도 있을 것이다. 나아가 한국은 중국에 대해 문화외교를 적극적으로 전개해 나갈 필요가 있다. 한중 간 문화 교류를 통해 상대방에 대한 인식을 새롭게 할 수 있으며, 그에 따라 중국의 일방적인 대북한 지원체제는 완화시킬 수 있는 효과를 기대해 볼 수 있다. 중국에 있어 한국의 존재가 '좋은 나라'로 인식되고 한중 간의 경제적 교류가 다각적으로 증대할 때, 중국의 대한 정책도 상당한 변화를 가져오게 될 것이다.

한국의 국가안보상 한-러시아 관계도 매우 중요하다. 러시아는 광대한 영토와 더불어 풍부한 자원을 가지고 있기 때문에 한국이 러시아와의 경제 교류를 확대해 나갈 경우, 한-러시아 관계는 한국의 경제발전에 긍정적인 효과가 있을 수 있다. 현대 세계에서 주요 국가들이 자원 외교를 경쟁적으로 전개하고 있는 상황에서 한국과 러시아 간의 관계는 상당한 가치를 내포하고 있다. 나아가 한국이 이미 논의된 바처럼, 시베리아 철도를 부설하여 대륙 횡단의 시설을 갖추게 될 때, 한국과 러시아 간의 관계는 긴밀해질 뿐만 아니라 한국이 새로이 자유무역협정을 체결한 이웃 국가들과의 물량 운송도 매우 용이해질 수 있다. 그뿐만 아니라 운송비용을 절감함으로써 한국의 입장에서 상당한 정도의 경제적 효과를 거둘 수 있다. 러시아는 여전히 강대국이다. 그리고 막대한 자원보유국이며, 또한 기술대국이다. 비록 공산주의체제하에 있었지만 과거 소련이 보여 준 우주개발기술이나 로켓개발기술에서 구소련은 미국과 비교될 만한 강대국이었다. 한 가지 흥미로운 에피소드가 있었다. 1956년, 당시 미국의 부통령이었던 리처드 닉슨(Richard Nixon)이 모스크바를 방문하여 니키타 흐루시초프(Nikita Khrushchev) 소련 수상과 소위 부엌 토론(kitchen debate)을 벌였을 때, 닉슨 부통령이 크렘린 궁 안에 전시되어 있던 미국의 중산층 가정의 부엌에 설치된 TV 세트를 소개할 때 흐루시초프 당시 수상은 로켓으로 미국을 파괴시킬 수 있다고 호언장담을 했다.[66] 여하튼 그 당시부터 소련의 과학기술은 매우 발전되었으며, 지금도 러시아의 첨단우주과학기술수준은 매우 발달되어 있다. 따라서 한국이 러시아와 경제적, 과학기술적 분야에서 교류를 확대해 나간다면 한국 경제는 많은 도움을 얻을 수 있을 것이다. 한편, 한국과 러시아 간에 군사 지도자들 간의 교환 방문이 이루어지고 있으며, 이들 간에 군사적 협력을 위한 대화와 교류가 부분적으로 이루어지고 있음은 한국의 국가안보를 위해 매우 고무적인 일이다.

마지막으로 한일 관계도 한국 안보의 외교 전략상 중요함은 재론의 여지가 없다. 일본은 한국에 있어 가깝고도 먼 나라로 비춰지고 있지만, 경제적으로나 안보전략상 중요한 대상이다. 현재 일본은 경제력 면에서 중국에 뒤지고 있지만, 여전히 경제대국의 위상을 유지하고 있다. 그 결과 한국과 일본 간의 경제협력은 한국의

---

66) Richard Nixon, *The Memories of Richard Nixon*(NY: A Filmways Company, 1978), pp.108~209.

경제발전을 위해 중요한 요소이다. 그뿐만 아니라 일본은 미국과 상호안보조약을 체결하고 동맹관계를 유지하고 있으므로, 한국이 미국과 동맹관계를 유지하고 있는 한, 미국과 안보조약을 맺고 있는 일본은 한국의 국가안보를 위해 필요한 국가이다. 그러나 한일 간에는 넘기 어려운 장애요인이 있다. 그것은 과거 일본의 한국에 대한 식민지 지배이다. 따라서 한국은 일본과의 관계가 중요함에도 불구하고 과거 역사를 잊지 못하고 있기 때문에 일본과의 관계 발전은 제한을 받고 있다. 과거 역사에 얽매이는 것도 중요하지만 미래 관계를 정립해 나가는 것도 또한 필요하다. 한국이나 일본이 너무 과거에만 집착할 경우 양국 간의 건전한 관계는 유지되기 어렵다. 한국은 보다 대승적인 차원에서 일본과의 관계를 재정립하면서 국가안보에 유리한 환경을 조성해 나가는 것이 현실적으로 필요하다.

결국 양자적 안보 관계를 새로이 재정립하면서 한반도를 둘러싼 주변 국가들의 관계가 다시 두 개의 삼각관계로 이분화되는 것을 해체하는 것이 필요하다. 이것은 이미 지적한 바와 같이 한반도의 분단을 둘러싸고 한·미·일과 중·러·북·한이 각각 한 팀이 되어 세계적으로나 지역적으로 분열, 대립되는 냉전적 양상이 재현되는 것은 한국의 국가안보를 위해 결코 바람직하지 않다. 따라서 한국은 아래 <그림 1-13>에서 보여 주고 있는 바와 같이 좀 더 균형 잡히고 안정된 사각구도를 형성하고 유지해 나가는 것이 필요하다.

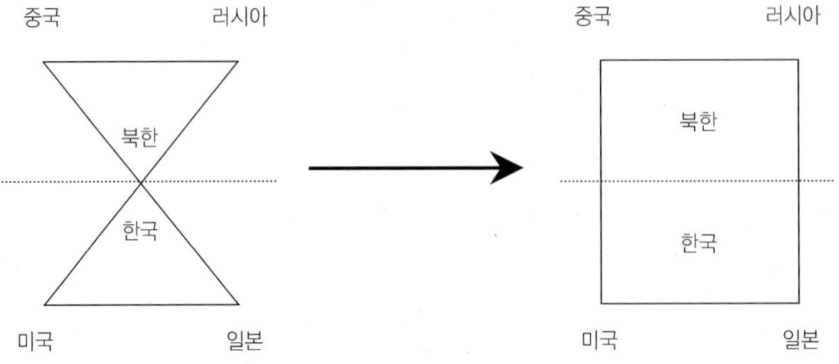

〈그림 1-3〉 한반도 주변 정세의 구도변화

예를 들면, 남북한 간에 발생하는 사건들을 둘러싸고 두 개의 삼각구도가 대립하는 것은 냉전적 상태에서 나타났던 대립과 갈등의 구도인 반면, 새로운 사각형의 구도는 탈냉전 시대에 한반도 주변의 국가들이 두 개의 대립적인 블록들로 분리되지 않고 다 같이 하나의 사각 구도로 화해 관계를 형성해 나가는 것을 의미한다. 이럴 때 한반도 상황은 보다 더 안정된 국제 환경을 맞게 될 것이며, 그에 따라 남북한 간의 갈등이나 위협 구조도 점차 사라질 것이다. 따라서 한국의 안보 외교는 양자적 관계를 발전시켜 궁극적으로 사각 관계를 형성해 나가는 데 초점을 두어야 할 것이다.

(2) 다자적 범주

세계화 과정이 진전됨에 따라 국가안보나 경제협력을 위해 다자주의에 기초한 외교가 새로운 동력을 얻고 있다. 물론 다자주의 외교가 현대사회에서만 있었던 것은 아니다. 과거 유럽에서 나폴레옹 전쟁을 종결시키는 목적으로 열렸던 비엔나 회의나 제1차 세계대전 이후에 조직된 국제연맹, 그리고 제2차 세계대전 이후에 등장한 국제연합 등도 다자주의 외교를 바탕으로 한 것이었다. 그러나 오늘날 국가들 간의 개방이 확대되고 있고 시장경제와 자유무역이 보편적인 세계 질서의 주요한 기반을 형성하고 있기 때문에 다수의 국가들이 한자리에 모여 협의하는 외교방식은 점차 늘어나고 있다. 또한 냉전 시대와 달리 이데올로기적 장벽이 더 이상 존재하지 않기 때문에 국가들은 자유롭게 모여 제기된 현안들을 논의할 수 있게 되었다. 그리고 세계에서 다양한 글로벌 이슈들이 발생하고 있기 때문에 이들을 논의하고 어떤 해결책을 찾아내기 위해서는 다자주의 외교가 불가피하게 되었다. 예를 들면, 지구 온난화나 환경오염, 자원 고갈 그리고 글로벌경제위기 등의 문제는 한두 국가들에 한정된 문제로 취급될 수 없으며, 지구상의 모든 국가들이 한자리에 참여하여 논의할 수밖에 없는 쟁점들이다.

다자주의 외교는 글로벌 쟁점들을 논의하는 기능을 수행할 뿐만 아니라 국가들 간에 접촉과 교류를 통해 사전에 각 국가 간의 갈등과 전쟁 발발 등을 예방할 수 있는 효과가 있다. 왜냐하면 국가들의 지도자들이나 전문가들이 서로 얼굴을 맞대고 대화를 나누고 협의를 하는 과정에서 그들은 상호 간 신뢰를 구축할 수 있고 또한 상대방의 의지를 파악할 수 있으므로, 국가들 간의 갈등이나 충돌을 예방할 수 있게 된다. 나아가 이미 발생된 갈등이나 분쟁들이라 할지라도 그들을 신속히 마무리 지을 수 있는 협의 과정을 만들어내기 때문에 다자주의 외교는 효과를 가질 수 있다. 그뿐만 아니라,

전쟁이 일어날 경우에 이에 대처하기 위한 다국적군을 형성할 때 다자주의 외교는 크게 기여할 수 있다. 미국이 이라크나 아프가니스탄 등에서 전개하고 있는 대테러전에 다수의 국가들로 하여금 군대를 파견하여 이른바 다국적군을 형성하고 동원하는 것은 좋은 실례이다. 무엇보다도 다자주의 외교가 가능해진 이유는 현대 과학기술에 의한 교통과 통신 수단의 발달에 있다. 한자리에 다수의 국가 수뇌들이 동시에 모일 수 있는 것은 교통수단이 발달하고 통신시설이 충분히 갖추어져 있기 때문에 가능하다. 이런 이유 때문에 다자주의적 정상외교가 과거 어느 때보다도 활발해지고 있다. 어느 의미에서 전통 사회에서처럼 전문적인 외교관들이 국가를 대신해서 외교활동을 전개하는 방식은 상당한 정도로 줄어들고 있다.

한국 또한 다자주의 외교에 적극 참여하고 필요한 역할을 수행하여야 한다. 이미 한국은 APEC 정상회의나 ASEM 회의 등을 통하여 일정한 역할을 수행하고 있음은 이미 잘 알려진 일이다. 그 밖에도 한국은 다양한 형태의 다자간 안보 체제 방안들을 재현하고 있으며, 주변 국가들이 제시한 방안들에도 적극적으로 참여하여 왔다. 한국은 구소련이 제안한 아시아의 안보와 협력에 관한 회의에 대해서도 관심을 기울였으며, 또한 한국 스스로 동북아 다자 안보 대화나 한중일 정상회의 등을 적극 추진하여 지역적 협력을 증대시켰다. 그리고 ASEAN + 3국(한국, 중국, 일본) 정상회의에도 적극 참여하여 안보적, 경제적 측면에서 삼각 대화를 이끌어 나갔다. 특히 한중일 정상회의를 통해 한국에 협력 사무국을 두기로 한 것은 매우 의미가 크다. 이는 앞으로 동북아 지역에서 한중일 간의 삼각 협력 관계를 증대시키는 중요한 계기가 될 것이다. 결론적으로 말하면 다자주의 외교는 한국의 국제적 위상을 형성시키는 데 기여할 뿐만 아니라 국가안보에 유리한 세계 환경을 조성하는 데도 크게 기여할 것이다. 따라서 어떠한 규모로 열리든 어떤 수준에서 열리든 다자주의 협의체에 한국이 참여하는 일은 한국의 국가안보를 증진시키는 데 긍정적인 영향을 미칠 것이다.

(3) 소다자적 범주

한국은 국가안보를 위해 필요한 경우 규모를 축소하여 소다자주의적 협의체를 구성해 나갈 필요가 있다. 한중일 정상회의 등은 그 대표적인 실례이다. 좀 더 한국과 지리적으로 근접해 있고 제기된 쟁점들이 민감한 반응을 일으킬 때, 한국은 회의 규모를 축소하여 참가국들의 수를 줄이고 집약적으로 쟁점들을 협의하고 해결책을 모색해 가야 한다. 그리고 특히 그들과의 신뢰를 구축하여 앞으로 발생하는 주요 쟁점들을 대화를 통해 해결할 수 있는 협상 환경을 만들어 갈 수 있다. 예를 들면 이미 언급한 한중일 삼각회의나 또는 한미일 삼각회의 등은 매우 실효성을 가진다. 흔히 한국 삼각회의체(Korean triangle)가 자주 언급되었다. 그중 하나가 한중일 삼각관계이다. 그의 구체적인 형태로 2004년에 10개의 아세안 국가들과 한국, 일본, 중국이 함께 열린 회의에서 처음으로 동아시아 정상회의(EAS: East Asian Summit)가 개최되었다. 이에 대해 혹자는 과거 유럽에서 독일과 러시아 사이에 있던 폴란드가 어려운 상황에 처했던 것과 마찬가지로 한국 또한 중국과 일본 사이에서 오히려 샌드위치와 같은 위상을 갖게 될지도 모른다는 우려가 제기되고 있다. 그러나 중국과 일본이 다 같이 한국의 안보 상황에 미칠 영향력을 고려할 때, 한국이 중국, 일본과의 삼각관계에서 초연하는 것은 바람직하지 않다. 그 대신 한국이 새로운 방식으로 중국과 일본을 설득하여 삼각협력관계를 이끌어 낸다면 오히려 한중일 삼각관계는 한반도의 안정뿐만 아니라 동북아 지역의 안정에도 기여하는 바가 클 것이다. 이미 앞에서도 말한 바와 같이 한국이 한중일 삼각 구도를 적극적으로 활용하여 한국의 국가안보에 유리하게 이용하는 전략이 필요하다. 왜 한국이 중국과 일본 간의 관계에서 두려워해야 하는가? 한국이 더 이상 수동적인 자세를 취할 필요가 없다. 오히려 적극적으로 중국과 일본 간에 중간 역할을 강화함으로써 한중일 삼각구도는 한국의 국가안보를 위한 유용한 외교 전략 구도로서 활용될 수 있다. 한중일 삼각구도 이외에 한미일, 한중러 등의 삼각구도들을 예상해 볼 수 있다. 한미일 삼각구도는 이미 형성되어 있으며 한반도 및 동북아 지역의 안보문제 등과 관련하여 자주 사용되어 왔다. 반면 다른 구도들은 강대국들의 세력정치가 첨예하게 대립하고 있기 때문에 실현되기 어려운 상황에 있다. 다만 가능하면 한중러 삼각구도가 형성되어 한국이 중국과 러시아를 향한 안보외교를 좀 더 적극적이고 실용적으로 전개해 나간다면 한국의 국가안보를 위해 유용할 것이다. 그러나 중국과 러시아가 한반도를 둘러싸고 미국 및 일본과 대립양상을 보이고 있기 때문에 중국과 러시아에 대한 한국의 안보외교는 상당히 신중하게 추진되어야 할 것이다. 이미 앞에서도 말한 바와 같이 개별적으로 한국과 중국, 그리고 한국과 러시아 간에는 한정적으로 군사적 교류가 행해지고 있다. 이를 통하여 서로 간 군사적 신뢰 구축을 쌓아 가는 것이 매우 중요하다. 아울러 한반도 사태를 안정적으로 관리 하고 돌발적 위기사태들이 발생할 경우, 이들을 해결하는 데 중국 과 러시아가 한국과 더불어 협력해 나갈 수 있는 네트워크를 형성 해 나가는 것이 매우 필요하다.

끝으로 소다자적 범주에서 생각할 수 있는 한국의 안보외교는 현재 진행되고 있는 6자회담에서 새로운 동력을 찾아볼 수 있다. 북한의 핵 문제를 해결하기 위해 한반도 주변의 국가들이 다 같이 모여 다자적 협의체로 6자회담이 처음으로 진행되고 있는 것이다. 그러나 주지하는 바와 같이 회담은 순조롭게 진행되고 있지 않으 며 지금은 중지된 상태에 있다. 북한이 핵 폐기를 완강히 반대하는 입장을 취하고 있기 때문이다. 이의 해결을 모색하는 과정에서 다 른 참여 국가들도 견해의 일치를 보지 못하고 있다. 그러나 한반도 와 관련한 문제를 6개국들이 참여하여 해결을 위해 협의하고 있다 는 것은 앞으로 한반도의 안정이나 평화적 통일을 위해 중요한 의 미를 가진다. 한국은 6자회담에서 좋은 성과가 이루어질 수 있도록 적극적인 참여적 외교를 전개해야 할 것이다. 이를 통하여 한국은 북한이 변화하도록 필요한 환경을 조성해야 하며 나아가 한반도 통일을 위한 과정에서 창의적인 이니셔티브를 취해야 할 것이다.

(1) 정책결정구조의 합리화

안보외교가 성과를 거두기 위해서는 무엇보다도 안보정책이 잘 결정되어야 한다. 결국 안보외교는 국가안보와 관련된 정책들을 대외적으로 실천하여 국가의 안보능력을 향상시키는 데 중요한 목적이 있다. 그러나 국가의 안보정책결정에는 다양한 요소들이 포함되어 있다. 그리고 그 결정과정들은 매우 복합적으로 이루어진다. 일반적으로 외교정책결정에서뿐만 아니라 안보정책결정에도 대체로 네 가지 기본요소들이 포함되고 있다. 그들은 체계 요소들과 정부적 요소들 그리고 사회적 요소들 및 개인적(idiosyncratic) 요소들이다.[67] 체계요소들은 국가들 간의 세력구조와 동맹체계 그리고 외부적 상황요소들을 포함한다. 사회적 요소들로는 경제력, 사회구조 그리고 여론 등이 포함된다. 이는 국내적으로 정책결정에 영향을 주는 요소들이다. 정부적 요소들은 정치적 책임성과 정부의 구조들을 의미하며 끝으로 개성적 요소들은 지도자들의 가치, 자질, 경험 및 개성들을 포함한다. 여기에 국가의 크기와 지리적 위치 그리고 문화와 역사 등이 포함된다. 이러한 요소들이 다 함께 고려되어 안보정책이 결정된다고 말할 수 있다. 그러나 여러 요소들 중 어느 것을 더 중요하게 고려하느냐에 따라 정책내용이나 정책방향이 달라질 수 있다. 외적 상황들에 대한 정책결정자들의 인식이 결정과

---

67) 신정현, 『정치학: 과학과 사유의 전개』, pp.609～610.

정에서 중요하게 영향을 미치며 또한 정부 내의 관료적 조직들의 상호작용과 최고지도자의 개인적 자질이 다른 어떠한 요소들보다도 정책결정과정에서 중요한 영향을 미친다. 실제로 현실 그 자체가 정책결정에 영향을 미치는 것은 아니다. 현실에 대한 정책결정자들의 인식이 영향을 미치는 것이다. 따라서 정책결정자들의 현실에 대한 인식이 어떻게 이루어지느냐에 따라 그것이 정책결정에 미치는 효과는 다르게 나타난다. 예를 들면 냉전 시 구소련에 대한 미국의 주요 정책결정자들의 인식은 대부분 부정적인 것이었다. 그들은 소련이 팽창주의적이고 제국주의적 정책을 추구하고 있다고 보았으며 이에 따라 소련에 대한 봉쇄정책을 취했던 것이다. 그러나 1970년대 이후에 미국의 정책결정자들은 새로운 현실을 인식하게 되었고 그에 따라 외교정책의 철학과 관행을 변화시킬 필요성을 느끼게 되었다. 이로써 미–소 간에는 소위 화해관계가 이루어지게 되었다. 그만큼 정책결정자들의 인식은 매우 중요한 요소가 된다. 한국의 경우에도 유사한 사례들을 찾아볼 수 있다. 예를 들면 김대중 정부시대에 다수의 지도자들은 북한을 민족통일을 위한 한 축으로 인식하고 전례 없이 북한을 포용하는 '햇볕정책'을 취했다. 반면 새로이 집권한 이명박 정부는 북한을 핵을 가진 위험한 세력으로 간주하고 강경한 정책노선을 취했다.

또한 안보정책에서 중요하게 고려되어야 할 것은 바로 정부 내에서 행해지는 관료주의적 정치이다. 국가관료 구조들과 과정들에 있어 나타나는 차이점들은 실제로 안보정책을 결정하는 데 큰 장애요소가 된다. 그래햄 T. 엘리슨(Graham T. Allison)은 쿠바 미사일 위기를 설명하는 저서에서 "국가안보정책이란 고도로 복잡하고 다양한 관료적 구조 내에서 항상 발생하는 갈등의 산물"이라고 말했다.[68] 사실 정부 내에는 국가안보 문제와 관련해서 여러 기관들이 있다. 그들은 각기 일정한 견해와 이익들을 가지고 결정과정에 참여하여 자신들의 입장을 관철하는 데 관심을 가진다. 소위정부 기관들의 이기주의가 나타나는 것이다. 이럴 경우 그들의 이해관계를 잘 조정하여 최대한 유용한 결정을 이끌어 내는 것이 국가안보정책결정과정에서 매우 중요한 일이다. 여기서 최고 정책결정자의 판단력이 매우 중요하다. 정부의 안보정책결정과정에서는 최고정책결정자의 정치적 리더십이 가장 중요하게 영향을 미친다. 정치 리더십은 공중여론을 이끌어 가는 데 강력한 효과를 가져와야 하며 나아가 정부 내의 통일을 이끌어 나가야 한다. 미국이나 한국과 같이 대통령제를 채택하고 있는 국가들에서는 대통령의 개인적 통찰력과 통합력 그리고 미래 비전에 대한 철학 등과 같은 개인적 능력이 매우 중요하다. 미국의 경우 국가안보정책결정과 관련하여 두 가지 형태의 리더십들이 구분된다. 하나는 참모진들의 역할에 의존하는 경우이며, 다른 하나는 대통령 자신이 직접 세계정치를 이해하고 결정을 내리는 경우이다. 트루먼(Harry Shippe Truman) 대통령과 아이젠하워(Dwight David Eisenhower) 대통령은 전자에 속하며, 케네디(John F. Kennedy) 대통령과 닉슨(Richard Nixon) 대통령은 후자에 속하는 것으로 평가되고 있다.

국가안보정책은 두 가지 범주로 나누어 볼 수 있다. 하나는 단기적으로 정책결정이 필요한 경우이며, 다른 하나는 중 - 장기적으로

---

68) Graham Y. Allison and Philip Zelikow, *Essence of Decision: Explaining the Cuban Missile Crisis*, 2nd edition(NY: Longman, 1999) 참조.

국가의 미래와 관련하여 안보정책을 결정하는 경우이다. 위기상황이 급박하게 발생했을 경우에는 최고결정권자와 소수의 참모진들이 신속하게 어떤 결정을 내려야 하며, 그에 따라 안보정책은 위기관리 체계를 구성하고 효율적으로 관리해 나가는 데 중점을 두어야 한다. 반면 중-장기적인 안보정책은 보다 더 거시적이고 장기적인 안목에서 정치 리더십의 국가안보에 대한 대전략을 필요로 하며 이를 실천하기 위한 여러 가지 수단들이 강구되어야 한다. 한반도의 평화와 통일의 과제는 국가안보와 불가분의 관계를 가지며 정치 리더십의 대전략을 통하여 해결되어야 할 것이다. 한편 안보외교가 그러한 전략의 일환이 될 것임은 재론의 여지가 없다.

(2) 전문외교 인력의 확보

현대가 외교의 시대임은 이미 지적한 바와 같다. 다양한 분야에 걸친 적극적 외교를 통하여 국가이익이 증대될 수 있다. 그러한 이유에서 국가들 간에는 군사외교를 비롯하여 경제외교 및 문화외교가 전개되고 있다. 앞에서 인용한 바와 같이 한스 모건도가 외교를 국력의 한 핵심요소로 지적했음은 헛된 말이 아니다. 외교의 역할을 보다 더 성공적으로 수행하기 위해서는 유능한 전문외교 인력의 배양이 절대적으로 필요하다. 한국의 경우 이를 위해서는 좀 더 개방적으로 체계적인 외교 인력 충원구조가 확보되어야 한다. 우선 두 가지 방안들이 고려될 수 있다. 하나는 외교아카데미를 설치하여 전문외교관들을 배출하는 것이다. 그리고 그러한 아카데미에서

는 교육뿐만 아니라 연구기능 또한 집중적으로 이루어지도록 해야
한다. 교육을 통하여 보다 더 수준 높은 외교의 질을 계속 높여 나
가야 한다. 그리고 배출된 외교 인력은 항상 변화하는 세계정치에
대한 새로운 지식을 습득하도록 배양되어야 한다. 외교아카데미의
연구기능은 한층 더 확대되고 전문적으로 분화되어 수행되어야 한
다. 국가는 이를 위해 과감한 투자를 해야 할 것이다. 동북아 지역
에 대한 한국 외교의 중요성이 강조되고 있는 만큼, 이들 지역에
대한 국내외의 전문가들이 다 같이 연구할 수 있는 구조와 분위기
를 조성해 나가야 하며 이를 위한 인적, 물적 투자가 국가적 차원
에서 이루어져야 한다. 바람직한 것은 한국인들 중에서 전문가를
충원하여 연구에 종사하도록 하는 것도 필요하지만, 주변 국가들로
부터 전문가들을 초빙하여 국내전문가들과 함께 연구를 행하도록
외교아카데미의 구조와 기능을 확대해 나가는 일이 필요하다. 동북
아 지역 연구를 현지 전문가들과 함께 연구하고 토론할 수 있는 국
내적 기반을 확충해 나갈 경우 한국은 보다 더 국가안보에 필요한
지식과 정보를 획득해 나갈 수 있을 것이다.

전문외교 인력을 확보하는 데 있어 또 하나 방법은 외국으로부
터 전문가들을 충원하는 것이다. 이를 위한 제도적, 법적 장치가 마
련되어야 하며 외국전문가들의 지식과 관점들을 활용할 때 외교
인력을 위한 구조는 한층 더 동태성과 활력을 갖게 될 것이다. 그
리고 외교 인력은 보다 더 전문성을 갖게 될 것이며 세계를 향한
활동도 한층 더 적극적으로 행해질 수 있을 것이다.

끝으로 외교 전문 인력의 행태와 관련하여 몇 가지 중요한 사항
들이 고려되어야 할 것이다. 첫째는 세계 각 국가에서 활동하는 현

지 외교관들이나 국내 외교조직체에서 활동하는 인력들이 다 같이 투철한 애국심과 소명의식을 가져야 할 것이다. 그들은 군대 못지 않게 국가이익을 위해 활동하고 있기 때문에 규범적으로나 이념적 으로 국가에 대한 강한 소속감과 정체성을 갖고 맡은 바 임무를 적 극적으로 수행해야 한다. 둘째는 좀 더 자신감을 갖고 적극적인 자 세로 활동에 임해야 할 것이다. 특히 해외에서 활동하는 경우 사회 적으로나 문화적으로 생소한 환경에 접하여 활동하게 되기 때문에 현지 외교관들은 소극적으로 활동할 가능성이 적지 않다. 국가를 대표한다는 자부심과 자신감을 갖고 현지 국가에 대한 지식과 정 보를 최대한 획득하고 그들을 국내에 전달함으로써 국가안보를 위 한 정책결정은 더욱 효과적으로 이루어질 수 있다. 셋째는 외교 인 력이 정책결정과정에서나 실제 행동과정에서 권위주의와 관료주의 를 탈피하는 일이다. 흔히 해외에서 일하는 외교관들이 권위주의에 빠져 공공봉사를 창의적으로 수행하지 못하며 매우 수동적으로 행 동한다는 비판이 제기되고 있다. 그리고 국내에서 정책결정과정에 참여하는 인력들이 지나치게 관료주의적이라는 비판 역시 간과할 수 없다. 어느 분야에서보다도 안보외교 분야에서는 창의적이고 자 율적이며 책임감 있는 행동이 요구된다. 국가안보정책결정이 수동 적인 관료주의 구조에 따라 이루어진다면 그 정책결정은 정당성을 갖기 힘들며, 동시에 효율성을 극대화시킬 수 없다. 그리고 특히 그 정책은 국민의 신뢰를 얻기 힘들며 따라서 국가안보는 올바른 방 향으로 추진될 수 없다. 또한 그런 정책을 수행하는 안보외교 인력 이 수동직이고 관료주의적으로 행동하게 될 때 정책의 효과는 결 코 만족스러운 것이 될 수 없을 것이다. 국가안보정책은 언제나 변

화하는 국내외 상황들을 면밀히 검토하여 결정해야 하기 때문에
여기에 참여하는 결정자들은 항상 전문성을 가지고 창의적이고 열
린 자세를 견지해야 한다. 그것이 바로 국가에 대한 충성심을 실천
에 옮기는 길이다.

■■■ **제2편**

평화

제10장
세계화: 평화와 전쟁

제1절 평화 개념의 논의

사람은 누구나 평화를 원한다. 평화를 원하지 않는 사람은 찾아보기 힘들다. 일부 전쟁광신자들이나 과격한 혁명가들을 제외하고는 모든 사람들이 언제나 평화를 원하고 또한 말하고 있다. 그러나 평화가 무엇인가 하는 물음에 일치된 견해가 없다. 사람마다 각기 다르게 평화의 의미를 이해하고 있다. 그런 이유에서 아직도 인류는 세계 평화를 실현하지 못하고 있는 것 같다. 비유해서 말하면 사람들은 밀레(Jean - Francois Millet)가 그린 "만종"에서 평화를 느낄 수 있을 것이다. 밀밭에서 일을 하다가 종소리를 듣고 일을 멈추고 기도를 하는 부부의 모습을 보고 평화스러움을 느끼지 않는 사람은 없을 것이다. 또한 인간의 절제된 경건한 모습도 볼 수 있다. 역시 인간은 완전한 존재가 아니기 때문에 신에게 의존하려고 하며 그를 통하여 평화를 실현하려는 생각을 가질 수도 있다. 그럼에도 영구적 평화는 아직도 실현되지 않고 있다.

또한 "도(道)는 항상 무의하지만 이루지 않는 것이 없다"는 노자의 도가사상에서 평화를 생각할 수도 있다. 나아가 동양에서 인간이 덕을 쌓고 높은 교육을 받으면 평화로운 대동사회가 온다는 공맹사상에서도 평화의 의미는 찾아볼 수 있다. 평화는 현실세계에서보다도 이상세계에서 실현될 수 있다고 말하고 있다. 그것은 유토피아일 수 있다. 그러나 사람에게 필요한 것은 현실세계에서의 평화이다. 중국에서는 평화라는 말 대신에 조화와 화평이라는 용어가 사용되고 있다. 이것은 인간의 내면세계에서 평화를 강조한 것이다. 즉 인간이 내면적으로 서로 조화로운 생활을 할 때 화평한 세상이 이루어질 수 있다고 보았으며, 이것이 바로 평화와 같은 의미를 가지고 있다. 또한 한민족은 예부터 '백의민족'이라고 일컬어졌으며 언제나 평화스럽게 살아온 것으로 기술되고 있다. 실제로 역사상 한민족은 한 번도 외국이나 외부세력을 침략한 경우가 없다고 기록되고 있으며, 그런 의미에서 한민족은 평화민족이라고 말하기도 한다. 반면 한민족은 수많은 외세의 침략으로 인해 엄청난 피해를 보았으며 그런 가운데 비운의 역사를 맞이하기도 했었다. 20세기 초에는 강대국들 간의 세력다툼 속에서 국권을 상실하였으며 그 결과 식민지배를 경험하였다. 그러나 제2차 세계대전 종결과 더불어 일본군국주의가 패망함으로써 한국은 해방과 독립을 얻게 되었다. 해방된 한반도는 남북한으로 분단되었으며 이어 3년여에 걸친 동족 간의 전쟁을 치렀으며 휴전과 함께 오늘날까지 분단 상태

를 지속하고 있다. 왜 패망한 일본은 하나의 독립된 국가로서 자유
와 번영을 이룩한 나머지 경제대국으로 발전하였음에도 불구하고,
한반도는 두 개의 국가들로 분열되어 서로 대립과 갈등을 유발시
키고 있는가? 오히려 일본 식민지배에 의해 많은 희생을 당하였음
에도 한반도에서 두 개의 국가들이 분리되어 대립하고 있음은 참
으로 이해하기 힘들다. 그야말로 역사의 모순이 아닐 수 없다. 그런
의미에서 한국에 있어서의 평화는 더욱 절실하게 요구된다.

　　한편 평화는 전쟁과 상반되는 의미로 파악되고 있다. 러시아의
대문호인 톨스토이(Lev Nikolaevich Tolstoi)가 쓴 소설인『전쟁과 평
화』(War and Peace)는 평화의 의미를 전쟁의 처참함에서 찾고 있
다. 프랑스의 나폴레옹 군대가 러시아를 침략했을 때 러시아군으로
부터 반격을 당하여 처참한 패배를 하는 모습을 그리면서 톨스토
이는 아마도 전쟁과 평화를 서로 대조적인 의미로 이해하려고 했
을지도 모른다. 실제로 국제정치상에서 평화는 전쟁이 없는 상태로
그 의미를 규정한다. 평화는 종종 전쟁의 원인을 설명하면서 그 의
미가 파악되기도 한다. 전쟁은 인간의 탐욕스러운 본능과 관련해서
설명되기도 한다. 인간은 두 가지 본성을 가지고 있다고 말한다. 하
나는 토머스 홉스(Thomas Hobbes)가 인간을 자연 상태에서 "만인
에 대한 만인의 투쟁"으로 묘사한 것이고, 다른 하나는 존 로크
(John Locke)가 인간을 자연 상태에서 협력적인 것으로 묘사한 것이
다. 결국 인간은 한편에서는 탐욕의 본능을 가지고 있으며, 다른 한
편에서는 절제의 본능을 가지고 있다고 말한다. 탐욕의 본능이 나
타날 때 인간들 간의 다툼은 불가피하며 그것이 확대되어 전쟁으
로 확대된다. 반면 인간이 절제의 본능을 발휘할 때 인간들 간에는

협력적 관계가 형성되며 이를 통하여 조화와 평화를 가져오게 된다. 그러나 문제는 어떻게 인간의 탐욕의 본능을 억제하는가이다. 비관적으로 말하면 결코 그러한 일은 일어날 수 없다. 만약 탐욕의 본능이 제거된다면 인간은 더 이상 인간일 수 없다. 그것은 신의 경지에 도달하는 것이다. 어떻게 인간이 신의 경지에 도달할 수 있을까? 오직 형이상학적으로만 설명될 수 있을지 모른다. 최선의 방법은 신에 대한 기도나 교육을 통해 인간 탐욕의 본능을 최대한 억제하는 것이다. 그러한 노력이 역사 속에서 계속되어 왔지만 인간은 역시 절제의 본능만을 가지고 살 수 없는 존재임이 입증되었다. 낙관적인 이상주의자들은 인간이 충분히 교육을 통하여 개화된다면 인간은 탐욕의 본능을 버리고 절제의 본능으로 세상을 살아갈 것이라고 말하고 있다. 그리고 그것을 통하여 평화로운 사회를 건설하려고 하였다. 결국 인간의 상반된 두 가지 본성 때문에 때로는 전쟁이 일어나기도 하며, 때로는 평화가 유지되기도 하는 반복의 역사를 경험하고 있는 지도 모른다.

평화의 의미가 다양하게 이해되고 있는 만큼 그의 개념도 일정하게 규정되기 힘들다. 종종 평화는 규범적으로 혹은 추상적으로 그 의미가 규정되거나 혹은 이분법적 논리에 따라 전쟁과 상치되는 개념으로 사용되어 왔다. 즉 전쟁이 부재한 상태를 평화로 규정하는 경향이 국제정치에서 두드러지게 강조되어 왔다. 그러나 국가들 간의 전쟁이 없는 모든 상태를 평화라고 규정할 수 있는가? 인간의 활동영역에는 전쟁이 아닌 상태에서도 평화를 위협하거나 침해하는 경우들이 얼마든지 있어 왔으며 따라서 이런 경우에도 1평화는 실현되고 있다고 보아야 할 것인가? 전쟁은 아니지만 여러 가지 갈등상태에서 국가들 간에는 평화를 해치는 사태들이 많이 있었다. 또한 한 사회 내에서도 l평화를 저해하는 경우들이 많이 일어났다. 예를 들면 국가들 간의 관계에서나 한 사회 내에서 발생하는 테러, 폭력, 시위, 내란 등은 반드시 전쟁상태는 아니라 할지라도 평화를 파괴하는 행동들임이 분명하다. 나아가 한 사회 내에서의 불평등 구조나 빈곤, 파괴된 환경 그리고 국제체계에서의 정치적, 사회적 불평등이 인간의 평화적 활동을 해치고 있다. 따라서 평화는 단순히 전쟁의 부재로만 규정되기 힘들며, 그 이상의 어떤 조건들이나 상태 또는 과정들을 포함한 포괄적인 의미로 이해되는 것이 바람직할 것이다. 이런 의미에서 평화는 전쟁에만 대처하는 군사적 영역에만 한정해서 규정될 수 없다. 제2차 세계대전을 전후로 해서 평화에 대한 연구는 어느 때보다도 활발했었다. 그러나 전후 냉전적 대립과 갈등을 지속하면서 미소 간의 핵전쟁 위협에 직면하고 있는 상황에서 평화에 관한 의미규정이나 논의는 주로 전쟁의 부재나 회피라는 소극적 의미로 파악되었다. 한편 세계질서가 냉전 종식으로 변화함에 따라 평화의 개념도 좀 더 포괄적이고 적극적으로 논의되기 시작했다. 평화를 전쟁의 부재로 개념화하는 데 기여한 이론들은 주로 국제정치를 세력 간의 관계로 규정하고 국가들의 세력을 규제하거나 그들 간의 세력균형을 유지함으로써 평화가 유지될 수 있다고 보았다. 그들은 기술의 발달과 더불어 20세기의 가장 큰 문제는 평화라고 주장하였다.

과거에는 전쟁이 거의 자연적이고 불가피한 악으로 간주되었지만, 현대에는 핵무기의 등장과 더불어 평화의 불가피성이 한층 더 증대되었다. 그에 따라 평화를 좀 더 적극적으로 연구하고 이해하려는 경향이 등장하였다. 대표적으로 요한 갈퉁(Johan Galtung)은 평화의 개념을 '소극적 평화(negative peace)'와 '적극적 평화(positive peace)'로 구분하였다.[1] 그는 소극적 평화란 단순히 전쟁을 회피하는 것만을 의미하는 것으로 이해했으며 그러한 인식 개념을 가지고는 평화를 충분히 설명할 수 없다는 입장을 취했다. 왜냐하면 전쟁과 같은 직접적인 폭력적 갈등관계가 없다 할지라도 사회적, 정치적으로 세력 갈등 경계가 나타날 수 있으며 이로 인해 평화는 얼마든지 깨질 수 있다고 볼 수 있기 때문이다. 반면 적극적 평화란 요한 갈퉁에 의하면 인간의 능력을 개발하고 나아가 인간관계에서 조화를 이루면서 갈등과 분쟁의 근원을 제거함으로써 가능해질 수 있다고 보았다. 즉 그는 인간들 간의 토론과 타협을 통해 갈등과 분쟁을 해결하는 인간 공동체를 형성함으로써 평화가 이루어질 수 있다는 견해를 밝혔다. 다시 말하면 평화를 인간공동체의 형성과 동일시한 것이었다. 그리고 평화는 인간 공동체를 형성시키기 위한 필요불가결한 수단이라고 규정하였다. 즉 인간 공동체에서 구성원들의 자유와 평등, 안전 및 행복 등과 같은 기본가치들을 실현시키기 위해 평화는 필요하다고 규정하였다. 한편 공동체 안에서 구성원들이 그러한 기본 가치들이 실현할 때 평화도 실현될 수 있다는 의미를 함축하였다. 이것은 바로 평화를 적극적 의미로 규정하려고 한 것이다. 여기서 평화는 국가들 간의 관계에서만 한정되는 것이 아니라, 그것을 포함해서 한 국가의 정치적, 사회경제적 조건들을 포괄하는 광범위한 영역으로 확대되어 이해해야 한다는 점을 제시

---

1) Johan Galtung, "Peace Research: Past Experence and Future Perspectives", J. Galtung, "Peace and Social Structure", *Peace Research*, Vol.1(Altantic Highland: Humanities Press, 1975 - 80), pp.244~262.

하고 있다.

즉 평화에 대한 사회학적 분석의 필요성이 제기된 것이라고 볼수 있다. 나아가 1970년대 들어 구조적으로 평화의 의미를 규정하려고 한 것은 또한 적극적으로 평화를 규정하려는 노력으로 이어졌다. 갈퉁에 의하면 평화를 기존체제의 현상유지와 동일시하는 것은 불충분하며 그 대신 보다 더 근원적으로 그것을 위협하는 구조적 요소들을 제거해야 가능해진다고 주장하였다. 그는 평화를 위협하는 구조적 요소들을 구조적 폭력이라는 개념으로 설명하려고 했다.[2] 그에 의하면 구조적 폭력은 부정의한 사회적 조건 속에서 발생하며 이로 인해 인간은 자신의 잠재력을 구현시킬 수 있는 기회를 잃게 된다는 것이다. 따라서 인간은 구조적 폭력을 잘못된 구조 자체를 변화시키거나 축소시키거나 혹은 그 근원을 제거시킴으로써 평화를 실현할 수 있게 된다. 그러나 구조적 폭력이 무엇인가하는 물음은 쉽게 답이 구해질 수 없다. 한 사회나 국가들 간의 관계에서는 폭력을 야기하는 구조적 요소들이 산재해 있지만 그들을 구체적으로 인식하고 그들에 대한 대책을 세워 나가는 일은 결코 용이하지 않다. 예를 들면 흔히 제국주의가 국가들과의 관계에서 평화를 해치고 전쟁을 발생시키는 주요 요소이고 이것이 구조적으로 제거되어야 하지만, 어떻게 그 근원을 제거할 것인가 하는 문제는 여전히 숙제로 남아 있다. 또한 평화를 저해하는 요소를 구조적 수준에서만 논의하는 것은 충분한 해결책이 되지 않는다. 왜냐하면 평화는 개인들의 행태적 수준에서도 얼마든지 위협되고 있기 때문

---

2) Johan Galtung의 구조적 폭력의 개념에 관해서는 신정현, 「구조폭력과 평화연구: 요한 갈퉁의 개념화를 중심으로」, 이호재 편, 『한반도 평화론』(서울: 법문사, 1989), pp.169~183을 참조.

이다. 개인들이 종종 행동으로 보여 주는 폭력사태들도 평화를 저해하는 요인이 되기 때문이다. 결국 평화란 다각적으로 그 의미를 검토해 보아야 한다. 개인의 특별한 심리적 충동이 전쟁을 유발시키는 요인이 되는 경우가 많다. 특히 독재자들의 행동들은 물론 사회구조적 요인들과 관계를 가지지만 개인 차원의 특수한 심리적 요인들로 인해 전쟁을 일으키는 경우가 많다. 결국 평화는 개인의 심리 그리고 사회적 구조와 관련해서 이해되어야 한다.

한편 평화는 안정된 평화와 불안정한 평화로 구분될 수 있다.[3] 한 사회 안에서 여러 세력들 간의 관계가 안정되었을 경우 그들 간의 평화가 이루어질 수 있다. 또한 국제적으로도 국가들 간에 관계가 안정되어 있거나 또는 균형 상태에 있을 때 평화는 가능해진다. 그러나 평화가 국내적으로나 국가들 간의 관계가 안정되어 있을 때에만 유지되는 것은 아니다. 경우에 따라서는 그러한 관계가 불안정한 불균형 상태에서도 평화는 가능하게 된다. 예를 들면 한 사회에서 개인이나 집단들 간에 불균형한 관계가 유지된다 하더라도 그들 간의 관계가 급격히 현상을 변화시키거나 파괴시키는 무력충돌이나 폭력 등이 발생하지 않는 한 평화는 유지된다고 말할 수 있다. 물론 국제관계에서도 같은 논리가 적용될 수 있다. 국가들의 관계가 불안정할지라도 평화는 유지된다고 말할 수 있다. 흔히 무장평화(armed peace)나 전쟁억제의 상태 등은 불안정한 평화의 범주에 속한다. 불안정한 평화는 전쟁과 같은 폭력발생의 잠재성을 내포하고 있다 할지라도 그것이 무력에 바탕을 둔 상호 억제력에 의해 방지될 때 가능하다. 하나의 구체적인 실례가 한반도에서 유지

---

3) Kenneth Boulding, *Stable Peace*(Austin & London: University of Texas Press, 1978), pp.6~30.

되고 있는 남북분단 상태이다. 휴전에 의해서 전쟁상태가 정지되어 있지만 쌍방 간에는 전쟁을 발생시킬 수 있는 잠재력이 내재해 있으며 다만 억제력에 의해 평화가 유지되고 있을 뿐이다. 이런 경우 안정된 평화가 구축되어야 한다. 전반적으로 평화개입은 아래 <표 2-1>에서와 같이 4가지 유형들로 구분해 볼 수 있다.

<표 2-1> 평화 개념의 유형

소극적 평화 (전쟁의 부재)	적극적 평화 (구조적 폭력의 제거)
불안정 평화 (휴전상태)	안정된 평화 (평화조약)

위의 네 가지 평화 유형들 간의 관계를 살펴보면 소극적 평화는 불안정 평화로 이어지며 적극적 평화는 보다 더 안정된 평화로 발전할 수 있음을 알 수 있다. 그러나 소극적 평화가 관련 국가들 간의 협상에 의해 평화협정 등을 체결할 경우 적극적 평화의 범주로 확대될 수 있다. 또한 불안정 평화가 휴전상태를 종식시키고 관련 국가들 간의 평화조약이나 협정을 체결할 경우 보다 더 적극적인 형태의 평화로 발전될 수도 있다. 어떠한 경우든 평화의 한 가지 유형이 다른 유형의 평화로 일정하게 변화할 것이라고 예상하는 것은 매우 힘든 일이다. 왜냐하면 구조적 폭력의 제거는 완전하게 실현되기 어렵고 그에 따라 적극적 평화의 실현 가능성이 희박하기 때문에 국가들 간의 관계에서 계속 안정된 평화를 기대하기는 쉽지 않다. 한반도의 경우 현재 남북한 간에 지속되고 있는 휴전상태는 불안정한 평화이며 다만 전쟁행위가 부재하다는 의미에서 소극적 평화로 규정할 수 있다. 만약 남북한 간에 평화협정이 체결될

경우 적극적 평화로 규정되기는 어려울지 모르지만 현재보다 훨씬 더 안정된 평화 유형으로 나타날 수 있다.

제2절 평화실현의 방법과 역사

인간이 수많은 전쟁들에 의해 피해와 고통을 당해 온 만큼 평화를 실현하기 위한 시도들도 오래전부터 행해져 왔다. 그러나 아직도 평화는 영구적으로 실현되지 못하고 있다. 프랑스의 국제정치학자인 레몽 아롱은 일찍이 고대 그리스 시대의 역사가인 투키디데스(Thucydides)가 자신의 저서인 『펠로폰네소스 전쟁사』(History of the Peloponnesian War)에서 라케다이몬(스파르타)과 아테네 간에 27년 동안 벌어진 전쟁(펠로폰네소스 전쟁)이 얼마나 막대한 참화를 가져왔는가를 기술하면서 국가들 간의 전쟁을 방지하기 위해서는 그들 간의 균형유지가 중요하다는 것을 암시하였다고 지적하였다.[4] 그러나 국가들 간에는 종종 균형유지가 파괴되었고 그 결과 전쟁이 일어나는 경우가 많았다. 그에 따라 평화에 대한 요구는 다방면에 걸쳐 제기되었고 평화를 실현하기 위한 조건들도 다양하게 제시되었다. 역사적으로 평화를 실현하려는 인간의 노력은 다양하게 걸쳐 시도되어 왔다.

오래전부터 평화를 실현하기 위한 이념들과 이론들은 다양하게

---

4) Raymond Aron, *Peace and War: A Theory of International Relations*(NY: Praeger, 1966), p.145.

제시되었다. 레몽 아롱은 독일의 철학자인 막스 쉘러(Max Scheler)가 한 에세이에서 그러한 평화실현을 위한 시도들을 '평화주의(Pacifism)'라는 개념으로 규정하고 그것을 8가지로 구분하였다고 소개했다.[5] 첫째는 원칙적으로 비폭력저항을 강조하는 영웅적 그리고 개인적 평화주의이다. 이는 폭력에 반대하는 비폭력저항주의를 주장함으로써 평화가 오히려 실현될 수 있다는 이념을 강조한 것이다. 그리고 그러한 비폭력저항원칙은 개인들의 이념이나 신념에 바탕을 두는 것이다. 예를 들면 인도 독립 당시 마하트마 간디(Mahatma Gandhi)가 주도한 비폭력운동이다.

둘째는 기독교적 평화주의이다. 부분적으로 가톨릭종교도 이 범주에 속한다. 이런 평화주의는 도그마나 자연법 및 윤리적 교리에 의해 고무된 것이었다. 결국 이러한 평화주의는 로마교황을 최고의 재판관으로 만들려고 한 것이다. 그러나 프로테스탄트 교회들도 영구평화를 실현하려는 시도를 했던 것이다.

셋째는 자유무역에 의해 평화를 실현할 수 있다는 경제적 평화주의이다. 이의 대표적인 이론가는 영국의 철학자 허버트 스펜서(Herbert Spencer)였다. 그의 주요 태제들은 실증주의 사상에 바탕을 둔 것이며 공리주의 가치체계를 반영한 것이다.

넷째는 법적 평화주의이다. 그의 기원은 자연법의 독트린이며 국제법에 적용되는 것이다. 네덜란드의 국제법학자인 그로티우스(Hugo Grotius)가 그의 대표적인 주창자이다. 그리고 임마누엘 칸트(Immanuel Kant)의 「영구평화론」도 이런 평화주의를 반영한 것이다. 그뿐만 아니라 유토피아적 사회주의도 법적 평화주의의 범주에

---

5) *Ibid*, p.704.

속한다. 평화주의의 궁극적 목적은 육지와 해상에서의 전면적인 군비감축이며 국가들의 최종적 결정권(ultima ratio)을 최고재판소에 의해 대체되도록 하는 것이었다. 결국 이것은 국가들 간에 일어나는 모든 갈등들을 규범체계에 의해 해결하려고 한 것이었다.

다섯째는 공산주의와 마르크스주의적 사회주의의 반(semi)평화주의이다. 이것은 계급국가의 강제력을 통해서 영구적 평화를 달성하려고 하는 것이다. 여기서는 프롤레타리아 독재를 넘어서 국가가 소멸되고 계급 없는 사회가 실현된다면 영구적인 평화가 실현될 수 있다고 가정한다. 그러나 계급 없는 사회가 실현될 수도 없을 뿐만 아니라 그것은 하나의 유토피아이기 때문에 영구평화는 불가능한 것이다.

여섯째는 보편적 제국의 실현을 목표로 한 제국주의적 평화주의이다. 이런 평화주의는 보편적 제국을 건설함으로써 평화가 가능해진다는 이념을 내세우고 있다. 즉 팍스로마나와 나폴레옹의 시도 그리고 앵글로색슨의 평화주의 등이 여기에 포함된다. 패권안정이론도 이런 이념과 같은 맥락에 있다.

일곱 번째는 자본주의 부르주아의 국제적 평화주의이다. 이는 유럽과 미국에 있는 유럽강대국들과 미국이 소련공산주의의 이념에 반대하고 전쟁의 희생이 되는 것을 두려워한 나머지 세계평화를 실현하려는 의도를 반영하고 있다. 다시 말하면 냉전시대에 소련을 비롯한 공산주의 국가들이 세계혁명을 주장하면서 전쟁을 발전시킬 수 있다는 공포감에서 미국을 비롯한 서방 국가들이 내세운 평화주의이다.

여덟 번째는 코스모폴리타니즘(Cosmopolitanism)의 문화적 평화주의이다. 이것은 스토아학파에까지 거슬러 올라가 모든 국가들의 지식 엘리트들이 영구평화를 실현하기 위해서 단결할 것을 주장하고 있다. 즉 엘리트들이 선전과 지적 및 도덕적 개혁 그리고 교육을 통하여 평화를 달성해야 한다는 것을 제시하고 있다.

결국 막스쉘러의 평화주의에 대한 구분은 평화에 대한 정치적, 정신적 운동들의 다양한 형태들을 명백히 제시하려는 것이었다. 그러한 형태들은 모두 유럽적 문화에 바탕을 둔 것이었다. 다시 종합해 보면 이러한 평화주의는 두 가지 범주들로 나누어 볼 수 있다고 레몽 아롱(Raymond Aron)은 말하였다.[6] 하나는 무조건 적으로 전쟁을 반대하는 것, 즉 비폭력, 종교, 문화와 관련된 평화주의이다. 그리고 다른 하나는 영구적 평화와 관련해서 평화적 행동을 행하는 것, 즉 전쟁론과 평화독트린의 범주이다. 전자의 경우에는 주로 개인들의 심리적, 가치적 문제와 관련된 것이며, 후자의 경우에는 전쟁의 원인들을 규명하면서 제도적, 이념적으로 평화를 구현하려고 하는 것이다. 한편 국가들 간의 전쟁을 방지하고 평화를 실현하려는 시도들은 보다 더 구체적인 이론적 맥락에 따라 다르게 설명되어 왔다. 우선 수세기 동안 국제적 무정부주의, 자족주의, 군사력의 유용성 그리고 균형이론의 중요성들을 강조한 많은 사상가들이 있었다. 그들 중에는 이른바 현실주의의 지적 조상들이라고 불리는 투키디데스와 마키아벨리, 토머스 홉스 등이 있다. 이에 반해 국제경제적 상호 의존성, 국제법과 제도, 국제적 커뮤니케이션 그리고 사회적 개혁을 강조하는 여러 사상가들도 있다. 고대 스토아철학은 세계시민의 개념을 제시하였고 초기 교부 철학자들은 신이 인간에

---

6) *Ibid*, pp.705~706.

게 무역을 하는 인센티브를 부여했다고 믿고 있었다. 즉 신은 다양한 지역에 여러 가지 상품들을 생산할 수 있는 능력을 부여했으며 이로써 인간은 서로 무역을 할 수 있게 되었고, 이를 통해 세계경제가 가능해졌으며, 결국 하나의 세계적 사회로 단결될 수 있다고 믿었던 것이다. 이어 17~18세기에 국제사상을 지배했던 중상주의자들은 국가의 부를 증대시키는 데 관심을 두었고 그러한 증대된 부는 국가의 세력을 증대시킨다고 간주하였다. 그리고 국가는 다른 국가들과의 관계에서 부와 세력을 증대시키는 데 관심을 두어야 하고 이를 위해 전쟁을 준비해야 한다는 현실주의적 관점을 제시하였다. 국제정치에 대한 현실주의 이론은 세계시민의 소위 이상주의 혹은 자유주의에 의해 비판되었다. 자유주의자들은 세계시민의 이념을 내세웠고 국제문제 대신에 국내문제에 대한 우월성을 주장하였으며 군사동맹을 반대하였고 그에 따라 세력균형이 평화를 보장할 수 있다는 이념을 거부하였다. 대신 그들은 국가들 간의 상호이익을 강조하였으며 전쟁을 방지하기 위해서 자유무역이 필요하다고 주장하였다. 일찍이 독일의 철학자 임마누엘 칸트는 국제관계에서 무정부적인 성격은 그와 다른 원칙에 바탕을 두고 변형되어야 한다고 주장하였다. 그는 공화정을 채택하고 있는 국가들 간 세계의회가 구성될 수 있다고 믿었다. 칸트의 세계의회 구성에 바탕을 둔 영구평화론은 오늘날 제기되는 소위 민주평화론과 맥을 같이하였다.[7] 즉 세계의회 안에 소속되어 있는 공화정들은 서로 전쟁을 하지 않을 것이라는 가정이, 오늘날 민주적 정치체계들은 서로

---

7) Micheal Doyle, "Kant, Liberal Legacies and Foreign Affairs", *Philosophy and Public Affairs* (Summer/Fall 1983), pp.205~235, pp.325~335.

전쟁을 하지 않을 것이라는 민주평화론을 뒷받침하고 있다. 왜냐하면 민주적 정치체계들은 하나의 세계의회가 통과한 법에 근거한 권위를 다 같이 수용하기 때문에 그들 간에는 전쟁을 할 수 없게 된다는 것이다.

그뿐만 아니라 20세기 들어 우드로 윌슨 미국 대통령도 자유주의적 이념을 수용하여 자유무역이 평화를 증진시킨다고 주장하였다.[8] 즉 그는 하나의 국제조직이 동일한 목표를 추구한다는 이념을 바탕으로 자유무역이 평화를 증진시킨다고 생각한 것이다. 그러나 그의 자유주의적 이념은 국제연맹이 붕괴되고 제2차 세계대전이 발발함으로써 실효를 거둘 수 없었다. 또한 제2차 세계대전 이후에 또다시 현실주의가 국제관계에서 전쟁을 방지하고 평화를 실현하는 지배적인 패러다임으로 등장하였다. 대신 이상주의자들은 매우 어려운 시기를 맞게 되었다. 현실주의자들도 전쟁의 원인을 이해하고 평화를 논의하는 데 있어 새로운 이념들을 제시했으며 그것은 바로 신현실주의로 나타났다. 신현실주의의 대표적 이론가인 케네스 월츠(Kenneth N. Waltz)는 자신의 저서에서 전쟁의 원인을 세 가지 범주들, 즉 이미지들로 나누어 분석하고 이들을 제거함으로써 평화가 이루어질 수 있다는 가정들을 제시했다.[9] 첫 번째로 그는 전쟁의 원인을 인간 본성에 있다고 보았다. 인간이 탐욕스럽고 공세적이며 악하다고 생각했으며 이런 특성들이 바로 전쟁으로 이어진다고 보았다. 따라서 평화는 인간의 탐욕스러운 본성을 변화시킴

---

8) David A. Baldwin, "Neoliberalism, Neorealism, and World Politics", in David A. Baldwin (ed.), *Neorealism, and Neoliberalism: The Contemporary Debate*(NY: Columbia University Press, 1993), p.12.
9) Kenneth Waltz, *Man, The State and War: A Theoretical Analysis*(NY: Columbia University Press, 1969) 참조.

으로써 평화는 실현될 수 있다는 추론을 제시했다. 둘째로 그는 정치적 조직들에 대한 이미지를 강조하였다. 즉 국가들의 특징들이 전쟁을 일으키는 원인이 된다는 것이다. 이미 우드로 윌슨 대통령도 전제적 국가들이 전쟁을 일으킨다고 믿었다. 반대로 같은 이미지와 관련해서 레닌은 전쟁들은 자본주의 국가들에 의해서 발생된다고 믿었다. 따라서 그는 사회주의 혁명이 일어난다면 전쟁은 일어나지 않을 것이라고 생각했다. 셋째로 그는 국제체계의 이미지가 기본적으로 무정부원칙에 기초하고 있기 때문에 전쟁이 일어난다고 생각했다. 결국 무정부적인 국제체계를 적절하게 관리하는 것이 평화의 조건이 되는 것이다. 이러한 신현실주의에 반해, 자유주의적 제도주의자들은 보다 광범위하지만 국제적 레짐이나 제도들이 만들어질 수 있으며 그 결과 이들은 국제정치에서 중요한 기능을 수행할 수 있다고 말하고 있다. 기본적으로 그러한 레짐이나 제도들이 국제관계의 무정부주의를 완화시킬 수 있으며, 국가 간의 협력과 상호이익을 이끌어 낼 수 있다고 주장하였다. 그들은 국가들 간에는 공통적인 상호이익을 추구할 수 있으며 이러한 이익들은 제로섬(zero-sum)게임이 아니라 비제로섬(non zero-sum)게임에 바탕을 두고 국가들 간에 분배될 수 있다고 믿었다. 결국 새로운 국제적 레짐과 제도들을 만들어 감으로써 국가들 간에는 상호협력과 이익의 배분에 기초한 새로운 세계질서가 형성될 수 있으며, 이를 통하여 세계평화의 기회는 더욱 증대될 수 있다고 주장한다. 결국 국제정치를 바라보는 두 가지 시각들인 신현실주의와 신자유주의적 제도주의들 중 어느 한 가지에만 의존하여 평화를 예상해 보는 것은 사실상 현실적이지 못하다. 따라서 지역에 따라 각기 다르게 발생되는 국가들 간의 전쟁원인들과 갈등상태에 관한 두 가지 이론적 패러다임들을 다 같이 고려하여 위기발생에 대처하고 나아가 평화를 실현하는 전략과 방법이 필요하다고 말할 수 있다.

제3절 세계화와 평화

현재 진행되고 있는 세계화 과정은 세계평화의 증진에 기여할 것인가, 아니면 세계평화를 저해할 것인가? 이에 관해서는 상반된 두 가지 견해들이 제기되어 왔다. 하나는 세계화 과정이 평화실현에 기여한다는 견해이고 다른 하나는 그것이 평화를 위협할 수 있다는 견해이다. 전자는 세계화 과정을 평화와 관련하여 긍정적으로 평가한 것이며, 후자는 부정적인 평가를 내리고 있는 것이다. 우선 세계화 과정이 평화증진에 기여할 수 있다는 견해들을 정리해 보면 다음과 같다.

첫째로 세계화는 적어도 이론적으로 동질적인 하나의 세계를 지향해 나간다는 점에서 국가들 간의 마찰이나 갈등을 축소시킬 수 있다는 견해가 제기되었다. 국가들은 동질적인 이념이나 체제를 채택함으로써 다른 국가들과의 관계에서 공통적인 이해를 넓혀 나갈 수 있으며, 동시에 공동목표를 향해 서로 협력할 수 있다는 비교적 낙관적인 견해들이 제기되고 있다. 따라서 세계화는 미래의 평화증진을 위해 큰 기여를 할 수 있다고 말한다.

둘째로 '세계화는 국가들로 하여금 개방과 개혁정책을 채택하도

록 유도한다. 국가들이 가능한 한 국경선을 개방하여 사람들로 하
여금 자유롭게 서로 간의 접촉과 대화를 확대해 나가도록 한다는
것이다. 그뿐만 아니라 국가들 간이나 개인들 간 소통의 통로를 증
대시킴으로써 그들 간의 오해나 불신을 줄여 나갈 수 있도록 한다.
그리고 국가들 간의 공식적인 관계뿐만 아니라 비 국가 행위자들
간의 비공식적인 상호교류와 의견교환을 증대시킴으로써 국가들
간의 관계에서 발생할 수 있는 갈등적 요인들을 줄여 나갈 수 있게
된다. 이로써 세계화 과정은 전쟁의 요소들을 제거하는 동시에 평
화의 기회를 증대시키게 된다.

셋째로 세계화는 기본적으로 시장을 통합시키고 자유주의무역을
가능케 함으로써 국가들 간의 충돌을 축소시킬 수 있다. 특히 세계
화를 옹호하는 사람들은 과거의 크고 작은 전쟁들이 국가들 간의
보호주의 무역이 행해졌기 때문이라고 판단하고 앞으로 세계에서
전쟁을 방지하기 위해서는 국가들 간의 자유무역이 보장되어야 한
다고 말하고 있다. 이런 견해들은 이미 제2차 세계대전이 끝난 후
새로이 마련된 세계경제 질서 속에서도 강조되었으며 세계화 과정
이 진행되고 있는 현재에 있어서도 자유무역의 중요성은 계속 주
장되고 있다. 더욱이 현대세계에서 국가들 간에는 경제적 상호 의
존성이 복잡하게 전개되고 있기 때문에 그들은 쉽사리 전쟁에 의
해 자국의 국가이익을 추진하기 어렵게 되어 있다. 오히려 국가들
은 다른 국가들과의 상호의존 관계 속에서 그들의 경제적 이익을
극대화시키는 데 최대한 관심을 기울이고 있다.

넷째로 세계화와 더불어 주목할 만한 변화는 민주화 과정을 겪
고 있는 국가들이 많이 증대되고 있다는 점이다. 실제로 1970년대

후반기부터 세계의 많은 국가들은 권위주의적 독재체제를 종식하고 민주주의 이행을 통하여 민주적 정치체제를 확립하고 있다. 남유럽 지역을 비롯해서 남아메리카 그리고 아시아 지역에 있는 많은 국가들이 민주화 과정을 겪고 있으며 1980년대 말부터는 냉전의 종식과 더불어 공산주의체제들이 붕괴되거나 변질되어 시장경제와 민주적 정치체제를 채택하였다. 세계에서 민주주의 국가들이 증대함으로써 국가들 간에는 전쟁보다는 평화의 기반이 확대될 수 있었다. 이것은 민주국가들 간에는 전쟁이 일어나지 않는다는 민주평화론에서 그 의미를 찾아볼 수 있다. 세계화와 더불어 모든 국가들이 민주주의 국가로 발전한다면 아마도 세계는 역사상 처음으로 '영구적' 평화를 실현하게 될지도 모른다.

다섯째로 세계화 과정과 더불어 국가들 간의 관계에는 다자주의에 기초한 회의와 대화가 유행처럼 번지고 있다. 이는 세계화 그 자체보다도 현대 교통과 통신수단의 발달에 기인되는 것이다. 그리고 탈냉전화와 더불어 국가들 간의 관계에서 더 이상 이데올로기적 장벽이 무너지고 그들 간의 자유로운 접촉과 협상이 가능하게 되었다. 나아가 현대세계에서는 글로벌 쟁점들(Global Issues)이 많이 나타나고 있기 때문에 다수의 국가들이 한자리에 모여 쟁점들을 논의하고 해결해야 할 필요성이 증대되었다. 즉 지구온난화와 생태계파괴, 기아, 난민, 재해 그리고 글로벌경제 등의 쟁점들은 한두 국가들이 해결할 수 있는 것이 아니며 가능한 한 많은 다수의 국가들이 모여 해결방안들을 모색하는 것을 필요로 하고 있다. 그리고 다자주의에 기초한 국가들 간의 회의나 외교는 서로 간의 대화와 접촉을 통하여 상호 신뢰를 구축하는 데 기여하며 나아가 앞으로 일어날 문제들을 예방할 수 있는 기회를 제공한다는 점에서 중요한 의미가 있다. 특히 국가들 간의 무력충돌이나 전쟁 등을 사전에 예방할 수 있는 기회를 마련한다는 점에서 다자주의는 세계 평화에 기여할 수 있다. 그리고 다자주의는 어떤 쟁점에 대해 세계 여론을 환기시켜 사람들로 하여금 그에 대한 이해를 증진시키고 또한 국가나 정부에 대해 그의 해결에 대한 대안을 마련하도록 압력을 가할 수 있게 한다.

한편 세계화가 국가들 간의 갈등이나 충돌을 발생시킬 수 있는 요소들을 제공한다는 부정적 견해들이 나타나고 있다.

첫째로 세계화로 인해 증대되는 국가들 간의 국경선 개방은 종종 인종 간 혹은 민족 간의 정체성 위기를 야기해 이른바 문명충돌의 가능성을 수반하고 있다. 물론 개방과 더불어 인종 간의 이해와 협력을 증대시킬 수 있는 경우도 많지만 때로는 서로 간의 종교적 그리고 문화적 갈등을 야기할 가능성을 배제할 수 없다. 이로써 세계화는 평화를 저해할 수 있는 또 다른 얼굴을 가지고 있다고 말할 수 있다.

둘째로 세계화가 시장 확대와 자유무역을 강조하고 있지만, 본질적으로 그들은 과정에 참여하고 있는 행위자들 간의 불평등한 이익분배를 야기할 수 있기 때문에 그들 간에는 불만과 마찰이 야기될 수 있다. 특히 시장과 사회무역은 경제적 자유주의를 바탕으로 하고 있기 때문에 개인이나 국가들 간에는 독점과 불균형이 일어날 수 있다. 마찬가지로 경제적 상호 의존성이 증대되고 있지만 그러한 과정에서두 불균등성을 배제하기란 매우 힘들다. 세계화 과정에서 수반되는 글로벌경제가 종종 침체나 위기를 맞게 되는 이유도 바로 여기에 있다. 국가들 간의 경쟁은 세계화 과정에서 더욱 두드러지게 나타나고 있으며 그 결과 그들 간의 무역마찰이나 환율전쟁 등이 나타나고 있음은 결코 우연한 일이 아니다. 글로벌경제가 계속 자본주의와 시장경제의 모순적 요인들을 제거하지 않는 한 국가들 간의 충돌은 불가피하다. 왜냐하면 국가들은 자신들의 국경선을 개방하고 시장경제를 수용하고 있지만 아직도 그들은 그들 자신의 국가이익을 극대화하려는 데 관심을 가지고 있다. 또한 몇몇 강대국들의 경우에는 그러한 이익을 세력정치와 연계시켜 추진하려고 하기 때문에 세계평화는 한층 더 위태로운 상황에 처할 수 있게 된다.

셋째로 세계화 과정에 참여하고 있는 국가들의 수는 아직도 한정되어 있다. 많은 국가들이 자의적이든 타율적이든 그러한 과정에서 배제되고 있으며 기껏해야 세계화 과정에서 발생하는 한계적 이익만을 얻고 있을 뿐이다. G20회의를 통해 글로벌경제가 안고 있는 문제들을 논의하고 해결하려고 하지만 여기에 참여하고 있는 국가들은 여전히 선진국들과 소수의 개발도상국들로만 구성되어 있다. 그리고 세계의 대다수 국가들은 그러한 회의에서 배제되고 있으며 더욱이 회의에 참석하고 있는 국가들 간에도 상당한 정도의 견해 차이가 존재하고 있다. 이들 간에 의견의 조정이 이루어진다 할지라도 회의에 참석하지 못하는 다수의 국가들은 여전히 불이익 상태를 면하기 어렵게 되어 있다. 이로써 남북문제는 여전히 미해결된 채 남아 있으며, 이는 국제분쟁을 야기할 수 있는 잠재적 요인이 되고 있다. 따라서 세계화가 국가들 간에 평화를 증진시킬 것이라는 희망은 하나의 환상에 불과할 수도 있다는 것이다.

넷째로 세계화 과정이 확대되고 있지만 여전히 국제관계는 강대국들 간의 세력정치에 의해 큰 영향을 받고 있다. 사실 미국은 세계화 과정을 주도하면서 자신의 기존이익과 세력권을 확보하는 데 최대의 관심을 가지고 있다. 미국이 하나의 제국(Empire)이며 탈냉전 시대에도 패권세력으로 남아 있다는 비판을 지우기 힘든 이유를 여기서 발견할 수 있다. 미국 이외에도 중국이나 러시아 및 일본 등이 여전히 강대국가들로서 세계화 과정에 참여하면서도, 다른 한편 자국의 군사력을 증대시키고 나아가 그들 간에 종종 영토분쟁 등을 일으키고 있다. 이는 국가들 간의 접촉이나 대화가 전례없이 크게 증대하고 있음에도 불구하고 그들은 국가이익중심의 배타적 세력관계를 유지하고 있음을 입증해 주고 있는 것이다. 더욱 주목할 일은 그러한 강대국들이 다 같이 한반도 주변에 위치해 있다는 것이다. 그리고 한반도가 그들 간의 세력정치의 틈바구니 속에서 어려운 상황에 처할 수도 있다는 점이다. 이러한 상황에서 한반도는 어떻게 평화를 만들고 유지해 나갈 것인가?

결론적으로 말하면 세계화는 하나의 과정이며 따라서 그러한 과정이 어떻게 계속 전개될 것이며 또 어디에서 종결될 것이라고 말하기는 매우 힘들다. 세계화 자체가 기대했던 바의 성과를 가져올 것인가 하는 점도 아직은 미지수이다. 미국이 유일한 초강대국으로서 주도하고 있지만 세계의 많은 국가들이 미국 중심의 세계화 과정을 아무런 이유 없이 받아들일 것인가 하는 문제는 현재의 진행 과정을 볼 때에도 쉽게 해결될 수 없을 것으로 보인다. 같은 문명권에 속하는 유럽권 국가들 간에도 글로벌경제로 인해 손해를 보는 국가들이 많이 나타나고 있으며 동시에 다른 문명권에 속하는 중국이나 러시아 등은 자기들 중심의 국가이익을 강화하는 방향에서 글로벌경제를 이끌어 나가려고 하고 있다. 예를 들면 미중관계에서 미국은 자국의 점증하는 재정적자를 메우기 위해 중국이 화폐가치를 절상할 것을 요구하고 있지만 중국은 이를 수용하지 않고 있다. 오히려 중국은 자신의 경제력을 가지고 지역경제뿐만 아니라 세계경제를 지배해 나가려는 야심 찬 국가목표를 내세우고 있다. 앞으로 글로벌경제를 둘러싸고 벌어지는 미중 간의 갈등은 더욱 커질 것으로 예상되며 그 이유는 이들 간의 관계가 세력정치의 패턴을 벗어나지 못하고 있기 때문이다. 결국 세계화로 인해 나타나는 글로벌경제는 국가들 간의 조화와 협력을 통하여 세계 모든 국가들에 혜택을 주기보다는 국가들 간의 마찰로 인해 더욱 어려운 상황에 처하게 될지도 모른다. 그러나 현대세계가 여전히 핵무기 위험에 직면해 있기 때문에 그러한 마찰이 전쟁으로까지 진전되기는 어려울 것으로 보인다. 이미 미국의 닉슨 행정부에서 국무장관을 지낸 헨리 키신저는 핵무기 시대에 인류는 잘못하면 엄청난 재앙을 맞을지도 모르기 때문에 평화 이외에는 다른 선택이 있을 수 없고, 그에 따라 국가들 간에는 '무언의 불가침조약(a tacit nonaggression treaty)'이 생겨날 수 있으며, 모든 주요 국제 분쟁들은 외교에 의해서만 해결될 수 있다고 지적하였다.[10] 사실 핵의 공포 때문에 주요 국가들 간의 전쟁은 일어나기 힘들게 되었으며 다만 국제전이나 테러 등과 같은 제한적 갈등들이 일어나고 있다. 역설적으로 핵무기의 들장은 전쟁을 더 이상 정치의 도구로 사용할 수 없게 만들었다.

---

10) Henry A. Kissinger, *Nuclear Weapons and Foreign Policy*(NY: Happer & Brothers, 1957), p.4.

제11장
한반도의 안정과 평화

제1절 평화의 특수성

한반도의 평화를 논의할 때 몇 가지 측면에서 그의 특수성을 지적할 수 있다. 주로 앞에서 논의한 평화의 종류들과 관련하여 검토해 볼 수 있다.

첫째로 한반도 평화는 유형상 소극적 평화로 규정할 수 있다. 실제로 한반도 평화는 한국전쟁이 끝난 이후 남북한 간에 지속되어 온 전면전쟁이 발생하지 않았다는 점에서 소극적인 범주로 그 의미를 이해해 볼 수 있다. 한국전쟁이 1953년에 관련 국가들 간에 체결된 휴전조약을 바탕으로 해서 지금까지 오랫동안 쌍방 간의 전면적인 전쟁이 발생되지 않았다. 물론 휴전선을 중심으로 북한에 의한 잦은 무력적 도발이 있었고 휴전협정위반사건들이 있었지만 남북한 간에 전쟁이 없었던 것은 매우 주목해 볼 만한 일이다. 세계의 많은 지역에서 대치관계에 있던 국가들 간에 자주 전쟁이 일어난 반면 한반도에서는 휴전 이후 60년이 지난 동안 전쟁이 일어나지 않았다. 이러한 관점에서 한반도에서 지속되는 전쟁의 부재는 곧 소극적인 평화로 바꾸어 말할 수 있다.

둘째로 한반도 평화는 불안정한 평화이다. 그 이유는 한반도의 평화가 1953년 7월에 한국전쟁을 정지하기 위해 국제연합군 총사령관과 북한군최고사령관 및 중국인민지원군 사령원 사이에 맺은 군사정전에 관한 협정에서 비롯되기 때문이다. 이 협정으로 남북한은 일시적으로 적대행위를 정지했지만, 전쟁상태는 계속되는 국지적 휴전상태에 들어가게 되었고 이와 관련해서 남북한 사이에는 비무장지대와 군사 분계선이 설치되었다. 이 협정은 남북한 사이에 일어났던 전쟁을 정지하고 평화적 해결이 이루어질 때까지 한반도에서의 모든 적대행위와 무장행동을 정지하는 데 그 목적이 있었다. 다시 말하면 정전협정으로 시작된 한반도의 평화는 남북한 간에 전쟁행위를 정지했을 뿐 평화적 해결을 이룩한 것은 아니었다. 그에 따라 한반도에서 지속된 전쟁행위의 정지는 남북한 관계를 평화적 관계로 전환시키지 못하고 기껏해야 휴전상태만을 유지하게 되었다. 이로써 한반도 평화는 완전한 평화가 될 수 없었다. 그것은 언제나 법적으로나 실제적으로 붕괴될 수 있는 성격을 내포한 것이었다. 그러한 의미에서 한반도 평화는 불안정한 평화라고 말할 수 있다.

셋째로 한반도 평화는 일종의 무장평화라고 말할 수 있다. 휴전선을 중심으로 남북한은 전쟁이 끝난 이후 계속해서 군비를 증대시켜 왔으며, 현재에는 세계 어느 지역에 비해서도 휴전선을 중심으로 밀집된 군사력이 배치되어 있는 것으로 알려져 있다. 이미 알려진 바와 같이 북한은 경제적 고난에도 불구하고 핵무기 등 전략무기를 개발하는 데 집중해 왔으며 한국 역시 첨단무기 개발을 포함한 군사력 강화에 상당한 군비를 지출해 왔다. 만약 이러한 무기들이 사용되는 전면전이 남북한 간에 일어난다면 한반도는 완전히 폐허에 휩싸이게 될 것임은 분명하다. 결과적으로 남북한이 강력한 군사력을 유지하면서 정전협정을 유지해 왔다는 점에서 쌍방 간의 평화는 억제된 평화라고 말할 수 있다. 한국의 군사적 목표는 북한의 침략이나 공격을 방지하고 억제하는 데 있으며 반면 북한은 자신의 군사전략이 방어적이라고 선전하고 있다. 이 같은 남북한 간에 유지되는 평화는 한국의 억제력이 중요하게 영향을 미치고 있음을 간과할 수 없다.

넷째로 한반도 평화는 냉전의 유산을 계속 포함하고 있다. 세계적으로 탈냉전화가 이루어진 지 20여 년이 지났지만 한반도에서의 남북한 관계는 여전히 냉전적 대립과 갈등구조를 특징으로 하고 있다. 군사적 대치관계가 계속되고 있을 뿐만 아니라 한국과 북한 간의 이념과 체제의 이질성과 갈등이 지속되고 있는 것이다. 북한은 공산주의 이념을 바탕으로 하면서 김일성 주체사상을 내세워 '우리식' 사회주의 건설을 주장하고 있다. 그리고 이를 중심으로 대를 이어 혁명과업을 수행하자는 구호를 내세우고 주민들을 일방적으로 교화시키면서 그들을 '노예화'하고 있다. 나아가 북한은 전례 없는 세습 독재체제를 강화하면서 폐쇄적 사회를 유지하고 있다. 반면 한국은 권위주의 정부하에서 시작된 근대화 과정을 비교

적 성공적으로 추진하고 이어 민주화를 추진하면서 북한과는 대조
적으로 다원적 민주주의 체제를 실현하고 있다. 그리고 국제적으로
개방된 자본주의 시장경제를 발전시키고 있다. 결과적으로 남북한
은 서로 상반된 이념과 체제를 지향하면서 쌍방 간의 차이와 간격
을 넓히고 있다. 이질성이 증대되는 관계 속에서 한반도의 평화는
불안정한 상태를 유지하고 있다. 말하자면 민주주의 국가인 한국과
세습적 독재국가인 북한이 서로 근접한 거리에서 대치하고 있는
상태에서 평화가 유지되고 있다는 것이 신비롭게 인식된다. 역사적
으로 많은 전쟁들은 주로 독재국가들에 의해 일어났음은 잘 알려
져 있다. 이로써 한반도의 평화는 매우 위험한 상태에 처해 있다고
말할 수 있다.

다섯째로 한반도 평화는 강대국들의 개입과 관련되어 있다. 전쟁
은 물론 휴전이 지속되는 가운데에서도 강대국들의 세력정치는 한
반도에서 중요하게 영향을 미쳐 왔다. 한국은 전쟁을 억제하기 위
한 방법으로 미국과 동맹체제를 유지하고 있으며 북한 역시 중국
과 긴밀한 동맹관계를 유지하고 있다. 그리고 러시아나 일본 역시
한반도 상황에 대해 깊은 이해관계를 가지고 있다. 이러한 강대국
들의 개입이 한반도에서의 전쟁 발발을 억제하는 데 기여해 온 것
이 사실이다. 그러나 그들의 개입이 한반도의 분단을 평화적으로
해결하는 데 걸림돌이 되었음도 또한 사실이다. 더욱이 탈냉전화
시대에도 또는 세계화 과정이 진행되고 있음에도 불구하고 한반도
를 둘러싼 국가들의 관계가 이분화되어 서로 대치하면서 갈등을
보이기 때문에 이 지역에서는 여전히 냉전적 갈등구조가 탈냉전적
화해구조로 전환되지 못하고 있다. 말하자면 어떤 사건이 한반도

주변에서 발생하였을 경우 남북한 간에는 말할 필요도 없고 주변 국가들 간에도 그런 사건을 둘러싸고 합의를 이루어 내지 못하고 있다. 따라서 사건의 재발 방지를 위한 어떠한 조치도 실효성을 담보하기 어렵게 된다. 결국 한반도 평화를 안정된 기반 위에서 실현하기 위해서는 한반도 내의 상황과 주변 국제적 변수들이 함께 고려되어야 할 것으로 보인다. 현재 중단되었지만 북한 핵 문제를 해결하기 위해 개최되어 온 6자회담도 같은 맥락에서 그 의미를 갖는다. 6자회담이 여전히 답보상태를 면치 못하고 있음은 바로 참여 국가들의 이해관계가 각기 상이하게 작용하고 있기 때문이다. 그러나 전략적으로 중요한 의미를 내포하고 있는 북한 핵 문제를 주변 국가들이 다 함께 참여하는 다자주의적 해결방식을 모색하고 있다는 점에서 매우 주목할 만하다.

제2절 평화의 두 트랙(track) 전략

한반도의 평화가 위에서 열거된 바와 같이 특수한 성격을 내포하고 있는 점에서 그것을 실현하기 위한 과정 또한 다양하게 모색해 볼 수 있다. 한반도의 평화가 절실한 이유는 앞에서도 말한 바와 같이 남북한 간에 더 이상 전쟁은 불가능하다는 전제에서 비롯된다. 그러나 한반도 평화가 불안정한 평화이기 때문에 이에 대한 대응과정도 또한 신중하게 마련되어야 한다. 집약해서 말한다면 한반도 평화실현의 과정은 두 가지 트랙들로 구분해 볼 수 있다. 하나는 억제의 전략이며 또 다른 하나는 협상의 전략이다.

(1) 억제의 전략

　미국의 존 F. 케네디 대통령은 1963년 11월 22일 오전에 다음과 같이 말했다. 즉 그는 "우리가 보다 더 강력하기 때문에 안보와 평화를 위한 우리의 기회는 과거의 우리가 가졌던 것들보다 더 나아졌다"고 자신감을 표출했다.[11] 그러나 그날 오후 그는 미국의 댈러스(Dallas)에서 암살당했다. 왜 그는 자신이 오후에 암살당할 줄 몰랐던 것인가? 이것이 바로 아무리 위대한 사람이라 할지라도 인간이 갖는 한계가 아닐 수 없다. 그가 말한 것은 평화를 위해 힘(power)이 필요하다는 것을 암시한 것이었다. 사실 앞에서 언급한 바와 같이 한반도의 평화가 불안정한 상태에 있기 때문에 그리고 기껏해야 정전협정을 기반으로 하고 있기 때문에 한반도 평화를 실현하기 위한 과정에 있어서도 충분한 억제력이 보장되어야 한다. 어떠한 경우에서나 평화는 진공상태에서 이루어지지 않는다. 일시적으로 그러한 평화가 이루어진다 하더라도 그것은 오래 지속될 수 없다. 다시 말하면 진정으로 한반도에서 평화가 실현되기 위해서는 무엇보다도 불안정한 남북관계를 안정시키기 위한 억제력의 뒷받침이 있어야 한다. 특히 한국에서 그러한 억제력이 유지되어야 한다. 그 이유는 북한으로부터의 위협이 상존하고 있기 때문이다. 한국의 안보력은 우선 충분한 국방력(군사력)을 확보해야 하며 이

---

11) Theodore C. Sorensen, *Kennedy*(NY: Happer&Row, Publishers, 1965), p.746.

를 위한 국가의 다각적인 전략적 사고가 발휘되어야 한다. 개념상 억제력이란 물리적으로 상대방의 행동을 규제하는 데 필요하지만 그의 실효성을 갖기 위해서는 국가지도자의 확고한 의지와 신념이 갖추어져 있어야 한다. 북한이 대남 위협전략을 계속 유지하고 있는 한 한국의 억제력은 절대로 확보되어야 하며 이를 위한 방법은 한국 스스로 방위에 필요한 군사력을 발전시키는 것이다. 나아가 다른 방법은 한국과 미국이 굳건한 동맹체제를 강화해 나가는 것이다. 물론 한국이 국방력을 확보하기 위해 과도한 군비지출을 하는 것은 국가발전을 위해 결코 바람직한 일이 아니다. 국방에만 지출을 집중할 경우 다른 분야에서의 필요한 지출이 줄어들기 때문이다. 결국 국방력의 강화는 국가의 전반적인 발전과 균형 있게 이루어져야 한다. 그러나 어떠한 정부하에서나 적정군사비 지출을 측정하는 것은 쉬운 일이 아니다. 신중한 정책결정자의 분석과 판단을 요구하는 문제이다. 또한 대북억제전략을 확보하기 위해서 중요하게 고려되어야 할 점은 북한의 핵개발을 저지하는 일이다. 만약 북한이 핵무기로 무장할 경우 남북한 간의 군사적 균형은 유지되기 힘들며 그 결과 한반도에서의 평화는 실현되기 어렵다. 6자회담을 통하여 북한의 핵개발을 저지하려 하는 과정에서 한국은 특별한 리더십을 발휘해야 할 것이다.

(2) 협상의 전략

국가들 간의 분쟁이나 갈등을 전쟁을 통하여 해결할 수 없다면 그의 유일한 대안은 그들 간의 협상을 통하여 해결을 모색하는 것이다. 물론 한반도와 같은 불안정한 지역에서 협상을 통하여 평화적 과정을 이끌어 갈 때에 선행되어야 할 것은 억제력의 유지이다. 불안정이 안정된 상태로 이행되기 이전 단계에서 관련 국가들 간의 협상이 전개될 때 그들 간의 억제된 평화상태가 유지되어야 한다. 만약 그들 간의 관계가 안정되지 못할 경우에 협상은 자칫 잘못하면 사태를 더욱 악화시킬 수 있다. 관련 국가들 간의 협상이 가능해지기 위해서는 그들 간의 거래를 통해 어떤 공동적 이익을 얻을 수 있게 된다는 상호인식과 판단이 필요하다. 그리고 이를 바탕으로 그들 중 어느 하나가 확고한 자신감을 가지고 협상을 추진해 나가고 상대방으로 하여금 신뢰성을 가질 수 있도록 할 때 그 협상은 어떤 성과를 가져올 수 있다. 다시 케네디 대통령의 연설로 되돌아가 보자. 냉전체제하에서 구소련과 대치하고 있던 당시 그는 취임연설에서 협상과 관련해 중요한 말을 했다. "우리는 다시 시작해 봅시다. 쌍방 간의 공손함이 약함의 표시가 아니고, 진지함이 언제나 중요하다는 것을 기억합시다. 우리는 결코 두려워서 협상하지 맙시다. 그러나 협상하는 것을 절대로 두려워하지 맙시다."[12] 이 말은 어려운 대치상황이 계속되고 있음에도 냉전시대에 소련과 미국이 협상을 통하여 핵전쟁의 위협을 방지하고 세계평화를 유지하려는 케네디 대통령의 의지를 반영한 것이다. 관련국들과 협상을 통하여 문제를 해결할 경우 그들은 새로운 관계를 형성해 나갈 수 있으며 그에 따라 평화를 유지해 나갈 수 있게 된다. 남북한 관계에 있어서도 비록 적대적인 대치관계가 유지되고 있다 할지라도

---

12) *Ibid.*, p.247.

한국은 협상을 통하여 그러한 관계를 완화시키며 나아가 한반도 평화과정을 이끌어 나갈 수 있는 전략적 이니셔티브를 취해 나가야 할 것이다. 한국이 상대적으로 유리한 입장에 있기 때문에 가능한 한 북한과의 대화와 협상을 추구해 나가는 것이 한반도 평화를 위해 필요하다.

일반적으로 협상은 일시에 완전한 승리를 얻으려는 것을 목표로 하지 않는다. 국가들 간의 외교적 협상에 있어서는 어느 한쪽이 이기거나 지는 소위 '미식축구운동장의 심리학'이 적용되지 않는다. 항상 상대가 있기 때문에 협상과정에서는 흔히 일방적인 승리가 국가의 목표로 추구되지 않는다. 그 대신 상대와 함께 공동이익을 실현하는 데 목적을 두어야 하며 따라서 협상에 참여하는 국가는 상대적 이익을 얻을 수 있을 뿐이다. 협상을 함에 있어서 전부를 얻지 않으면, 전부를 잃는다는 공식은 적용될 수 없다. 그리고 협상을 통하여 일거에 문제를 모두 해결한다는 것도 불가능한 일이다. 어느 한쪽이 승리하고 어느 한쪽이 패배한다는 생각은 협상에서는 유효하지 못하다. 따라서 협상전략은 참여자들이 다 같이 이득을 보게 될 때 성공할 수 있으며 이를 통하여 문제 해결의 시작이 이루어진다. 시어도어 루즈벨트(Theodore Roosevelt) 미국 대통령은 협상과 관련해서 "부드럽게 이야기하라. 그러나 큰 지팡이를 가지고 있어라"는 격언을 말하여[13] 협상에 있어서 가져야 할 중요한 미덕을 제시했다. 그리고 협상에 있어서는 언제나 상호 인내가 중요하며 또한 참여자들 간의 신뢰를 형성해야 하는 일이 매우 중요하다.

혹자는 평화를 위해 전쟁도 필요하다고 말한다. 흔히 예방전쟁

---

13) *Ibid.*, p.515.

또는 방어적 전쟁이 제기되고 있다. 여기에는 두 가지 반대 견해들이 있다. 첫째로 현대와 같이 핵무기 시대에 전쟁을 통해 평화를 실현한다는 것은 불가능한 일이다. 누구도 승리할 수 없고 누구도 패배할 수 없는 전쟁을 통하여 평화를 실현할 수 있다는 견해는 과거 중세 시기에 있었던 '낭만적 전쟁'을 이야기할 때에는 설득력을 가질 수 있지만, 현재와 같이 엄청난 파괴력을 가진 핵무기 시대에 전쟁은 결코 평화를 위한 수단이 될 수 없다. 전쟁은 정치적 목적을 달성하기 위한 수단으로 사용될 수 없다. 둘째로 전쟁이 불가능하다면 평화를 실현하는 유일한 방법은 협상을 하는 것이다. 말하자면 협상을 통해 당사자들이 어떤 합의를 이루어 내고, 이를 통해 전쟁을 방지하는 동시에 평화를 실현하는 것이다. 물론 평화를 위한 협상과정은 결코 단순하지 않다. 경우에 따라서는 오랜 기간이 요구될 수 있다. 그러나 협상 이외에 전쟁을 통해 평화를 실현한다는 것은 가능하지도 않을 뿐만 아니라 매우 고도의 위험성을 내포하고 있다. 평화를 위한 협상전략은 기본적으로 인간의 이성과 합리성에 대한 믿음에서 나오는 것이다. 그리고 그것은 또한 인간의 의지와 인내력에서 가능해진다.

1963년 위태로웠던 쿠바미사일 위기를 극복하고 미국 워싱턴 D.C.에 있는 아메리칸 대학에서 케네디 대통령은 매우 의미 있는 연설을 하였다. 그는 진정한 평화가 지속되기 위해서는 "인간 본성의 갑작스러운 혁명에 의해서가 아니라 인간제도의 점진적인 진보에 의존해야 하며, 그러한 평화는 결코 불가능한 일이 아니다"라고 하면서 다음과 같이 상대편인 구소련에 대해 말했다.

"우리의 문제들은 인간이 만든 것들이다. 그러므로 그들은 인간에 의해 해결될 수 있다. 어떤 사람들은 소련이 좀 더 개화된 태도를 가질 때까지 세계평화를 이야기하는 것은 무용한 일이라고 말한다. 나는 그들이 그렇게 되기를 희망한다. 나는 우리가 그렇게 할 수 있도록 도와줄 수 있다고 믿는다. 그러나 나는 또한 우리 자신의 태도도 재검토해야 한다고 믿는다."14)

제3절 공존과 정치적 협상

한반도의 평화과정을 논의할 때 남북한 간의 공존(co-existence)에서부터 시작하는 것이 바람직하다. 개념상 공존이란 두 개 이상의 대립관계에 있는 국가들이나 세력들이 서로 상대의 존재를 인정하고 앞으로의 관계 진전에 대해 협의한다는 측면에서 의미를 갖는다. 본래 공존은 두 가지로 분리해 볼 수 있다. 하나는 적대적 공존이고 다른 하나는 평화적 공존이다. 그러나 국가들 간의 적대적 공존이 이루어지고 있다 할지라도 그들 간의 협상을 통해 평화적 공존으로 변화하는 것이 국제정치에서 주목을 끌게 된다. 실제로 공존 개념이 주목을 끈 것은 1956년 소련의 흐루시초프 수상이 모스크바에서 열린 제20차 공산당 대회에서 미국을 비롯한 서방세계와의 평화적 공존을 선언하는 데서부터였다. 당시 당대에서 흐루시초프 수상은 예상을 깨고 두 가지 주목할 만한 선언들을 발표하였다.15) 즉 그들은 스탈린 격하 선언과 평화공존선언이었다. 이 두 가지 선언은 공산주의 세계나 자본주의 세계에 다 같이 큰 파장을

---

14) *Ibid.*, p.731.
15) Charles W. Kegley, JR and Eugene R. Wittkopf, pp.335~336.

일으켰다. 스탈린 격하 선언으로 인해 중국을 비롯한 공산주의 국가들은 큰 충격을 받게 되었다. 중국은 스탈린 격하 운동을 수정주의라고 규정하고 서양과 이데올로기적 분쟁을 일으키기 시작했다. 중국뿐만 아니라 북한과 다른 공산주의 국가들도 소련이 스탈린을 비판하는 것에 대해 매우 당황했으며 또한 충격을 받았던 것이다. 이에 중국의 마오쩌둥은 공산주의 체계에서 주도적인 지위를 확보하는 동시에 소련에 대해 비판적인 입장을 취했다. 이에 대해 소련은 중공을 교조주의라고 대응했다. 북한의 김일성 주석도 마찬가지로 소련을 멀리하면서 중국과 가까이 지내려는 경향을 보였다. 특히 북한은 소련과 중국을 사이에 두고 일종의 시계추(pendulum) 외교를 추진하였다.

한편 흐루시초프의 평화공존선언은 미국을 비롯한 서방세계에도 새로운 반향을 불러일으켰다. 이전까지 소련을 비롯한 공산주의 세계는 자본주의 세계를 오직 투쟁의 대상으로만 간주해 왔고 실제로 세계 공산주의 운동을 전개해 왔지만, 이 선언을 계기로 자본주의 세계와도 서로 평화적으로 공존하면서 경쟁을 통하여 오히려 자본주의 세계를 능가할 수 있다고 믿었다. 나아가 흐루시초프 수상을 비롯한 소련의 온건한 지도자들은 핵무기시대에 전쟁은 불가능하다는 것을 인식하고 만약 서방세계와 전쟁을 한다면 오히려 모두 공멸할 것이라는 현실적 판단을 하게 된 것이었다. 그러나 미국은 소련의 선언을 믿으려 하지 않았다. 당시 미국의 아이젠하워 행정부는 흐루시초프의 평화공존선언을 일종의 평화공세로 간주하고 계속 공산주의 팽창을 봉쇄하고 견제하는 강경한 외교노선을 고수하고 있었다. 흐루시초프 수상은 미국 아이젠하워 행정부의 국무장관이었던 덜레스(John Foster Dulles)가 공산주의를 말살시키려고 한다고 불평하기도 하였다. 그러나 1960년에 들어 미국의 행정부가 교체됨으로써 미소관계는 새로운 국면에 접어들기 시작했다. 새로 대통령에 당선된 존 F. 케네디는 소련과 대치관계만을 유지할 것이 아니며 협상을 통하여 양국관계를 바꾸어 나가야 한다고 주장하였다. 그는 무엇보다도 핵무기의 파괴력 때문에 세계가 양대 진영으로 나뉘어 대치하고 있는 것은 시대에 맞지 않는 것으로 생각했다. 따라서 케네디 대통령은 자신감을 가지고 자신의 상대자인 소련의 흐루시초프와 협상을 통하여 새로운 세계질서를 형성하는 데 관심을 가졌다. 그 결과 1961년 6월에 오스트리아 비엔나에서 역사적인 케네디 - 흐루시초프 회담이 열리게 되었다. 그야말로 냉전시대에 처음으로 미소 양국의 거두들이 만난 것으로 역사적인 일대사건이었다. 이틀간에 걸친 양 거두의 회담에서 흥미로운 것은 그들이 아무런 합의사항도 발표하지 않았다는 점이다. 그들은 좁혀질 수 없는 견해의 차이에도 불구하고 서로 대화를 나누고 상호 간의 신뢰를 구축할 수 있었다는 것이다. 한 가지 재미있는 일화를 소개하면 다음과 같다. 양 거두들은 비엔나에 있는 아름다운 쉼부른(Schönbrunn) 궁전에서 만찬을 마친 후 대화를 나누고 있었다. 그때 케네디 대통령은 담배에 불을 붙인 다음, 성냥개비를 흐루시초프 수상이 앉아 있는 의자 뒤의 재떨이에 놓았다. 그러자 흐루시초프 수상은 "당신은 나를 불태우려고 하느냐?"고 물었다. 그렇지 않다고 웃음으로 대하면서 케네디 대통령은 "나는 자본주의자이지만 방화자는 아니다"라고 응답했다.[16] 사실 흐루시초프 수상은 최고

---

16) Theodore C. Sorensen, p.543.

자본주의자를 만난 것이었다. 그리고 그는 "역시 자본주의자들은 영리해"라고 말했다. 그 후 흐루시초프 수상은 그가 입고 있는 옷에 매달려 있는 메달이 레닌평화상을 상징한다고 자랑삼아 얘기했을 때 케네디 대통령은 웃으면서 나는 당신이 계속 그렇게 하기를 바란다고 응수했다.

두 거두들의 대화 속에 함축되어 있는 의미는 두 가지로 이해해 볼 수 있다. 하나는 그들 간의 신뢰를 쌓아 가는 데 기여한 것이며, 다른 하나는 양 거두들이 평화를 위해서 함께 노력하자는 의도를 나타낸 것이었다. 그뿐만 아니라 국가들 간의 외교를 성공적으로 이끌어 나가기 위해서는 어떤 합의문이 발표되기보다는 국가지도자들 간의 신뢰를 두텁게 하는 일이 무엇보다도 중요하다는 교훈을 남겼다. 이 회담이 이루어진 다음에 미소 양국 간의 관계는 점차 개선되는 방향으로 나아갔다. 비록 쿠바미사일 위기와 같은 위태로운 사건이 일어나긴 했지만 케네디 대통령과 흐루시초프 수상과의 회동은 미소 간의 냉전관계를 화해관계로 변화시키는 데 크게 기여했다. 비엔나회담 이후 케네디 대통령은 미소 간의 핵무기를 포함한 군비축소회담을 누구보다도 적극적으로 추진하여 처음으로 핵실험금지조약을 체결하였다. 그는 소련과의 냉전적 대결시대를 "모든 성인들과 어린이들이 현재 다모클레스(Damocles)의 칼 아래 살고 있다"고 비유하였다. 말하자면 오늘날 인간이 어떠한 순간에도 사건이 일어나거나 오해 혹은 광적 행동에 의해 쉽게 잘려 나갈 수 있는 가느다란 실로 매달려 있는 칼에 비유한 것이다. 그러나 그가 총탄에 의해 암살됨으로써 그의 핵전쟁을 피하고 평화를 실현하려는 야심 찬 이상은 역사의 뒤안길로 사라지게 되었다.

미소 간의 비엔나회담이 끝난 후 10여 년이 지난 1971년에 들어 미국은 중국과의 관계 개선에 관심을 기울였다. 앞에서 지적한 것처럼 중국과 소련 간에는 이미 오래전부터 분쟁이 일어나고 있었다. 1969년에는 중소국경지대에 있는 우수리 강 근처에서 양국 간의 군사적 충돌이 있었던 것으로 알려졌다. 점차 중소분쟁이 확대되고 있는 가운데 미국은 대립관계에 있던 중국과 관계 개선을 모색하였다. 1971년 4월에는 미국 탁구선수 팀이 처음으로 중국을 방문하여 역사적인 '핑퐁외교'가 미중 간에 이루어졌다. 소위 미중 간의 핑퐁외교는 양국 간의 관계를 개선시키기 위한 토대를 마련하는 데 기여했다. 같은 해 개최된 UN총회에서 중국은 대만의 대표권을 박탈시키고 대신 자신이 정식 UN회원국으로 가입하였고 그에 따라 UN안전보장이사회의 상임이사국이 되었다. 이로써 중국은 점차 국제무대에서 그의 영향력을 확대해 나가기 시작했다. 한편 당시 백악관 국가안보보좌관이었던 헨리 키신저(Henry Kissinger) 박사가 비밀리에 중국을 방문하여 베이징에 있는 지도자들과 접촉을 갖고 관계 개선을 위한 대화를 하였다. 그 결과 1972년 2월 17일에 닉슨 대통령 일행을 태운 비행기가 워싱턴 D.C.에 있는 앤드루 공항을 떠나서 중국을 향하였다. 닉슨 대통령의 중국 방문은 프랑스의 드골정부 하에서 문화부 장관이었으며 소설가인 앙드레 말로(Andre Georges Malraux)가 말한 것처럼 "철학적 발견의 여행"이었다. 닉슨 대통령이 베이징 공항에 내려 그를 마중 나온 중국의 저우언라이(周恩來) 수상을 만나 악수를 했을 때, 그야말로 한 시대가 끝나고 새로운 시대가 시작되는 것이었다. 북경에 머무르는 동안 마오쩌둥(毛澤東) 주석을 만나 닉슨 대통령은 "당신은 기회가 오면 그것을 잘 포착하는 분이라고 알고 있다. 따라서 나는 당신이 또다시 기회를 잡아야한다고 믿고 있다"라고 말했다. 이에 마오쩌둥 주석은 동석한 헨리키신저 보좌관을 향해 그 기회가 몇 날 몇 시인지를 알아보라고 말했다. 7일간 베이징에 머무르는 동안 저우언라이 수상은 중국의 루산(盧山)산에 대해 마오쩌둥 주석이 쓴 시의 마지막 구절을 소개하였다. "아름다움은 산 정상에 있다"는 것이다. 이것은 닉슨 대통령이 중국에 온 것은 하나의 모험적인 것이었다는 의미이다. 그러면서그는 자신의 주머니에서 작은 책을 꺼내 또 다른 시를 읊었다.

"봄은 비와 바람과 함께 사라진다.
그리고 휘날리는 눈발과 함께 온다.
얼음은 천 길이 넘는 벼랑에 매달려 있다.
그러나 가장 높은 곳에 있는 오얏나무 가지에는 꽃이 피어 있다.
오얏나무는 겉으로 보기에 아름다운 소녀가 아니다.
그러나 그녀는 봄을 알려 준다.
산에 있는 꽃들이 야생 속에서 피어날 때
그녀는 모든 색채를 머금고 빙긋이 웃고 있다."[17]

저우언라이 수상은 계속해서 말했다. "우리는 당신이 설명한 이념에 일치하고 있다고 믿는다. 당신은 이니셔티브를 만든 사람이다. 당신은 그것의 성공을 보지 못할지도 모른다. 그러나 물론 우리는 당신이 다시 방문하는 것을 환영할 것이다." 이에 대해 옆에 있던 키신저 보좌관은 "우리가 재선거에서 이긴다 할지라도 또 다른방문은 없을 것이다"라고 응답했다. 또한 저우언라이 수상은 중국방문 마지막 날에 발표된 공동 코뮈니케(Communique)를 축하하는

---

17) Richard Nixon, p.578.

자리에서 "우리가 코뮈니케에서 말한 것은 중요하지 않다. 더 중요한 것은 앞으로 16,000마일을 넘어서, 22년간의 적대적 관계를 넘어서 하나의 교량을 건설하기 위해 노력하는 것이다"라고 말했다. 이에 대해 닉슨 대통령은 안경을 벗어 들고 "우리는 여기에 1주일 동안 머물렀다. 이것은 세계를 변화시킨 1주일이었다"라고 응답했다.[18] 흔히 중국의 외교는 이중성을 가지고 있다고 말하지만 닉슨 대통령의 방문에서 나타난 중국 지도층이 보여 준 외교는 명분과 우의를 얼마나 중요시하는가를 잘 말해 주고 있다. 앞에서 살펴본 케네디 대통령과 흐루시초프 수상 간의 회담이나 닉슨 대통령과 저우언라이 수상 간의 대화는 실로 한 세기의 세계 역사를 획기적으로 바꾸어 놓은 계기가 되었다. 전자의 만남은 '용기' 있는 만남이었으며, 후자의 만남은 동서양의 만남이었다. 그들의 만남에서 서로 간에 나눈 대화는 외교적인 수사였지만, 반면 유머러스하고 실로 인간적인 것이었다. 케네디 대통령은 자신의 저서인『용기 있는 사람들(Profiles in Courage)』에서 용기야말로 인간이 가지고 있는 가장 소중한 미덕이라고 말했으며 아울러 그것을 어니스트 헤밍웨이(Ernest Hemingway)의 말을 빌려 "압력을 받은 우아함"(Grace urder Pressure)이라고 했다.[19] 이제 모두 역사의 현장에서 사라졌지만 그들은 새로운 역사의 문을 열어 놓았음에 분명하다.

강대국들 간의 세력정치가 공존에서 화해로 변화하는 가운데 1960년대 후반에 들어서부터 한반도의 상황도 점차 새로운 상황을 맞게 되었다. 사실 1968년에 일어난 북한에 의한 청와대 피습사건

---

18) *Ibid.*, p.580.
19) John F. Kennedy, *Profiles in Courage*, commemorative editon(HarperPerennial, 1956), p.1.

과 1969년에 일어난 미국의 푸에블로호 납치사건 등에 의해 한반도 관계가 전례 없이 긴장상태로 빠져들었었다. 그리고 1969년에 발표된 소위 닉슨독트린에 의해 2만여 명에 달하는 주안미군이 한국에서 상당수 철수함으로써 한국은 어느 때보다도 국가안보 문제에 불안감을 갖게 되었다. 이때 한국의 박정희 대통령은 전례 없이 자주국방 노선을 강조하였다. 한편 1970년대에 들어서부터 중국의 UN 가입과 미국과 중국 간의 화해관계(Rapprochement)가 이루어지는 가운데 한국과 북한은 쌍방관계를 새롭게 변화시키는 데 관심을 갖게 되었다. 특히 북한은 자신의 우방인 중국이 미국과 비밀리에 협상을 진행하고 있는 것에 대해 불안감을 감추지 못했다. 그러는 가운데 한국은 1971년 8월에 처음으로 북한에 대해 남북적십자회담을 하자고 제안했으며, 북한은 이를 받아들였다. 그 결과 휴전조약이 맺어진 이후 18년 만에 처음으로 8월 21일에 역사적인 남북한회담이 판문점에서 열렸다. 그러나 적십자회담은 순조롭게 진행되지 않았다. 대신 남북한 간에는 비밀접촉이 이루어졌으며 그 결과로 1972년 7월에 역사적인 '7·4남북공동성명'이 발표되었다.[20] 이 성명에서 남북한은 처음으로 상대방을 사실적으로 인정하게 되었으며 통일에 관한 세 가지 원칙들에 합의를 보았다는 점에서 의미가 크다. 남북은 통일을 자주적, 평화적으로 그리고 민족대단결을 통하여 실현해야 한다는 3대 원칙을 발표하였다. 나아가 남북 쌍방은 서로 간의 긴장상태를 완화하고 신뢰를 쌓아 가기 위하여 상대방을 중상 비방하지 않으며 무력도발을 포함한 군사적 충

---

20) 성명내용에 관해서는 이화여자대학교 통일학연구원, 『남북관계사』(이화여자대학교출판부, 2009), pp.539~541을 참조.

돌 사건을 방지하기 위하여 적극적으로 필요한 조치들을 취해 나가기로 합의했다. 그리고 남북은 자주적 평화통일을 촉진시키기 위해 쌍방 간에 다방면적으로 교류를 실시하기로 의견을 모았다. 특히 쌍방은 돌발적인 군사적 충돌을 방지하고 남북사회에 발생하는 제반문제들을 신속하게 처리하기 위해 서울과 평양 사이에 상설직통전화(hot line)를 설치하기로 했다.

그러나 이 선언은 실천에 옮겨지지 못했다. 남북은 각기 내부적으로 체제강화를 추진하였다. 즉 한국은 유신 헌법을 채택하고 장기집권을 시도하였으며 북한 또한 헌법을 개정하여 김일성 주석의 권력 강화를 도모하였다. 북한의 주체사상이 체계화되고 김일성 체제를 합리화시키는 이데올로기로 작용하기 시작한 것이 바로 이때부터이다. 대외적으로는 월남전쟁의 종결이나 그 후에 일어난 북한에 의한 도발 사건들 그리고 1979년에 한국에서 일어난 박정희 대통령 시해사건 등으로 인해 남북관계는 다시 긴장된 갈등관계로 지속되었다. 특히 1983년에 미얀마 랑군 폭발사건이 일어났고 또한 KAL기 격추사건이 발생함으로써 남북한은 매우 적대적인 관계를 갖게 되었다. 그러나 다시 남북한 관계가 정치적으로 상호적응관계를 보이기 시작한 것이 1990년대 초에 이르러서이다. 한국은 1988년에 서울 올림픽 대회를 성공적으로 치렀으며 이를 계기로 한국의 대외적 위상이 높아지게 되었다. 특히 노태우 대통령은 후보시절부터 이른바 '북방정책(Nordpolitik)'을 제시하였으며 올림픽 개최 직전인 1988년 7월 7일에 소위 '7·7선언'을 발표하여 대북관계뿐만 아니라 대동구권 외교를 비롯한 북방정책의 기본방향을 발표했다. 그 내용 중 마지막 항목에서 노태우 대통령은 "한반도의 평화를 정착시키기 위하여 북한이 미국, 일본 등 우리 우방과의 관계를 개선하는 데 협조할 용의가 있으며 또한 우리는 소련, 중국을 비롯한 사회주의 국가들과의 관계 개선을 촉구한다”고 말했다.[21] 이후 적극적으로 동구공산권 국가들과 소련 및 중국과 관계를 확대해 나가는 데 관심을 기울였다. 나아가 노태우 정부는 새로운 대북정책을 선언하고 북한과의 관계개선도 추구하였다. 결국 한국은 1990년대 초에 들어 동구공산주의 국가들과 중국 및 소련과 공식적으로 외교관계를 수립하게 되었다. 이에 대해 북한은 그의 우방 동맹국가들인 중국이나 소련, 헝가리 등이 한국과 외교관계를 수립하는 것에 대해서 매우 못마땅해하였다. 그러나 소련과 동구공산주의 국가들이 붕괴되거나 변질되는 냉전의 종식을 맞으면서 북한 자신도 한국과 새로운 관계를 모색하지 않을 수 없었다. 마침내 남북한 간에는 1990년 가을에 들어서부터 고위급회담(총리급회담)이 서울과 평양을 오가면서 열리었다. 그리고 1991년 9월에는 남북한이 동시에 UN에 가입하였다. 이는 한국이 주장해 온 ‘두 개의 코리아’ 정책이 실현된 것이다. 원래 한국은 1948년 파리에서 열린 UN 제3차 총회에서 한반도에서의 유일한 합법정부로서 인정되었었다. 이런 점에서 남북한 UN 동시가입은 종례의 UN결의를 수정한 것이었다. 한편 북한은 가입 이전에 “조선은 하나다”라는 입장을 고수해 왔지만 UN 가입으로 인해 그러한 입장을 사실상 수정하게 되었다.

이어 1991년 말에는 남북한 고위급 회담의 결과로 소위 ‘남북기

---

21) Don Oberdorfer, *The Two Koreas: a contemporary history*(MA: Addison Wesley, 1997), pp.188~192.

본합의서'가 발표되었다.[22] 이 합의서의 공식명칭은 남북 사이의 화해와 불가침 및 교류·협력에 관한 합의서였으며, 이 합의서는 크게 네 가지 부분들로 구성되었다. 그것은 남북화해, 남북불가침, 남북교류·협력 그리고 수정 및 발의에 관한 사항들로 구성되었다. 이 합의서의 특징은 남북이 서로 상대방의 체제를 인정하고 존경하는 동시에 서로 간에 무력을 사용하지 않고 상대방을 무력으로 침략하지 않는다는 내용이다. 그리고 나아가 남북 간에 사회적, 경제적으로 교류와 협력을 위한 조치들을 취하며, 특히 쌍방 간에 균형적인 민족경제의 발전을 추진하며 동시에 문제구성원들의 자유로운 왕래와 접촉을 실현한다고 남북이 합의한 것이다. 그 후 남북한은 핵 문제에 관한 별도의 협상을 열어 마침내 한국이 1992년도에 있을 한미 팀 스프리트 군사훈련을 취소하는 대신, 북한은 연변에 있는 핵시설에 대한 외부의 사찰을 허용하는 의사가 있음을 밝혔다. 그리고 1991년 12월 31일에 판문점에서 최종적으로 남북한은 핵무기를 생산, 소유하지도 않으며 배치하지도 않을 것이라는 점에 합의했고 나아가 외부로부터의 핵시설에 대한 상호사찰을 허용하는 데 합의했다.[23] 당시 김일성 주석은 남북한 간에 이루어진 핵 문제에 관한 합의에 대해 위대한 승리라고 묘사했다. 그러나 그의 열광적인 환영과는 달리 1992년 첫날 아침에 발행된 영국의 국제문제 주간지인 『이코노미스트(Economist)』지는 "한반도는 이번 주에 단지 조금 더 안전하게 보였다"고 보도했다.[24] 당시 남북한 관계는 전례 없이 화해관계로 변화하고 있는 것처럼 보였지만 그

---

22) 이화여자대학교 통일학연구원, pp.542~544.
23) Don Oberdorfer, p.264.
24) *Ibid.*, p.265.

후 쌍방이 합의한 내용들은 거의 실천에 옮겨지지 못했다. 북한의 핵개발이 불거져 나왔으며 또한 김일성 주석의 사망으로 인해 남북한 관계는 아무런 진전을 보지 못했다. 북한에서 김일성 주석의 사망과 함께 후계자로 등장한 김정일 국방위원장은 '강성대국'과 '선군정치'를 표방하면서 김일성 사후 체제를 강화시키는 데 집중하였다. 동시에 김정일 체제는 비밀리에 핵개발을 추진하였으며 이에 대해 미국과 국제사회는 북한의 핵 개발을 저지하기 위한 제재 조치를 취하였다. 그러나 1998년에 취임한 김대중 대통령은 그 이전부터 소위 '햇볕정책'을 채택하여 북한과의 관계를 새로운 방향으로 변화시키려고 하였다. 앞에서도 지적한 바와 같이 김대중 정부는 북한을 포용하여 변화시키는 데 목적을 두고 햇볕정책을 다각적으로 추진하였다. 그 결과 남북관계는 전례 없이 화해관계로 변화하기 시작하였다. 2000년 3월 독일의 베를린을 방문한 김대중 대통령은 매우 의미 있는 연설을 하였다. 특히 북한에 대해 다음과 같이 선언하였다. 즉 그는 "현 단계에서 우리의 당면 목표는 통일보다는 냉전종식과 평화정책입니다. 따라서 우리 정부는 진정한 화해와 협력의 정신으로 힘닿는 대로 북한을 도와주고자 합니다. 북한은 우리의 참뜻을 조금도 의심하지 말고 우리의 화해와 협력 제안에 적극 호응하기를 바랍니다"고 말했다.[25] 이는 그의 정부가 앞으로 북한과의 관계를 적극적으로 개선해 나갈 의도를 밝힌 것으로 풀이되었다. 이어 비밀리에 쌍방의 당국자들 간의 접촉이 이루어져 마침내 2000년 6월 13일에 김대중 대통령은 분단 이래 처음으로 평양을 방문하고 북한의 최고지도자인 김정일 국방위원장과

---

25) 김대중, 『김대중 자서전 2』(도서출판 삼인, 2010), pp.241~242.

정상회담을 가졌다. 한국의 대통령이 공식적으로 북한을 방문한 것은 실로 분단사에서 처음으로 일어난 획기적인 사건이었다. 김대중 대통령과 김정일 위원장이 순안공항에서 만나 포용하는 장면을 보았을 때 한국인들은 그야말로 남북한 통일이 곧 이루어질 것으로 보고 열광적인 지지를 보냈다. 두 정상들 간의 회담결과, '6·15남북공동선언'이 발표되었다.[26] 무엇보다도 갈라져 있던 남북한의 두 정상들이 직접 만났다는 것이 큰 의미가 있으며 또한 발표된 공동선언도 중요한 내용을 포함했다. 이 선언문에서 양 정상들은 통일을 지향해 나가는 방법에 대해 합의하였다. 즉 남측의 연합제 방안과 북측의 낮은 단계의 연방제 방안이 서로 공통성이 있다고 인정하고 이를 바탕으로 통일을 지향해 나가자는 데 합의한 것이었다. 그리고 남북한 간의 이산가족문제 등 인도적 문제를 해결하는 동시에 쌍방 간의 경제협력을 발전시키고 사회 전반에 걸쳐 협력과 교류를 활성화시켜 나가는 데 의견을 같이했다. 7·4남북공동성명이 통일의 3대 원칙을 제시했다면, 6·15공동선언에서는 통일의 방법에 대해 정상 간에 의견의 일치를 보았다는 데 의미가 있다. 물론 공동선언에서 표현된 낮은 단계의 연방제안이 무엇이고 이것이 한국의 연합제방안과 어떤 점에서 공통점이 있는지에 대해서는 여전히 국민들 간에 논쟁을 일으키고 있을 뿐 어떤 합의된 견해들도 나타나지 않고 있다. 이에 6·15공동선언은 애매모호성을 내포하고 있으며 앞으로 계속 남북한 대화를 통해 구체화시켜 나가는 과제를 포함하고 있었다.

한국 사회에서는 공동선언에 대해 이의를 제기하는 여론이 비등

---

26) 이화여자대학교 통일학연구원, p.245.

했으며 이에 따라 선언에 포함된 내용들도 별다른 진전을 보지 못했다. 특히 김정일 위원장의 서울 답방이 이루어지지 못했으며 나아가 북한의 핵개발에 대한 의혹이 점차 확대됨으로써 남북관계는 기대했던 것처럼 크게 발전하지 못했다. 이어 등장한 노무현 정부도 김대중 정부와 같은 남북한 공동번영과 한반도 평화를 기조로 하는 통일정책을 내세웠다. 결과적으로 두 정부들은 대내외적으로 어려움에 처했음에도 불구하고 대체로 기본 기조를 유지하였다. 노무현 정부도 북한과의 접촉과 대화를 계속했으며 또한 경제협력을 강화시켜 나갔다. 개성공단사업을 적극적으로 추진했으며 그리고 금강산관광사업도 활발히 진행하였다. 마침내 2007년 10월에는 노무현 대통령 일행이 직접 평양을 방문하고 김정일 위원장과 회담을 가졌으며 그 결과로 '10 · 4정상선언(남북관계발전과 평화번영을 위한 선언)'을 발표하였다.[27] 이 선언은 6 · 15공동선언의 정신을 바탕으로 쌍방 간에 제반 문제들을 협의하여 남북관계를 확대 · 발전시켜 나가는 데 의견을 같이하였다. 10 · 4정상선언은 남북한 간의 군사적 적대관계를 종식시키기 위해 어떠한 전쟁도 한반도에서 일어나는 것을 반대하여 동시에 상호 간 불가침의무를 준수한다는 데 합의하였다는 점에서 특별한 의미를 갖는다. 나아가 보다 더 구체적으로 쌍방 간에 민족경제의 발전을 위해 협력해 나가기로 하였다. 예를 들면 남과 북은 해주지역과 주변해역을 포괄하는 서해평화협력특별지대를 설치할 것에 합의하였고 나아가 또 다른 경제특구건설과 해주항만개발 등을 적극 추진해 나가기로 했다. 전반적으로 10 · 4정상선언은 보다 더 구체적으로 남북한 간의

---

27) *Ibid.*, pp.546~549.

사회적, 경제적 협력을 강화해 나가는 데 쌍방이 합의한 점에서 그 의의를 찾아볼 수 있다. 그러나 북한 핵 문제에 대해 쌍방은 아무런 의견도 제시하지 않았으며 다만 군사적 적대관계를 해소시켜 나간다는 데 의견을 같이했을 뿐이다.

분단 60년 역사를 되돌아볼 때 네 차례에 걸쳐 남북한의 당국자들이 만나 협상하고 공동합의문들을 발표한 것은 결코 낮게 평가할 일이 아니다. 특히 두 차례에 걸쳐 남북 정상들이 직접 만나 대화를 나누고 쌍방 관계와 한반도 평화 및 통일에 관해 일정한 합의를 본 것은 중요한 의미를 갖는다고 말하지 않을 수 없다. 두 번에 걸친 남북정상들 간의 회담을 둘러싸고 한국 사회 내에서는 소위 '남남갈등'이 생겨났으며 일부 보수주의 세력들은 그러한 회담을 격렬히 비난하기도 했다. 대북문제를 둘러싸고 좌우의 대립현상이 점차 크게 나타났으며 국내사회는 통일과 반통일의 이분법적인 사회적 갈등이 일어나기도 했다. 우익적인 보수주의 세력들은 두 정부들이 집권해 온 10년을 '잃어버린 10년'이라고 말하기도 한다. 이런 두 세력들의 분열은 앞으로 평화와 통일을 내다볼 때 심히 우려스러운 사태진전이 아닐 수 없다. 그러나 속담에 "천 리 길도 한 걸음부터"라는 말이 있듯이 한국이 분단 사태를 극복하고 통일을 실현하려고 한다면 그렇게 극단적인 사회적 분열은 결코 바람직한 일이 아니다. 오히려 남북 당국자들 간의 대화와 선언들은 그 나름대로 남북한 간의 긴장상태를 완화시키는 데 기여했으며 앞으로 통일을 준비하는 과정에서 의미 있는 경험들로 그 가치를 인정해야 할 것이다. 문제의 본질은 북한이 기대한 것처럼 변하지 않고 있다는 것이다. 북한이 여전히 폐쇄적 독재체제를 유지하고 있으며 나아가 핵보유국으로서의 국제적 지위를 확보하려는 선언을 하고 있기 때문에 남북한 관계는 새로운 돌파구를 찾아가기 어렵게 되어 있다. 국내에서 보수진영의 지지를 얻어 새로이 출범한 이명박 정부가 '비핵개방3000'이라는 대북정책의 원칙을 내세우고 북한에 대해 이전의 정부들과는 달리 강경한 입장을 취하고 있는 것도 북한의 변하지 않는 태도에 근거한 것으로 이해해 볼 수 있다. 북한 또한 한국의 이명박 정부에 대해 매우 적대적인 태도를 취하고 있다. 쌍방이 대치 관계를 계속 유지한다면 한반도의 평화와 통일은 언제 가능하게 될 것인가? 남북한이 다 같이 변화하여 보다 더 수준 높은 상호 적응 관계를 갖게 된다면 쌍방 간의 적대성은 사라질 것이고 민족의 숙원인 통일은 좀 더 앞당겨질 수도 있을 것이다.

제4절 교류와 소통과 협력

남북한은 그동안 과거에 비해 많은 교류가 있어 왔으며 이를 통해 쌍방 간의 소통을 위한 통로들이 마련되었었다. 과거 10년 동안 남북한 간에 이루어진 당국 간 회담을 통하여 사회·문화적, 경제적 교류와 협력이 크게 증대하였다. 통계자료에 의하면 남북 간 인적 교류는 1989년부터 1999년까지 11,958이었던 것에 비해, 2008년에는 186,775명으로 증가되었다. 이 중 대부분의 인적 교류는 한국에서 북쪽을 방문한 사람들로 이루어졌다. 반면 북쪽에서 한국으로 이동한 사람들의 수는 극히 제한되어 있었다. 예를 들면 2008년에 한국으로부터 북한을 방문한 사람들의 수는 186,443명이었는데 비해 북한에서 한국을 방문한 사람들의 수는 332명에 불과했다. 북한에서 한국을 방문한 사람들의 수가 가장 많았던 것은 2002년에 1,052명이었다. 이때 한국에서 북한을 방문한 사람들의 수는 12,825명이었다. 압도적으로 한국에서 북한을 방문한 사람들의 수가 많았다는 것은 한국에서의 여행조건들이 훨씬 자유로웠다는 것을 의미한다. 결국 남북한 간의 인적 교류는 상당한 정도의 비대칭성을 나타낸다고 볼 수 있다. 또한 금강산 관광경우를 예로 들어 볼 때 1998년에는 10,554명이었으나 2008년에는 199,966명으로 늘어나 관광을 통해 북한 지역을 방문하고 돌아온 한국인의 수가 그만큼 증가되었음을 알 수 있다. 한편 인도주의 차원에서 이루어지고 있는 이산가족 상봉도 점차 확대되었다. 당국 차원에서 방북상봉이 이루어진 통계수치를 보면 2002년에는 202건에 674명이었던 반면 2007년에는 388건에 1,741명으로 증가하였다. 그러나 2008년 7월에 일어난 금강산 관광객의 피격 사망사건으로 인해 이산가족 상봉이나 금강산관광사업이 전면 중단되었다.

또한 남북한 경제교류에 있어서도 상당한 진전이 이루어졌다. 우선 남북한 간의 반입과 반출을 종합해서 쌍방 간의 교역 현황을 볼 때, 계속해서 증가추세에 있음을 알 수 있다. 예를 들면 1990년에는 1,400만 달러에 불과했으나 2000년에는 4억 2천5만 달러로 증가했으며, 2008년에는 18억 2천만 달러로 대폭 늘어났다. 남북교역에 있어서는 북한으로부터의 반입보다는 한국의 북한으로의 반출이 훨씬 큰 액수를 차지했다. 2000년두에 반입은 1억 5천2백만 달러였는데 반출은 2억 7천3백만 달러였으며, 2007년에는 반입이 7

억 6천5백만 달러였으나 반출은 10억 320만 달러였다. 그러나 2008년에는 반입과 반출의 액수가 역전되어 반입이 9억 3천2백만 달러였는데 반출은 8억 8천8백만 달러로 집계되고 2009년에는 반입이 9억 3천4백만 달러였으며 반출은 7억 4천5백만 달러로 줄어들었다. 남북한 간의 승인된 협력사업도 개성공단 사업을 제외하고 점차 증가추세를 보였다. 2002년도에 경제 분야에서의 민간경협사업이 1건, 사회문화협력사업이 7건에 불과하였으나 2005년에는 민간경협사업이 10건이었고 사회문화협력사업이 47건으로 늘어났다. 그러나 그 후에 민간경협사업이나 사회문화협력사업은 계속 줄어들었다. 그 이유는 개성공단사업이 가동된 데 기인되는 것으로 풀이된다. 끝으로 인도적 협력사업 분야에서도 남북관계는 커다란 진전을 기록하였다. 통계를 보면 정부 차원의 대북지원사업은 2000년도에 2,035억 원이었던 것이 2007년에는 3,488억 원으로 늘어났다. 그리고 민간 차원의 무상지원은 2000년도에 387억 원이었으나 2004년에는 1,558억 원으로 대폭 늘어났으며 반면 2008년에는 752억 원으로 줄어들었다. 이상에서 표기된 수치들은 통일부가 발표한 통계자료에서 발췌된 것이다.

<표 2-2> 남북 왕래인원 현황

남북 왕래인원 현황

〈단위 : 명〉

연도	'89~'01	'02	'03	'04	'05	'06	'07	'08	'09	계
남→북	27,154	12,825	15,280	26,213	87,028	100,838	158,170	186,443	120,616	743,565
북→남	1,534	1,052	1,023	321	1,313	870	1,044	332	246	7,735
계	28,686	13,877	16,303	26,534	88,341	101,708	159,214	186,775	120,862	742,300

※ 금강산 등 관광인원 제외

<표 2-3> 금강산 관광객 현황

· 남북 관광협력사업 현황 - 금강산 관광객 현황

<단위 : 명>

연도	'98~99	'00	'01	'02	'03	'04	'05	'06	'07	'08	'09	계
해로	158,628	213,009	57,879	84,727	39,902	449	-	-	-	-	-	552,998
육로	-	-	-	-	34,432	267,971	298,247	234,446	345,006	199,966	-	1,381,664
합계	158,628	213,009	57,879	84,727	74,334	268,420	298,243	234,446	345,006	199,966	-	1,934,662

<표 2-4> 이산가족상봉 현황 - 민간 차원

· 이산가족 상봉 현황 - 민간차원

<단위 : 건/(명)>

구분	'85-01	'02	'03	'04	'05	'06	'07	'08	'09	계
생사확인	2,527	198	388	209	276	69	89	50	35	3,826
서신교환	6,716	935	961	776	843	449	413	228	61	11,382
제3국상봉	771 (854)	203 (592)	280 (662)	187 (465)	94 (256)	50 (86)	53 (164)	33 (92)	21 (47)	1,693 (3,216)
방북상봉	15 (51)	5 (24)	3 (15)	1 (5)	1 (5)	4 (19)	1 (5)	3 (5)	2 (4)	35 (133)

<표 2-5> 연도별 남북교역 현황

· 남북교역 현황 - 연도별 남북교역액 현황

<단위 : 백만불>

구분	'89-00	'01	'02	'03	'04	'05	'06	'07	'08	'09	계
반입	1,618	176	272	289	258	340	520	765	932	934	6,104
반출	909	227	370	435	439	715	830	1,032	888	745	6,626
계	2,527	403	642	724	697	1,055	1,350	1,798	1,820	1,679	12,694

<표 2-6> 남북 경제협력사업 승인 현황

· 남북 경제협력사업 승인 현황

<단위 : 건>

구분	'91-00	'01	'02	'03	'04	'05	'06	'07	'08	'09	계
민간경협	11	5	1	2	6	10	4	6	9	1	55
개성공단(승인)	-	-	-	-	17	26	15	163	53	10	284
개성공단(신고)	-	-	-	-	-	-	-	-	-	12	12

〈표 2-7〉 남북 사회문화교류 협력사업 승인 현황

남북 사회문화교류 협력사업 승인 현황

〈단위 : 건〉

연도	'91~00	'01	'02	'03	'04	'05	'06	'07	'08	'09	계
사회문화	17	6	7	13	16	47	26	19	3	-	154

〈표 2-8〉 대북지원 현황

대북지원 현황

〈단위 : 억원〉

구분	'95~99	'00	'01	'02	'03	'04	'05	'06	'07	'08	'09	합계
정부차원(무상지원)	2,611	944	913	1,075	1,016	1,211	1,240	2,139	1,767	197	384	13,497
정부차원(민간기금지원책)	-	34	62	65	81	102	120	134	216	241	77	1,132
정부차원(식량차관)	-	1,057	-	1,510	1,510	1,359	1,787	-	1,505	-	-	8,728
정부차원(계)	2,611	2,035	975	2,650	2,607	2,672	3,147	2,273	3,488	438	461	23,357
민간차원(무상)	694	387	782	576	766	1,558	779	709	909	725	376	8,261
총액	3,305	2,422	1,757	3,226	3,373	4,230	3,926	2,982	4,397	1,163	837	30,908

출처: 통일부홈페이지
(http://www.unikorea.go.kr/CmsWeb/viewPage.req?idx=PG0000000238)

2000년에 발표된 6·15남북공동선언을 기점으로 해서 이명박 정부가 등장하기 이전까지의 남북한 사회적, 경제적 교류와 협력 현황을 통계수치로 살펴보면 전반적으로 그 규모가 크게 증가했음을 알 수 있다. 여기서 몇 가지 특징들을 추출해 볼 수 있다.

첫째로 남북한 교류와 협력은 당국자들 간의 합의에 의해 크게 영향을 받았음을 알 수 있다. 주로 비정치적인 분야에서 남북한 교류와 협력이 이루어졌지만 이러한 교류와 협력이 정치적 결정에 의해 가능해졌던 것이다. 이것은 쌍방 간의 관계가 정치적 결정에 크게 좌우되어 왔음을 함축하고 있다. 흔히 적대적 관계에 있는 국가들이 관계 개선을 이루기 위해서는 비정치적인 분야에서 먼저 합의나 협력이 이루어져야 그다음에 정치적 합의가 뒤따른다는 소위 기능주의적 이론이 한반도의 경우에는 적실성이 적음을 지적하지 않을 수 없다. 나아가 한반도에서 남북한 관계가 개선되기 위해서는 먼저 정치적으로 당국자들 간의 대화와 교류 및 협상이 선행되어야 할 것으로 판단된다.

둘째로 남북한 교류나 협력은 여전히 불안정한 상태에서 이루어졌음을 알 수 있다. 말하자면 남북한 간의 교류가 쌍방 간의 합의에 바탕을 둔 자유왕래의 기본원칙에 기반을 두고 있지 않음을 알 수 있다. 아직도 남북한 당국자들 간에는 자유왕래가 허용되지 않고 있다. 쌍방의 개별적인 법적, 제도적 조건에 따라 교류와 협력이 제한을 받고 있는 것이다. 북한이 폐쇄적인 사회구조 및 독재체제를 유지하고 있기 때문에 한국에 대한 주민들의 여행이나 관광이 절대적으로 제한을 받고 있음은 자명한 일이다. 나아가 경제적 협력도 마찬가지이다. 한국에서도 아직 국가보안법 등 북한과의 교류와 거래를 제한하는 법적 체제가 유지되고 있기 때문에 한국인들의 북한방문이나 북한과의 경제·사회적 협력도 자유롭게 이루어지지 못하고 있음을 알 수 있다.

셋째로 아직 미흡하지만 그동안 이루어진 남북한 당국자들 간의 합의나 그에 따라 이루어진 사회·경제적 교류와 협력 등은 앞으로의 관계 발전을 위해 소중한 경험이 될 수 있을 것이다. 처음부터 전면적인 관계개선이나 자유왕래 등을 기대하는 것은 남북관계의 현실을 고려해 볼 때 지나친 희망일 수 있다. 단계적으로, 그리고 전진적으로 남북관계의 개선과 한반도의 평화를 실현하는 것이 보다 더 유용할 수 있고 현실적일 수 있다. 지나친 희망은 오히려 사태를 그르칠 수 있다. 남북관계의 진정한 개선이 이루어지기 위해서는 정치적 측면과 비정치적인 측면이 다 함께 고려되어 상호보완적 관계를 갖도록 하는 것이 바람직하다.

넷째로 중요한 것은 그동안 합의된 내용들을 구체적으로 실천하는 것이다. 이를 위해 쌍방은 어떤 다른 거대 담론을 모색하기보다는 실용적 차원에서 체계적으로 로드맵(road map)을 만들어 한 가지씩 풀어 나가는 용기와 지혜를 갖는 것이 필요하다. 우선 남북한 쌍방은 각기 국내적으로 평화나 통일을 위해 필요한 내부적 체제 변화와 사회적 갈등들을 제거하는 작업들을 서서히 추진해 나가야 할 것이다. 적어도 각기 '구조적 폭력'을 줄여 나가는 노력을 기울여야 하며 쌍방의 체제가 변화하는 시대에 보다 더 능동적으로 적용할 수 있는 능력을 갖추는 데 적극적으로 필요한 조치들을 취해야 할 것이다.

또한 남북한 간의 교류와 협력이 계속되고 그에 따라 쌍방 간의 관계가 개선되기 위해서는 몇 가지 원칙들이 준수되어야 할 것으로 보인다. 그들은 ① 상호주의, ② 정경분리, ③ 인도주의의 제 원칙들이다. 상호주의란 남북한 간의 교류와 협력에 있어 쌍방이 서로 호의적인 입장에서 필요한 조치들을 추진해 나가는 것을 의미한다. 다시 말하면, 한쪽이 어떤 반응을 보일 때, 다른 한쪽도 상응한 반응을 보이는 것이다. 이 경우 남북한이 반드시 기계적이고 산술적인 조건으로 상호 반응을 일으키는 것을 의미하지는 않는다. 남북한이 보다 더 융통적이고 유연한 자세를 가지고 상호 간 교류와 협력을 확대해 나가는 것이 필요하다. 정경분리원칙이란 정치적인 영역과 경제적인 영역을 분리해서 남북한 관계를 개선해 나가는 것을 말한다. 흔히 정식으로 외교관계를 가지지 않은 국가들 간의 관계에서는 이러한 원칙이 적용되었다. 냉전 초기에 일본은 외교 관계를 갖지 않은 공산주의 국가들과 경제적 교류를 확대하면서 점차 공식적인 정부 간 관계로 발전시켜 나갔다. 과거 공산주의 국가들은 자유주의 국가들과 외교관계를 갖기 전에 이른바 인민외교 방식을 통해 비공식적으로 접촉과 교류를 확대해 나가기도 했다. 마찬가지로, 남북 관계에 있어서도 정식으로 당국자들 간의 합의나 거래가 이루어지지 않더라도 사회적, 경제적 그리고 문화적으로 일정한 교류를 확대해 나갈 필요가 있다. 그리고 이러한 비정치적인 교류가 확대될 경우, 그것은 정치적 관계를 개선시키는 데 기여할 것으로 기대된다.

끝으로 남북한 간에는 인도주의 차원에서 교류나 협력이 이루어져야 한다. 왜냐하면 남북한은 두 개의 국가단위들로 분리되어 있지만 같은 민족성원들로 구성되어 있기 때문이다. 따라서 동포애적 인도주의 원칙을 적용하여 필요한 경우 서로 지원과 협력을 확대해 나가야 할 것이다. 특히 북한이 경제적으로 어려운 상태에 있기 때문에 많은 주민들과 어린이들이 빈곤이나 기아에 처해 있는 경우에 한국이 인도주의적 원칙에 따라 그들에게 필요한 지원을 해 주는 것은 바람직한 일이다. 인도주의 원칙은 어떤 정치적 이유에서든 방해받지 않고 실천에 옮겨지는 것이 장기적으로 남북 관계의 개선에 기여할 것이다.

결국 그동안 진행되어 온 남북한의 교류와 협력을 전반적으로 고려해 볼 때 쌍방은 일방적인 승리나 이익보다는 공통적으로 상호이익을 증진시켜 나가는 데 주된 목표를 두어야 할 것이다. 남북

한이 앞으로 협상을 통해 위협적요소를 제거하고 통일을 이룩하는
공동의 장을 마련하려고 할 때 필요한 것은 어느 한쪽이 이기고 지
는 게임이 아니라 모두 승리하는 게임을 전개해야 한다. 현실적으
로 남북한의 차이가 정치적으로나 경제적으로 엄청나게 크기 때문
에 당장 그러한 공동 번영을 실현하는 것은 어려운 일이다. 그러나
긴 장래를 내다보고 거시적으로 쌍방 간의 교류와 협력이 보다 더
공동이익을 극대화시키는 방향에서 추진될 수 있도록 남북한이 효
율적으로 적응해 나가는 것이 바람직하다. 인적 교류나 물적 교류에
있어 남북한 간에 현저한 비대칭성을 보이는 것은 피할 수 없는 현
실이지만 그러한 관계가 계속될 경우에는 대화나 협상이 어려운 상
황에 처할 수도 있다. 예를 들면 북한의 경제가 어려우면 어려울수
록 중국에 대한 의존도가 커질 것임은 분명한 사실이다. 왜냐하면
북한이 계속 생존하기 위해서는 그 길밖에 없기 때문이다. 북한이
중국의 경제권에 예속될 경우 남북한의 통일은 더욱 어려운 상황에
처하게 될 것이다.

제12장
한반도 평화정착의 과제

제1절 평화정착의 의의

한반도에서 유지되고 있는 평화는 불안정한 평화이다. 그 이유는 우선 한반도 평화가 1953년 7월 27일에 체결된 군사정전협정에 근거하여 유지되고 있기 때문이다. 군사협정의 목적은 6·25전쟁을 일시적으로 정지하고 평화적 해결이 이루어질 때까지 한국에서의 적대행위와 모든 무력행동을 완전히 정지하는 데 있었다. 이로 인해 전쟁상태는 정지되었지만 한반도에서 남북한 관계는 국지적 휴전상태로 지속되었으며 쌍방 간에는 비무장지대와 군사분계선이 설치되었다. 이런 정전협정이 체결된 지 60여 년이 넘도록 한반도에서는 휴전상태가 계속되고 있으머 역사상 이렇게 정전협정이 오래 계속되는 경우는 한반도가 유일한 것으로 알려져 있다. 따라서 한반도에서 남북한 간에 안정된 토대 위에서 평화가 유지되도록 하기 위해 평화체제가 새로이 수립되어야 한다는 주장들이 제기되어 왔다. 한국은 물론 북한과 미국을 포함해서 당사국들 사이에 정전협정 대신 평화협정을 체결해야 한다는 원칙에 대해 공감대가 형성되었으며 그 결과 1997년 스위스 제네바에서 교전 당사국인 남북한과 미국, 중국 대표들이 모여 4자회담을 개최하였으나 별다른 성과를 거두지 못했다. 북한은 계속 정전협정에 서명하지 않은 한국을 제외하고 서명 당사국인 미국과 평화협정을 체결해야 한다는 주장을 계속해 왔다. 사실 북한은 1974년부터 평화협정 체결을 주장해 왔으나 한국이 협상에 참여하는 것을 반대하여 왔다. 북한의 주장은 설득력을 가질 수 없다. 왜냐하면 한국이 정전협정의 서명국은 아니라 할지라도 주된 교전 당사국이었으며 따라서 실질적인 평화협정 당사자가 되어야 함은 당연하다. 한국을 제외하고 어떻게 한반도에서 평화협정이 체결될 수 있을 것인가? 북한의 주장은 정전협정을 평화협정으로 바꾸는 것이라 할지라도 한국이 평화협정 체결의 당사자가 되어야 한다는 당위성과 현실에 비추어 비합리적인 주장이 아닐 수 없다.

남북한 쌍방은 1992년 발효된 남북사회의 화해와 불가침 및 교류협력에 관한 합의서에서 "남과 북은 현 정전상태를 남북사회의 공고한 평화상태로 전환시키기 위해 공동으로 노력하며 이러한 평화상태가 이룩될 때까지 현 군사정전협정을 준수한다"고 밝힌 바 있다. 그러나 기본합의서 자체가 실천에 옮겨지지 못하고 무력화되었으며 그에 따라 공고한 평화상태를 만들어 낸다는 남북한 합의 또한 유명무실해지고 있다. 한편 북한은 1990년대에 들어 진행된 미국 - 북한 간의 핵협상을 전개하는 가운데 한국 대신에 미국과 직접 평화협정을 체결하려는 데 관심을 기울여 왔다. 1996년에는 4자회담을 거부해 오던 북한이 한국과 북한, 그리고 미국, 중국이 참여하는 4자회담에 참여하기도 했으나 북한 측이 주한 미군을 의제로 채택할 것을 주장함으로써 4자회담은 무산되고 말았다. 실제로 남북한은 두말할 필요도 없이 한반도에서 평화체제의 수립이 필요하다는 데 견해를 같이하고 있다. 여기에 미국과 중국도 기본적으로 같은 입장을 취하고 있다. 그러나 한반도 평화체제 구축에 있어서는 회담의 당사자 원칙을 어떻게 반영해야 할 것인가 하는 문제들이 여전히 관심사가 되고 있다. 특히 북한의 재래식 위협을 제거하고 남북한 불가침 문제를 구체화하는 동시에 북한의 핵 문제를 해결하는 문제가 한반도의 평화체제 구축을 한층 더 어렵게 하고 있다. 예를 들면 한반도 평화체제 구축에 있어서 남북한 당사자 원칙을 반영하되 미국을 참여시킬 것인가 또는 중국의 역할을 어떻게 규정해야 할 것인가? 일본과 러시아는 어떻게 처리해야 할 것인가 하는 문제들이 과제로 남아 있다. 미국은 여전히 북한의 핵 문제가 해결되어야 하고 동시에 그의 재래식 위협을 축소시키면 한반도에서 평화정착 혹은 평화체제의 수립이 가능해질 수 있다는 입장을 취하고 있다.

한반도 평화정착 문제는 남북 당사자 원칙을 넘어서 3자 또는 4자 그리고 6자 회담과의 관계 속에서 해결을 모색해야 할 것이다. 이제 한반도 평화정착 문제는 한반도 내의 문제를 넘어서 국제적 문제로 되고 있음은 재론할 여지가 없다. 중국은 한반도 평화 문제가 남북한 간 직접대화를 통해 해결하는 것이 가장 바람직한 것이며 이런 맥락에서 남북한 간의 기본합의서에 대한 지지를 표명해 왔다. 중국은 한반도에서 안정과 평화가 중국의 경제성장과 화평굴기(和平崛起)에 도움이 된다고 판단하고 한반도에서 어떠한 긴장 고조나 충돌이 발생하는 것을 원하지 않고 있다. 그에 따라 중국은 1990년부터 시작된 한반도 평화를 위한 4자회담에 참여하였으며 이 회담이 결렬된 이후에 북한 핵 문제가 다시 표면화되자 북경에서 열리는 6자회담의 의장국 역할을 수행하고 있다. 앞으로 한반도의 평화정착 문제를 논의하고 해결하는 과정에서 중국의 역할은 점차 커질 것으로 보인다. 특히 북한의 핵 문제를 해결하기 위해 열리는 6자회담에서 중국의 역할은 매우 중요할 것으로 간주된다.

일본은 한반도의 안정과 평화를 바라면서 미국과 함께 보조를 취하고 있으며 특히 6자회담을 통하여 북한의 핵 문제를 해결하는 데 적극적인 자세를 취하고 있다. 왜냐하면 북한의 핵 문제는 일본의 안보전략과 직접적으로 관련성을 갖고 있기 때문이다. 러시아는 한반도의 현상유지를 지지하고 있다. 남북한에 대해 균형적인 영향력을 행사하기를 바라고 있으며 6자회담 등 한반도 평화 문제를 해결하기 위한 다자회담을 선호하고 있다. 주한 미군 문제에 대해서는 근본적으로 당사자 문제라는 시각을 가지고 있다. 그러나 6자회담 등 한반도 문제를 다루는 과정에서 러시아는 강대국으로서의 목소리를 내기를 희망하고 있다. 그에 따라 한반도 평화정착 문제에도 일정한 영향력을 행사할 것으로 보인다. 결국 한반도에서 보다 안정된 평화체제를 구축하는 평화정착 과정은 관련 국가들 간의 이해관계가 복잡하게 개입될 것으로 보이며 그 결과에 대한 기대도 매우 어려울 것으로 보인다. 그러나 한반도가 언제까지나 일시적인 정전협정에 의존하여서 평화를 유지하는 것은 바람직한 일이 아니다. 항상 남북한 관계가 불안정한 정전협정에 의존해서 지속될 경우 한반도는 물론 동북아 지역의 안정과 평화도 기대하기 어렵다. 따라서 한반도의 평화체제를 새로이 구축하기 위한 준비가 점진적으로 마련되어야 한다.

한반도의 평화체제를 수립하기 위해서는 비교적 용이하게 실천될 수 있는 몇 가지 단계별 실천과정을 마련하는 것이 이 지역에서의 지속 가능한 평화를 보장할 수 있다고 말할 수 있다. 지금까지 북한은 남북한 간에 1992년에 발표된 기본합의서에 의해 불가침 문제가 해결되었다고 주장하고 있으며 이제 남은 것은 미국과 북한 간의 불가침협정 내지 조약만 체결하면 되는 것으로 주장해 왔다. 북한은 한반도 평화 문제와 관련해서 한국을 제외하고 미국과의 직접협상을 통하여 평화협정을 체결하는 한반도에서 평화체제가 구축될 수 있다는 획일적인 입장만을 고수하고 있다. 그러나 어떤 경우에든 한반도 평화체제의 구축에서 한국이 배제된 채 미국과 북한 간의 양자 회담개최만을 고집하는 것은 현실적이지 않으며 매우 비합리적인 것이다. 한반도에서 평화체제를 공고히 구축하기 위해서는 몇 가지 사항들이 신중하게 고려되어야 할 것으로 보인다.

첫째로 한반도의 평화체제 구축은 우선적으로 정전협정을 평화협정으로 바꾸는 데 목적을 두어야 한다. 그러나 한국이 비록 법적으로 정전협정의 당사국이 아니라 할지라도 한국은 평화협정체결을 위한 협상과정에서 배세되이서는 안 된다 한국은 어떠한 형태의 협상이 전개된다 할지라도 반드시 현실적 당사자로서 참여해야 하며 동시에 협상의 결과에 공식적으로 서명할 수 있어야 한다.

둘째로 평화체제의 구축과정은 점진적으로 이루어져야 하며 필요할 경우 일정한 단계를 거쳐 충분히 논의하는 과정으로 연결되어야 한다. 앞에서도 지적한 바와 같이 한반도의 평화 문제는 남북한 당사자들 간의 문제인 동시에 주변 국가들과의 참여와 협력을 필요로 하기 때문에 협상 당사자들의 문제를 포함하여서 그들의 지위와 역할을 충분히 고려하여 협상 자체를 진행해야 할 것으로 보인다. 북한이 미국과의 양자회담만을 통하여 한반도의 평화 문제를 일거에 해결할 수 있다고 주장하는 것은 북한 자체의 이익만을 위한 하나의 전술에 불과할 뿐이다. 현실은 그러한 양자회담을 통하여 한반도 평화 문제를 해결할 수 없을 뿐만 아니라 또한 회담 자체의 효과성도 가져올 수 없는 것이다.

셋째로 한반도 평화 문제를 해결하기 위해서는 무엇보다도 남북한 간의 정치적 신뢰가 선행되어야 한다. 신뢰가 없이 협상을 통하여 문제를 해결한다는 것은 허상에 불과하다. 비록 협상을 통하여 어떤 가시적인 합의가 당사자들 간에 이루어진다 할지라도 그의 실천은 결코 보장될 수 없다. 그리고 그러한 합의는 언제든지 합의 이전의 상태로 되돌아갈 수 있다. 협상을 통해 합의가 이루어지는 것도 어려운 일이지만 합의가 이루어진 경우 그 합의가 과거로 되돌아가 다시 남북한 간에 대결상태가 나타난다면 한반도의 평화 문제는 미해결의 단계에 머무르게 된다. 이제까지 남북한 당국자들 간의 합의가 앞에서 말한 바와 같이 몇 차례 이루어졌지만 그 어느 것도 실천되지 못하고 다시 과거의 긴장상태로 회귀하는 현상이 한반도의 분단 현실이었다. 실제로 남북한은 비록 남북한 기본합의서에서 한반도 비핵화 선언에 합의하였으나, 그 후 한국은 북한이 남북한 상호사찰을 거부하자 1993년 1월에 다시 팀 스피릿 훈련 (Team spirit training)을 제기하였다. 이에 북한은 남북한 회담을 결렬시켰으며 1993년 3월의 핵확산금지조약의 탈퇴를 선언하였다. 이로써 남북한 관계는 악화되었으며 쌍방 간에 아무런 진전도 가져오지 못했던 것이다.

넷째로 한반도 평화체제의 구축을 위해 먼저 해결되어야 할 문제는 북한의 핵 개발 폐기이다. 사실 2005년 2월에 북한이 핵보유를 선언함으로써 남북한 관계나 북미관계, 그리고 6자회담 등이 난관에 부딪히게 되었으며 한반도 평화를 근본적으로 위협하는 근본적인 요소가 되고 있다. 따라서 한반도 평화 정착을 위해서는 평화체제구축을 모색하는 전 단계로서 북한의 핵 문제가 투명하게 해결되어야 할 것이다.

제2절 평화체제의 구축과정

한반도 평화체제의 구축을 위한 협상이 시작된다면, 그 협상에서 논의되어야 할 사항들을 대체적으로 다음과 같이 집약시켜 볼 수 있다. 첫째는 현재 존재하는 휴전체제를 어떻게 안정적으로 관리해 나가느냐 하는 문제이다. 1992년 2월에 발효된 남북기본합의서는 남북한 사이에 현 정전상태를 공고한 평화상태로 바꾸기 위해 남북한은 공동으로 노력하며 이러한 평화상태가 이룩될 때까지 현

군사정전협정을 준수한다고 규정하였다. 그러나 실제로 정전협정에 기초한 휴전상태는 안정적으로 유지되지 못하고 있다. 현재 정전협정이 규정하고 있는 군사분계선과 DMZ의 유지·관리, 그리고 이를 관리하기 위한 군사정전위원회의 구성과 운영이 제대로 지켜지지가 않고 있다. 1990년대 이후부터는 북한이 북미 장성급 접촉을 계속 유지하고 있을 뿐이며 더욱이 현 정전체제를 위반하는 사례들이 많이 발생해 왔음에도 불구하고 그들을 효과적으로 제재하는 방안들이 강구되지 못했다. 1991년 3월 이후 군사정전위원회 회의가 한 번도 열리지 않았으며, 북한 측의 중립국 감독위원회가 철수하였고 중국 대표도 철수하여 실제로 북한의 DMZ안에서의 정전협정 위반사례들이 발생함에도 효과적으로 대응해 나갈 수 없었다. 그뿐만 아니라 정전협정이 체결된 이후 남북한 간에는 과도한 군비경쟁이 일어났음에도 이를 저지할 수 있는 아무런 장치도 마련되지 못하고 있다. 결국 평화체제를 구축하기 위해서는 우선적으로 현재 유지되고 있는 정전협정을 안정적으로 준수하는 것이 필요하다.

둘째로 현행 정전협정을 준수하는 가운데 발생하는 어떤 사건들이나 충돌들이 일어날 경우 이들을 효과적이고 적극적으로 해결할 수 있는 위기관리체계를 갖추는 것이 먼저 필요하다. 그동안 남북한 간에는 비무장지대에서 크고 작은 무력충돌이 많이 일어났음에도 이를 해결할 수 있는 아무런 협의 기구들이 마련되지 못했다. 남북한 쌍방 간에 발생하는 소규모의 무력충돌이 큰 분쟁으로 확대되어 지역 내의 위기를 유발시킬 수 있는 가능성이 있기 때문에 이를 방지하기 위한 위기관리체계의 수립이 요구된다. 그동안 휴전선을 중심으로 많은 사건들이 일어났었다. 예를 들면 1994년 12월

에 휴전선 이북에서 미군헬기 격추사건이 일어났으며, 1999년 6월
에는 연평해전이 발생했고, 2001년 6월에는 북한 상선의 한국 영해
침범사건이 발생하였다. 이어 2002년 6월에는 서해교전이 일어났
으며, 최근에는 서해에서 천안함 폭침사건이 일어나 한반도 사태를
더욱 위험한 상태로 만들었다. 그러나 이러한 사건들을 군사정전위
원회가 효과적으로 관리하거나 해결할 수 있는 아무런 조치도 취
할 수 없었다. 이는 한반도에서 북한이 군사정전위원회를 계속 거
부하고 있기 때문이다. 따라서 한반도에서는 평화체제가 수립되기
전 단계에서 먼저 위기관리체계가 효과적으로 운영되어야 하며 이
와 관련하여 남북한 당국자 간, 특히 정상 간 그리고 군사당국자
간의 소통통로가 마련되어야 할 것으로 보인다. 이들 간의 직통전
화가 설치되어 서로 의사를 교환할 수 있는 위기관리체계가 필요
하다.

셋째로 한반도 평화체제의 내용으로 쌍방 간 불가침협정이 확고
하게 실천될 수 있는 구체적인 조치들이 마련되어야 한다. 사실 남
북기본합의서에서 쌍방은 이에 대한 여러 가지 사항들을 합의하였
다. 예를 들면 동 합의서 제4조에서는 남북한이 상대방을 파괴·정
복하려는 행위를 하지 않는다고 규정하였으며 또 제9조에서는 남
북한이 상대방에 대해 무력을 사용하지 않고 상대방을 무력으로
침략하지 않는다고 규정하였다. 그리고 제10조에서 남북한은 의견
대립과 분쟁문제를 대화와 협상을 통하여 평화적으로 해결한다고
규정하였다. 이어 제12조에서는 남북군사공동위원회를 설치하여
"대규모 부대 이동과 군사연습의 통보 및 통제 문제, 비무장지대의
평화적 이용 문제, 군 인사교류 및 정보교환 문제, 대량살상무기와

공격능력의 제거를 비롯한 단계적 군축실현 문제, 검증 문제 등 군
사적 신뢰조성과 군축을 실현하기 위한 문제를 협의·추진한다”고
합의하였다. 그뿐만 아니라 남북한 쌍방은 우발적인 충돌과 그 확
대를 방지하여 군사 당국자들 간에 직통전화를 설치·운영한다고
합의하였다. 그러나 문제는 그 어떤 합의도 실천에 옮겨지지 않고
계속 남북한 간의 냉전적 대결구조가 계속되고 있는 데 있다. 이들
합의된 내용들을 평화체제의 내용으로 구체화시키는 협의과정들이
체계적으로 추진되어야 한다.

넷째로 남북한 불가침과 관련된 내용들이 합의된 이후에 한 걸
음 더 나아가서 DMZ 내에서의 평화지대설치나 그의 공동운영, 쌍
방 간의 경제협력 특히 한국자본의 북한진출이나 개발을 위한 일
종의 ‘대타협’ 등이 평화체제의 내용으로 포함되어야 할 것이다.
또한 북한의 개방과 개혁을 유도할 수 있는 다자주의적 대북한 지
원체계를 마련하는 것도 바람직한 방안일 수 있다. 한반도 평화체
제의 구축에 있어서 중요한 변수 중의 하나는 결국 북한의 변화이
고 그러한 변화가 북한체제의 안전과 발전을 가져올 수 있을 때 한
반도 평화는 보다 더 안정된 기반 위에서 정착될 수 있을 것이다.
이와 관련하여 남북한 쌍방은 동북아 국가들과 긴밀한 협력관계를
형성해 나갈 수 있는 포괄적 관계의 틀을 만들어 나갈 필요가 있
다. 앞에서 말한 바와 같이 한반도 문제는 더 이상 남북한 쌍방에
만 국한된 문제가 아니라 동북아 국가들과도 긴밀한 관계를 갖는
문제이기 때문이다. 여기서 그동안 논의되어 온 ‘동북아 안보협력
회의(CSCNEA: Conference on Security and Cooperation in Northeast
Asia)’를 구성하는 것도 하나의 방안이 될 수 있다. 동북아 국가들

이 상호불신 군비경쟁을 지양하고 다자주의적 안보협력을 추진해 나갈 때 한반도에서의 평화체제도 한층 더 유리한 환경을 맞게 될 것이다.

끝으로 한반도 평화정착은 남북한 간의 대화와 협상이 정례화 혹은 제도화되는 것을 필요로 한다. 특히 남북한 당국자들 간의 정치적 협상을 통해 한반도의 평화체제의 필요성에 대해 공감을 가질 수 있도록 하는 일이 중요하며 나아가 평화체제의 내용을 허심탄회하게 논의하는 과정이 중요하다. 쌍방 당국자들 간의 공통적 이해관계가 부족하거나 신뢰성이 확보되지 않는 경우에는 한반도 평화체제의 구축은 불가능한 일이다. 이러한 맥락에서 한반도의 경제통합이나 공동체 형성에 대한 논의도 가능해질 수 있으며 나아가 한반도의 군비통제와 비핵화 문제도 다 같이 협의를 통해 해결될 수 있을 것이다. 또 한 가지 어려운 문제는 미국을 포함한 주변 강대국들과의 이해관계를 조정하여 큰 틀에서 한반도의 평화정착을 위한 실질적인 대화와 협상 체계(system)를 구축해 나가는 일이다.

제3절 평화체제의 보장

한반도에서는 평화체제를 구축하는 것도 중요하지만 일단 구축된 평화체제를 계속 유지해 나가도록 하는 보장 장치와 그 과정을 마련하는 것 또한 중요한 일이다. 역사적으로 보면 세계 도처에 있는 분쟁지역들에서 관련 국가들 간의 평화조약 등 평화체제가 성립되었지만 쉽게 그 체제가 붕괴되어 다시 분쟁상태가 발생하는 경우들이 많았다. 최근에도 중동지역에서 당사국들 간에 평화적 합의가 이루어져 왔지만 다시 그러한 합의가 깨져 불안한 상태를 발생시키는 경우들이 많았다.

한반도에서도 여전히 남북한이 분단 상태로 있기 때문에 비록 어떠한 형태로든 평화체제가 구축된다 할지라도 그것이 쉽게 붕괴될 수 있는 가능성을 배제할 수 없다. 따라서 구축된 평화체제를 오랫동안 유지해 나갈 수 있는 평화보장 장치가 마련되어야 한다. 그러한 보장 장치는 세 가지 과정을 포함한다. 첫째로 현재 유지되고 있는 휴전체제를 안정적으로 관리하여 쌍방 간 무력충돌이나 군사적 도발사태 등을 방지하는 일이 필요하다. 이미 오래전에 남북 간에 합의한 '7 · 4남북공동성명'에서 쌍방은 서로 간에 중상 비방하지 않으며 어떠한 규모든 무장동원을 하지 않으며 불의의 군사적 충돌사건을 방지하기 위한 적극적인 조치를 취하기로 하였다. 그리고 1992년 2월에 발효된 남북기본합의서에서도 남과 북은 "현정전 상태를 남북사회의 공고한 평화 상태로 전환시키기 위하여 공동으로 노력하며 이러한 평화 상태가 이룩될 때까지 현 군사정전협정을 준수한다"고 규정하였다. 결국 평화체제가 구축되기 전까지 한반도에서 유지되고 있는 정전협정을 안정적으로 지켜 나가는 과정이 필요한 것이다.

둘째로 한반도 평화체제의 구축을 공고화하기 위한 다양한 노력이 필요하다. 한반도 평화 구축은 한민족 내부의 문제인 동시에 국제적인 문제이기 때문에 결국 이중적 성격을 내포하고 있다. 따라서 평화정착의 문제는 남북한 쌍방 간의 협상뿐만 아니라 남북한과 주변 국가들 간의 공동적 협의과정이 절대로 필요하다. 지금까지 남북한 간에 유지되고 있는 현 휴전체제를 평화체제로 대체하기 위해서는 남북한과 미국 및 중국을 포함하는 4자회담이 하나의 바람직한 해결방식으로 제기되어 왔다. 실제로 남북한과 미국 및 중국은 현 정전협정의 당사국들이기 때문에 한반도 평화체제의 구축과정에서도 상당히 중요한 역할을 담당하게 될 것이다. 물론 4자회담의 틀 내에서도 남북한은 주도적인 역할을 수행해야 할 것이다.

셋째로 한반도 평화체제가 안정적으로 유지되기 위해서는 두 가지 보장과정이 설정될 수 있다. 하나는 남북한 간에 남북기본합의서에서 합의한 것처럼 남북군사분과위원회와 같은 조직체를 가동하여 구체적으로 평화체제의 보장과 관련된 제반 조치들을 취해 나가는 것이다. 다른 하나는 국제적 보장과정이다. 만약 4자회담 틀 내에서 평화체제에 관한 구체적인 합의가 이루어진다면 그러한 합의를 실현하기 위해 미국과 중국이 한반도 평화체제의 보장자가 되어야 할 것이다. 그리고 필요하다면 일본과 러시아를 포함한 6자회담을 통해서 한반도 평화체제의 보장을 위한 다자적 정치도 마련될 수 있다.

그러나 전반적으로 평화체제의 보장과 관련하여 가장 중요한 것은 남북한 간에 이를 위한 실효적인 평화레짐들을 마련하여 체제의 보장을 감시하고 검정하는 과정을 효과적으로 운영해 나가는 것이다. 그리고 남북한 간에 합의가 이루어지는 경우 현재 휴전선상에 있는 비무장지대를 평화지대로 전환하여 공동 관리하는 것도 하나의 방법이 될 수 있다. 만약 그러한 평화지대가 국제적으로 승인된 생태공원으로 조성된다면 한반도의 평화체제는 더욱더 효과적인 국제적 보장 장치를 갖추게 될 것이다. 문제는 남북한 간에 존재하고 있는 냉전적 휴전체제를 당국자들 간의 협상을 통하여 탈냉전화시키는 과정이 필요하며 나아가 계속해서 평화를 위한 상호적응 과정을 확대해 나가는 것이 선행되어야 할 것이다. 평화를 위한 협상을 계속하기 위해서는 당국자들 간의 신뢰가 형성되어야 하며 어떤 문제이든 협상을 통하여 해결하려고 하는 강력한 의지가 공유되어야 한다.

제13장
한반도 경제공동체의 구상

제1절 평화와 공동체이론

  본래 인간이란 집단으로 살아가면서 다른 집단으로부터 구별되는 그들의 정체성과 가치들을 획득하는 정치적, 사회적 존재들이다. 그들은 집단의 구성원으로서 다른 사람들을 만나게 되고 또 생활하면서 집단을 소중하게 생각하게 된다. 따라서 집단들이나 공동체들은 인간들에게 있어 중요한 가치가 되어 왔다. 역사적으로 사람들은 그들 공동체의 자주성을 위해서 싸워 왔으며, 그들의 공동체가 다른 공동체에 의해 지배되는 것을 반대해 왔다. 국제정치이론에 있어 공동체들은 전쟁을 방지하고 평화를 실현하는 데 기여하는 것으로 주장되어 왔다. 특히 냉전 기간 동안 이러한 주장들은 상당한 설득력을 얻을 수 있었다. 공동체 개념이 주목을 끌게 된 것은 칼 도이치(Karl W. Deutsch)가 안전공동체(security community) 개념을 제시한 데서 비롯되었다.[28] 그는 일종의 다원주의적 시각에서 다수의 민족 국가들로 구성되는 국제 공동체가 세계 평화의 증진에 기여할 수 있다고 믿었다. 그에 의하면 그러한 국제 공동체는 국가의 주권이 축소되거나 폐지되지 않으면서 형성될 수 있다고 가정하고, 이것이 국가들 간의 통합을 가능케 하는 과정이라고 보았다. 그는 안전공동체를 두 가지 형태들로 구분하였다. 하나는 융합적 안전공동체이고, 다른 하나는 다원적 안전공동체이다. 특히 도이치는 안전공동체를 형성하는 데 있어 세 가지 본질적인 조건들을 제시했다. 그들은 ① 정책 결정자들 간의 가치 양립성, ② 정책 결정자들 간의 행태 상호 예측성, ③ 상호 반응성 등이다. 그는 안전공동체를 통합된 국가들의 집단과 일체화시켰으며, 집단 내의 구성원들 간에는 상호 신뢰성이 형성되며, 공통적인 목적을 실현하기 위해 평화적으로 활동하게 된다고 주장하였다. 다시 말하면, 공동체 안에서의 구성원들 간에는 공동 의식이나 가치가 형성되어 서로 간에 믿음과 신뢰가 생겨나며 이를 통하여 어떤 갈등이나 문제들을 평화적으로 대화를 통해 해결할 수 있게 된다는 것이다. 따라서 공동체 안에서의 국가들 간에는 전쟁이 배제될 수 있으며, 나아가 평화를 유지하면서 상호 이익을 실현할 수 있게 된다. 그뿐만 아니라 국가들이 형성하는 공동체는 대외적 위협에 대해 집단적으로 대처함으로써 전쟁의 위험을 방지할 수 있게 된다.

　어떠한 형태로든 국가들 간에 이루어지는 공동체들은 그들 간의

---

28) Karl W. Deutsch et al., *Political Community and the North Atlantic Area: International Organization in the Light of Historical Experience*(NJ: Princeton University Press, 1957), pp.5~6.

통합에 근거하고 있다. 그리고 통합의 기본목표는 국제공동체들을 통한 국제평화와 안보를 유지하는 데 있다. 일반적으로 국가들 간의 통합을 강조하는 견해들은 다음과 같은 세 가지 특징들을 내포하고 있다. 첫째는 세계평화와 국가안보에 기여하는 정치공동체의 형성과 역할에 주로 관심을 두고 있다는 것이다. 둘째는 통합은 개별국가들 간의 상호작용을 통하여 이루어진다는 것이다. 즉 그들은 서로 간의 접촉과 대화를 통해 국제환경에 대한 정보를 얻을 수 있으며 그에 따라 국가의 능력과 사회적 커뮤니케이션의 역할을 용이하게 한다. 셋째는 민족국가들은 그들 간의 통합에 매우 유리한 국제체계의 단위들로 간주된다. 즉 개별국가들은 각기 독특한 세력과 이익을 추구하기 때문에 그들 간에는 충돌과 갈등이 발생하게 되며 따라서 이들이 공동체로 통합될 경우 그러한 충돌과 갈등은 해소될 수 있으며 국제체계는 보다 더 세계평화와 안전유지에 기여할 수 있게 된다는 것이다. 실제로 공동체 형성을 이론적으로 뒷받침하는 통합 개념은 유럽의 국제정치에 커다란 영향을 미쳤다. 예를 들면 전후 유럽에서 나타난 '유럽경제협력기구(OEEC)', '북대서양조약기구(NATO)', '유럽회의(The Council of Europe)' 그리고 '유럽경제공동체(EEC)' 등과 같은 여러 기구들의 출현을 들 수 있다. 특히 NATO는 냉전시대에 소련을 비롯한 공산주의 위협을 저지하는 데 기여했으며 오늘날 형성된 유럽연합(EU)의 형성은 유럽 내에서 국가들 간의 공동적 안보를 유지하면서 세계평화 유지에 기여하고 있다.

한편 공동체가 세계평화에 기여할 수 있다는 국제정치이론에 대해 반론을 제기하는 견해들도 있다. 그들은 공동체가 세계평화에 기여하게 된 데에는 구성국가들 중에 강력한 세력을 가진 국가들이 포함되었으며 또한 공동체 밖에 위협세력들이 존재했기 때문이라는 것이다. 그러나 오늘날 탈냉전 시대에 공산주의 위협이 사라지게 됨으로써 공동체의 그러한 기능은 훨씬 줄어들게 되었으며 또한 공동체 안에서의 구성국가들 간의 결속력도 크게 약화되었다. 결국 공동체의 결속력이나 기능이 세계화 시대에는 달라졌다고 말할 수 있다. 유럽연합 내에서도 구성국가들 간의 경제적 이해관계 때문에 서로 충돌하는 경우가 자주 일어나고 있다. 특히 글로벌경제가 유발시키는 국가들 간의 무역불균형이나 금융위기 등으로 인해 EU국가들 간의 견해 차이가 커지고 있음은 공동체의 가치를 과거보다 훨씬 더 축소시키고 있다.

그러나 세계화로 인해 시장의 개방과 통합이 이루어지는 과정에서 경제공동체의 이론은 여전히 관심을 끌고 있다. 경제적 분야에서 국가들 간에 형성되는 경제공동체는 제도적 동질성에 바탕을 둔 또 하나의 국가들 간의 통합과정이라고 말할 수 있다. 개념상 경제공동체는 일정한 지역 내에서 국가들 간의 자본과 인력 등 생산요소의 교류와 협력 그리고 공동의 경제정책을 통해 서로 이익을 증진시키는 데 목적을 두고 있다. 따라서 경제공동체 역시 국가들 간의 갈등을 축소시키고 대신 협력을 증대시킨다는 점에서 그들 간의 전쟁 발발을 방지하는 데 기여한다고 주장되어 왔다. 특히 경제공동체는 국가들 간의 분쟁을 무력에 의존하지 않고 해결하는 제도와 절차의 확립 그리고 상호협력과 공영을 실현할 수 있다는 점에서 적극적 평화를 가능하게 한다는 것이다. 즉 전쟁의 부재가 아니라 전쟁의 근원을 국가들 간의 경제적 공동체를 통해 해소시킬 수 있다는 점에서 평화에 적극적으로 기여하게 된다는 것이다. 국제경제적으로 경제공동체는 경제통합의 구체적인 한 형태이다.

개념상 경제통합이란 지리적으로 인접한 2개 이상의 국가들이 동맹을 결성하여 그들 상호 간에 무역자유화를 비롯하여 재정, 금융, 통화 등의 경제적 측면에서 상호협력을 증대시킴으로써 개별경제 주체 간 차별이 존재하지 않는 보다 큰 하나의 공동경제단위를 형성하는 것을 말한다. 벨라 발라사(Bela Balassa)는 경제통합을 참가 국가들 상호 간의 결속력 정도에 따라 자유무역지대(Free Trade Area), 관세동맹(Customs Union), 공동시장(Common Market), 화폐 및 경제동맹(Monetary and Economic Union), 그리고 완전한 통합 등 다섯 가지 단계로 구분하여 설명하고 있다.[29]

자유무역지대란 통합에 참가한 국가들 간 상품이동에 대한 무역제한 조치를 철폐함으로써 역내 자유무역을 보장하는 한편, 역외 국가들에 대해서는 각국의 독자적인 관세정책 및 무역제한 조치를 취하는 형태의 경제통합을 의미한다. 관세동맹은 자유무역지대설치에서 한 단계 더 나아가 역외 공동 관세를 부과하는 형태의 경제공동체를 말한다. 다시 말하면 가맹국들 간에 상품의 자유이동을 보장하는 한편 역외 비가맹국가들로부터의 수입품들에 대해서는 공통적으로 수입관세를 부과하는 경제통합이다. 공동시장이란 관세동맹의 형태보다 한 단계 더 나아가 가맹국 상호 간에 재화와 노동 그리고 자본과 같은 생산요소들의 자유이동을 보장하며 역외 비가맹국가들에 대해서는 공동의 관세제도를 채택하는 것을 말한다. 화폐 및 경제동맹은 공동시장을 더 발전시킨 것으로 역내 상품

---

29) Bela Balassa, *The Theory of Economic Integration*(London: George Allen & Unwin Ltd., Fourth Impression, 1973); 신정현 외, 『국가연합 사례와 남북한 통일 과정』(한울아카데미, 2004), pp.261~262 참조.

및 생산요소의 자유이동과 역외 공동관세 이외에도 각 가맹국가들 간 경제조정과 협력이 이루어져 실질적으로 공동경제정책이 수행되는 형태의 경제통합이다. 마지막으로 완전한 통합이란 가맹국들 간에 초국가적 기구를 설치하여 이를 통하여 가맹국들의 모든 사회·경제 정책을 조정하고 통합하여 관리하는 것을 말한다. 이런 의미에서 가장 완벽한 형태의 통합유형이라고 말할 수 있으며 각 국가들이 사실상 하나의 단일 경제로 통합되는 것을 의미한다. 여기서는 재정통화정책을 포함한 각 국가들의 경제적 조건이 초국가적인 기구로 이양되는 것을 전제로 한다.

경제통합이 이루어지는 과정은 두 가지로 구분해 볼 수 있다. 동서독의 통일처럼 정치적인 통일이 먼저 이루어지고 그에 따라 급진적인 경제통합이 이루어지는 경우와, 경제적인 공동이익을 추진하는 과정에서 정치적인 통합을 실현하는 점진적인 형태의 경우이다. 유럽연합의 출현은 점진적인 경제통합의 실현과정에 바탕을 둔 것이었다. 또한 경제통합은 유형별로 제도적 통합과 기능적 통합으로 나누어 볼 수 있다. 제도적 통합은 경제통합에 참가하는 각 경제주체들 간의 상호합의에 의해 통합의 조건과 형태를 결정하는 방식을 말한다. 흔히 경제통합이라고 말할 때 이 경우를 의미한다.

반면 기능적 통합은 제도적인 통합장치가 마련되어 있지 않으나 개별 국가 간 산업이 서로 연결되어 있어 연계효과가 크게 나타나고 특정부문에서 국가 간 상호 보안 관계가 이루어져 경제적으로 강하게 결속되어 있는 통합 형태를 의미한다. 예를 들면 유럽에서 오스트리아는 유럽연합의 회원국으로 경제통합에 참여하고 있지는 않으나, 경제적으로는 독일과 긴밀한 관계를 갖고 있기 때문에 기능적인 경제통합을 형성하고 있다고 말할 수 있다.

경험적으로 보면 경제통합이나 경제공동체 형성에는 참가국가들 간의 경제적 관계나 경제적 이익과 같은 요인들이 작용하기보다는 정치·사회적인 요인들이 보다 더 큰 영향을 미쳐 왔음을 알 수 있다. 유럽연합의 출현 과정에서도 경제적 요인들보다도 정치적 이해관계가 더 크게 작용해 왔다. 이는 국가들 간의 정치적 관심사가 경제적 요인들보다 공동체 형성이나 경제통합에서 더 많은 역할을 담당하고 있음을 말한다. 아무리 국가들 간에 공동적인 경제적 이익이 존재한다 할지라도 그들 간의 정치적 합의가 없다면 경제적으로 통합되거나 공동체를 형성하기는 어렵다. 앞으로 남북한 간의 경제공동체 형성을 논의하는 과정에서도 당국자들 간의 합의가 선행되어야 한다는 점을 강하게 시사하고 있다. 경제공동체의 형성 문제가 경제적 분야에서 가맹국가들 간의 상호조정과 협력을 필요로 하지만 그러나 순수하게 경제적 차원에서만 해결될 수 있는 것은 아니다. 그에 앞서 정치적으로 가맹국들 간의 협상과 합의가 이루어져야 한다. 역시 정치 우선의 경제통합이 뒤따르게 됨을 알 수 있다.

제2절 경제공동체에 대한 논의

한반도에서 남북한 간에 어떤 형태로든 경제공동체가 형성되는 것이 필요할 뿐만 아니리 바람직하다는 견해들이 제기되어 왔다. 실제로 쌍방 간에 경제공동체가 어떻게 실현될 것인가 하는 문제를 살펴보기 전에 그러한 공동체가 남북한 관계에 어떠한 영향을 미칠 것인가를 논의해 보는 것이 필요하다. 첫째로 남북한 경제공동체는 쌍방 간의 경제적 이익을 가져오며 상호 간 공영을 가능하게 한다는 점에서 바람직하다고 말한다.[30] 즉 앞에서도 말한 바와 같이 경제교류와 협력을 통하여 남북한은 경제적으로 상호 보완적 관계를 확대해 나갈 수 있으며 서로 간에 보다 많은 경제적 이익을 창출할 수 있다는 것이다. 즉 북한지역에는 아직도 상당량의 지하자원이 매장되어 있는 것으로 알려져 있으며 이를 한국의 기술과 자본이 결합하여 경제적 생산성을 높일 수 있다면 이것은 결과적으로 남북 쌍방에 다 같이 이익이 될 것임은 자명하다. 북한은 여전히 경제적 미개발지역으로 남아 있으며 따라서 한국이 자본과 기술을 투자하여 북한의 산업을 발전시킨다면 그의 경제는 물론 한국 경제에도 상당한 효과가 있게 될 것이다. 이런 점에서 남북한 간의 경제공동체는 기여하는 바가 클 것으로 기대되고 있다.

둘째로 남북한이 경제공동체를 형성하여 다 같이 이익을 보게 될 경우 그것은 정치적, 사회적으로 파급효과를 일으키게 될 것으로 예상되고 있다. 다시 말하면 쌍방이 경제적으로 협력관계를 증진시켜 나가게 될 경우 그들은 서로 간에 적대감을 해소하고 화해와 교류·협력을 확대해 나갈 수 있을 것이다. 만약 북한주민들의 경제적 생활이 윤택해진다면 그들은 지금보다 훨씬 더 여유 있고 융통성 있는 시민생활의 형태로 변화해 나갈 수 있으며 그럴 경우 한국에 대한 그들의 이해나 인식도 달라질 수 있을 것이다.

---

30) 한반도 경제공동체의 구상에 관해서는 김영윤, 「남북연합과 경제공동체 형성 방안」, 신정현 외, 『국가연합 사례와 남북한 통일 과정』, pp.258~320 참조.

셋째로 결국 남북한 경제공동체 형성은 한반도의 안정과 평화에 기여할 것으로 전망해 볼 수 있다. 흔히 경제통합이나 경제공동체 이론들이 세계평화에 기여할 수 있다는 이론적 판단은 한반도의 경우에도 적용될 수 있다고 주장되고 있다. 실제로 남북한이 다 같이 경제적으로 번영할 수 있는 기반이 마련된다면 그것은 쌍방 간의 평화적 관계를 증진시켜 나가는 데도 기여하게 될 것이다. 여기서 쌍방은 대결이나 투쟁보다는 협력과 상호이익을 더 중요시하게 될 것이며 그에 따라 군사적 긴장을 완화시키고 평화체제를 유지하는 데 관심을 갖게 될 것이다.

넷째로 특히 한국은 북한의 변화를 기대하고 있다. 북한이 현재와 같이 폐쇄적인 전체주의적 사회를 유지할 경우에 남북한 간의 교류나 협상은 사실상 효과를 볼 수 없다. 오히려 남북한은 서로 이질적인 이념과 체제를 고수하고 있기 때문에 쌍방 간의 접촉이나 소통은 극히 한계를 가질 수밖에 없다. 따라서 한국의 입장에서 볼 때 북한의 변화나 개혁이 쌍방 간의 관계 개선에 절대적으로 필요하다고 생각되며 이런 점에서 경제공동체 형성은 긍정적으로 기능할 것으로 보인다. 남북한 경제공동체는 쌍방 간의 경제적 개방과 교류 및 협력을 불가피하게 만들 것이며 그에 따라 쌍방 간 경제체제 간의 이질성은 상당한 정도로 줄어들게 될 것으로 기대된다. 만약 경제공동체가 '균형적인 민족경제'의 발전을 가능하게 한다면 그것은 한반도의 평화뿐만 아니라 통일과정에도 크게 기여할 것임은 두말할 필요가 없다.

경제공동체의 당위적 가치를 전제로 남북한 당국자들 간에는 수차에 걸친 공동합의문에서 그 실현을 강조해 왔다. '남북기본합의서'의 제3장에서는 남북한 간의 교류와 협력에 관한 사항들을 규정하고 있다. 제15조에서는 "남과 북은 민족경제의 통일적이며 균형적인 발전과 민족 전체의 복리 향상을 도모하기 위하여 자원의 공동개발, 민족 내부 교류로서의 물자교류, 합작투자 등 경제교류와 협력을 실시한다"고 규정하였다. 동시에 그러한 교류와 협력을 용이하게 하기 위하여 남북 간의 "자유로운 왕래와 접촉을 실현한다"고 명시하였으며 나아가 "끊어진 철도와 도로를 연결하고 해로 및 항로를 개설한다"고 규정하였다. 특히 남북은 경제와 문화 등 각 분야의 교류와 협력을 실현하기 위한 '남북경제교류·협력공동위원회'를 비롯한 부문별 공동위원회들을 구성·운영한다고 합의하였다. 그리고 2000년 6월에 발표된 '6·15공동선언'에서는 "경제협력을 통하여 민족경제를 균형적으로 발전시키고 사회, 문화, 체육, 보건, 환경 등 제반 분야의 협력과 교류를 활성화하여 서로의 신뢰를 다져 나가기로 했다." 끝으로 2007년 10월에 발표된 '10·4 정상선언'에서는 좀 더 구체적으로 남북한 간의 경제공동체 형성과 관련된 사항들을 포함시켰다. 동 선언의 제5항에서는 "남과 북은 민족관계의 균형적 발전과 공동의 번영을 위해 경제협력사업을 공리공영과 유무상통의 원칙에서 적극 활성화하고 지속적으로 확대·발전시켜 나가기로 했다."

이상에서 살펴본 바와 같이 남북한은 당국자들 간의 협상을 통하여 사실상 경제공동체 형성과 관련된 제반사항들을 규정하였다. 그러나 아직까지 그러한 규정들을 구체적으로 실현하는 상호 적응 과정을 보이지 않고 있다. 다시 한국에서 새로운 이명박 정부가 등장하였고 북한에서 3대 세습체제가 시작됨으로써 쌍방 간의 관계는 오히려 경제공동체 형성을 저해하는 방향으로 나아가고 있다. 남북한 간의 경제공동체 형성은 현재까지 독일의 통일에서 보인 급진적인 형태도 아니고, 유럽연합처럼 경제적인 이익을 실현시켜 나가는 과정에서부터 정치적인 통합까지 추구하는 점진적인 형태도 아니다. 쌍방은 합의된 내용들을 구체적으로 실현시켜 나가는 과정까지도 취하지 않고 있다. 오히려 정지하거나 포기하는 상황으로까지 이어지고 있는 것처럼 보인다. 정치적, 군사적으로 긴장이 고조되고 대결 국면이 다시 표면화되면서 경제협력이나 경제공동체 형성과 관련된 제반합의조차 무위(無爲)로 돌아가고 있다. 만약 남북한 간에 경제공동체 구성에 관한 협상이 재개된다면 그것은 제도적 합의에 기반을 두면서도 쌍방 간의 경제가 실질적으로 그리고 구체적으로 연계되어 상호 작용하는 기능적 형태가 되어야 할 것으로 판단된다.

제3절 경제공동체의 조건들

한국은 남북한 간의 경제협력을 증진시키고 나아가 어떤 형태로든 경제공동체를 형성하는 데 필요한 법적, 제도적 장치들을 마련해 왔다. 예를 들면, 한국 정부는 '남북 교류 협력에 관한 법률(1990년 8월 1일)' 제정을 시작으로 관련 법령을 제정, 남북 교류 협력을 위한 여건들을 정비하였다. 1998년에는 '남북 교류 협력에 관한 법률 시행령'과 '남북경제협력 사업처리에 관한 규정' 등 5개의 관련 고시를 개정하고 교류 협력 관련 규제를 정비하여 민간기업 또는 단체 등이 쉽고 편리하게 교류 협력을 추진할 수 있도록 노력하였다. 1999년에는 '남북 경제 교류 협력에 대한 남북협력 기금 지원 지침'을 제정하여 남북협력 기금에서 민간기업 등의 경제협력 사업 및 교역 자금을 대출할 수 있도록 지원대상, 지원기준, 지원조건 등을 구체적으로 규정하였다. 또한 '남북 경제협력 사업처리에 관한 규정', '남북 교역 대상 물품 반출, 반입 승인절차에 관한 고시', '남북 왕래자의 휴대금지품 및 처리방법'을 개정하여 남북경제협력사업승인 신청서류 중 환경관리계획을 추가하고 승인 대상 품목을 조정하였으며, 외국인 왕래자의 휴대품 처리절차를 정비하는 등 남북교류협력 환경 변화에 맞추어 관련 규정을 정비한 바 있다. 2000년도에도 '남북교류협력에 관한 법률 시행령'과 '남북교류협력에 관한 법률 시행규칙'의 개정을 추진, 남북교류협력절차를 간소화하고 그간의 법운용 과정에서 제기되어 온 미비점을 보완하기 위한 노력을 계속하고 있다. 여기에는 ① 북한방문기간을 1년 6개월에서 3년으로 연장하고, ② 북한방문증명서는 유효기간 종료 후 반납하도록 하여 수시 방북자가 귀한, 방북 시마다 증명서를 반납, 재수령해야 하는 불편을 해소하고, ③ 협력사업이나 위탁가공교역 추진과 관련한 물품을 일정기간 지속적으로 반출, 반입계획서를 제출하고 1년 이내의 기간을 정해 포괄승인을 받을 수 있도록 하여, 반출, 반입 시마다 승인을 받지 않고도 필요한 물품을 편리하게 반출, 반입할 수 있도록 추진한 바 있다. 그 밖에도 대북경협 추진에 필요한 기업자금의 원활한 지원을 위해 2000년 11월 21일 대출비율, 대출조건 등 '남북 경제 교류 협력에 대한 남북협력

기금지원 지침'을 개정하였다. 남북 간에는 2000년 11월 11일 남북 정상회담 후속조치로 추진된 제2차 남북경제협력실무접촉에서 투자보장합의서, 상사분쟁해결에 관한 합의서, 이중과세 방지에 관한 합의서, 청산결제합의서 등 4개 합의서를 타결하고 정식 서명한 후 2003년 8월 20일 발표통지문을 교환한 바 있다.

그러나 남북한 간의 경제협력이 좀 더 활성화되기 위해서는 보다 더 정교한 제도적 장치들이 마련되어야 할 것이다. 첫째, 경협 사업자 및 사업승인 절차를 간소화해야 할 것이다. 복잡한 방북 및 남북경협승인 절차는 정경분리원칙으로 경협 확대의 바탕이 마련되고 1999년 4월에 발표된 남북경협 활성화 조치로 많이 해소되었다. 그러나 궁극적으로 남북교류협력 사업에 대한 승인 등의 절차와 함께 정부의 민간 차원 대북 사업에 대한 영향력 행사를 축소시킴으로써 대북 경협과 관련된 조치들이 한국 기업 활동의 규제가 아니라 대북한 경제활동을 지원하는 데 순기능적이 되어야 한다.

둘째, 남북한 간의 선박운행 및 철도, 도로 운송, 항공 운송과 관련 통신, 접안, 하역 방법 등에 관한 통행협정 및 통관협정 등을 비롯하여 협력 사업에 있어서의 임금, 고용 등을 관장하는 노동 분야의 합의서 채택이 필요하다.

셋째, 노동관련 남북합의서 채택이 필요하다. 북한의 노동력을 필요에 따라 제때 채용, 해고할 수 있어야 하며, 노동력의 임의적 배치도 가능해야 한다. 이와 함께 북한 노동자의 근무 능력과 실적에 따라 인센티브 제공도 이루어질 수 있어야 한다. 이를 위해서는 남북 간에 이미 체결된 이중과세빙지합의서나 투자보장합의서, 청산결제와 분쟁해결합의서와 같이 노동 분야에서도 남북 당사자들 간의 합의서 또는 협정을 체결하는 것이 바람직할 것이다.

넷째, 남북교역 및 국제교역과 연결된 부문의 남북교류협력에 관한 법률의 개정이 또한 필요하다. 남북교류협력에 관한 법률 제26조 제1항은 이 법에 특별히 규정되지 않은 사항에 대해서는 대통령이 정하는 바에 의해 '대외무역법' 등 무역에 관한 법률을 준용한다고 명시하고 있다. 이에 따라 북한과의 거래에서 민족 내부의 거래형식으로 인정되는 특별한 법률적 조치들이 마련되어야 한다.

다섯째, 남북한 간 경제협력사업을 금융적으로 지원할 수 있는 제도적 기반의 마련이 필요하다. 남북한 간 금융에 대한 인식과 법적 장치가 완전히 다르며 북한에서의 금융은 그 기능적 측면에서 자원의 직접적 배분기능을 담당하고 있기 때문에 시장경제체제의 금융 기능과는 본질적으로 다르다. 따라서 남북 경제협력을 위해서 북한의 금융 분야 개혁은 필수적이다. 이원적 은행제도의 도입, 금융시장 및 금융서비스의 다양화, 외국인 직접투자 유치를 위한 금융제도의 보완, 환율 현실화를 비롯하여 가격 현실화 및 자금결제제도의 합리화가 이루어져야 할 것이다.

현재 남북한은 다양한 제한 조건들이 존재함에도 불구하고 경제협력사업으로 개성공단사업과 금강산관광사업 등을 실시해 왔다. 이들은 앞으로 남북한 간의 경제공동체 형성을 좀 더 활성화시키는 전초지로서 중요한 의미를 갖는다고 볼 수 있다. 물론 금강산 관광객의 안전 문제와 관련하여 사업 자체가 중단되고 있지만, 개성공단사업은 계속되어 가고 있다. 이러한 사업들은 경제적으로 남북 간에 다 같이 상호이익을 가져다주며, 또한 앞으로의 경제협력 사업들을 추진해 나갈 경우에 필요한 중요한 경험들을 제공하고 있다.

    그러나 아직도 남북한 간의 경제공동체 형성을 위해서는 몇 가
지 문제들이 중요한 장애 요소들로 남아 있다. 그러한 요소들은 경
제체제의 이질성 문제, 통합주체의 주권 문제, 경제 수준과 경제 규
모의 차이 등을 포함한다. 앞에서도 언급한 바와 같이 남북한 간에
는 경제체제의 차이가 너무 분명하게 나타나고 있다. 한국의 경제
체제는 분권화, 시장체계, 사유재산권, 동기유발, 자율개방 경제를
골자로 하는 자본주의, 시장경제체제인 반면, 북한의 경제체제는
중앙집권화, 관료제도, 집단적 소유권, 통제 및 명령체제, 비경쟁,
자급자족을 골자로 하는 사회주의, 집단경제체제이다. 따라서 남북
한 간에는 경제활동의 성격과 이념, 경제 운영의 방식 등에 있어
큰 차이를 보이고 있다. 이러한 차이는 단순히 양적인 차이가 아니
라 질적인 차이인 것이다. 따라서 남북한 간의 경제공동체 형성은
결코 용이하지 않다. 그리고 이질적 경제체제들 간의 통합에 있어
서는 통합주체의 주권 문제가 가장 중요하다. 만약 경제공동체 형
성으로 북한의 체제적 안전이 위태롭게 될 경우, 남북한 간의 경제
적 통합은 사실상 불가능해질 것이다. 결국 남북한 간에 존재하는
현격한 경제 수준과 경제 규모의 차이는 경제통합이나 경제공동체
형성에 부정적인 효과를 미칠 것이다. 일반적으로 경제 수준이나
기술 수준 등 경제의 질적인 측면에서 통합 주체들 간의 대등한 관
계가 이루어질 경우에 경제공동체의 형성은 용이해질 수 있다. 그
러나 남북한 간에는 경제적 격차가 크게 벌어져 있고, 경제력 또한
비교할 수 없을 정도로 큰 차이를 보이기 때문에 남북한 간에 균형
적인 공동 이익이 배분될 수 없다. 따라서 남북한 간의 경제공동체
형성은 현재로선 불가능하다고 보아야 할 것이다.

제14장
한반도 군비통제와 비핵화

제1절 평화와 군비통제[31)

(1) 군비통제의 이론

탈냉전체제의 등장과 더불어 국가들 간의 군비통제 및 군축의 개념이 주목을 끌고 있다. 그리고 국가들 간의 군비통제는 세계평화에 기여할 것으로 기대되고 있다. 탈냉전과 더불어 국가들 간의 관계에는 첨예한 대립과 갈등보다는 교류와 협력이 증대되고 있으며 냉전시대에 유행했던 국가들 간의 군비경쟁도 완화되는 경향을 보이고 있다. 몇몇 주요강대국들을 제외하고 상당수 국가들은 군사

---

31) 신정현, 「남북연합과 군비통제」, 신정현 외, 『국가연합 사례와 남북한 통일 과정』, pp.366～413에서 군비통제 부분만을 발췌, 정리한 것임.

비 지출을 축소하고 그 비용을 경제발전이나 복지향상을 위해 전
용하는 경향이 증대되고 있다. 국가들은 안보문제에 있어서도 억제
전략에 기반을 두었던 종래의 절대 안보보다는 국가들 간의 협력
을 기반으로 하는 공동안보가 추구되고 있다. 적어도 체제 수준에
서 보면 세계는 안정되어 가고 있으며 이런 가운데 군비통제는 국
가안보를 새로운 차원에서 굳건히 다질 수 있는 중요한 과제로서
부각되고 있다. 그뿐만 아니라 냉전체제하에서 군사적 대결체제와
군비경쟁 구조를 유지해 왔던 분단국가에서도 서로 화해와 협력의
분위기가 조성되고 더불어 군사력을 안정적으로 통제·관리·축소
하는 문제가 주요한 과제로 제기되고 있다. 남북한 관계도 예외는
아니다. 아직 구체적인 형태로 남북 군비통제가 실현되고 있지는
않지만 과거 어느 때보다도 군비통제나 군축은 쌍방 간에 중요한
관심사가 될 수 있는 시대적 환경에 처해 있다. 더 이상의 과도한
군비경쟁이 남북한의 국가적 안전을 보장해 주는 시대는 지나가고
있다. 오히려 그러한 군비경쟁은 국가안정을 위태롭게 하는 군사적
위협요소로 작용할 수 있다. 국제사회에서 군비통제나 군축이 국가
의 안전을 보장해 주는 주요한 수단으로서 효과를 발휘하기 시작한
것은 오래전부터이다. 이미 지난 1970년에 발효되었던 '핵확산금지
조약(NPT)'을 비롯해서 근래에 효력을 발휘하기 시작한 '화학무기
금지조약(CWC: Chemical Weapons Convention)'에 이르기까지 많은
사례들을 찾아볼 수 있다. 현대세계에서 국가들 간에는 군비통제나
군축활동에 참여하지 않고 그들의 국가안전을 보장받기 힘들다는
인식과 평가가 점차 확대되고 있다. 지난해 4월에 개최되었던 유엔
군축위원회(UNDC: Untied Nations Disarmament Commission) 회의

에서는 세계 다수 국가들과 비정부기구 등이 참여하여 현실적으로 당면하고 있는 핵 및 재래식 무기의 감축과 제한, 비확산 활동의 전개, 군사적 투명성 확보 및 신뢰 구축에 관한 논의를 본격적으로 진행했다.

그러나 역사적 경험에 비춰 보면 군비통제나 군축은 당장 목표를 달성할 수 있는 것이 아니다. 그것은 목표에 도달하기 위한 과정을 필요로 하며 또한 그러한 과정 자체가 국가의 안보 영역에 지대한 영향을 미치기 때문에 중요한 의미를 갖는다. 왜냐하면 군비통제나 군축에 관한 협의과정에서는 군사력 긴장상태를 완화시킬 수 있고 또한 군사적 충돌을 회피할 수 있기 때문이다. 그러나 실제로 군비통제나 군축이 성공한 예는 많지 않다. 그 이유는 군비통제나 군축이 군사적 측면에서뿐만 아니라 정치적 측면에서 상호신뢰와 조정을 필요로 하기 때문이다.

군비통제나 군축의 개념은 학자들에 따라 또는 전문기관들에 따라 각기 상이한 의미로 사용되었다. 그러나 대체로 두 가지로 의미를 구분해 볼 수 있다. 첫째로 군축을 총칭적 의미로 규정하여 군비통제를 그 하위 개념으로 사용하는 경우이다. 이때 군축은 전쟁의 직접적인 원인이 무기라는 전제하에서 군비경쟁을 중단하고 현존 군사력(병력 및 장비)을 일정수준까지 감축·폐기하고 궁극적으로 모든 무기의 해체를 목표로 하는 것을 의미한다. 따라서 군축은 상당히 이상적이고 평화 지향적 개념이다. 이런 군축 개념은 군비통제라는 용어가 등장하기 이전부터 사용된 개념으로 보편성을 띠었다. 즉 그것은 1960년대 군비통제라는 개념이 나타날 때까지 UN을 비롯한 국제기구에서 모든 종류의 무기감축 및 제한을 포함하는 개념으로 통용되었다. 특히 구소련을 중심으로 한 공산국가들과 제3세계에서 널리 사용되어 왔다. 둘째로 군비통제를 총칭적 의미로 사용하는 대신 군축을 그 하위 개념으로 사용하는 경우이다. 이경우 군비통제 개념은 포괄성을 띤다. 본래 군비통제 개념에는 잠재적 적대국가 간의 상호합의, 군비경쟁의 조정, 군사적 안정성의 제고, 군사력의 운용 및 구조의 통제, 전쟁 가능성의 제한 및 감소 등과 관련된 일련의 행위들을 포함한다. 이는 기본적으로 모든 전쟁은 인간의 마음으로부터 비롯된다는 가정하에 당사자들 간에 가능한 모든 형태의 군사적 협력을 이끌어 내는 데 목적을 둔다. 종국적으로 그러한 협력을 확대하여 국가들 간에 평화적 관계가 형성·유지되도록 하는 데 기여한다. 나아가 여기에는 전쟁이 발발하더라도 피해를 최소화하려는 노력과 전쟁 대비에 소요되는 군사적, 경제적 비용을 줄이기 위한 제반 조치들이 요구된다. 이런 의미에서 군비통제 개념은 현실주의적이고 기능주의적이다. 군비통제의 개념은 실제로 1960년대 동서 간 군비경쟁이 심화되고 대륙간탄도미사일(Inter Continental Ballistic Missile: ICBM)을 비롯한 첨단전략 무기의 발달로 군사적 파괴력이 엄청나게 증가되던 냉전 상황에서 미국에서 먼저 통용되기 시작했다. 한국의 경우 군비통제 개념을 광의적으로 규정하여 군축 개념까지도 포괄하고 있다. 국방부의 군비통제 개념에 따르면 군비통제란 군비경쟁에 대한 상대적 용어로서 군비경쟁을 안정화 또는 제도화시킴으로써 군비경쟁에서 야기될 수 있는 위험 및 부담을 감소·저지하거나 최소화하려는 모든 노력을 뜻한다. 다시 말하면 군사력의 건설·배치·운용·사용을 확인·제한·금지 또는 축소하고 합의사항 위반을 제거함으로써 전쟁위협을 감소시켜 안보를 유지하려는 광의의 개념[32]으로 규정하고 있다. 따라서 한국의 군비통제 개념에는 군비축소 또는 군축, 군비제한, 군비해제, 신뢰 구축 등이 포함되는 것으로 해석할 수 있다.

(2) 군비통제의 유형화

일반적으로 군비통제는 통제방법이나 통제대상, 무기체계, 통제형태에 따라 몇 가지 유형들로 나누어 볼 수 있다.

첫째 군비통제 방법에 따른 유형 분류이다. 여기에는 운용적 군비통제(operational arms control)와 구조적 군비통제(structural arms control)가 포함된다. 운용적 군비통제는 보통 군사적 신뢰 구축조치들로 불리는 것으로 상호 간에 오해, 오판, 불신으로 인한 전쟁발발의 위험성을 제거하는 데 초점을 둔다. 역사적으로 전쟁을 잘못된 정보나 오해, 오산과 상호불신에서 발발되었음을 간과할 수 없다. 따라서 국가들 간에 각종 군사정보를 교환하고 부대 이동이나 기동훈련, 부대배치 상황 등 주요 군사 활동을 상대방에게 노출하고 공개할 경우, 다시 말하면 군사 활동의 투명성과 예측 가능성을 높이고 군사적 의도를 분명히 밝힐 경우 전쟁발발은 사전에 방지할 수 있을 것이다. 또한 사전에 군사 활동을 감지할 수 있는 조기경보 능력이 향상된 경우에도 전쟁의 발발 위험성은 상당히 줄어들 수 있다. 이런 조치들을 가능케 하는 것이 운용적 군비통제이다. 유럽에서는 1970년대 초반부터 운용적 군비통제 조치들을 성공적

---

32) 국방부, 『군비통제란?』(1992), pp.6~7.

으로 실시하여 상당한 성과를 거두었다. 그러한 조치들 중에는 단순한 대규모 군사훈련 통보에서부터 평상시 부대편성, 국방예산 정보교환 등 보다 더 구체적인 신뢰 구축 조치까지 실시되고 있다.

군사력 운용을 통제하여 군사 활동의 투명성과 예측 가능성을 높일 수 있는 상호 신뢰 구축 방법들로서는 다음과 같은 조치들이 포함될 수 있다.[33]

① 정보교환 및 정보통진 조치: 부대의 편성, 장비, 국방예산 등 각종 정보교환과 주요 군사령부 간 직통전화(Hot Line), 공동위기관리센터 설립 등 군 기관 간의 통신망 구축 그리고 부대이동 및 군사훈련 사전통보를 포함한 군사 활동 공개 및 훈련참관초청 의무화 등을 포함한다.
② 기습공격 방지 및 억제조치: 부대 및 장비이동을 감시하며 공세전력의 배치 제한지대를 설치 운영한다. 그리고 대규모 기동훈련을 제한하고 조기경보확보 조치를 취한다. 이런 조치들 중에는 군사 공개지역설치 부대출입지점 및 군사령부에 상대방 옵서버 상주 등이 포함될 수 있다.
③ 선언적 조치: 무력의 선제사용 금지 및 불가침선언과 핵·화학·생물학 무기 등 대량살상무기 사용금지 등의 조치를 취할 수 있다. 그리고 전쟁의 규칙이나 행정협정의 체결 등도 모색될 수 있다. 제2차 세계대전 후 운용적 측면에서 군비통제가 이루어진 대표적인 사례들로서는 1975년 헬싱키 CBMs, 1986년 스톡홀름 '신뢰 및 안보구축조치(CSBMs)'와 1992년 비엔나 CSBMs 등이 있다.

운용적 측면에서 군사 활동에 대한 투명성과 예측 가능성이 증대되고 나아가 군사적 신뢰가 어느 정도 구축되면 그다음으로 좀 더 어려운 조치들인 전쟁도발 능력의 감소 및 제거를 위한 구조적 군비통제 조치들을 강구해 나갈 수 있다. 이렇게 군사력의 규모와

---

33) 이서항, 「한반도 안정과 평화를 위한 포괄적 군비통제 방안」, 국방부, 『한반도 군비통제』(제24집, 2008) 참조.

구조를 통제하는 방법으로는 적어도 기본적으로 4가지를 포함할 수 있다. 첫째는 군사력을 더 이상 증강시키지 않고 현 수준에서 동결(freeze)하는 것이다. 둘째는 일정수준의 상한선을 정해 놓은 뒤 군비증강을 규제하는 군비증강규제(limitation)조치이다. 셋째는 특정 유형의 무기 또는 화력의 사용을 규제하는 금지(ban)조치이다. 넷째는 일정한 비율이나 수량원칙에 따라 군사적 규모를 축소하는 감축(reduction)조치를 포함한다. 실제로 구조적 측면에서 군비통제 조치를 강구할 경우 위의 네 가지 방법들을 적절히 배합하여 실시할 수 있다.[34)]

군비통제를 구조적 측면에서 규정할 경우 여기에는 군비감축이나 군비축소의 의미가 함축된다. 실제로 적대적인 국가들 간에 군사력의 동결이나 증강 제한, 금지 및 감축 등의 방법들에 합의하여 상호 군사력에 대한 구조적 통제가 행해질 경우, 그들 간에는 군비 경쟁을 지양하고 군사력의 상호균형을 이룩할 수 있을 것이다. 이런 조치는 국가들 간에 순수한 방어 전력만 유지케 함으로써 군사적 안정을 도모하고 나아가 평화를 확보하는 데 기여하게 될 것이다. 결국 군비통제의 방법에 따라 분류, 규정하고 일정한 합의를 도출해 내어 실시한다면 이로 인해 적대국가들 간에 상호안전과 신뢰를 구축하고 군사력을 제한·감축시킴으로써 군사적 균형을 이룩하게 하고 전쟁 도발의 유혹과 능력을 감소, 제거하여 공동의 안전을 보장하는 효과가 있을 수 있다. 이런 의미에서 군비통제는 국

---

34) Jozef Goldblat, *Arms Control: A Guide to Negotiations and Agreement*(London: Sage Publications, 1994), p.3; Commitee on International Security and Arms Control, National Academy of Science, *Nuclear Arms Control: Background and Issue*(Washington D.C.: National Academy Press, 1985), pp.6~9.

가 간의 합의를 통해 자국의 안전만을 확보하는 것이 아니라 상대 국가의 안전도 보장하는 공동안보와 군사적 균형을 유지하는 조치라고 말할 수 있다. 그리고 그것은 국가들 간에 공세전력 대신 방어 전략에 관심을 두게 하여 대결체제 대신에 협력체제를 실현케 하는 것으로 이해될 수 있다. 구조적인 군비통제의 대표적인 사례들로서는 미·소 간의 '전략무기제한협정'(SALT)을 포함하여 '유럽 재래식 전력감축협정'(HECFE treaty), '비핵지대화'(nuclear－free zones), '핵확산금지조약'(NPT), '화학무기금지협약'(CWC) 등이 있다.

둘째는 군비통제 협상 시 통제대상이 되는 무기 형태에 따른 분류이다. 즉 어떤 무기를 대상으로 통제할 것인가를 중심으로 한 분류이다. 흔히 재래식 군비통제와 핵통제로 구분된다. 전자는 일반 재래식 무기를 통제하는 것을 말하며 후자는 핵무기와 화생방무기, 방사능 무기 등 대량파괴무기를 중심으로 한 통제이다. 북한이 핵무기를 보유하고 있다고 선언한 이상 남북한 군비통제에 있어 핵통제협상도 중요한 의미를 갖게 되었다. 파괴력을 기본으로 해서 볼 때 핵무기에 대한 통제가 재래식 무기에 대한 통제보다 중요하다. 핵무기가 가공할 만한 살상력을 갖고 있기 때문이다. 그러나 기술적 측면에서 볼 때 재래식 무기 통제가 핵무기의 경우보다 더 어렵다. 그 이유는 재래식 군사력은 실질 전력뿐만 아니라 전장 환경에 따라 다르게 평가될 수 있기 때문이다. 전장 환경으로서는 시간, 지형, 예비대, 병참, 훈련 정도, 군사기 등의 요소들이 포함된다. 재래식 무기 중 국가들이 보유하고 있는 병력은 검증이 특히 어렵다. 병력의 범주에는 훈련을 마친 현역과 예비역이 다 포함될 수 있으며 이 경우 어디까지를 군비통제 대상으로 규정할 것인가 하는 문제가 제기되기 때문이다. 실제로 재래식 무기에 대한 군비통제가 합의되기도 어렵지만 실행단계에서 많은 시간과 노력을 필요로 하게 되는 이유도 바로 여기에 있다.

끝으로 군비통제에 참여하는 국가의 수에 따른 분류가 있을 수 있다. 즉 참여국의 수에 따라 군비통제는 일방적 군비통제(unilateral arms control), 쌍무적 군비통제(bilateral arms control), 그리고 다자간 군비통제(multilateral arms control)로서 나누어 볼 수 있다. 일방적 군비통제란 "분쟁 당사국 중 일방이 다 같이 협력을 끌어내기 위해 타방과의 협력이 없는 상태에서 일방적으로 자신의 군사력에 제한을 가하는 행위"[35]를 의미한다. 1962년 미국에 대기권의 핵실험을 일방적으로 금지하여 구소련의 협력을 이끌어 낸 것이나 한국이 지난 1991년에 북한과의 협의 없이 일방적으로 '한반도 비핵화 선언'을 발표한 것은 좋은 실례이다. 쌍무적 군비통제는 두 개의 분쟁 당사국들 간에 이루어지는 통제 형태이다. 이런 형태는 가장 전통적인 방법이다. 과거 미국과 구소련 간에 이루어진 '전략무기제한협정(START)' 등이 있다. 다자간 군비통제는 3개 국가 이상이 합의하여 이루어지는 통제 형태이다. 여기에는 1922년 미국, 영국, 일본, 러시아, 이탈리아 등 5개국이 참가한 '워싱턴해군조약'(Washington Naval Pact)을 비롯해서 1967년의 NPT, CWC,(화약무기금지조약) '전면핵실험금지조약'(CTBT), '제네바군축회의'(CD) 등이 대표적인 실례들로서 포함된다. 다자간 군비통제는 특정지역 내에서 국가들 간에 다자간 합의를 통해 이루어지는 지역군비통제

---

35) William Rose, U.S. *Unilateral Arms Cintrol Initiative: When Do They Work?*(NY: Greenwood Press. 1983), p.4.

(Regional Arms Control)와 지역적 제한을 두지 않고 전 세계적으로 다
수의 국가들이 참여하는 국제적 군비통제(International Arms Control)
로 나누어 볼 수 있다. 전자는 유럽지역 국가들을 중심으로 이루어
진 '상호균형감군회의'(MBFR), '유럽안보협력회의'(CSCE) 등과 동
남아시아 국가들이 중심이 되어 형성된 '동남아비핵지대(SEANWFZ)'
등을 포함한다. 그리고 후자는 이미 논의된 NPT, CTBT, CD 등을
포함한다. 이런 유형과 실례들을 검토해 볼 때 군비통제란 '무기의
생산, 배치, 이전 및 사용에 대한 특정한 제한이나 규제를 가하는
것'만을 의미하지 않는다. 그것은 나아가 특정무기체계의 동결, 제
한, 감축, 폐기와 특정 군사 활동의 제한 그리고 군사력의 전개조
정, 통제, 군사적으로 중요한 물자의 이전 규제, 특정무기의 사용을
제한 혹은 금지, 우발전쟁의 방지책, 국가 간의 군사적 투명성 확보
를 위한 신뢰 구축 등 다양한 활동들을 포함한다.[36)

(3) 군비통제와 검증

국가들의 군비통제에 대한 합의가 이루어지는 과정에서 가장 복
잡하고 해결하기 어려운 과제 중의 하나가 바로 합의내용(조약)의
실천에 대한 효과적인 검증방안을 마련하는 것이다.[37) 효과적인 검
증방안이 마련되어야만 군비통제의 합의가 실질적으로 이행될 수
있는 것이다. 군비통제검증(verification)은 상대방에게 조약준수의

---

36) 황진환, 「한국의 군비통제 년十: 징향과 과제」, 국방부, 『한반도 군비통제』(제24집, 1998) 참조.
37) 검증문제에 관해서는 황진환, 「군비통제론」, 육군사관학교 편, 『국가안보론』(박영사, 2001),
    pp.310~317 참조.

확신을 주고 이를 보장함으로써 조약의 체결을 촉진하는 동시에 조약의 원활한 이행을 보장하는 군비통제과정의 중요한 요소인 것이다.

기술적 의미에서 군비통제 검증은 합의된 조약의 준수 여부를 확인하기 위하여 조약이 규정한 대상에 대한 제한된 정보수집 및 분석활동이라고 규정할 수 있다. 이런 의미에서 검증은 군사 활동에 대한 단순한 감시(surveillance) 개념과 구별된다. 일반적으로 감시는 군비통제조약의 유무와 관계없이 한 국가가 상대방 국가의 군사 활동에 대해 전반적으로 정보를 수집하는 활동을 말한다. 정보 수집 활동이라는 점에서 감시와 검증은 공통점을 갖지만 검증은 조약 당사국 간의 합의에 의해 실시되는 특정 영역에 대한 감시 활동이라는 점에서 감시와 다르다. 또한 검증은 일반적으로 감시를 통해 획득되는 정보에 비해 고도의 정밀한 정보를 요구한다는 점에서 감시와 구별된다.

검증은 두 가지 중요한 기능을 담당한다. 하나는 신뢰 구축 기능이다. 검증은 군비통제 당사국 간의 조약 준수에 대한 확신을 제고함으로써 관련 국가 간 신뢰감을 증진시킬 수 있다. 다른 하나는 억제의 기능이다. 효과적인 검증 방안이 마련됨으로써 상대국의 은밀한 조약 위반이 탐지되고 조기에 경보하는 안전장치의 효과가 있을 수 있다. 또한 군비 통제 조약의 준수 여부를 통해 상대방의 군사적 의도를 사전에 탐지할 수 있으므로 궁극적으로 상대방의 군사적 활동을 억제하는 기능을 수행할 수 있다.

수준 면에서 검증은 여러 가지 종류가 있다. 말하자면 당사국 간의 합의에 따라 무검증에서부터 완벽검증에 이르기까지 다양하다.

① 무검증(No verification): 군비통제조약에 특정한 검증기준을 두지 않으며 특정국의 조약위반 여부는 각국의 독자적인 첩보 수집에 의존하거나 혹은 3국과의 협조를 통해서만 조약의 개괄적인 준수 여부를 파악하는 방법이다.
② 상징검증(Symbolic verification): 조약에 구체적인 검증방법이 명시되지 않지만 조약위반의 징후가 있을 경우 이를 해결하기 위한 해명과 협의절차를 명시하고 있는 것이 특징이다.
③ 적절검증(Adequate verification): 조약 내에 구체적인 검증조항을 두는 방법이다. 이 방법은 조약 당사국 간에 군사적으로 중요한 위험을 초래할 정도의 위반을 적시에 탐지하여 시간적으로 충분히 대비할 수 있는 여유를 갖기 위해 마련된 것이다.
④ 효과검증(Effecture verification): 당사국의 주권에 대한 기술적 침투성이 강한 현장검사(on-site inspection)를 허용하는 방법이다.
⑤ 완벽검증(Perfect verification): 조약준수 여부에 대하여 당사국들이 100% 검증을 허용하는 방법이다.

한편 군비통제조약은 보통 검증의 수단을 내포한다. 검증의 수단에는 독자검증수단(Unilateral Verification Measures)과 협력검증수단(Cooperature Verification Measures)이 있다. 독자검증수단은 조약 당사국 간의 협력 없이 독자적으로 행해지는 반면, 협력검증수단은 조약의 합의에 따라 당사국 간의 협력하에 이루어지는 방안이다.

군비통제검증은 협상을 통해 검증에 관한 제반사항들(예컨대 검증의 필요성, 검증의 수준 및 방법 등)이 조약의 일부로서 명시됨으로써 효력을 발생하게 된다. 검증에 관한 사항들이 조약 내에 포함된 후 그 시행절차는 두 가지 단계를 거쳐 행해진다. 하나는 정보수집 및 분석단계이고 다른 하나는 판단 및 대응단계이다. 이런 단계 등에 있어 중요한 것은 얼마만큼 객관적인 정보를 수집하여 분석하고 판단을 내리냐에 있다. 반약 징보수집이 사실저이지 못하

고 분석, 판단이 잘못 이루어질 경우 대응조치도 불합리하게 취해
질 수 있기 때문이다.

제2절 한반도의 군비통제

(1) 군비통제의 방안들

반세기 동안 지속되어 온 분단 속에서 남북한은 각기 수많은 군
축 및 군비통제방안들을 제시해 왔다. 방안 제시 횟수에서 보면 북
한이 남한보다 훨씬 더 많았다. 그러나 실질적으로 실현된 것은 거
의 없다. 남북한은 계속 군사적 대립과 대결구조를 유지한 채 탈냉
전의 세계적 추세인 군비통제 조치들에 실질적인 합의를 보지 못
하고 또 부분적으로 합의를 보았다 할지라도 실천에 옮기지 못하
고 있다. 1990년대 초 탈냉전 분위기 속에서 남북한 간에 군비통제
협상이 본격화되는 듯했으나 1992년 말 북한이 팀 스피릿 훈련을
트집 삼아 모든 남북대화를 중단시킨 후 남북군비통제협상은 아직
까지 별다른 진전을 보지 못하고 있다. 2000년 6월에 남북정상회담
이 열리고 이어 처음으로 제주도에서 남북국방장관회담이 개최되
어 쌍방 간 군사적 긴장완화, 전쟁위험 제거, 한반도 평화 등에 합
의를 보았으나 그 후 군비통제 협상은 실질적인 진전을 보이지 못
하고 있다.

냉전시기에는 군비통제에 대한 인식 및 접근방법의 차이로 말미

암아 남북한 간에 군비통제에 대한 논의나 협상이 이루어지지 못
했다. 그러나 북한은 일찍이 군축제의가 대외적으로 평화이미지를
고양하고 자신들의 실질적인 군사력 증강을 은폐하는 데 유리하다
는 판단에서 한국전쟁 이후 계속 외국군대(미군)의 철수와 10만 이
하의 감군을 주장해 왔다. 반면 한국은 1980년대 중반까지 북한의
공세적이고 선전적인 군축제안에 대해 소극적인 자세로 대응해 왔
다. 한국은 경제성장을 이룩하고 어느 정도 국방능력이 확보된 80
년대 이후에 들어서 비로소 군비통제 문제에 본격적인 관심을 표
명하기에 이르렀다.

1980년대에 접어들어 북한은 남한보다 먼저 한반도 군비통제 문
제를 제기했다. 1980년 10월 10일 북한은 ① 쌍방의 군대를 각각
10만~15만 명으로 축소할 것, ② 군사분계선 철폐, ③ 군사분계선
일대 모든 군사시설물 제거, ④ 남과 북의 민간군사조직 해산, ⑤
민간군사훈련 금지 등을 주장했다. 나아가 북한은 ① 조선인민군과
국군을 통합한 단일민족연합군의 조직, ② 통일 이전 다른 나라들
과 맺은 군사조약의 폐기 및 외국 군대의 주둔 및 외국 군사기지의
설치 불허용, ③ 핵무기 생산, 반입 및 사용금지, ④ 조선반도의 영
원한 평화지대화 및 비핵지대화 등을 내용으로 하는 통일한국군의
장래 문제를 제의했다.

한국은 1982년 1월 22일 대통령 국정연설을 통해 '민족화합 민
주통일방안'을 제안하면서 ① 모든 형태의 무력 및 폭력의 사용 또
는 위협을 지양하고, ② 모든 문제를 평화적 방법으로 해결하며,
③ 한반도에서의 현존 휴전체제를 유지하면서 군비경쟁을 지양하
고 군사적 대치상태의 해소를 위해 쌍방이 협의할 것을 제의했다.

그리고 1982년 2월 1일 한국의 국토통일원장관이 발표한 '20개 시범실천사업'에서 한국은 군사적 신뢰 구축을 위해 비무장 지대의 군사시설 완전철거, 군비통제조치 협의, 군사직통전화설치 및 운용 등을 제의하였다.

한편 북한은 1984년 1월 10일 북한·남한·미국의 3자회담을 제의하면서 전쟁의 종결을 법적으로 공식 선포하고 정전을 공고한 평화로 전환하며 모든 외국 군대 철수 등을 내용으로 하는 '북·미 평화협정'을 체결할 것을 제의했다. 그리고 남한과는 남북 간 무력 불행사 및 군비축소 문제를 포함하는 남북불가침선언을 채택할 것을 제의했다. 또한 1986년 6월 17일에는 군사연습과 무력증강 중지 문제, 병력과 군비축소 문제, 정전협정 준수 문제 등을 논의할 것을 제의했다. 그리고 1987년 6월 23일에는 '조선반도비핵지대·평화지대' 창설 협상을 제의하기도 했다.

한국은 1986년 6월 24일 국방장관의 대북서한을 통해 군사적 신뢰 구축을 위해 ① 비무장지대의 진정한 비무장화, ② 주요 군사훈련 상호 통보 및 참관초청, ③ 공동경비구역 내에서의 상호 확인제도 설치 등 군사적 긴장완화를 위한 방안들로부터 논의하자고 제의했다.

그러자 북한은 1987년 7월 23일 남북한 및 미국이 참가하는 '다국적 군축협상'을 제의하면서 ① 3단계 무력 축소, ② 미군의 단계적 철수, ③ 남북무력축소 방안과 미군철수 통지 및 공조, ④ 비무장 지대의 평화지대화나 중립국 감시군 배치, ⑤ 1988년 3월 제네바에서의 다국적 군축협상 개최 등을 제의했다.

한편 한국은 1988년 6월 10일 유엔 제3차 군축 특별총회에서 외무장관연설을 통해 '한반도 군축을 향한 3단계 접근방안'을 제시했다. 이 방안은 ① 남북 간 대화 재개와 협력확대를 통한 상호신뢰 구축, ② 적대행위 재발을 방지하기 위한 제도적 보장장치로서 불가침협정 체결, ③ 한반도 군축목표를 달성할 수 있는 구체적 조치 협상제의 등을 포함하였다. 그 후 남한은 1988년 10월 18일 제43차 유엔총회 대통령 연설에서 남북정상회담의 개최를 통하여 남북 불가침 또는 무력불사용에 합의하고 공동선언을 발표할 것을 제의했다.

한국의 제의에 대해 북한은 1988년 11월 8일 중앙인민위원회, 최고인민회의, 정무원의 연합회의에서 '포괄적 평화방안'을 내세웠다. 그 내용은 ① 미군 철수, ② 남북무력 감축, ③ 3자회담 개최, ④ 정치적 신뢰 구축, ⑤ 군사적 신뢰 구축, ⑥ 남북 고위급 정치·군사회담 등을 포함했다. 이에 대해 남한은 1988년 12월 28일 총리의 대북서한을 통해 남북한 신뢰 구축과 긴장완화 문제를 포괄적으로 협의·해결하기 위한 남북고위당국자회담 개최를 제의한 바, 북한이 이를 수용함으로써 남북 간 고위당국자회담이 개최되었다. 남북고위급회담이 개최됨으로써 남북군비통제협상도 활기를 띠게 되었다. 북한은 1990년 5월 31일 중앙인민위원회, 최고인민회의상설회의, 정무원연합회의에서 '조선반도의 평화를 위한 군축제안'을 제시하였다. 이 제안에서 북한은 ① 남북신뢰 조성, ② 남북 무력 감축, ③ 외국무력 철수, ④ 군축과 그 이후의 평화보장을 주장하였다. 여기서 북한은 남북 간의 군사적 신뢰 조성을 위해 외국 군내와의 힙동구시 연습 및 훈련 금지를 주장했고, 군축안 합의 시 로부터 3~4년에 걸쳐 3단계 군축을 실시할 것, 남북무력 감축에 상응한 외국무력 철수를 실시할 것, 군축 이후의 평화보장을 위해 남북군사공동위원회를 구성, 운용할 것 등을 제의했다.

한국은 1990년 9월 4일부터 7일까지 개최된 제1차 남북고위급회담에서 '남북관계 개선을 위한 기본합의서(안)'를 제시하고 여기서 군비경쟁 지양, 군사적 신뢰 구축, 군비감축 등을 포함하는 구체적인 군비통제 방안을 제의했다. 우선 군사적 신뢰 구축을 위한 방안들로 ① 군인사의 상호방문 및 교류, ② 군사정보의 상호공개 및 교환, ③ 특정 규모 이상의 군부대 이동과 기동훈련 사전 통보 및 초청·참관, ④ 군사직통전화 설치·운영, ⑤ 비무장지대의 비무장화 및 평화적 이용 등이 포함되었다. 그리고 본격적인 군축은 남북 간에 정치·군사적 신뢰가 구축되고 불가침을 약속한 기초 위에서 실현해 나가야 한다고 전제하고, ① 공격형 권력구조의 방어형 권력구조로의 전환, ② 상호동수보유 원칙에 의한 군사력의 상호균형, ③ 무기감축에 따른 병력감축 및 상비전력감축에 상응한 예비전력과 유사 군조직 감축, ④ 현장 검증과 감시, ⑤ 쌍방 군사력의 최종수준은 통일국가 군사력 소요를 감안하여 결정할 것 등을 제시했다. 그리고 남북 간에 군축이 진전을 보게 될 경우 휴전체제를 평화체제로 전환할 것과 국제적 평화보장장치를 강구해 나가야 한다고 강조했다.

이에 대해 북한은 '군사적 대결상태를 해소하기 위한 10개 항'을 제시하고 남북 간 불가침선언 및 미국과의 평화협정 체결을 주장했다. 불가침선언의 구성요소로 북한은 ① 무력 불사용, ② 분쟁의 평화적 해결, ③ 불가침 경계선 설정, ④ 상대방에 대한 외국의 침략과 무력간섭 불가담, ⑤ 남북 간 군사력 감축과 미군철수 등 기

본적 군사적 대책, ⑥ 팀 스피릿 훈련의 완전 중지 또는 2~3년간
의 일시중지 등을 제의했다.

결국 5차에 걸친 남북고위급회담이 개최된 끝에 1991년 12월 13
일 '남북 사이의 화해와 불가침 및 교류·협력에 관한 합의서'가
타결되었다. 이른바 기본합의서에 남북한은 군비통제 문제와 관련
해서 다음과 같은 사항들에 합의했다.

① 협정 전 상태를 남북 사이의 공고한 평화 상태로 전환시키기 위하여 공
　동으로 노력하며 이러한 평화 상태가 이룩될 때까지 현 군사정전협정
　을 준수한다(제5조).
② 상대방에 대해서 무력을 사용하지 않고 상대방을 무력으로 침략하지 않
　는다(제9조).
③ 남북 간의 의견대립과 분쟁을 대화와 협상을 통하여 평화적으로 해결
　한다(제10조).
④ 불가침의 이행과 보장을 위하여 합의서 발효 후 3개월 내에 남북군사
　공동위원회를 구성·운영하며 이 위원회에서 대규모 부대이동과 군사
　연습의 통보 및 통제 문제, 비무장 지대의 평화적 이용 문제, 군 인사
　교류 및 정보교환 문제, 대량살상 무기와 공격능력의 제거를 비롯한 단
　계적 군축실현 문제, 검증 문제 등 군사적 신뢰 구축과 군축을 실현하
　기 위한 문제를 협의 추진한다(제12주).
⑤ 우발적인 무력충돌과 그 확대를 실현하기 위한 쌍방 군사 당국자 사이
　에 직통전화를 설치·운영한다(제13조).
⑥ 불가침 합의이행의 준수 및 군사적 대결상태를 해소하기 위한 구체적
　대책을 협의하기 위한 남북군사분과위원회를 설치한다(제14조).

이상의 사항들은 남북 간의 군비통제와 관련된 포괄적이고 구체
적인 문제들에 쌍방이 합의를 본 것이다. 사실상 분단 이후 쌍방이
제의해 온 군비통제나 군축의 방안들이 상당부분 포함된 합의내용
이었다. 남북한은 기본합의서 이외에 1992년 1월 20일 '한반도 비

핵화에 관한 공동선언'을 발표했다. 이 선언에서 남북은 핵무기의 실험·제조·생산·접수·보유·저장·배비·사용을 하지 않으며 핵에너지를 오직 평화적 목적에만 이용하고 핵 재처리시설과 우라늄 농축시설을 보유하지 않기로 합의했다. 1992년 3월 18일에는 '한반도의 비핵화에 관한 공동선언'을 이행하기 위한 남북핵통제공동위원회의 구성 및 운영에 관한 합의서를 체결하였고 동년 5월 7일에는 기본합의서에 따라 남북 사이의 불가침을 이행·보장하고 군사적 신뢰조성과 군축을 실현하기 위한 문제를 협의·추진하기 위하여 남북군사공동위원회를 구성·운영할 것에 합의했다.

한편 한국은 북한과의 군비통제협상을 추진하는 것과 별도로 1991년 11월 8일 '한반도의 비핵화와 평화구축을 위한 선언'을 발표하였고 이어 동년 12월 18일 '핵부재선언'을 발표하여 한반도를 비핵화하려는 정책적 의지를 표명하였다. 그러나 1992년 말에 북한의 핵개발 의혹이 제기되면서 남북관계는 경색국면을 맞게 되었다. 당시 북한은 국제적인 핵사찰 압력을 받게 되었고 또 북한 자신이 한미 간의 팀스피릿 훈련을 문제 삼아 남북회담에 불참함으로써 남북 간의 군비통제협상은 고위급 회담을 통해 합의를 했음에도 불구하고 더 이상 진전되지 못했다. 한편 북한은 1992년 3월 12일 핵확산금지조약(NPT)의 탈퇴를 선언하였으며 이로 인해 한반도에서의 군사적 긴장이 크게 고조되었다. 그러나 1994년 10월 21일 북·미 간 제네바 협상을 통해 기본합의문(Agreed Framework)이 타결됨으로써 북한 핵 문제 해결을 위한 기반이 마련될 수 있었다. 또한 같은 해 남북은 정상회담개최에 합의했으나 7월 9일 김일성의 사망으로 쌍방관계는 다시 얼어붙게 되었다. 김정일 정권은 현

존 정전협정이 더 이상 평화를 지킬 수 없다고 주장하면서 정전협
정체제의 무효화 책동을 전개해 나갔다. 이로 인해 남북관계는 긴
장을 수반하게 되었고 4자회담을 통해 남북 간 긴장완화와 평화체
제 구축을 모색했으나 아무런 구체적인 성과를 거두지 못하였다.
오히려 북한은 잠수정 및 무장간첩을 침투시키고 장거리 로켓을
시험 발사하면서 서해교전사태 등을 일으켜 남한과의 관계를 긴장
국면으로 이끌어 갔다.

　그러나 남북한은 비공개 접촉을 통해 2000년 4월 8일에 남북정
상회담 개최에 합의했고 6월 13일부터 15일까지 평양에서 정상회
담을 개최하였다. 이어 남북은 '6·15남북공동선언'을 발표하여 남
북관계에 새로운 전기를 마련했다. ① 통일문제의 자주적 해결, ②
남북통일 방안의 공통성 인정, ③ 이산가족 등 인도적 문제 해결,
④ 민족경제의 균형발전 및 제반 분야의 교류활성화, ⑤ 남북 당국
자 간 회담개최와 김정일 국방위원장의 서울 방문 등에 합의를 보
았다. 남북정상회담 이후 북한은 대남비방과 중상, 긴장조성 행위
를 중지하였다. 물론 지난 6월 29일 새로운 서해교전으로 남북관계
에서 긴장이 고조되기도 했지만 상당부분에서 남북관계는 긴장완
화의 국면을 보여 왔다.

　실제로 2000년 9월 남한과 북한은 분단 이후 처음으로 제주도에
서 남북국방장관회담을 개최하였고 전쟁위험의 제거와 6·15남북
공동선언 이행을 위한 군사적 협력과 긴장완화 및 평화보장을 위
해 상호 노력하기로 합의했고 비무장지대(DMZ) 일부지역을 남북
공동관리구역으로 실징하기로 했다. 이어 5차에 걸쳐 개최된 남북
군사실무회담에서는 '남북공동관리구역'의 설정과 경의선 철도·

도로 연결 작업을 하는 데 필요한 41개 항의 DMZ 공동규칙안에 대해 합의를 보았다. 그러나 남북국방장관이 서명한 합의서 교환이 이루어지지 않음으로써 남북군사실무회담에서 합의된 내용들이 실천되지 못하고 있다. 더욱이 최근에 북한 핵 문제가 다시 제기됨으로써 한반도 상황은 더욱 불투명하게 전개되고 있다. 소위 제2차 북한 핵 위기는 2002년 10월 제임스 켈리(James Kelly) 미국무부 차관보의 방북 이후 발표된 농축 우라늄 핵무기 개발 의혹으로 시작되어 급기야 2003년 4월 베이징에서 개최된 3자회담에서 북한 측이 미국 측에 비공식적으로 핵 보유를 시인함으로써 새로운 국면을 맞게 되었다. 북한의 핵무기 개발을 포함한 대량살상무기 개발은 한반도 군비통제를 한층 더 복잡하고 해결하기 어려운 문제로 진전시키고 있다. 북한의 핵무기를 포함한 대량살상무기의 보유는 한국의 국가안보에 치명적인 위협을 제공하며 나아가 동북지역의 군사적 균형과 안정을 위태롭게 하는 요인이 될 것이다.

1980년 중반 이후부터 현재에 이르기까지 남북한 쌍방은 수많은 군비통제 혹은 군축과 관련된 방안들을 제시했다. 그러나 쌍방은 군비통제에 관한 한 각기 상이한 입장을 취해 왔다. 한국은 유럽의 재래식 무기 감축 협상의 사례들을 참고하여 군비통제 조치들을 단계적, 점진적으로 추진할 것을 제안해 왔다. 즉 한국은 군비통제의 추진단계를 신뢰 구축단계, 군비제한단계, 군비축소단계로 구분하여 단계별로 추진할 것을 제안했고 그 내용에 있어서도 군 인사교류, 군 훈련·연습의 사전 통보, 핫라인 설치 등과 같은 초보적인 수준의 신뢰 구축 방안에 초점을 두었다. 이런 조치들은 본질적인 군사적 문제라기보다 초보적이고 운용적인 위기관리의 방안을 강조한 것이다. 이에 비해 북한은 남한의 군사안보에 핵심이 되고 있는 주한미군, 연합훈련, 무기반입 등과 같은 사안들을 꾸준히 제기해 왔다. 그리고 추진과정이나 방법에 있어서도 북한은 급진적이고 비현실적인 측면에 중점을 두었다. 북한은 군비통제를 대남 정치적 관계와 연계해서 제기해 왔으며 주한미군 철수를 선결과제로서 주장해 왔다. 그리고 '10만 감군론'과 같은 병력 규모의 감축을 제기했다. 그러나 남북한은 남북기본합의서나 6·15남북공동선언에서처럼 일정한 방안들에 대해 합의를 보기도 했다. 그러나 이런 제안과 합의된 내용들이 제대로 실현되지 않고 있다는 데 남북한 군비통제의 문제가 있다.

(2) 군비통제의 저해요인

남북한 간에 제안된 군비통제방안이나 합의된 방안들이 실천되지 않는 이유는 다각적인 측면에서 찾아볼 수 있다.

첫째로 남북한 간에는 여전히 상당한 수준으로 상호불신과 적대감이 남아 있다. 비록 정상회담 이후 각종 남북대화가 개최되었고 이산가족의 상봉과 경제교류협력, 사회문화 교류 등이 증가되었지만 근본적으로 남북한 간에는 정치적, 군사적 신뢰가 조성되지 않고 있다. 쌍방이 군사적 긴장완화를 위해 노력할 것에 합의했지만 휴전선을 중심으로 한 군사적 대치상태는 상당한 정도로 긴장을 수반하고 있다. 실제로 앞에서 지적한 바와 같이 남북한은 각기 과도한 군사력을 보유하고 있으며 서로 강경한 군사적 대치 국면을 지속하고 있는 것이 현실이다. 그리고 북한 정권은 여전히 군사제일주의를 내세우면서 체제유지를 위해 선군정치의 강도를 더욱 고조시키고 있다.

또한 경제적 어려움에도 불구하고 북한은 계속 군비증강에 관심을 기울이고 있다. 남한에 비해 적어도 양적으로 우세한 군사력을 보유하고 있음에도 불구하고 북한은 재래식 전력뿐만 아니라 핵무기를 포함한 대량살상무기의 개발을 계속 추진하고 있다. 내부적으로 체제 안전을 위한 목적에서 북한정권은 사회 자체를 병영체제로 전환·유지하고 있다. 말하자면 체제 유지를 위한 군의 지위와 역할이 더욱 확대되고 있는 것이다.

또한 남북한 관계는 정치적으로 여전히 특수성을 띠고 있다. 남북기본합의서에서 남북한은 상호관계를 "나라와 나라 사이의 관계가 아닌 통일을 지향하는 과정에서 잠정적으로 형성되는 특수 관계"로 규정하였다. 이런 관계가 함축하고 있는 의미는 남북한 관계는 정상적인 국가 간의 동등한 관계가 아니라 언젠가는 통일되어야 할 불안정한 관계라는 것이다. 그러나 특수한 관계 속에서 남북한은 각기 상대방의 의도나 행위를 신뢰할 수 없게 된다. 어느 경우에나 통일이 전제되는 한 상대방의 존재가 적법한 국가로 인정되기는 힘들다. 대신 상대방은 언젠가는 통일국가로 흡수되어야 할 대상으로 간주되는 것이다. 따라서 정치적, 군사적 불신은 남북한 간에 정도의 차이는 있을지 몰라도 항상 잔존하게 되고 이런 점에서 쌍방 간에 군비통제 실현의 근본적인 한계가 있다고 볼 수 있다.

둘째로 남북한은 군비통제에 대한 인식에 있어 근본적인 차이를 갖고 있다. 남북한은 군비통제나 군축의 제안 자체가 반드시 실현되어야 한다는 전제를 배경으로 한 것은 아닐지라도 나름대로 다양한 군비통제 방안들을 제기한 점에서 군비통제의 당위성이나 필요성은 남북한이 공유하고 있음을 부인하기 어렵다. 그러나 군비통제에 대한 인식이나 추진방법과 관련해서 쌍방은 상당한 차이를 나타내고 있다. 한국은 쌍방 간 정치적, 군사적 신뢰가 실질적으로 형성되지 않고서는 어떠한 군축 논의도 무의미하다는 입장을 내세우고 있다. 이런 관점에서 한국은 선 신뢰구축 후 군비축소의 원칙을 주장한다. 이에 반해 북한은 군비통제 문제를 논의함에 있어 남북한 군비축소와 외국군(미군) 철수 문제가 우선적으로 논의·해결되어야 한다는 입장을 견지하고 있다. 북한은 한국과의 신뢰구축 단계를 거치지 않고 바로 군축 문제를 논의해야 한다는 견해를 피력하고 있는 것이다.

한국은 분단 이래 쌍방 간에 높은 불신과 적대감의 벽이 있기 때문에 이를 허무는 과정이 필요하며 또한 전쟁을 억제하고 분단의 안정적 관리를 위해서는 정치적 신뢰가 선행되어야 하며 이와 관련해서 남북한 쌍방이 상대방의 실체를 인정하고 평화공존의 대상으로 받아들인 다음에 상호 간에 군비감축에 대한 합의가 이루어져야 실효성이 있다는 입장을 견지하고 있다. 반면에 북한은 일단 군사력을 감축하면 상호 간에 전쟁수행 능력이 약화되고 그럴 경우 전쟁발발 가능성이 줄어들 것이므로 군비축소가 먼저 추진되어야 한다는 입장을 나타내고 있다. 이런 입장 차이는 그동안 남북한이 제의한 군비통제방안들에 잘 반영되었다. 남한은 신뢰구축을 내세우면서 단계적이고 점진적인 군비통제 방안을 제시한 반면 북한은 주로 대폭적인 병력감축과 주한민군 철수 등 군사적 측면에서 핵심적인 사안들을 제시하는 데 비중을 두었다.

남북한 군비통제의 추진을 저해하는 또 다른 이유는 상대방의 군비통제 제안을 순수한 것으로 받아들이지 않고 불순한 의도가 내재된 것으로 인식하고 있다는 데서 찾아볼 수 있다. 이것은 바로 남북한 간에 유지되어온 절대적 불신에 기인한 것이다. 반세기가 넘게 지속되어 온 분단의 역사는 남북한 간에 화해와 신뢰보다는 불신과 적대감을 축적시키는 데 기여해 왔다. 이런 불신과 의혹이 하루아침에 사라지기에는 분단의 장벽이 너무 높게 쌓여 있는 것이다. 따라서 남북한은 군비통제협상에 응하거나 합의를 하게 될 경우 상대방의 술책에 빠져 손해를 보게 된다는 강박관념에서 벗어나지 못하고 있다. 즉 군비통제 조치에 합의할 경우 한쪽은 손해를 보는 반면 다른 쪽이 그만큼 이득을 보게 된다는 제로섬게임 논리가 남북한의 군비통제 문제에 깊게 내재되어 있는 것이다.

북한은 남북한 간에 군사적 신뢰 구축에 소극적인 자세를 보여 왔다. 이것은 군사적 신뢰 구축 조치가 북한의 체제개방 또는 체제 이완으로 이어질 것을 두려워했기 때문인 것으로 풀이된다. 군사적 신뢰 구축을 위한 제반조치들은 쌍방 간에 인적, 물적 교류를 증대시키고 결국 북한사회 자체를 외부세계에 노출시켜 체제불안을 가져오게 될 것으로 북한은 믿고 있기 때문이다. 사실 북한 사회가 외부세계에 급격히 노출된다면 북한정권의 안전이 크게 위협받게 될 것은 분명하며 결국 동유럽 국가들이나 구소련에서처럼 체제붕괴로 이어질 가능성을 배제할 수 없다.

한편 한국은 군사적 비대칭성으로 인해 북한이 제의하는 급격한 군비축소나 주한미군의 철수 문제에 대해 부정적인 견해를 갖는다.

즉 남한이 성급하게 북한의 제의를 수용할 경우 군사적으로 대북 억제력이 상실되고 남북 간의 군사적 관계가 균형을 잃게 되어 국가안보를 위태롭게 할 것으로 믿고 있다. 따라서 남한은 군축보다는 좀 더 포괄적이고 유연한 군비통제 개념을 선호하게 된 것이다.

셋째로 남북한 간 군비통제협상이 쉽사리 성과를 가져오지 못하는 이유는 쌍방 간의 군사력 구조의 비대칭성에서 발견된다. 북한은 현재 남한에 비해 우세한 군사력을 유지하고 있다. 재래식 군사력에 있어서뿐만 아니라 전략 무기체제(대량살상무기)에서도 북한은 남한에 비해 우세한 입장에 있다. 따라서 북한은 군축 문제에 있어 남한보다 상대적으로 유리한 입장에 설 수 있게 된 반면 남한은 그만큼 신중한 입장을 견지할 수밖에 없다. 따라서 남한은 언제나 쌍방 간에 신뢰가 구축되어야 하고 군사적 투명성이 보장되어야 하며 군사적 균형이 유지되도록 해야 한다는 입장을 취하고 있다.

남북군비통제협상에서 특히 다루기 힘든 문제는 주한미군과 관련된 것이다. 다시 말하면 주한미군의 군사력을 남북군비통제협상 범위에 포함시킬 것인가 하는 문제에 대해 쌍방은 현격한 차이를 보여 왔다. 북한은 주한미군이 남한 군사력의 일부를 형성하고 있기 때문에 주한미군의 철수 또는 감축 문제가 남북군비통제협상에서 주요 의제로 논의되어야 한다고 주장한다. 반면 남한은 주한미군의 주둔 여부와 규모, 존재양식 등은 한미 간에 쌍무적으로 논의할 문제이지 남북 간의 군비통제 문제와 관련해서 논의될 문제가 아니라는 입장을 취하고 있다. 이런 입장 차이는 남북군비통제협상의 추진을 저해하는 주요한 문제로 남아 있다.

끝으로 남북한이 보유한 군사력 자체가 군비통제협상에서 단순하게 다루어질 수 있는 것이 아니라는 점에서 실질적으로 남북군비통제협상은 쉽게 합의에 도달하기 어렵다. 지금까지 남북한이 관심을 갖고 군비통제를 추진한 대상은 재래식 무기이다. 남북한이 각기 보유하고 있는 군사력에서 무기, 병력, 시설 등은 결코 단순하지 않다. 더욱이 북한은 핵무기 개발 문제가 제기되어 있고 미사일 개발·배치, 생화학 무기의 생산·보유 등 대량살상무기를 보유하고 있기 때문에 이런 비재래식 군사력을 어떻게 남북군비통제협상에서 처리해야 할 것인가는 중요한 과제가 아닐 수 없다. 결국 분단 이래 남북한이 경쟁적으로 축적해 온 군사력의 구조 및 무기체계 등을 고려해 볼 때 군비통제에 대한 합의가 결코 쉽지 않다. 남북한 군사력의 구조적 비대칭성과 복잡성 및 다양성은 다 같이 남북군비통제의 실현을 저해하는 주요 요인이 아닐 수 없다.

넷째로 남북한은 군비통제 방법이나 과정에 있어 지나치게 획일성을 취하고 있다. 지금까지 남북한은 군비통제에 있어 쌍무적이고 직접적인 방법만을 고수해 왔다. 반면 직접적이고 우회적인 군비통제 방법에 대한 주의를 기울이지 않았다. 남북한은 군비통제 문제를 다룸에 있어 정치, 경제, 사회 등 비군사적인 측면에서의 상호교류와 신뢰가 어떤 성과를 가져올 수 있다는 점을 소홀히 생각해 왔다. 결국 남북군비통제는 쌍방 간의 비군사적 교류를 통해 상호신뢰를 쌓아 가고 평화공존의 분위기를 형성함으로써 효율적으로 성과를 가져올 수 있는 간접적 방법을 활용할 필요가 있다. 김대중 정부하에서 햇볕정책을 추구하면서 한국 정부는 북한과의 비군사적 교류나 접촉이 군사적 긴장완화의 효과가 있을 수 있다는 관점을 지속해 왔다.

나아가 남북한은 군비통제 조치를 추진함에 있어 쌍무적인 협상

방법만을 통해 성과를 거두려는 자세를 벗어나 필요한 경우 일방적 조치를 취하거나 지역 또는 국제적 군비통제활동을 통해 접근하려는 융통성 있는 자세를 취할 필요가 있다. 특히 남북한이 과도한 군사력을 보유하고 있는 이상 필요한 부분에 있어서는 일방적인 군비통제조치를 취하는 것도 바람직한 방법이 될 수 있다. 그리고 한반도 군사력의 변화가 구조적으로 동북아 지역의 군사력 균형과 연계되어 있을 뿐만 아니라 주변 강대국들의 전략적 이해관계에 의해 어떤 방식으로든 중대한 영향을 받지 않을 수 없는 상태에 있기 때문에 한반도 수준을 넘어서 국제적, 지역적 수준에서의 군비통제협상을 통해 문제를 해결하려는 우회적 군비통제방법도 유효한 방법이 될 수 있다.

최근 들어 남한은 지역 및 국제군비통제활동에 비교적 활발하게 참여하려는 반면 북한은 그러한 활동에 비협조적 태도를 취하고 있다. 북한이 남북군비통제 문제를 해결하는 데 있어 우회적 방법을 회피하고 있는 한 남북군비통제가 성과를 거두기는 매우 한정되어 있다고 말할 수 있다. 쌍무적 방법이 실현되기 어려울 경우엔 일방적, 우회적 방법을 택하여 간접적으로 남북군비통제 문제에 대한 해결이 모색될 수 있도록 해야 할 것이다.

(3) 남북군비통제의 전망

남북한이 군비통제조치들을 적극적으로 취해야 하는 주요 이유는 두 가지이다. 하나는 남북한 간의 군사적 긴장을 완화하여 전쟁

위협을 감소·제거하는 것이다. 그리고 또 다른 하나는 남북 상호 간의 군사력 조정 및 운용을 통제하여 각기 적정 군사력을 유지함으로써 한반도에서 평화체제를 구축하는 데 있다. 결국 평화체제를 구축함으로써 남북한 군비통제조치는 어떤 형태로든 쌍방 간의 연합체제 수립에 기여하게 된다. 남북연합체제는 정치, 경제, 사회, 문화 등 다양한 분야에서 과도기적으로 수립·운용될 수 있지만 궁극적으로 군사적인 측면에서 남북한이 안정된 협력, 통제관계를 유지하지 않는 한 실현되기 어렵다. 군비통제는 그러한 의미에서 남북연합체제의 수립에 주요한 요건이 된다. 앞에서 검토해 보았지만 남북한은 분단 이래 수많은 군비통제방안들을 제시해 왔다. 그러나 실제로 어떠한 방안도 충분히 실현되지 않고 있다. 앞으로 남북한이 협상을 통해 군비통제 조치들을 활발히 실천에 옮기기 위해서는 몇 가지 한계들을 극복해야 할 것이다.

첫째, 남북한은 쌍방 간의 군비통제에 대한 공통된 인식체계를 확립해야 한다. 앞에서도 지적한 바와 같이 남북한은 군비통제에 대한 인식상의 차이를 노정해 왔다. 남한은 포괄적 의미로 군비통제 문제에 보다 많은 관심을 갖고 그의 실현을 위한 제반 방안들을 적극적으로 모색해 온 반면 북한은 처음부터 군비통제보다는 군축에 관심을 두고 이와 관련된 실현방안들을 제기해 왔다. 북한은 군비통제 개념이 그의 체제안전을 위협하는 것으로 간주하고 그 개념의 적용에 소극적 혹은 반대적 입장을 견지해 왔다. 최근에 들어서 북한은 군비통제 개념을 이해하고 점차 그의 실현에 관심을 갖는 경향을 보이고 있다. 그러나 군비통제 개념을 광의적, 포괄적으로 규정할 경우 그 개념 속에 군축의 의미가 내포된 이상 남북한은 군비통제에 대한 인식체계를 형성하는 데 서로 공통점을 발견해 낼 수 있을 것이다. 즉 남북한의 군사적 신뢰 구축과 안정화 그리고 필요한 경우 군비감축까지도 포함하는 개념으로서의 군비통제 문제에 남북한이 다 같이 공통된 인식체계를 수립하여 이에 대한 접근을 도모해야 할 것이다.

둘째, 군비통제협상이 남북한의 개별체제의 불안정성이나 위협을 가져와서는 안 된다. 오히려 그러한 협상은 쌍방 간의 관계 개선을 용이하게 하고 개별 군사체제를 안정화시키는 데 기여해야 한다. 만약 남북군비통제협상이 어느 한쪽의 군사력을 취약하게 하거나 균형을 깨지게 할 경우 체제 안전을 위협하기 때문에 그 협상은 성과를 거두기 힘들다. 최소한 군비통제협상은 군사적 균형유지가 지속되는 범위 내에서 상호 간의 신뢰 구축과 구조적 안정이 확보될 수 있도록 추진되어야 하고 그 결과 평화체제가 확보될 수 있도록 해야 한다. 이런 맥락에서 남북한의 군비통제협상에 있어서는 한국과 미국 간의 동맹체제 문제는 협상의 대상에서 제외되어야 할 것이다. 왜냐하면 한·미동맹관계는 한국과 미국 간의 쌍무적 관계에서 처리되어야 할 문제이기 때문이다.

셋째, 북한은 군비통제에 대한 소극적 태도를 견지하고 있을 뿐만 아니라 실제로 국제적, 지역적 군비통제에 참여한 경우가 거의 없다. 이것은 앞으로 남북한의 군비통제협상 과정에서 하나의 주요한 장애요소가 될 수 있다. 북한은 핵확산금지조약에 가입했었지만 탈퇴를 선언하면서 북한 핵 문제가 전 세계적으로 관심을 끌게 되었고 동북아 지역 수준에서 불안정을 유발시킨 요인이 되었다. 수많은 국제적 안보협력체제에 북한이 참여하지 않고 관심을 표명하

고 있지 않는 것이 앞으로의 남북한군비통제협상에서 하나의 걸림
돌이 될 수 있을 것이다.

넷째, 국내정치과정의 불안정성과 복잡성이 군비통제협상에서
주요한 변수가 될 수 있다. 특히 북한정권의 불안정성은 지속적으
로 남북군비통제협상을 저해하는 중요한 요소가 될 것이 분명하다.
북한은 김정일 위원장을 중심으로 체제 안정화를 도모하고 있지만
경제적 어려움에 직면해 있으며 이를 극복하기에는 여러 난제들을
해결해야 할 처지에 놓여 있다. 내부 체제가 불안정할 경우 외부적
으로 군비통제협상을 전개해 나간다는 것은 실로 어려운 일이 아
닐 수 없다. 더욱이 북한은 체제유지를 위해 군사제일주의를 내세
우며 선군정치를 이끌어 가고 있기 때문에 군비통제가 내부적으로
저항에 부딪히게 될 가능성이 크다. 예를 들면 북한 자신이 대규모
군축안을 내놓고 있지만 실제로 이를 실현하려고 할 경우 군부의
반발 가능성을 배제할 수 없다. 남한도 다원화된 사회 구조를 갖고
있기 때문에 북한과의 군비통제협상과정이 순탄하게 진행될 수 있
을지는 의문이다.

구조적으로 몇 가지 한계가 있음에도 불구하고 남북한은 군사적
대결과 긴장을 완화시키고 쌍방관계를 안정된 평화체제로 전환시
키기 위해서는 군비통제에 필요한 조치들을 강구해 나가야 할 것
이다. 그리고 그러한 조치들은 단계적, 점진적으로 추구해 나가는
것이 바람직하다. 왜냐하면 분단 이래 남북한은 계속 불신의 벽을
쌓아 왔으며 또한 엄청난 군비증강을 해 왔기 때문이다. 남북한이
보유하고 있는 군사력은 하루아침에 제한·감축할 수 있는 성질의
것이 아니다. 또한 군비통제 자체가 단시일 안에 성과를 거두기는

힘든 복잡한 과정을 필요로 한다. 아직도 대결구조를 벗어나지 못하고 있는 남북한 군사관계를 고려해 볼 때 쌍방 간의 군비통제는 신뢰 구축에서부터 시작해서 감축에 이르기까지 또한 운용적 측면에서부터 구조적 측면에 이르기까지 상당한 시간을 요하게 된다. 즉 남북이 합의·실천하기 용이한 것에서부터 시작하여 단계적, 점진적으로 발전시켜 나가야 할 것이다. 이와 관련해서 그동안 다양한 방법들이 제시되어 왔다.

우선 남북한은 인적, 물적 교류협력을 확대하여 신뢰를 구축하고 나아가 상호 간에 군사적 협력 기반을 확대해야 할 것이다. 당국들 간이나 민간 차원에서 쌍방 간 교류와 협력이 증대되면 상호이익이 증대되고 신뢰의 기반이 확충되어 군사적 영역에서도 협력할 수 있는 기반이 마련될 수 있을 것이다. 즉 기능적 파급효과를 기대해 볼 수 있다. 첫 번째 단계에서는 경제적, 사회적 교류·협력이 점진적으로 확대됨으로써 군비통제협상의 기회도 늘어나게 될 수 있다. 이 단계에서의 교류, 협력은 금강산 관광사업이나 민간 차원의 경제협력 사업들을 포함할 수 있다. 이산가족상봉과 같은 인도주의적 사업을 확대시키고 남북한 경제협력 사업을 증대시키며 경의선 철도 복원사업, 남북한 간의 인적 교류, 개성공단사업 추진, 비무장지역 내의 공동학술탐사 등을 추진함으로써 남북한 간의 교류, 협력 관계는 한층 더 증진될 수 있다. 이런 교류, 협력 사업이 확대될 경우 이를 군사적 분야에서 적극적으로 지원해야 할 분야들이 발생할 수 있다. 남북한 간의 군사적 협력 사업은 쌍방 간의 군사적 균형을 깨지 않고 대신 실현 가능성이 높은 사안들을 중심으로 이루어져야 할 것이다. 여기에는 군사 당국자 간 직통전화 설치 및 운용, 군 인사 상호방문, 군사분계선 지역에서의 상호 비방 중지, 비무장지대 내 인적, 물적 통과를 위한 통로의 설치, 해상에서의 조난 및 구조를 위한 협력 방안 등이 포함될 수 있다. 이런 조치들은 이미 합의되었거나 그동안 사용되어 온 기구들을 통해 제기될 수 있을 것이다.

두 번째 단계에서는 남북한 간에 군사적 신뢰 구축과 불가침 이행 조치 등이 본격적으로 실시될 수 있도록 해야 할 것이다. 이 단계에 진입하기 위해서는 북한 핵 문제가 원만히 해결되고 남북한 간의 경제, 사회적 교류·협력이 제도화되며 남북경협의 규모가 커져야 할 것이다. 아울러 북·미, 북·일 간에 관계정상화 과정이 상당한 진전을 보아야 할 것이다. 그리고 이 단계에서는 남북한 간에 평화공존체제가 한층 더 성숙되어야 할 것이다. 특히 두 번째 단계에서는 이미 전 단계를 통해 구축된 정치적 신뢰를 바탕으로 군사적 측면에서 쌍방의 군사력 및 군사 활동을 통제하는 본격적인 조치들이 논의되고 그 이행이 추진되어야 한다. 이 단계에서 남북한 쌍방 간에 논의될 수 있는 의제는 군사적 신뢰를 구축할 수 있는 제반조치, 우발적 무력충돌 방지를 위한 제도적 장치 모색, 그리고 분쟁의 평화적 해결을 위한 조치 등을 포함한다. 군사적 신뢰 구축 조치와 관련해서는 ① 남북한 간에 일정규모 이상의 군사훈련이나 부대 이동 등 군사 활동에 대한 상호 통보, ② 남북한이 공동으로 참여하고 있는 국제적, 지역적 군비통제기구에서 추진하는 조치들의 시행, ③ 학술 및 연구 목적의 군 관련 인사의 교환방문 및 국제회의 공동참여 등이 있을 수 있다. 이런 조치들을 취함에 있어서는 남북한의 상호 군사 주권에 대한 침투성이 약한 부분들로부터 시행하도록 하는 것을 원칙으로 한다. 이것은 현실적으로 쌍방 간의 군비통제가 양측 군사력에 어떤 실질적인 변화를 가져오는 데는 상당한 제약이 따르기 때문이다. 따라서 이 단계에서 취해지는 쌍방 간의 군비통제 조치는 초보적인 군사적 신뢰 구축 단계에 머무를 수밖에 없다. 우발적 무력충돌방지를 위한 조치들로서는 휴전선을 중심으로 대치하고 있는 병력들 간의 무력충돌 방지와 특히 서해상에서의 불가침 경계선 확정 문제 등이 우선적으로 검토되어야 할 것이다. 마지막으로 분쟁의 평화적 해결을 위한 조치로서 '남북군사공동위원회'를 정상화하고 그 산하에 분쟁해결을 위한 전담기구를 설치하는 방안이 고려될 수 있다. 그 밖에 판문점 장성급 회담이나 다자회담도 분쟁을 평화적으로 해결하는 제도적 통로로서 활용할 수 있을 것이다.

세 번째 단계에서는 현존 정전체제를 평화체제로 전환하는 법적, 제도적 장치가 강구되어야 할 것이다. 이 단계는 쌍방 간에 군사적 투명성을 확보하기 위한 군사적 신뢰 구축과 군비통제 조치가 제도화된 기구를 통해 이루어지고 남한과 북한이 이미 합의된 남북기본합의서 및 비핵화공동선언 그리고 6·15남북공동선 등을 실천에 옮기는 것을 특징으로 한다. 그리고 남북한 간의 쌍무적 협의과정이나 다자회담 등을 통해 정전체제를 평화체제로 전환시키는 제반조치들을 취하고 이를 쌍방이 실천할 뿐만 아니라 국제적 보장이 이루어지도록 하는 것을 포함한다. 쌍방 간에 평화체제가 확립되는 단계에서는 남북한의 군비감축의 문제가 본격적으로 협의될 수 있다. 군비감축의 경우 현존하는 군사력의 비대칭성을 완화 조정하는 문제가 제1차적으로 협의될 수 있으며 이를 통해 실질적으로 쌍방 간에 군사적 균형이 유지되도록 해야 할 것이다. 이와 관련해서 북한이 보유하고 있는 대량살상무기의 제한 및 감축, 폐기 문제가 우선적으로 해결되어야 할 것이다. 나아가 재래식 군사력 감축 문제까지 논의가 진행될 수 있다. 남북한 간의 재래식 무기에 대한 군비감축이 본격적으로 논의될 경우 몇 가지 추진원칙들이 전제되어야 한다. 그러한 원칙들로서는 ① 보다 낮은 수준에서 재래식 전력의 감축 추진, ② 쌍방의 국가안보를 저해하는 군사적 불균형의 제거, ③ 기습공격 및 대규모 공세전력의 우선적 제거, ④ 상호 군사적 현황에 대한 정확한 자료교환 및 현장사찰 실시 등이 논의될 수 있다.

한편 한반도 평화체제에 대한 국제적 보장과 관련해서는 남북한 간에 협의가 진행된다 할지라도 다자회담을 통해 구체적인 협의내용이 국제적 지원과 보장 차원에서 다시 논의될 수 있을 것이다. 그리고 남북한 간에 평화협정이 체결되고 다자회담을 통해 국제적 보장 문제가 해결될 경우 새롭게 동북아 지역에서 다자안보협의기구가 형성될 수도 있다. 또한 이 기구를 통해 포괄적으로 한반도를 포함한 동북아 지역의 군비통제 조치가 참가국 간에 보다 구체적으로 협의될 수 있을 것이다.

제3절 한반도의 비핵화

한반도 비핵화 문제는 한국의 노태우 대통령이 북한의 핵개발

의혹과 관련하여 1991년 11월 8일에 "이 시각 우리나라 어디에도 단 하나의 핵무기도 존재하지 않는다"고 선언하고[38] 북한의 핵 포기를 촉구한 데서 표면화되었다. 이어 남북한 간에는 1992년 2월 19일에 발효된 남북기본합의서와 한반도 비핵화 공동선언이 있었다. 특히 한국과 북한은 한반도 비핵화 공동선언에서 한반도를 비핵화함으로써 핵전쟁 위험을 제거하고 평화통일에 유리한 환경을 조성해 아시아와 세계평화에 이바지한다는 원칙을 세웠다. 그리고 앞으로 남북한은 핵무기의 시험, 제조, 생산, 접수, 보유, 저장, 배비(配備), 사용을 하지 않는다고 명시함으로써 한반도 핵 위협의 제거 근거를 제공하였다. 그러나 1964년 북한은 NPT를 탈퇴하고 미국과의 관계에서 전쟁 직전의 긴장관계로까지 나아감으로써 한반도 비핵화 공동선언은 실행되지 못했다. 그리고 이후 북한은 은밀히 핵개발 계획을 추진함으로써 한반도 비핵화 문제는 더욱 어려운 상황에 직면하게 되었다. 1994년에는 미국과 북한이 이른바 제네바합의를 통해 북한은 핵개발을 중단하고 핵 사찰을 받는 대신 미국은 북한에 체제안정보장과 경수로발전소를 지어 준다는 조건으로 핵무기에 대한 합의를 이루었었다. 그러나 2002년 10월에 북한의 핵개발 의혹이 새로이 제기되면서 한반도에는 다시 긴장상태가 시작되었다. 미국은 북한에 대해 먼저 핵을 포기할 것을 강력하게 주장하고 이에 대해 북한은 미국이 먼저 불가침조약을 맺은 뒤에 핵 문제를 논의하자는 주장을 내세웠다. 이러한 대립관계 속에서 북한의 핵 문제를 평화적으로 해결하고 한반도의 평화체제를 구축하자는 차원에서 6자회담이 열리기 시작했다. 2003년 8월에

---

38) Don Oberdorfer, p.2602.

처음으로 개최된 남북한과 미국, 중국, 러시아, 일본을 포함한 6자회담이 중국 베이징에서 개최되었다. 제1차 6자회담은 북한이 2003년 1월에 NPT탈퇴를 선언하고 다음 달 국제원자력기구(IAEA) 특별 이사회가 북한 핵 문제를 UN안전보장이사회에 보고하기로 결의안을 채택한 뒤에 이루어졌었다. 이 회담에서 미국과 북한은 첨예하게 대립했다. 즉 미국은 북한이 먼저 핵 폐기를 할 것을 주장한 반면 북한은 핵 폐기와 대북지원을 비롯한 모든 사안들을 추진하자고 주장했다. 따라서 미북의 대립으로 회담은 아무런 성과도 거두지 못했다. 다만 북한 핵 문제를 처음으로 평화적으로 해결하기 위한 다자주의적 회담의 장을 마련했다는 점에서 의미를 찾아볼 수 있었다. 이어 수차에 걸쳐 회담이 개최되었지만 지금까지 북한의 핵 문제는 해결되지 않고 있다.

6자회담이 참가국들 간의 상호존중과 대화 및 평등에 기초한 협의를 통해 북한 핵 문제를 평화적으로 해결하는 데 뜻을 모았지만 북한이 핵 개발을 추진하고 있는 이유가 무엇인지는 발표되지 않고 있다. 다만 두 가지 추측이 가능할 뿐이다. 하나는 북한이 내세우고 있는 강성대국 노선에 따라 실제로 핵보유국이 되려고 하는 의도를 가지고 있다는 것이다. 최근에도 북한 지도층들은 북한이 핵 억제력을 확보하는 데 목적이 있음을 밝히고 있다. 더욱이 정통한 소식통에 의하면 북한은 현재까지 8~12개의 핵탄두를 개발해 놓은 것으로 전해지고 있다. 그러나 북한이 핵탄두의 운반체를 가지고 있는지는 아직까지 의문으로 남아 있다. 다른 하나는 북한이 핵개발을 협상의 카드로 사용하려는 목적을 가지고 있다는 것이다. 이는 북한이 협상을 통해 내부적으로 체제안정과 경제지원을 얻기 위해 핵개발을 추진하고 있다는 것이다. 북한이 미국과의 양자회담을 강조하고 나아가 미국과의 외교 관계를 수립하는 데 관심을 두어 왔음은 이미 알려진 바와 같다. 그뿐만 아니라 북한은 어려워진 국내의 경제를 회복하는 데 필요한 외부로부터의 지원을 필요로 하고 있다는 점에서 핵개발은 하나의 거대한 거래 조건으로 협상의 협상이 될 수 있다. 그러나 북한이 어떠한 목적에서 핵개발을 추진하고 있는지는 분명하지 않다. 만약 북한이 계속 핵무기보유국으로서의 지위를 유지하려고 한다면 북한은 국제사회로부터 제재와 고립을 면하기 어렵게 될 것이며 나아가 체제안정까지도 위협을 받게 될지도 모른다. 반면에 북한이 리비아나 남아프리카공화국이 스스로 핵 포기를 선택하고 국제사회로부터 경제적 지원을 받은 것처럼 협상을 통해 핵 문제를 해결하게 된다면 북한은 현재와는 훨씬 다른 국제적 지위와 협력을 얻게 될 것이다. 또한 남북한 관계도 다시 화해와 협력의 관계로 발전해 나갈 수 있을 것이다. 그 결과 한반도는 평화와 통일의 기회를 더욱 확대할 수 있을 것이다.

사실 북한의 핵 문제는 한반도에 한정되어 있는 문제라기보다는 동북아 지역의 안정 및 평화유지와 긴밀히 연관되어 있는 문제이다. 그렇기 때문에 6개국 대표들이 모여 회담을 개최하고 해결책을 협의해 나가는 과정을 걷고 있는 것이다. 만약 북한 핵 문제가 해결되지 않는다면 그것은 동북아 지역에 위치하고 있는 국가들의 안보와 질서유지에 큰 위협을 줄 것이다. 미국 또한 세계 전략적 차원에서 한반도의 비핵화를 중요한 과제로 간주하고 있으며 이 해결을 위해 외교 전략적 노력을 기울이고 있다. 결국 한반도 군비통의 차원에서도 북한의 핵 문제 해결은 선행적인 조건이 된다. 북한이 완전히 핵개발을 포기하고 투명하게 국제사회로부터 검증을 받는다면 남북한 간의 군비통제도 쌍방 간의 협상을 통하여 실효를 거둘 수 있을 것이다.

■■■ **제3편**　통일

제15장
통일의 의미와 가치

제1절 안보, 평화, 통일

　한반도의 분단 상황을 고려해 볼 때 안보와 평화 그리고 통일의 세 가치들이 서로 연관되어 있음을 알 수 있다. 이들은 서로 영향을 주고받으며 어느 한 가지 가치라도 결여되어 있을 경우에는 다른 가치들도 실현되기 어렵게 된다. 따라서 한반도 문제를 분석하고 해결방안을 모색해 나가려고 할 때 세 가지 가치들이 각각 어떤 의미를 가지고 있으며 또한 서로 어떻게 연결되어 있는가를 체계적으로 검토해 볼 수 있는 일종의 포괄적 패러다임이 필요하다.

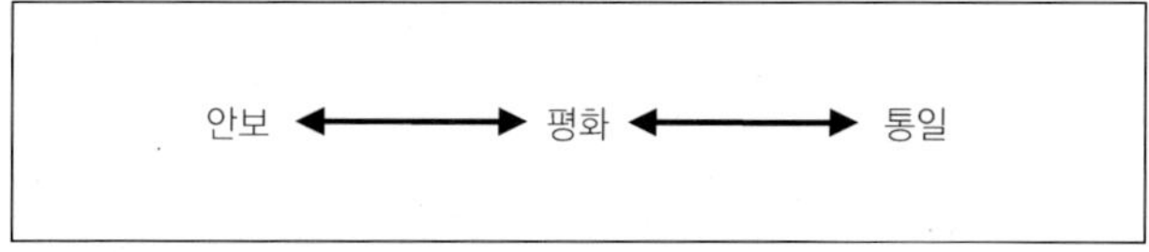

〈그림 2-1〉 안보, 평화, 통일의 상호성

<그림 2-1>에서 표시된 바와 같이 한반도의 안보는 평화와 상호관계를 갖고 있으며 또한 평화는 통일과 불가분성을 갖고 있음을 간과할 수 없다. 한반도에서 평화를 실현하기 위해서는 안보의 가치가 충분히 실현되어야 하며 나아가 통일과정을 형성해 가기 위해서는 평화의 가치가 전제되어야 함은 너무도 당연한 일이다. 만약 한반도에서 한국의 국가안보가 위태롭게 되거나 또는 북한의 체제안정이 위태롭게 된다면 쌍방 간의 평화적 관계가 유지되기는 매우 어렵다. 오히려 쌍방은 자신들의 국가안보의 기반을 다지기 위해 많은 노력을 기울일 것이며 그들은 한반도의 평화정착을 실현하기 위한 노력을 등한시할 수 있다. 그들은 일차적으로 자신들의 국가안보의 핵심적인 요소인 군사력 증강에 보답하는 관심을 갖게 될 것이며 그 결과 남북한 간에는 쉽게 제어할 수 없는 군비경쟁이 가속화될 것이다. 이렇게 되면 한반도에서의 평화정착은 커다란 장애요소에 직면하게 될 것임은 자명한 일이다.

그렇다고 남북한이 취약한 국가안보 환경에서 쌍방 간의 평화적 관계를 모색한다는 것은 위험한 일이다. 왜냐하면 국가들 간의 평화가 이룩되기 위해서는 개별국가들의 국가안보가치가 안정된 바탕 위에서 현실적으로 보장될 수 있을 때 가능해지기 때문이다. 남북한 간의 군사적 균형이 붕괴되거나 혹은 국가안보의 기반이 위

태로워질 때 평화가 모색된다면 그것은 사상누각(砂上樓閣)이 될 가능성이 많다. 결국 안보의 가치와 평화의 가치는 인과적 관계를 갖는다고 볼 수 있다. 반면 어떠한 하나의 가치만을 과도하게 강조하거나 허위적으로 포장할 경우에도 양자는 양립하기 힘들다. 말하자면 어느 한쪽이 지나치게 안보의 가치를 강조한 나머지 국가의 다른 가치들을 소홀히 한다면 그것은 오히려 안보 자체를 위태롭게 하는 결과를 초래하게 될 것이다. 흔히 역사적으로 보면 제국들이 과도하게 군사력을 강화하여 자국의 안보를 우선시하면서 동시에 해외로 팽창정책을 추구한 나머지 붕괴하거나 스스로 실패의 나락으로 떨어진 경우들을 많이 볼 수 있다. 과거 로마제국의 붕괴나 최근의 소련체제 붕괴의 경우가 여기에 속한다. 소련체제의 붕괴가 결코 그의 군사력이 약하기 때문에 일어난 것은 아니다. 오히려 소련 내부의 체제적 취약성이 소련의 붕괴를 가져온 주요한 요인이 되었음은 재론할 필요가 없다. 따라서 어떠한 국가이든 자신의 안보가치를 그 사회의 다른 가치들과 균형을 유지하면서 실현하는 것이 매우 중요하다. 또한 국가가 안보가치를 지나치게 강조하게 되면 대외적으로 그에 대한 위협적인 세력이나 국가들이 생겨나게 된다. 여기서 안보딜레마가 발생하는 것이다. 국가들 간의 군비경쟁이 끊이지 않고 계속되는 것은 바로 이러한 이유에서이다. 이는 주로 국가들의 관계를 현실주의 입장에서 설명하는 이론들에 기초하고 있다. 따라서 국가들 간에는 서로 접촉하고 대화를 나누면서 상호 간 신뢰를 구축하는 일이 필요하며 다자주의적 협력이나 대화통로가 마련되는 것이 바람직하다. 이것이 바로 탈냉전의 세계화 질서가 갖는 장점이기도 하다.

남북한 분단 상황에서 지고(至高)의 가치는 통일이다. 통일을 실현하기 위해서도 기본적으로 남북한 간의 관계가 안정되어야 하며 평화적으로 유지되어야 함은 두말할 필요도 없다. 이미 1972년에 발표한 '7·4남북공동성명'에서 통일은 쌍방 간에 "무력행사에 의거하지 않고 평화적 방법으로 실현해야 한다"고 규정한 것은 너무도 당연한 것이다. 앞으로 남북한이 통일을 위한 협상을 시작한다면 그 기반은 쌍방관계의 안정과 한반도의 평화가 전제되어야 한다. 그러한 이유는 대체로 두 가지로 요약해 볼 수 있다. 첫째로 한반도에는 앞에서도 지적한 바와 같이 과도한 무기체제가 배치되어 있기 때문에 통일을 위해 이러한 무기체제가 사용된다면 그 통일은 무의미한 것이 된다. 한반도에는 남북한 쌍방이 너무도 많은 파괴적 무기들을 보유하고 있으며 그에 따라 그들이 통일을 위해 사용된다면 한민족 전체의 멸망을 가져올 것이 분명하기 때문이다. 어떤 의미에서 보면 그러한 과정에는 승자나 패자가 없을 것이고 다만 모두가 패자가 될 위험성이 너무도 크다. 따라서 통일이 반드시 평화적으로 이루어져야 하는 이유가 여기에 있다. 둘째로 한반도의 통일이 전쟁과 같은 무력적 방법에 의해서 시도된다면 한반도는 또다시 강대국들 간의 세력정치의 장이 될 것이기 때문이다. 한반도는 지리 전략적으로 강대국들의 이해관계와 밀접히 연관되어 있으며 따라서 남북한 간에 분쟁이나 전쟁이 일어날 경우 미국을 포함하여 중국이나 러시아 및 일본 등이 어떤 형태로든 관여하게 될 것임은 분명하다. 강대국들은 여전히 한반도에서 세력균형이 유지되기를 바라며 이를 파괴시키는 어떤 사태들도 쉽사리 인정하려고 하지 않을 것이다. 적어도 부분적으로 이런 이유 때문에 남북한 간의 분단 상태가 지금까지 계속되고 있는지도 모른다. 결국 남북한 간에는 평화적 통일이 불가피하며 그런 이유에서 통일의 가치 못지않게 평화의 가치가 중요한 것이다. 그리고 그러한 평화의 가치는 남북한의 안보 가치 실현에서 출발해야 한다. 또한 세 가지 가치들은 <그림 2-2>에서 나타나는 바와 같이 사회 각 분야들과 서로 연관되어 있다.

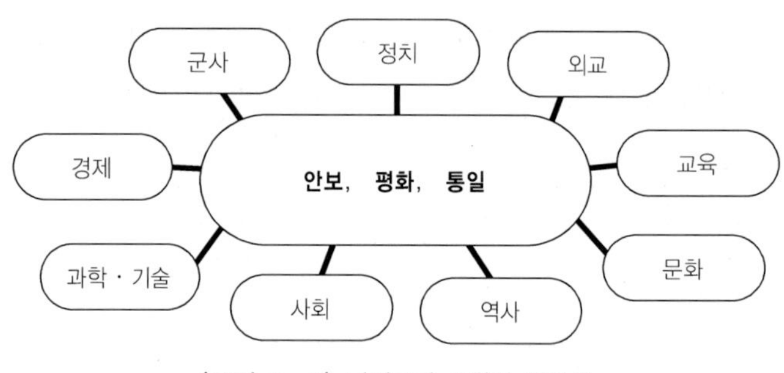

〈그림 2-2〉 가치들의 종합적 연계성

세 가지 가치들과 연관되어 있는 분야별 가치들은 크게 두 가지 범주들로 나누어 볼 수 있다. 하나는 물질주의적 가치들이고 다른 하나는 사회-문화적 가치들이다. 이들은 어느 하나의 범주가 다른 것보다도 우월한 지위에 있다고 하기보다는 상호 보완적인 관계를 갖는 것으로 이해해 볼 수 있다. 마치 사람을 평가할 때 어느 한 범주에만 의존할 경우 충분한 평가를 할 수 없게 되는 것과 마찬가지이다.

사람은 물질적인 가치와 정신적인 가치들을 다 함께 포함하고 있음을 간과해서는 안 된다. 같은 맥락에서 안보와 평화 및 통일의 가치들도 물질주의적인 것과 사회문화적인(정신적인) 것을 다 같이 포함해서 분석하고 이해해야 한다. 그리고 이러한 세 가지 가치들이 분야별로 나누어지는 세부적인 가치들과 긴밀한 연관성을 가지고 있음도 또한 사실이다.

예를 들면 세 가지 가치들은 경제적 분야와 밀접히 연관되고 있으며 또한 문화적 가치들과도 깊은 관계를 가지고 있다. 한 국가의 연성세력의 강화가 강조되는 이유도 여기에 있다. 국가안보를 위해 필요한 군사력은 한 국가의 경제력과 불가분의 관계를 가지며 이는 소위 부국강병의 개념에서 잘 나타나 있다. 마찬가지로 평화와 통일을 위해서도 국가의 경제력이 뒷받침되어야 함은 긴 설명을 필요로 하지 않는다. 또한 세 가지 가치들이 사회문화적 가치들과 긴밀히 연관되어 있음도 사실이다. 한 국가의 사회문화적 가치들은 국가구성원들의 정신적 가치와 동일시된다. 따라서 만약 국가안보를 위해 군사력을 증강시킨다 하더라도 국민들의 국가에 대한 충성심이나 애국심이 뒷받침되지 않을 때 그 군사력은 국가안보를 위해 충분한 효과를 발휘할 수 없다. 또한 한 국가의 정체성이 불분명할 때 그 국가를 지키려는 국민들의 의지나 태도가 약화될 수 있으며 그에 따라 국가안보도 위태로워질 수 있다. 결국 국가안보를 튼튼히 하기 위해서는 물질주의적 가치들과 사회문화적 가치들이 다 같이 조화를 이루면서 상호 관계를 유지해 나가야 한다. 이를 위해 특별히 중요한 가치는 정치와 교육이다. 정치는 국가의 정책결정에서 무엇이 우선순위가 되어야 할 것인가를 결정하고 동시에 국가의 안정과 질서를 유지하는 데 결정적인 영향을 주어야 한다. 무엇보다도 정치는 국가 안에서 정의로운 사회구조를 형성함으로써 구성원들의 자발적인 지지와 참여를 이끌어 내는 데 선도적인 역할을 수행해야 한다. 정치 못지않게 중요한 가치는 교육이다. 사실 교육은 국가가 필요로 하는 인재들을 양성하는 데 목적이 있다. 교육은 물질주의적 가치들과 정신적 가치들을 창출하는 데 매우 중요한 역할을 담당하고 있다. 과학기술의 발전이 교육에 크게 의존하고 있음은 자명한 일이다. 동시에 국가의 존립에 필수적인 규범이나 문화 그리고 정체성을 발전시키는 데 있어서도 교육은 지대한 역할을 수행한다. 그리고 교육에 있어서는 경제, 과학, 기술 등의 분야들과 인문사회, 역사 분야들이 균형 있게 다루어져야 한다. 왜냐하면 국가의 존립과 발전을 위해서는 균형 잡힌 인간개발이 절대로 필요하기 때문이다. 예를 들면 한국은 지난 40여 년 동안 급속한 경제발전을 이룩하고 민주화를 실현하고 있는 국가로서 기록되고 있다. 주지하는 바와 같이 한국은 풍부한 지하자원을 갖고 있지 않다. 그럼에도 불구하고 한국이 그렇게 발전하게 된 이유는 무엇인가? 그것은 바로 교육의 힘이었다. 앞으로도 한국이 계속 발전하기 위해서는, 또한 통일을 실현하기 위해서는 교육에 보다 많은 투자를 해야 할 것이다.

그리고 세 가지 가치들은 <그림 2-3>에서 보이고 있는 바와 같이 지역적으로 동북아 지역과 세계와의 연계성 속에서 실현될 수 있도록 해야 할 것이다. 왜냐하면 이들은 기본적으로 한반도 내의 남북한 간에 추구되어야 할 가치들이지만 동시에 국제적 환경과 연관되어 있기 때문이다.

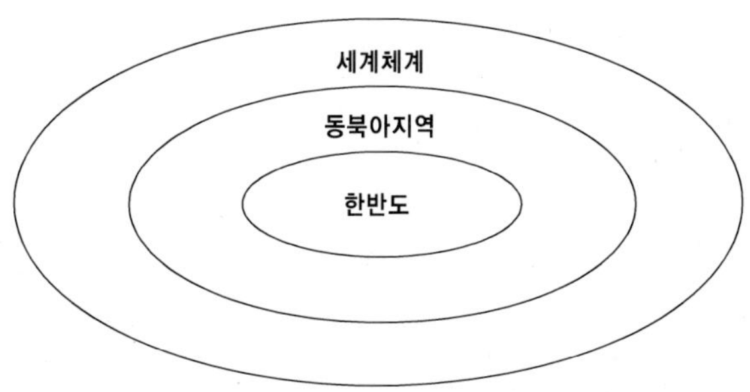

〈그림 2-3〉 대내외적 연계(linkage) 모델

실제로 한반도에서의 안보가치는 불가피하게 동북아 지역관계와 연관되어 있다. 역사적으로도 그러해 왔고 현재도 마찬가지이다. 예를 들면 한반도의 남북한 간에 어떤 분쟁이 발생할 경우 그 분쟁은 쉽사리 주변 강대국들의 개입을 뒤따르게 할 것이다. 즉 한반도의 분쟁이 동북아 지역 내의 분쟁으로 확대될 수 있다. 조선조 말에 일어난 청일전쟁이나 러일전쟁 등도 그러했고 6·25전쟁의 경우에도 그러했었다. 앞으로 한반도에서 또다시 남북한 간에 분쟁이나 갈등이 일어나게 되면 미국이나 중국 등 강대국들이 개입하게 될 것임은 부인할 수 없다. 이미 남북한은 각기 미국이나 중국과 개별적으로 동맹관계를 유지하고 있기 때문에 쌍방 간에 어떤 위기나 불안정 또는 분쟁 등이 일어날 경우 미국이나 중국은 쉽게 개입하게 될 것이다. 또한 남북한 간에 화해 관계가 이루어지거나 평화적 통일과정이 전개되는 경우에도 강대국들은 적어도 전략적으로 매우 민감한 이해관계를 보일 것이다. 반대로 동북아 지역에서 일어나는 어떠한 갈등이나 분쟁도 한반도 상황에 영향을 미칠 것이다. 말하자면 지역적 분쟁이나 사건들이 한반도의 안정 및 평화와 밀접한 관계를 갖게 된다는 것이다. 예를 들면 만약 센카쿠열도의 영유권을 둘러싸고 중국과 일본 간에 분쟁이 발생하거나 또는 미국과 중국 간에 '환율전쟁'이 현실화된다면 그들은 한국의 안보와 경제문제에 크게 영향을 미치게 될 것이다. 결국 어떠한 분야에서든 동북아 지역에서 발생하는 분쟁들은 바로 한반도의 안정과 평화에 영향을 주게 된다.

동북아 지역뿐만 아니라 세계 전 지역에서 일어나는 사건들도 한반도의 안정과 평화 그리고 통일의 가치들에 영향을 주게 됨을 무시할 수 없다. 오늘날 세계가 개방되어 있고 또 상호 연계되어 있기 때문에 그리고 과학과 기술의 발달에 의한 교통과 통신수단이 확대되어 있기 때문에 세계 어느 곳에서든 일어나는 사건들은 바로 세 가지 가치들의 실현에 영향을 미친다. 이제는 멀리 아프리카에서 일어난 일이나 남미지역에서 일어난 일들이 한반도와 무관한 일들이라고 말하기는 매우 어렵다. 또한 한국의 경제적 활동이 전 세계적으로 확대되어 있기 때문에 세계적 환경은 그만큼 한국의 국내적 사정과 밀접히 연관되고 있다. 더욱이 현재 세계화 과정이 전개되고 있기 때문에 한반도의 지역적 문제들은 전 세계적으로 노출되어 있으며 또한 세계화로부터 많은 영향을 받게 됨을 피할 수 없다. 이런 점에서 세 가지 가치들의 실현을 위한 노력은 한반도 내의 국지적 과제인 동시에 세계적 문제로서 다루어져야 한다.

제2절 통일문제의 인식

통일문제는 다각적인 측면에서 인식되어 왔다. 그러나 여기에서는 주로 세 가지 측면들에 초점을 두고 논의해 보기로 한다.

(1) 통일은 왜 해야 하는가

이 문제에 대한 해답은 종종 있어 온 남북한 이산가족의 상봉장면을 볼 때 쉽게 얻어질 수 있다. 우리는 이산가족상봉 장면을 볼 때 왜 그들은 같은 민족성원이고 같은 가족일원들인데 헤어질 때마다 '눈물바다'를 이루고 또다시 만날 기약도 없이 남과 북으로 헤어져야 하는가 하는 의문을 갖게 된다. 너무도 비인간적이고 또 너무도 잔인한 일이 아닌가? 세계 어느 곳에서 이런 일들이 벌어질 수 있는가? 세계 어느 곳이든 자유롭게 여행할 수 있는 사람들이 왜 북한에만 갈 수 없는가? 그리고 또 북한 사람들은 왜 한국에 올 수 없는가? 한민족의 비극이고 문명의 후퇴가 아닐 수 없다. 이런 의문들 속에서 우리가 왜 통일해야 하는가 하는 이유가 내제되어 있다. 세 가지 측면들을 검토해 보고자 한다.

첫째는 역사적 당위성이다. 한민족은 적어도 통일신라시대 이후부터 2,000여 년 동안 하나의 단일 국가를 형성해 오면서 살아왔다. 그런 민족이 60여 년 전부터 분리되어 남북한으로 갈라져 살아오게 된 것은 분명히 잘못된 일이다. 또한 그것은 시극히 부자연스러운 일이 아닐 수 없다. 한민족은 하나의 국가 속에서 살아오면서 같은 언어를 사용해 왔으며 같은 문화와 역사를 발전시켜 왔다. 그리고 동일한 전통 속에서 민족 공동체를 유지해 왔다. 따라서 분단된 남북한이 하나의 국가로 통일된다는 것은 너무도 당연한 일이다. 정치적 이유나 이데올로기적 갈등을 제어한다면 민족의 분단은 그 어느 것에 의해서도 정당화될 수 없는 것이다. 이런 이유 때문에 한민족은 다시 통일해야 하는 당위성을 갖게 된다.

둘째는 경제적 이익이다. 만약 남북한이 통일되어 하나의 경제활동의 단위를 형성해 나간다면 한민족은 현재보다도 훨씬 더 유리한 경제적 성장환경을 확보할 수 있다. 현대 경제는 규모의 경제라고 말한다. 한 국가의 경제가 발전하기 위해서는 공간이 클수록 또한 인력이 많을수록 좋은 효과를 거둘 수 있다. 21세기 세계에서 이른바 브릭스 국가들이 주목을 받는 이유는 그들이 거대한 영토를 가지고 있으며 많은 인력을 가지고 있는 데에서 주로 기인되고 있다. 실제로 중국이나 인도 그리고 브라질 등의 경제가 놀랍도록 빠르게 발전하는 것도 바로 규모의 경제논리에 바탕을 둔 것이다. 그들이 가지고 있는 거대한 영토 속에는 소중한 지하자원들이 매장되어 있으며 또한 많은 인력들은 산업발달에 필요한 노동력을 제공하며 나아가 시장에서 필요한 구매력을 증진시키는 데 기여하고 있다. 예를 들면 중국의 14억 인구는 중국에서 생산되는 상품들의 내수시장을 충분히 확대시키는 데 기여하고 있다. 한반도에서도 남북한이 통일된다면 경제 면적이 커질 뿐만 아니라 인구 또한 8천여만 명에 이르러 경제발전에 필요한 요건들을 충족시킬 것으로 전망된다. 더욱이 남북한은 각각 경제적 자원들을 각각 다르게 보유하고 있기 때문에 만약 쌍방이 통일된다면 그의 경제적 효과는 더욱 커질 것이다. 즉 북한의 지하자원과 한국의 자원 및 기술이 합쳐져 경제발전을 위해 적절히 융합된다면 큰 역할을 할 수 있게 될 것이다. 혹자는 북한의 경제가 낙후되어 있기 때문에 통일 비용이나 통일 후 비용이 커져서 한국의 경제에 부담이 될 것이라고 주장한다. 그러나 현재 남북한이 분단으로 인해 지출하는 비용보다 통일 후 기대되는 경제적 효과는 훨씬 더 커질 것이다. 그리고 통일한국은 거대한 중국과 첨단경제를 발전시키고 있는 일본 사이에 위치해 있으면서 무역이나 자원 확보 면에서 유리한 위치를 점유할 수 있다. 만약 통일한국이 중국시장을 겨냥해서 새로운 상품을 개발하여 수출한다면 값싼 물류비용을 활용할 수 있으며 나아가 헤아리기 힘든 경제적 이득을 보게 될 것이다. 그리고 일본의 선진 과학기술은 통일한국의 기술개발에 긍정적인 기능을 담당할 수 있을 것이다.

셋째는 생활 공간 확대이다. 이는 남북한의 통일이 한민족의 생활공간을 분단된 상태와 비교할 수 없을 만큼 크게 확대시킬 것이다. 통일이 이루어진다면 한민족은 중국과 시베리아를 통하여 러시아 및 유럽지역으로 생활영역을 확대시킬 수 있으며 또한 새로운 시각이나 비전을 가질 수 있을 것이다. 더 나아가 21세기 세계에서는 경제활동에서나 사회문화적 활동에 있어 국경의 제한이 사라지고 있는 만큼 한민족의 활동영역도 무한히 확대될 수 있을 것이다. 현재는 분단된 상태에서 한국은 주로 남방해양지역으로 그 활동무대를 발전시켜 왔지만 통일이 이루어진다면 북방대륙지역으로도 그의 활동영역을 확대시켜 나갈 수 있다. 통일한국은 한반도라는 특수

지역에 위치해 있지만 앞으로는 해양과 대륙 사이의 교량 역할을 효과적으로 수행해 나갈 수 있을 것이다. 이로써 한국인들은 의식적으로도 많은 변화를 경험하게 될 것이다. 즉 생활공간의 확대로 인해 한국인들은 보다 더 넓게, 그리고 보다 더 적극적으로 의식세계를 넓혀 나갈 수 있을 것이다. 어떤 면에서 새로운 창의적이고 진취적인 정신을 진작시켜 보다 더 넓은 세계를 향해 행동할 수 있을 것이다.

(2) 통일은 어떻게 실현해야 하는가

이 문제는 앞에서 논의한 통일의 당위성보다도 더 복잡하고 해결하기 어려운 문제이다. 왜냐하면 보다 많은 이데아(Ideas)들과 실천이 요구되며 또한 많은 지혜를 필요로 하기 때문이다. 구체적인 통일 방법들은 남북한 간의 협상을 통하여 모색되어야 한다. 그러나 여기서는 원칙적인 면에서 몇 가지 견해들을 검토하고자 한다. 첫째로 통일은 평화적으로 이루어져야 한다. 이는 앞에서도 수차 언급되었으며 특히 오래전에 남북한 당국자들 간에 합의한 '7 · 4 남북공동선언'에서도 밝혀진 바 있다. 평화적 통일이 이루어져야 한다는 것은 분단현실을 고려해 볼 때 지극히 당연한 일이고 또한 유일한 방법이다. 저자는 1996년 초에 학술회의차 베트남의 수도인 하노이를 방문한 적이 있다. 이때 당시 베트남 정부의 여성 부통령이었던 응우옌 티 빈(Nguyen Thi Binh)을 만나서 잠시 대화를 나눈 적이 있었다. 그때 저자는 그녀에게 "베트남의 통일을 축하한다"고 말하였다. 이에 그녀는 다음과 같은 반응을 보였다. "베트남은 너무도 오랫동안 통일을 위해 프랑스와 미국 그리고 남베트남 정부와 전쟁을 해 왔기 때문에 수많은 인명피해를 보았으며 또한 엄청난 물질적 손실을 입었다"고 말하면서 "한국은 평화적 통일을 하기로 합의하였다니 정말로 다행이다"라고 덧붙였다. 그녀의 말은 저자에게 많은 의미를 던져 주었다. 통일을 위해 무력을 사용해서 전쟁을 한다는 것은 실로 무의미한 것이라고 새삼 느낄 수 있었다.

둘째로 통일은 남북한 간의 대화와 협상을 통해 이루어져야 한다. 결국 통일이 평화적으로 이루어져야 한다면 이를 위한 구체적인 방법은 쌍방 간의 대화와 협상 그리고 합의뿐이다. 남북한은 1970년대 초부터 당국자들 간의 많은 합의를 도출해 왔으며 그에 따라 다방면에 걸친 교류와 접촉 그리고 협력을 진행해 왔다. 남북한 당국자들 간의 합의에 의해 통일을 위한 합의들이 상당한 정도로 진전을 하여 왔지만 여전히 분단 상태는 개선되지 않고 쌍방 간의 대결과 대치상태가 계속되고 있을 뿐이다. 문제는 협상을 통해 합의들을 이루는 데에 있는 것이 아니라 그들을 쌍방이 실천에 옮기지 못하는 데에 있다. 예를 들면 1990년 2월에 발효된 남북기본합의서에서 한국과 북한은 서로 상대방의 체제를 인정하고 존중하며 서로 상대방의 내부 문제에 간섭하지 않고 또한 상호 간에 비방과 중상을 하지 않는다고 합의했음에도 불구하고 이러한 합의사항들은 여전히 지켜지지 않고 있다. 이유가 어디에 있든 중요한 것은 이러한 합의사항들을 점진적으로 실천에 옮기는 과정이 필요한 것이다.

셋째로 남북한 통일이 쌍방 간의 협상에 의해 모색되는 과정에서 경우에 따라서는 소위 '흡수통일' 방식이 불가피하게 적용 될 수도 있다. 냉전의 종식과 더불어 이루어진 동서독통일에서 그 전례를 찾아볼 수 있다. 즉 동독내부체제의 붕괴와 외부국제환경의 변화로 인해 동독의 서독으로의 불가피한 흡수방식에 의한 독일통일이 이루어졌던 것이다. 그러나 이러한 과정에서도 서독과 동독은 서로 긴밀하게 협상하였으며 통일에 필요한 제반 상황들을 조약체계를 통해 평화적으로 통일과정을 이끌어 나갔던 것이다. 이러한 면에서 흡수통일도 협상에 의한 통일임에 분명하다. 한반도의 통일에서도 유사한 사태가 발생되지 않으리라는 보장이 없다. 어느 한 국가나 체제가 위기에 처하여 붕괴될 경우 한반도에서도 흡수통일은 가능할 수 있다. 그때에도 무력에 의한 강제병합이나 제재가 아니라 쌍방이 호의적으로 협상을 통해 안정된 통일과정을 열어 나가는 것이 절대로 필요하다. 왜냐하면 자칫 잘못하면 쌍방 간의 무력충돌이나 전쟁과 같은 사태가 일어날 수 있기 때문이다. 그러므로 쌍방 간의 통일과정을 안정적으로 그리고 협상을 통해 이끌어 나갈 때 평화통일은 실현될 수 있을 것이다.

(3) 어떠한 통일국가가 되어야 할 것인가

이 문제 역시 쉽게 접근될 수 없다. 다만 원칙적이고 추상적으로만 그에 대한 논의가 가능해질 수 있다. 무엇보다도 통일국가에서는 한민족의 성원들이 보다 더 자유롭고, 부유하고, 행복해질 수 있어야 한다. 만약 통일로 인해 민족성원들이 지금보다 더 불행해지거나 빈곤해진다면 과연 통일이 필요할 것인가? 통일국가는 민족 성원들이 인간의 존엄성 그리고 자유와 권리 및 평등권을 보장하고 신장시키는 민주주의의 이념과 체제를 바탕으로 형성되어야 하며 나아가 사적 재산권과 경제적 자유주의 그리고 생산과 분배를 다 같이 증진시킬 수 있는 '창조적 자본주의'를 확립할 수 있어야 한다. 또한 통일국가는 국제사회에서 하나의 자율적인 독립적 단위로서 주권과 독립을 확보해야 한다. 이를 위해 통일국가의 안보가 확보될 수 있어야 한다. 그리고 통일국가는 복잡하게 변화하는 세계질서 속에서 적극적으로 참여하고 활동하여 국제사회의 안정과 평화에 기여할 수 있어야 한다. 나아가 통일국가는 그러한 활동을 통하여 가능한 한 국가이익을 지속적으로 증대시키면서 국제사회에서 인정받는 '좋은 사회'를 만들어 나갈 수 있어야 할 것이다.

한편 통일과 관련하여 어떠한 문제들을 인식하느냐 하는 것도 중요하지만 더욱 중요한 것은 인식 자체의 문제와 관련되어 있다. 흔히 정책결정 이론에서 보면 정책결정자의 문제에 대한 인식이 얼마나 중요한가를 제시하고 있다. 정책결정과정에서는 실제(reality) 그 자체보다도 그것을 어떻게 인식하느냐 하는 것이 중요하게 간주된다. 왜냐하면 실제보다는 그것을 인식하는 것이 결정과정에서 크게 영향을 미치고 있기 때문이다. 마찬가지로 통일문제들 그 자체보다도 그들에 대한 주요결정자들이나 일반 국민들의 인식이 중요하다. 이론적으로 문제에 대한 인식은 쉽게 오류를 범할 수 있다고 말한다.

인식의 오류는 다음과 같은 몇 가지 요인들에 기인되는 것으로 분석되고 있다. 첫째로 인식자의 이데올로기적 편협성과 배타성이 객관적인 인식을 어렵게 하는 것으로 지적되고 있다. 무엇보다도 이데올로기는 신념체계로서 인지적 구조를 제공한다. 이데올로기는 세계관이나 가치관을 제시함으로써 사람들로 하여금 세계를 인식하고 이해하며 평가해 나갈 수 있도록 한다. 그러나 앞에서도 지적한 바와 같이 이데올로기는 그 자체가 현실이거나 진리가 아니라는 점에서 문제가 있다. 또한 이데올로기는 추상의 형태이며 반드시 현실과 일치하는 것이 아니다. 그것은 종종 현실이 되는 것처럼 환상을 인위적으로 만들어 낸다. 따라서 이데올로기가 인식과정에서 작용함으로써 경우에 따라서는 현실과 먼 인식과정을 유발시킨다.

둘째로 인식의 오류는 인식자의 편협한 정치적 목적 때문에 일어나는 경우도 있다. 자신의 정치적 목적을 달성하기 위해서 객관적 사실을 왜곡함으로써 올바른 인식이 불가능하게 된다. 셋째로 인식의 오류는 상황이나 문제에 대한 정확한 정보나 지식이 결여됨으로써 발생될 수 있다. 이런 오류는 한국에서 북한에 대한 인식을 시도할 때 종종 나타난다. 그 이유는 북한 사회가 고도로 폐쇄적이기 때문에 일어나기도 하지만 한국 사회 내에서 지속적인 북한에 대한 정보나 지식을 얻으려는 노력이 부족하기 때문이기도 하다. 넷째로 인식의 오류는 인식체계가 내포하고 있는 특수한 문화적 성격에 기인되기도 한다. 즉 인식체계가 고도의 권위주의적 지배구조로 형성되어 있거나 또는 경직된 관료주의적 매너리즘에 빠져 있게 되는 경우 동태적인 소통이 불가능하게 됨으로써 객관적인 인식이 어렵게 된다. 결과적으로 객관적인 사실에 입각한 올바른 인식이 이루어질 때 문제에 대한 유용한 해결방안들이 도출될 수 있다는 점에서 인식의 전환이나 인식의 과학화가 한반도 통일문제를 다루는 데 있어 매우 중요하다.

제3절 민족정체성과 통일

어느 국가나 집단 그리고 그 안에 살고 있는 개인들은 일정한 정체성(Identity)을 가지고 있다. 개인들의 경우에는 각기 내면화된 가치체계와 관련하여 정체성을 유지하고 있는 반면 국가나 특정집단들은 집단적 정체성을 가지고 활동한다.[1] 개인적 수준에서 정체성은 그 개인의 자아의식에서 비롯된다. 즉 자기존재에 대한 인식과 의문에서 그의 정체성은 생겨난다. 예를 들면 "내가 누구인가(Who am I)?"라는 질문은 바로 그 개인의 정체성을 확인하는 것이다. 국가나 집단의 경우에도 마찬가지이다. 국가가 어떠한 국가이고 집단이 어떠한 집단인가를 결정해 주고 그것을 인식시키는 데 정체성은 중요한 기능을 수행한다. 이론적으로 정체성은 개인적 수준에서나 집단적 수준에서 다 같이 몇 가지 요소들에 의해 형성되는 것으로 이해된다. 그러한 요소들이란 보통 사회화(Socialization)와 교육, 커뮤니케이션, 법적, 제도적 장치, 역사와 문화, 전통, 그리고 언어 및 가치공동체 등을 포함한다. 예를 들면 한 사회 내에서 개인들은 일정한 사회화 과정과 교육을 통해 그리고 그 사회가 유지해 온 역

---

1) 집단적 정체성에 관해서는 Thomas Risse-Kappen, "Collective Identity in a Democratic Community: The Case of Nato", Peter J. Katzenstein(ed), pp.357~399 참조.

사회 문화 및 전통에 의해 정체성을 형성한다. 또한 국가나 사회도 마찬가지로 그러한 요소들에 바탕을 두고 일정한 집단적 정체성을 형성시키며 이를 통하여 그들의 역할을 수행하는 동시에 개인들로부터 지지와 호응을 이끌어 낸다. 그리고 국가나 사회는 집단적 정통성을 통해 일정한 제도적 규제와 규범을 만들어 내고 개인들의 인식 기능에 영향을 주며 국가나 사회의 공동목표 설정이나 실현을 위한 개인들의 반응과 협력을 이끌어 낸다. 나아가 개인들로 하여금 공동이익을 창출하게 하며 그들 간에 합의권을 구축하는 데 참여하도록 한다. 특히 정체성은 각 행위 주체들로 하여금 적(敵)과 아(我)를 구별하게 하며 이에 필요한 행동들을 취해 나가도록 한다.

한민족은 오랜 역사와 문화적 전통 속에서 비교적 동질적인 자아의식을 형성시켜 왔으며 그에 따라 독특한 정체성을 유지해 왔다. 특히 한민족은 한반도라는 일정 영토 안에서 오랫동안 단일국가를 형성, 유지해 왔으며 나아가 같은 언어를 사용하고 전통을 공유하면서 동질적인 정체성을 지켜 왔다. 더욱이 한민족은 그의 특유한 존재를 유지하기 위해 수많은 외침들에 대항하여 싸워 왔으며 그에 따라 끈질긴 민족으로 낙인찍혔다. 한반도 북방지역에는 다수의 소수민족들(거란족, 만주족, 여진족 등)이 살아왔지만 그들의 존재는 역사에 남아 있을 뿐 오늘날에는 특별히 인지되지 않고 있다. 유일하게 한민족만이 독립된 국가를 유지하면서 남아 있었다. 그러나 남북한이 분단된 이후 쌍방 간에는 이질화의 폭이 넓어지게 되었으며 그에 따라 각기 상충된 정체성을 형성시켜 왔다. 한국은 분단 이후 자유민주주의와 자본주의 시장체제를 국가의 기본 이념과 체제로 발전시키면서 이들에 기초하여 개인들을 사회화시킴으로써 북한과 전혀 다른 정통성 형성과정을 유지하였다. 반면 북한은 공산주의와 프롤레타리아 독재체제를 구축하고 또한 김일성 1인 유일체제를 유지하면서 주민들을 집단적으로 교화시키면서 사회주의 인간을 만들어 나갔다. 이에 따라 남북한 간에는 과거 전통사회와는 달리 서로 이질적이고 적대적인 정통성이 형성되었다. 특히 전쟁을 치르면서 쌍방 간에는 더욱 대립적이고 적대적인 집단적 정체성이 강화되었다. 한국은 전후에 계속 반공주의를 내세웠고 북한은 적화통일을 내세우면서 각기 구성원들을 사회화시켰고 나아가 서로 다른 법적, 제도적 장치들을 동원하여 쌍방 간에는 쉽사리 융합될 수 없는 집단적 정체성이 고착화되었다. 또한 한국은 근대화와 민주화를 통해 자유스러운 다원주의적, 개방적 사회를 발전시키고 있는 반면, 북한은 점차 폐쇄적이고 강제적인 동원사회를 강화시키면서 세습 체제를 유지하고 있다. 남북한 간에는 정치적으로나 사회적으로 너무도 대조적인 사태들이 벌어지고 있다. 한반도에는 같은 한민족 구성원들이 살고 있음에도 불구하고 남북한 간에는 서로 상이한 구성원들이 살고 있는 것처럼 보이는 것은 바로 그들 간의 정체성 차이와 연관되어 있다고 말할 수 있다. 한국 사회에서는 용납될 수 없는 세습권력체제가 북한에서는 현실적으로 나타나고 있으며 반대로 북한에서 허용되지 않는 자유민주주의가 한국에서는 자연스럽게 발전되고 있는 것이다.

정체성 차이로 인해 남북한 간의 통일은 더욱 어둡게 보인다. 통일을 위해서는 쌍방이 서로의 존재를 인정하고 다 같이 통일을 위한 상호 적응과정을 이끌어 나가야 한다. 그러나 너무도 대조적인 쌍방 간의 정체성의 차이는 그러한 과정의 진전을 어렵게 하고 있다. 동서독의 통일과정에서 보면 양 독은 다 같이 독일민족임을 재확인하고 서로 간에 협상을 통해 구체적인 조치들을 취해 나갔다. 그러나 남북한 간에는 아직까지 그러한 통일과정을 위한 상호적응이 나타나지 않고 있다. 서로 간에 이념과 체제의 대립성과 상이성을 축소시키면서 다시 민족 정체성을 재정립하는 과정이 필요하다.

제16장
통일의 전략적 접근법

제1절 기능주의와 신기능주의

일반적으로 기능주의적 방법은 과거에 국제정치 이론들에서 사용되어 온 국가 중심적 연구 경향과 많은 점에서 비교된다. 우선, 기능주의자들은 국가들 간의 관계에서 사회적 관계의 분석에 초점을 두었다. 다시 말하면, 그들은 어떤 조직체이든 그것이 발생하는 배경으로서 경제적, 기술적 요인들이 중요하다는 것이다. 그리고 그들은 그러한 조직의 성장 과정에 초점을 두면서 시간이 경과함에 따라 조직의 변화를 분석하는 데 관심을 가졌다. 전반적으로 그들은 국가들 간의 전쟁이나 평화의 문제가 경제적, 사회적인 원인들에서 비롯된다고 가정하고 이들에 대한 분석을 강조하였다. 대신 그들은 전쟁 문제에 대해 군사적, 정치적 해결을 강조하는 경향을 거부하였다. 또한 그들의 분석 범위에서는 거시적인 차원보다는 미시적인 차원에서 특정 지역을 연구의 단위로 삼았다. 끝으로 그들은 사회 현상의 연구에 대해서 영향을 계속 미치고 있는 행태주의적 방법을 많이 사용했다. 예를 들면, 그들은 국제기구에 관한 연구에서도 사회화, 학습, 태도, 그리고 조직적인 행동 등에 초점을 두었다. 대표적인 기능주의 이론가인 데이비드 미트라니(David Mitrany)는 기능주의의 특징을 다음과 같이 몇 가지로 요약하였다.[2] 첫째로 사회적, 경제적 불균형이 전쟁의 근본적인 원인이며, 반면 사회적, 경제적 복지가 평화의 선행 조건이다. 둘째로 민족국가가 아닌 기능에 바탕을 둔 국제기구들이 근본적으로 사회, 경제 문제들을 해결하는 데 적합하다. 셋째로 기능적인 협력은 주로 비정치적이고 보다 기술적인 문제들과 관련되어 있기 때문에 가능해질 수 있으며, 이러한 협력의 경험들은 또 다른 영역으로 확대될 수 있다. 넷째로 국가들이나 기관들 간 협력의 연계망은 정치적 분열을 극복할 수 있는 수준까지 확대될 수 있다. 전반적으로 기능주의자들은 국제적으로 발생하는 분쟁이나 갈등을 기능적 형태의 통합을 바탕으로 해결할 수 있다고 간주하였으며, 나아가 세계의 사회, 경제적 재편을 통해 전 세계적인 차원에서 전쟁을 방지할 수 있다고 믿었다. 그들은 현대의 사회적, 경제적, 기술적 조건들은 다국가 체제를 약화시키고 세계적인 상호 의존을 증가시키는 경향이 있으며, 그것은 국제협력과 통합을 증대시킨다고 가정하였다.

특히 그들은 민족국가를 초월한 기관이나 조직체들의 기능을 중시하였으며, 그러한 기능 수행을 비영토적 세계로 규정하였다. 나

---

2) David Mitrany, *A Working Peace System*(Chicago: Quadrangle Books, 1996), p.97 참조.

아가 그들은 기술 혁신과 경제 활동의 팽창으로 인해 국제적인 통합이 계속 촉진될 것이라고 믿고 있다. 그들에 의하면 경제적인 측면에서 현대 국가들은 더욱더 상호 의존적이 되며, 상호 간 거래 활동을 통해 새로운 국제기구가 창설될 수 있다. 전형적인 사례가 과거 유럽 석탄 철강 공동체(ECSC)의 구성이었다. 또한 기능주의 이론가들은 개인의 정치적 태도변화에 분석의 초점을 두고 있다. 그들은 기본적으로 인간의 합리성을 강하게 믿었으며 그에 따라 인류공동체의 출현이 가능해진다고 보았다. 이들의 견해는 유럽경제협력기구(OEEC)나 경제협력개발기구(OECD) 그리고 유럽회의(The Council of Europe) 등의 국제기구 출현에 영향을 미쳤다.

지난날 기능주의이론에 바탕을 두고 남북한 간에도 상당한 교류와 협력이 이루어졌다. 과거 남북한 간에 이루어진 인적 교류와 경제교류 및 협력사업들은 주로 비정치적인 분야들에 한정되었으며 그러한 교류와 협력이 점차 정치적 관계의 개선에도 영향을 미칠 것이라고 전망하였다. 특히 상호 적대감이 컸던 남북한 관계에서 인적, 물적 교류와 협력은 쌍방 간의 화해를 가능하게 할 뿐만 아니라 당국자들 간의 대화와 협상을 용이하게 할 것이라고 생각되었다. 그러나 실제로 그러한 가정은 기대한 것만큼 실효를 가져오지 못했다. 사실 유럽에서 나타난 다양한 조직체들과 그들의 활동들이 기능주의자 이론가들이 주장했던 것처럼 비정치적인 사회적, 경제적 측면에서만 이루어진 것은 아니었다. 마찬가지로 남북한 간에서도 쌍방 간의 교류와 협력이 전적으로 정치적 협상이나 합의를 거치지 않고 기능주의적 차원에서만 이루어진 것은 아니었다. 이런 맥락에서 기능주의는 단순히 기능적 필요성과 기술적 변화에 대한 연구에 한정하는 것이 아니라 국가들내에 존재하는 집단이나 정당, 정부 그리고 국제기구와 같은 정치적 요소들에 관심을 돌렸다. 이런 새로운 기능주의 연구방향을 '신기능주의(The Neo-Functionalism)'라고 지칭하였다. 신기능주의의 대표적인 이론가는 에른스트 하스(Ernst B. Haas)였다.[3] 그는 정치통합을 분석하면서 다음과 같이 지적했다. 즉 정치통합은 몇 개의 서로 다른 국가들의 정치행위자들이 그들의 충성심과 기대 및 정치적 행위를 새로운 중앙체제로 이행시키도록 설득되고 중앙체제는 기존의 국민국가를 초월하는 관할권을 가지게 되거나 요구하는 과정이라고 규정하였다. 신기능주의 이론은 경제통합의 형태가 어떤 차원에서 이루어지든 그것은 정치적 통제에 의해 어느 정도 영향을 받는다고 가정한다. 결국 신기능주의 이론은 국가들 간에 어떠한 형태로 통합이 이루어지든 그것은 정치적 요소들과 관련되어 있다는 데 기능주의와 다른 특징을 갖는다. 비록 경제통합이라 할지라도 이의 형성 과정에서는 정치적 요소들이 작용하였음을 간과할 수 없다는 것이다. 신기능주의자들의 견해에 따르면 국가들 간의 관계에서 점증하는 상호 의존성은 국제적 차원에서 각국의 정부와 관료가 협력하고 또한 국내에서 이익집단이나 정당 그리고 여론과 같은 다양한 정치세력들이 관여하기 때문에 가능해진다는 것이다. 실제로 신기능주의에 따르면 남북관계에서 당국자들 간의 접촉이나 협상에 따라 비정치적인 사회적, 경제적 교류가 이루어질 수 있었다는 것이다. 실제로 남북한 간에 이루어진 개성공단 설치나 금강산 관광사업과 같은 경제적 협력사업들도 쌍방의 당국자들 간

---

3) Ernst B. Haas, *The Uniting of Europe: Political, Social and Economic Forces 1950~1957* (Stanford: Stanford University Press, 1968) 참조.

의 동의나 합의 없이는 불가능하였을 것이다. 결국 남북한 관계에서도 신기능주의가 보다 더 유용한 접근법으로 영향을 미쳤음을 알 수 있다. 앞으로도 남북한 관계의 다방면에 걸친 변화를 내다볼 때 쌍방 간의 정치적 요소들이 많은 영향을 미치게 됨을 간과할 수 없으며, 특히 당국자들 간의 접촉과 대화가 중요한 변수가 될 것임을 쉽게 예상해 볼 수 있다.

제2절 과정적 접근과 제도적 접근

과정적 접근이란 통일의 목표를 실현하기 위해서 남북한 또는 한국이 취하는 유리한 환경이나 조건 및 행태 등을 포함한다. 통일은 갑자기 이루어지기보다는 그를 실현하기 위한 일련의 과정을 필요로 한다. 흔히 통일이 어느 날 우연하게 이루어질 것이라고 말하는 사람도 있지만, 그러한 경우에도 사실은 결코 갑자기 일어날 일이 아님을 이해해야 한다. 예를 들면 독일 통일이 냉전의 종식과 더불어 일어난 사건으로 분석되고 있지만 실제로 동서독의 통일과정은 오랫동안 지속되었다. 동서독은 분단에 계속해서 양 독 관계를 안정적으로 관리해 왔으며 점진적으로 통일을 향한 제반 조치들을 강구해 왔음을 알아야 한다. 이미 1949년 10월에 동서독은 소위 '동서독 내독 교역협정'을 체결했으며 이를 계기로 양 독 간에는 교역이 실시되기 시작했다. 또한 1963년에는 '동서 베를린 통행협정'을 맺음으로써 양 독 간의 인적 교류가 점차적으로 활발해졌다. 이어 1970년에는 서독이 소련과 불가침조약을 체결하여 통일을 위한 국제적 환경을 조성해 나가는 조치를 취하기도 했다. 양독 간의 통일을 향한 지속적인 상호적응 과정이 마침내 1989년 11월 베를린 장벽이 무너짐으로써 역사적인 성과를 거두게 되었다. 이는 사실상 동서독의 통일이 얼마나 긴 과정을 거쳐 평화적으로 이루어졌는가를 잘 입증해 주었다.

한반도에서도 통일이 실현되기까지는 얼마나 긴 과정이 필요할지는 누구도 단정할 수 없다. 그러나 한민족이 다 같이 통일을 민족적 과제로 삼고 있는 한 그런 과제를 해결하기 위한 과정을 좀 더 안정적이고 건설적으로 준비해 나가야 할 것임은 두말할 나위도 없다. 그러한 통일과정에서 개인들이나 집단들이 또는 국가가 행해야 할 행동규범이나 양태들을 분석적으로 검토해 본다면 대체로 다음과 같은 네 가지 수준들로 나누어 생각해 볼 수 있다. 아래 표에서 보여주고 있는 바와 같이 그러한 네 가지 수준들은 개인적, 집단적, 국가적, 국제적인 것들로 구분해 볼 수 있다.

〈표 3-1〉 통일과정과 행동규범

수준	행동규범과 양태
개인적	접촉 및 이해, 포용, 협력
집단적	교류, 공동이익, 공동체 추구
국가적	접촉과 대화, 협상, 상호 불가침, 통일레짐
국제적	안보와 평화를 위한 환경조성

우선, 통일을 위한 과정에서 개인들은 통일에 대한 확고한 신념을 갖고 있어야 하며, 동시에 통일에 필요한 일정한 규범과 행동을

실천에 옮겨야 한다. 개인들은 국내적으로 서로 소통하면서 통일을 위해 필요한 조치들을 취해 나가야 하며 이를 위해 상호 간 대화와 접촉을 증대시켜야 할 것이다. 그리고 서로 간에 이해와 관용의 폭을 넓혀 나가면서 포용과 협력의 문화를 형성시켜 나가야 한다. 나아가 이러한 규범과 행동의 양태들을 남북한 간에도 적용시켜 나가는 것이 필요하다. 즉 북한 주민들을 상대로 기회가 주어지는 한 접촉과 대화를 통해 서로 이해를 증진시켜 나가고 또한 포용의 기반을 확대하여 상호 협력을 넓혀 나가야 할 것이다. 무엇보다도 인간적이고 동포애적인 미덕(virtues)이 바탕이 되어야 한다. 그러나 통일에 대한 감상주의적 행동은 바람직하지 않다. 분단이나 통일을 감상적으로 생각할 수는 있겠지만, 통일에 대한 해결을 모색하는 과정은 반드시 이성적 사고에 기반을 두어야 한다. 결국 개인적 수준에서 서로 이해하고 포용하여 협력적 인간관계를 만들어 나간다면 평화적 통일을 위한 기반도 한층 더 확대되고 튼튼해질 수 있다.

다음으로 집단적 수준에서 통일 과정을 생각해 볼 때 중요한 것은 집단들 간의 다양한 교류가 이루어져 상호 이익을 증진시켜 나가는 일이다. 이때 어느 한 집단이 일방적으로 모든 이익을 차지하려 할 경우에는 오히려 집단적 갈등만이 생겨날 것이다. 그 대신 참여하는 집단들이 다 같이 이익을 보는 방법으로 행동하는 것이 통일 과정에서 절대로 필요하다. 다시 말해서 집단적 이익을 추구하고 이를 위해 공동으로 행동하는 것이 중요하다. 통일 과정을 집단적 수준에서 접근해 볼 때 두 가지 형태의 공동체 구성을 고려해 볼 수 있다. 하나는 정서적 공동체이고, 다른 하나는 이익적 공동체이다. 전자는 남북한이 다 같이 한민족을 구성원으로 하고 있다는 점에서 민족의 역사와 전통 및 문화를 바탕으로 하여 남북한 간의 교류와 협력을 증진시키는 방향으로 하나의 공동체를 형성해 나가는 것이다. 후자는 남북한이 서로 공동 이익을 도모하고 그러한 이익을 다 같이 공정하게 분배받을 수 있는 사회·경제적 공동체를 점진적으로 발전시켜 나가는 것이다. 대표적으로 2000년대 초부터 운영되어 온 개성공단 사업을 예로 들 수 있다. 앞으로 공단 사업이 더욱 발전될 경우에 남북한 간의 경제협력에 바탕을 둔 공동체의 형성이 훨씬 더 용이하게 될 것이며, 이는 결국 평화적 통일에 기여하게 될 것이다. 그러나 남북한 간의 집단적 접촉이나 교류에 있어서는 기본적으로 한계성이 있다. 그것은 한국의 사회구조와 북한의 사회구조가 너무도 차이가 나기 때문이다. 즉 한국 사회는 개방적인 다원주의적 구조를 가지고 있는 반면 북한은 일거석적 (monolithic)이며 폐쇄적인 사회구조를 가지고 있다. 따라서 쌍방 간의 집단적 수준에서의 행동수준은 비대칭성을 포함할 수밖에 없으며 또한 자유로운 집단들의 교류나 거래가 이루어지기 힘들다. 그러함에도 불구하고 남북한 간의 집단적 활동은 한정된 분야들에서라도 가능한 한 지속적으로 이루어지는 것이 쌍방 간의 화해와 신뢰를 구축하는 데 기여할 수 있다.

나아가 국가적 수준에서 통일 과정을 고려하는 것은 가장 중요한 일이다. 이것은 남북한 당국자들 간의 접촉과 대화를 통해 일정한 합의와 협정 및 조약 등을 만들어 나가는 것을 말한다. 간단히 말하면 이는 남북한 간에 통일 레짐들을 형성하고 유지해 나가는 것을 의미한다. 그뿐만 아니라 남북한이 각각 국내적으로 평화적 통일에 필요한 제반 법적, 제도적 조치들을 강구해 나가는 것을 포함한다. 좀 더 구체적으로 말하면 기존의 법체계들을 재정비하고, 또한 통일에 관련된 조직체들과 절차들을 새롭게 형성해 나가는 것도 필요하다. 남북한은 그동안 '7·4남북공동선언'을 비롯하여 수차례에 걸친 합의 선언을 통해 평화적 통일에 필요한 일정한 원칙과 조직체들, 그리고 이들을 실현하기 위한 절차들을 마련하였다. 그러나 문제는 그러한 것들이 지속적으로 실천에 옮겨지지 않았다는 데에 있다. 사실 남북한은 '기본합의서'에서 쌍방 관계의 기본 원칙들을 합의했고 이를 위한 구체적인 절차들을 정해 놓았지만 실제로 이행된 것은 별로 많지 않았다. 예를 들면 동 합의서에서 남북한은 불가침에 대한 구체적인 사항들을 규정해 놓았지만 현재에도 휴전선을 둘러싼 군사적 대치는 계속되고 있으며, 그의 긴장감 또한 줄어들지 않고 있다. 한편 한국은 북한과의 경제적 교류 협력을 위한 갖가지 법률적 조치들을 강구해 왔다. 그들 중에는 남북교류협력에 관한 법률, 남북협력기금법 등이 포함되어 있다. 이들은 다 같이 남북한 간의 경제적 교류 협력을 증진시키는 데 목적을 둔 것이었지만, 아직까지 충분히 그 기능을 발휘하지 못하고 있다. 이유는 정치적, 군사적으로 남북 관계가 경색 국면으로 나아가고 있기 때문이다. 특히 북한의 핵 개발 문제는 크나큰 장애 요인이 되고 있다. 또 다른 중요한 요인은 북한에서 별다른 변화가 이루어지지 않고 있다는 데서 찾아볼 수 있다. 일반적으로 '북한이 변화하지 않는 한' 남북한 간에 형성되어 온 통일 레짐들의 실효성은 기대해 볼 수 없을 것이다. 한국은 민주화를 향해 나아가고 있는데 이에 반해 북한은 세습주의로 나아가고 있는 현실 속에서 남북한 당사자들 간의 레짐 형성은 불가능할지도 모른다.

　마지막으로, 국제적 수준에서 고려될 수 있는 통일 과정은 통일에 순기능적인 국제 환경을 만들어 나가는 것을 의미한다. 특히 한반도 주변의 관계가 세계적인 강대국들로 복잡하게 형성되어 있기 때문에 통일을 위한 주변 국가들의 이해와 지지가 필요함은 두말할 여지가 없다. 여기서 필요한 것은 한국이나 북한이 각기 자신들의 통일 과정에 대한 주변 국가들의 신뢰와 협력을 증진시키고, 나아가 그들이 한반도 통일을 그들의 국가이익을 저해하지 않으며 오히려 동북아 지역 내에서 안정과 평화를 확보할 수 있는 기회로 삼을 수 있도록 하는 것이다. 통일을 위한 국제적 환경을 만들어 나가는 데 있어서는 남북한이 주변 국가들과 긴밀한 협력 관계를 확대해 나가는 것이 중요하다. 앞에서 지적한 바와 같이 한국의 노태우 정부가 '북방정책'을 적극적으로 추진하여 중국 및 구소련과 외교 관계를 수립하고 계속 협력 관계를 유지해 나간 것은 좋은 실례이다. 통일되기 전에 서독이 1970년 9월에 '독·소 불가침 조약'을 정식으로 조인한 것은 독일 통일이 필요한 국제적 환경을 마련한 대표적인 예이다. 나아가 서독은 같은 해 11월에 폴란드와 '독·폴 조약'을 체결하였다. 이어 1972년 11월에 '동·서독 기본 조약'을 체결하였다. 이처럼 서독은 구소련뿐만 아니라 폴란드와도 유사한 조약을 체결하여 전반적으로 독일 통일에 관심을 가진 주변 국가들과 관계를 개선하고 그들이 독일 통일의 장래에 대해 우려를 하지 않도록 한 것은 실로 현명한 조치들이었다. 앞으로 한반도 통일 과정에서도 주변의 4대 강국들과의 외교 관계뿐만 아니라 남북 통일에 대한 그들의 이해 속에서 지지와 협력을 끌어낼 수 있는 소위 통일외교를 확대해 나가야 할 것이다.

한편 제도적 접근에서 요구되는 것은 남북한의 당국자들이 대화와 협상을 통해 새로운 조직과 절차들을 만들어 나가는 것도 중요하지만 이미 만들어진 합의사항들을 실천에 옮겨질 수 있도록 쌍방이 효율적으로 조정·적응하는 행동들을 취하는 것이다. 이를 위해서는 적어도 다음과 같은 다섯 가지의 태도와 행동의 규범들이 필요하다. 첫째로, 그러한 것들은 어디까지나 평화적이어야 한다. 한반도 통일을 위해 무력을 사용할 수 없다면 그를 위한 접근은 언제나 평화적이어야 한다. 그리고 상호 간 대화와 협력을 통해 유용한 제도들을 창출해 내야 하고 나아가 평화를 정착시켜야 한다. 둘째로, 남북한 쌍방 간에 만들어진 레짐들은 지속적이어야 한다. 그들이 실천되는 과정에서 중단되거나 혹은 폐기된다면 쌍방 관계는 또다시 과거로 회귀할 수밖에 없으며, 결과적으로 분단 관계는 지속될 수밖에 없을 것이다. 적어도 한 레짐이 실효적으로 가치를 발휘하여 남북한 통일을 위해 실질적으로 기여할 수 있을 때까지 그 레짐은 지속되어야 한다. 셋째로 남북한이 공동으로 합의하거나 선언한 제반 조치들은 상호 이익을 증대시킬 뿐만 아니라 또한 합리적이어야 한다. 이는 어느 일방이 무리하게 강요하는 방향에서 합의된 사항들을 시행하는 것이 아니라 서로 간의 이해를 통해 점진적으로 실천에 옮겨지는 것을 의미한다. 그리고 합리적이란 쌍방이 최소한의 비용을 지출하면서 최대의 효과를 발휘할 수 있는 경제적 공식에 의존하는 것을 함축한다. 넷째로 남북한 간의 레짐들은 그 기능을 수행함에 있어 상호적(reciprocal)이어야 한다. 그러나 이것은 반드시 대칭적으로 이루어져야 하는 것을 의미하지는 않는다. 이들은 남북한 쌍방이 협상을 통해 만들어진 것인 만큼, 그의 수행에 있어서도 쌍방 간의 이해와 협력을 통해 이루어져야 함을 의미한다. 오히려 그들이 남북한 간의 상호적, 협력적인 관계를 유지하면서 필요한 기능들을 수행할 때 더 많은 효과를 가져올 수 있다. 끝으로 통일을 위한 제도적 접근은 기본적으로 창조적이어야 한다. 이것은 남북한이 통일을 위한 조직이나 절차들을 마련할 때 계속 새로운 것들을 만들어 나가는 것을 의미한다. 통일을 위해서는 다양한 조직들이나 절차들이 필요한 만큼, 쌍방은 기존에 합의나 협정 등을 통해 통일 과정을 지속적으로 확대해 나가면서 다른 한편 새로운 제도적 창출을 모색해 나가야 한다. 말하자면 기존의 것들과 새로운 것들의 조화로운 운영을 통해 통일을 안정적으로, 그리고 평화적으로 달성하도록 해야 한다.

실제로 과정적 접근과 제도적 접근은 구별되기 힘들다. 여기서는 논의의 편의상 그렇게 두 가지로 나누어 살펴보았지만 그들은 서로 영향을 주고받는 상호 보완적 관계를 유지하면서 통일을 위한 유용한 수단과 방법들을 만들어 내는 것이 중요하다. 통일을 위한 과정이 안정적이고 평화적으로 유지될 때 자연히 남북한 간의 제도적 접근도 더욱더 용이해질 수 있을 것이다. 마찬가지로 제도적 접근에서 보다 더 합리적이고 생산적인 결과들이 도출될 경우에 통일의 과정도 훨씬 더 용이하게 진행될 수 있을 것이다. 오랫동안 동서독의 통일을 연구해 온 정용길 교수는 독일 통일은 한마디로 말해서 '조약과 협정에 의한 통일'이라고 규정하였다. 말하자면 동서독이 오랫동안 꾸준히 상호 간에 맺은 조약이나 협정에 따라 평화적으로 통일 과정을 이끌어 온 결과가 곧 독일의 통일이었다는 것이다. 통일을 준비하는 마지막 단계에서 동서독은 1990년 8월에

통일조약을 체결하고 이의 서명식에서 당시 동독의 데메지에르 총
리는 "통일조약은 민주주의의 성공이며 이의 체결로 경제번영의
모든 꿈이 곧바로 이루어지는 것은 아니지만 우리는 올바른 길로
가고 있다"고 말했다. 이에 서독의 헬무트 콜 수상은 "통일조약은
최고의 역사적 의의가 있는 문서"라고 그 의의를 지적했다.[4] 이로
써 동독은 법 규정대로 독일연방공화국에로 가입하게 되었으며 그
결과 동서독은 평화로운 통일을 이룩하게 되었다. 이러한 과정에서
독일인들은 냉정한 자세로 양 독 정부들의 결정들을 준수하였으며,
또한 그들은 기본적으로 "어느 체제가 다른 체제를 전쟁에서 승리"
하는 방식으로는 독일 통일은 어렵다고 믿고, 평화적 통일 과정을
지켜본 것이다. 이로부터 한반도 통일을 위한 하나의 값진 교훈이
발견될 수 있다.

---

4) 손선홍, 『분단과 통일의 독일 현대사』(소나무, 2005), pp.344~645; 정용길, 『독일 1990년 10월 3
   일: 통일을 생각하며 독일을 바라본다』(동국대학교출판부, 2009), p.258에서 재인용.

제17장
연합제와 연방제

제1절 개념 및 역사

국가의 형태는 그 국가의 정부조직에 있어서 중앙정부와 지방정
부 간에 권력의 영토적 배분이 어떻게 이루어지는가에 따라 달라
진다. 이와 관련하여 두 가지 제도들이 검토될 수 있다. 그들은 연
합제 혹은 국가연합과 연방제로 구분해 볼 수 있다. 개념상 국가연
합에 있어서는 중앙정부보다는 지방정부들이 더 많은 권력과 권위
를 분배받는다. 지방정부들은 한 국가를 구성하는 단위들임에도 불
구하고 그들은 국가를 위해 자신의 주권을 중앙정부에 비해 우월
하게 행사한다. 말하자면 지방정부들은 정치적 혹은 지리적인 이유
들이나 군사적인 필요에 따라 국가연합의 중앙정부를 구성하는 데
동의한다. 국제법상 국가연합은 원칙적으로 국가를 대표하는 법적

주체가 아니라 연합을 구성하는 지방정부들이 주체로 남아 있으며 그들이 대부분의 경우 독자적으로 외교관계를 유지하는 권한을 가지고 있는 것이 일반적이다. 그러나 국가연합 자체가 전적으로 외국과의 관계를 처리하는 권한이 배제되는 것은 아니다. 이런 국가연합의 예들은 1781년부터 1787년간의 짧은 기간 동안 존재했던 미합중국, 1815년부터 1848년까지의 스위스연합 그리고 1815년부터 1866년까지의 독일연합 등이 있다.[5]

한편 연방제는 이미 존재해 온 자율적인 지방정부들 간의 복잡하고 합법적인 과정을 거쳐 자발적인 협약을 맺어 성립되는 국가형태이다. 보통 연방제는 일정한 연방헌법에 기초하여 설립된 권력조직체이다. 국가조직의 유형으로 보면 국가연합의 경우보다 연방제가 지방정부들 간의 결합 정도가 훨씬 더 강한 특징을 가지고 있다. 그리고 연방제에서 출현한 중앙정부는 지방정부와 일정한 권한을 배분하여 소유하고 있으며 그에 따라 적극적인 기능을 수행한다. 또한 연방정부는 국제법상 대외적으로 국가를 대표하며 외교관계를 전적으로 관리해 나간다. 반면 지방정부는 헌법상으로 그 권한행사가 한정되어 있으며 대외적으로 국가를 대표하지 못한다. 그들은 제한된 특수 상황들에 대해서만 권한을 행사하도록 되어 있다. 연방국가의 기본조직에 따르면 대내문제에 관한 권한은 연방정부와 지방정부 간에 각각 분배되어 있으나, 대외문제에 관해서는 전적으로 연방정부가 그 권한을 보유하고 행사하도록 되어 있다. 연방정부는 권력분립의 범위 내에서 입법, 행정, 사법의 3권을 행사하며 또한 지

---

5) Rod Hague, Martin Harrop, and Shaun Breslin, *Comparative government and politics*, 4th edition(Macmillan Press, 1998), pp.168~172.

방정부도 자체의 입법, 행정, 사법의 권한을 행사하도록 되어 있다. 그러나 외교정책이나 국방정책에 관해서는 연방정부가 권한을 행사하는 반면 지방정부는 그에 대한 권한을 가지고 있지 못하다. 국가연합과 비교해 볼 때 연방제하에서의 국가가 진정한 의미에서의 국가라고 말할 수 있다.

국가연합의 최근의 예로서는 1991년에 구소련의 공화국들이 형성한 독립국가연합(CIS: The Commonwealth of Independent State)을 들 수 있다. 역사적으로 보면 국가연합이 연방제로 변화하는 과정을 겪지만 독립국가연합의 경우에는 아직 그러한 변화를 보이고 있지 않다. 그들은 오직 각기 국내의 문제들을 처리하는 데 사로잡혀 있을 뿐이다. 그러나 국가연합이 연방제로 변화한 대표적인 예는 미국의 역사에서 찾아볼 수 있다. 일반적으로 국가연합이 연방제로 바뀌는 이유는 몇 가지로 설명되고 있다. 구체적으로 W. 라이커(W. Riker)는 미국의 경우 두 가지 요인들이 작용했다고 설명하였다. 그 하나는 13개의 주들이 '약육강식'의 무질서한 국제 사회 속에서 취약한 입장에 놓일 수 있기 때문이라는 것이다. 실제로 당시 연방헌법의 제정과정에 큰 영향을 주었던 벤저민 프랭클린(Benjamin Franklin)은 다음과 같이 말했다. "우리는 함께 뭉쳐야만 한다. 그렇지 않으면 확실히 우리는 각기 죽게 될 것이다."[6] 당시 국제정세를 볼 때 미국의 13개 주들이 두려움을 느꼈을 것으로 생각되며 따라서 '건국아버지'들은 가능한 한 미국을 강대한 국가로 만들기를 원했을 것으로 보인다. 또 다른 하나는 경제적 이해관계 때문이다. 라이커는 당시 미국의 연방주의자들이 하나의 공동시장

---

6) *Ibid.*, p.170.

을 만들어 경제적 확대를 필요로 했다고 지적하였다. 말하자면 연방국가를 만들어 국내시장을 크게 확대시키는 데 관심을 두었다는 것이다.

미국 연방헌법을 경제적 측면에서 설명하고 있는 찰스 비어드(Charles Beard)는 다음과 같은 세 가지로 연방주의자들의 동기들을 지적하였다. 첫째로 미국헌법기초자들은 일반적으로 사유재산제를 방어하려는 데 관심을 가졌다. 둘째로 특히 그들은 각 주들에서 돈을 소유한 투자자들을 보호하려는 데 목적을 두었다. 셋째로 그들은 '셰이(Shay)의 반란'과 같은 채무자들의 반란을 두려워했기 때문이라는 것이다. 전반적으로 헌법기초자들이 하나의 강력한 중앙정부를 건설하여 사적인 경제적 이익을 보호하려는 의도를 가지고 연방정부를 구성했을 가능성은 충분히 있다고 볼 수 있다. 또한 라이커는 군사적, 경제적 동기 이외에 인종적 다양성을 하나의 국가로 묶기 위한 방법으로 연방제가 성립되었음을 말하고 있다. 사람들은 전통이나 어느 문화가 각기 다를지라도 하나의 연방국가에 속함으로써 어떤 공통적인 이익을 얻을 수 있다고 가정한다. 이런 맥락에서 스위스의 연방제와 벨기에의 연방제를 설명할 수 있다.

결국 헌법기초자들은 국가연합규약이 단순히 독립적이고 주권적인 주들 간의 '우위조약'에 불과한 것이었다고 비판하고 어떠한 이유에서든 하나의 중앙정부를 설립할 필요성을 느끼고 1787년 필라델피아에서 13개 주의 대표자들이 모여 마침내 연방헌법을 제정하였던 것이다. 이로써 처음으로 역사적인 미국연방헌법이 탄생했던 것이다. 그리고 그를 통해 200여 년이 지나 오늘 미국은 세계 초강대국으로 발전하였다. 그러나 당시 헌법기초자들은 커다란 고민에 빠져 있었다. 그것은 거대한 연방정부가 탄생하는 반면 그 지배하에 살게 되는 개인들의 사적 영역을 어떻게 보호할 것이냐 하는 것이었다. 이와 관련하여 제임스 메디슨(James Madison)은 다음과 같이 말했다.

"인간에 대한, 인간에 의해 집행될 한 정부를 구성하는 데 있어 가장 어려운 것은 바로 이것이다. 즉 당신은 우선 정부가 피지배자들을 통제하도록 해야 한다. 그러나 그다음에 당신은 정부로 하여금 그 자신을 통제하도록 해야 한다."7)

여기서 시사하고 있는 중요한 것은 정부를 구성하는 문제뿐만 아니라 그 정부가 어떻게 인간의 자유와 공존할 수 있도록 제도를 갖추느냐 하는 것이다. 이를 위해 미국 헌법은 엄격히 권력분립제를 채택하였으며 권력기관들 간의 상호견제와 균형을 유지하도록 하면서 인간의 사적인 자유와 권리를 보장하는 데 초점을 두었다. 이것이 오늘날까지 지속되어 온 미국의 자유민주주의의 정치적 질서이다.

제2절 남북연합방안

분단 이래 한국 정부는 갖가지 통일방안들을 제시했지만 비교적 구체적이고 제도적인 차원에서 통일방안을 제시하는 것은 1989년

---

7) Alexander Hamliton, James Madison, and John Jay, *The Federalist*(Oxford: Blackwell, 1948), p.266.

9월 11일에 당시 노태우 대통령이 국회연설에서 제시한 한민족 공동체 통일방안에서 찾아볼 수 있다.[8] 노태우 대통령은 분단 상황을 평화적으로 관리하고 나아가 통일과정을 효율적으로 관리해 나가는 제도적 장치로서 국가연합 형태의 통합론에 기반을 둔 남북연합을 제안하였다. 국회연설에서 노태우 대통령은 통일의 3단계로 남북대화, 남북연합, 민족국가(통일민주공화국)를 언급하였다. 남북연합은 두 번째 단계로 설정된 것이었다. 노태우 정부의 '한민족 공동체 통일방안'은 첫째, 남북대화의 추진으로 신뢰 회복을 기하는 가운데 남북 정상회담을 통해 민족 공동체 헌장을 채택하고, 둘째로, 남과 북의 공존공영과 민족사회의 동질화, 민족공동생활권의 형성 등을 추구하는 과도적 통일체제인 남북연합을 거쳐, 셋째로, 통일헌법이 정하는 바에 따라 총선거를 실시하여 통일국회와 통일정부를 구성함으로써 완전한 통일국가인 통일민주공화국을 수립하는 것을 골격으로 내세웠다. 노태우 정부가 제시한 남북연합방안을 남한과 북한이 하나의 민족 공동체로 연합 또는 연계됨으로써 국제법상의 국가관계가 아닌 민족 내부의 특수 관계를 유지하는 것을 특징으로 하고 있다. 또한 그것은 대내적으로 남북 간의 현안 문제와 한민족의 장래 문제를 협의·조정·해결해 나가며 대외적으로는 불필요한 경쟁을 지양하고 민족의 공동이익을 증진시켜 나갈 수 있을 것으로 전망되었다. 일 년여 전에 발표한 '7·7선언'의 제3항에서 남북한 간의 관계는 민족 내부의 특수 관계로 규정되었다. 따라서 개념상 남북연합이란 국제법상의 국가연합이나 연방

---

8) 정성장, 「남북연합의 제도적 장치 및 운영 방안」, 신정현 외, 『국가연합 사례와 남북한 통일 과정』, pp.226~228.

제와 같은 개념에 상응하는 것이 아니었다. 그 대신 통일을 지향하는 과도적이고 특수한 남북한 간의 결합 형태로 제시된 것이었다. 다시 말하면, 남북연합방안은 1민족 2체제의 연합형태로 남과 북이 각기 외교권과 군사권을 그대로 보유한 주권국가로 남아 있으면서 통일을 지향하는 잠정적이고 과도적인 결합 형태로서 그 특징을 가지고 있다.

제시된 방안에 따르면 남북연합의 기구로는 최고의사결정기구로서 남북정상회의가 있으며 그 밖에 쌍방 정부대표로 구성되는 남북각료회의와 남북국회의원으로 구성되는 남북평의회 등이 있다. 그리고 남북한은 각료회의와 평의회의 업무를 지원하고 합의사항 이행 등 실무를 담당하는 공동사무처를 설치하고 나아가 서울과 평양에 각각 상주연락대표를 파견할 수 있다고 기대했다. 또한 남북한은 공동사무처 등을 운영하면서 비무장지대 안에 평화구역을 만들어 점차적으로 '통일평화'시로 발전시켜 나갈 것이 제안되었다. 남북연합의 기구 중에 남북각료회의는 남북의 총리를 공동의장으로 하여 각각 10명 내외의 각료급 의원들로 구성하고 그 안에 인도적인 문제를 비롯하여 정치·외교·경제·군사·사회·문화 분야들로 상임위원회를 둘 수 있다고 제안하였다. 남북각료회의는 쌍방 간의 모든 현안과 남북문제를 협의, 조정하고 그 실행을 보장하되 구체적으로는 상임위원회별로 일천만 이상 가족의 재결합, 남북한 간 정치적 대결상황의 완화, 남북사회의 개방과 다각적인 교류, 교역 협력을 추진하며 군사적 신뢰 구축과 군비통제 그리고 휴전협정체제의 평화체제로의 전환 등과 같은 다양한 업무를 추진할 수 있도록 제안하였다. 또한 백 명 내외로 남북한을 대표하는 동수의 남북국회의원으로 구성되는 남북평의회에는 통일방법의 기초와 통일을 실현할 방법 및 절차를 마련하고 남북각료회의의 자문에 응하는 역할을 담당하도록 하였다. 즉 남북평의회가 통일헌법의 기초과정에서 통일국가의 정치적 이념과 정부형태 등을 논의하고 대내외적 정책의 기본방향과 국회구성을 위한 총선거의 방법과 시기 및 절차 등을 토의하고 합의하도록 하였다. 남북연합의 통일방안이 비교적 구체적인 내용들을 포함하고 있지만 너무 민감한 통일문제에 대해서 구체적인 논의를 제시한 것은 오히려 비현실적인 측면이 있다고 비판을 받아 왔다.

이어 출범한 다음 정부의 김영삼 대통령은 1994년 8월 15일 제49주년 광복절 경축사를 통해 '한민족 공동체건설을 위한 3단계 통일 방안(민족공동체 통일방안)'을 제안했다.[9] 이 방안에서도 노태우 정부의 방안에서처럼 남북연합은 통일의 제2단계로 설정되었다. 새로이 제시된 '민족공동체통일방안'은 하나의 민족공동체를 건설하는 것을 목표로 점진적이고 단계적으로 통일을 이루어 나가야 한다는 원칙을 내세웠다. 그리고 이런 원칙에 기초하여 통일과정을 '화해·협력단계'를 거쳐 '남북연합단계'로 나아가며 마지막으로 '통일국가 완성단계'로 진행되는 3단계 통일방안을 설정하였다.

제1단계인 '화해·협력단계'는 '남북한이 적대와 불신, 대립관계를 청산하고, 상호신뢰 속에 남북화해를 제도적으로 정착시켜 나가면서 실질적인 교류협력을 실시함으로써 화해적 공존을 추구해 나가는 단계'이다. 제2단계인 '남북연합'은 하나의 완전한 통일국가 진설을 목표로 이를 추구해 나가는 과정에서 한국과 북한이 잠정

---

9) *Ibid.*, p.229.

적인 연합을 구성하여 남북한 간 평화를 제도화하고 민족공동생활권을 형성하면서 사회적, 문화적, 경제적 공동체를 이루어 나가는 '과도적 통일체제'이다. 마지막 제3단계인 통일국가 완성단계는 남북한 연합단계에서 구축된 민족공동의 생활권을 바탕으로 남북한 두 체제를 완전히 통합하여 정치공동체를 실현하는 것으로서 1민족 1국가로의 통일을 완성하는 단계이다. 이러한 남북연합에 기초한 통일방안은 과거에 비해서는 매우 구체적이고 전향적인 사항들을 포함하고 있다. 그러나 이들을 실천하는 남북한 간의 협의나 협상과정이 진행되지 않고 있다는 데에 근본적인 문제가 있다. 아무리 좋은 방안을 제시한다 할지라도 중요한 것은 이를 남북한이 협상테이블에 앉아 논의하고 합의된 내용을 제시하면서 쌍방이 이를 실천하려는 의지와 노력을 보이는 것이 무엇보다도 통일을 위해 필요한 일이다. 더욱이 남북연합방안은 남북한 간의 이해관계 상충과 북한의 내·외부 환경 악화 등으로 쌍방관계가 진전되지 못하고 답보상태를 반복해 옴으로써 아무런 진전을 보지 못하였다.

제3절 고려연방제 방안

한편 북한은 통일방안으로서 고려연방제 방안을 제시하였다.[10] 북한이 연방제에 대해 최초로 언급한 것은 1960년 8월이었다. 당시 한국이 4·19혁명과 이승만 정부의 퇴진으로 혼란 상태에 있을 때

---

10) *Ibid.*, p.233.

북한은 미군철수와 남북한 총선거 실시를 주장하는 한편 '과도적인 대책'으로 연방제를 실시할 것을 주장하였다. 그러나 당시 연방의 구성 등에 관한 구체적인 언급은 없었다. 그 후 1980년 10월에 개최된 조선노동당 제6차 당대회에서 북한의 김일성 주석은 더 이상 과도체제적 성격을 갖지 않는 완전한 형태로서 '고려민주연방공화국' 창립방안을 제시하였다. 이 방안을 내세우면서 '자유적 평화통일을 위한 선결조건'을 주장하였다. 그 내용은 다음과 같았다. 첫째로 한국의 반공법과 국가보안법 등을 폐지하고 모든 정당·사회단체들의 합법화, 민주인사와 애국인사들의 석방 그리고 '군사파쇼정권'의 민주주의적 정권으로의 교체 등이었다. 둘째로 정전협정을 평화협정으로 바꾸기 위한 미국과의 협상, 주한미군의 철수, '두 개의 조선'의 조작·책동의 중지이다. 이는 북한이 남조선 혁명과 무력에 의한 한반도 적화통일에 장애가 되는 조건들을 제거하는 데 목적을 둔 것이었다. 연방제 통일방식과 관련하여 김일성 주석은 "북과 남이 서로 상대방에 존재하는 사상과 제도를 그대로 인정하고 용납하는 기초 위에서 북과 남이 동등하게 참가하는 민족통일정부를 내오고 그 밑에서 북과 남이 같은 권한과 의무를 지니고 각각 지역자치제를 실시하는 연방공화국을 창립할 것"을 주장하였다. 그리고 "연방형식의 통일국가에서는 북과 남의 같은 수의 대표들과 적당한 수의 해외동포대표들로 최고민족연방회의를 구성하고 거기에서 연방상설위원회를 조직하여 북과 남의 지역정부들을 지도하며 연방국가의 전반적인 사업을 관할"할 것을 내용으로 하였다. 그리고 연방국기의 칭호는 '고려민주연방공화국'으로 하고 대외정책노선은 "어떠한 정치·군사적 동맹이나 블록(bloc)에도 가담

하지 않는 중립국가”로 정하자고 제안하였다.

북한은 연방제 통일방안을 제안하면서 앞에서 언급한 바와 같이 ‘선결조건’을 제시하고 있는 데서 한계성을 드러내었다. 북한은 연방제 방안의 실시보다는 한반도의 무력적화통일에 관심을 두었던 것이다. 또한 북한은 연방제 통일방안을 이중적으로 사용하고 있음에서 오히려 이해의 혼란을 야기해 왔다. 즉 한국에 대해서는 연방제(federation)통일을 주장하면서 외국인에 대해서는 국가연합(confederation)을 의미하는 용어를 사용해 왔다. 북한에서 발행되는 정치사전에 의하면 연방제국가는 국가연합과 다른 것으로 표기되고 있다. 그것에 의하면 “국가연합은 국가들 간의 조약에 의해 이루어진 일정한 동맹이다. 여기에는 연합성원국가의 주권을 대표하는 최고주권기관이란 없고 매개 연합성원국가체가 자기 주권을 행사한다”고 규정하고 있다. 전반적으로 북한이 연방제 통일방안을 제안한 것은 한국을 공산화과정을 통해 흡수 통일하기 위한 방안으로 평가해 볼 수 있다. 따라서 북한이 종래의 혁명통일 전략을 연방통일전략으로 전환하였다고는 볼 수 없다. 한편 2000년 6월에 이루어진 남북정상회담에서 남북한 정상들이 공동선언을 통해 “나라의 통일을 위한 남측의 연합제안과 북측의 낮은 단계의 연방제안이 서로 공통성이 있다고 인정하고 앞으로 이 방향에서 통일을 지향시켜 나가기로” 합의한 데서 북한이 제안한 연방제 방안의 의미가 새삼 불투명해졌다. 즉 북한의 “낮은 단계의 연방제”안이 구체적으로 무엇을 의미하는지에 대한 또 다른 혼란이 야기되었다. 당시 김정일 위원장은 연방정부가 국방권과 외교권을 갖지 않는 것이 “낮은 단계의 연방”이라고 말한 것으로 알려졌다. 그 후 북한은 10월 6일에 열린 고려민주연방공화국 창립방안제시 20돌을 마련하여 "하나의 민족, 하나의 국가, 두 개의 제도, 두 개의 정부 원칙에 기초하되, 북과 남에 존재하는 두 개의 정부가 정치, 군사, 외교권 등 현재의 기능과 권한을 그대로 갖게 하고 그 후에 민족통일 기구를 내오는 방법으로 북남관계를 민족공동의 이익에 맞게 통일적으로 조성해 나가는 것이 낮은 단계의 연방제"라고 설명하였다. 비교적 구체적으로 낮은 단계의 연방제가 무엇인가를 설명한 것이었다. 그러나 한국 사회에서 북한의 연방제방안은 여전히 북한이 추진해 온 '통일전략전술'에 그치는 것으로 인식되고 있다. 한국이 제안한 연합제 방안이 궁극적으로 지향하는 목표는 자유주의 · 자본주의 체제하의 통일이고, 북한의 낮은 단계의 연방제안은 공산주의 체제하의 통일을 목표로 하고 있음은 분명하다. 따라서 두 방안들 간에 어떤 공통성이 있다고 할지라도 두 개의 방안들을 조정하여 제3의 새로운 통일방안을 창출하기란 매우 어려운 상황에 있다. 장기간의 평화적 공존과 협상과정이 필요할 것으로 보인다. 새로운 사고와 함께 좀 더 실용주의적인 통일접근이 모색되어야 할 것이다.

제4절 비교와 한계성

앞에서도 잠시 기술한 바와 같이 한국 정부가 제시한 남북연합방안과 북한이 제시해 온 연방제 방안은 이론상 국가연합과 연방제의 특징들을 포함하고 있다. 두 가지 방안들은 다음과 같은 몇

가지 점에서 그 차이점들을 알아볼 수 있다.[11]

첫째, 국제법적으로 국가연합은 국제사회에서 대표성을 갖지 못하며, 따라서 국제법적 주체가 되지 못한다. 반면 그 구성국(주)들이 국제법의 주체가 된다. 연방국가는 그 자체로서 국제법상의 주체가 되지만 구성국들은 주체가 아니다. 다시 말하면, 국가연합은 진정한 국가가 되지 못하며 연방국가가 다른 국가들과의 관계에서 공식적인 국가로서 권리를 행사하게 된다.

둘째로, 국가연합의 성립 기반은 구성국들 간에 체결된 일종의 조약에 근거를 두고 있는 반면, 연방국가의 기반은 원칙적으로 정해진 헌법에서 비롯된다. 즉 국가연합의 구성국들은 각자의 헌법을 가지고 있는 반면, 연방국가의 구성국들은 단일의 연방헌법에 의해 구속을 받는다.

셋째로 국가연합의 경우 대내적 통치권은 전적으로 구성국들에 있으며, 따라서 국가연합과 그 구성국들 간의 통치권 분화와 관련된 문제가 제기되지 않는다. 그러나 연방제 국가에서는 연방과 구성국들 간의 통치권을 둘러싼 갈등과 마찰이 생겨날 수 있다.

넷째로 국가연합의 경우 대외적 통치권을 특정 사항에 한해서만 가지며, 원칙적으로 그러한 권한은 전적으로 구성국들이 가지고 있다. 반면 연방국가에서는 대외적 통치권을 연방국가가 가지고 있으며, 구성국들은 전혀 그러한 권한을 갖지 못한다.

다섯째, 국가연합에서는 그 구성국들이 자체적으로 군사력을 보유하고 행사한다. 연방국가에서는 연방이 군사력을 보유하고 사용한다. 유럽연합의 경우에도 구성국들이 자체 병력을 보유하고 있

---

11) Rod Hague, Martin Harrop, and Shaun Breslin, *op. cit.*, pp.168~169.

다. 그러나 유럽연합은 앞으로 독자적인 군사력을 창설하는 방향으로 나아가고 있다.

여섯 번째, 외국과의 전쟁을 할 경우 국가연합에서는 구성국들이 전쟁의 주체가 되지만, 연방국가에서는 연방이 전쟁의 주체가 된다. 연방국가의 구성국들은 전쟁의 주체가 되지 못한다. 만약 연방의 구성국들이 서로 무력투쟁을 일으킬 경우는 내란이 되며, 국가연합의 구성국들 간의 무력투쟁은 전쟁이 된다.

일곱 번째, 국가결합의 강도와 안정성을 고려할 때, 국가연합은 비교적 불안정한 상태를 유지하는 반면, 연방국가는 상대적으로 안정성과 응집력을 갖는다. 이러한 이유 때문에 미국이나 독일, 그리고 스위스의 들이 모두 연방국가로 전환되었던 것이다.

한국과 북한이 제시하는 두 가지 통일 방안들은 각기 상당한 차이를 내포한 반면 애매모호한 내용들을 포함하고 있다. 이들의 실현을 위해서 쌍방은 좀 더 진지하게 협상을 통하여 보다 더 구체적인 방안들을 마련하여야 할 것이다. 우선 한국 정부는 3단계 통일방안을 설정하면서, 제2단계로 남북연합단계를 제시하고 있다. 이런 남북연합단계는 잠정적인 과도적 단계로 설정하고 있으며, 또한 통일체제로서 그 의미를 부여하고 있다. 즉 과도적 통일체제인 것이다. 이 단계에서 몇 가지 기구들이 제시되고 있지만 그들은 초국가적 기구의 창설이라기보다는 단순히 정부 간 협의기구로서의 성격을 가지고 있기 때문에 '국가연합'에 준하는 필요한 기능들을 수행하기에는 부적절하다고 비판되고 있다. 한편 북한은 '낮은 단계의 연방제'를 언급하고 있지만, 아직도 그 의미가 분명하게 이해되지 않고 있다. 즉 과거에 제시한 연방제 방안과 낮은 단계의 연방

제가 어떠한 관계가 있으며 또한 '낮은 단계'가 일정한 과정을 지
나면 연방제로 나아가는 것인지에 대한 분명한 언급이 결여되어
있다. 낮은 단계의 연방제가 국가연합의 개념과 유사한 면이 있지
만 지금까지 북한이 주장해 온 연방제 방안을 수정 또는 포기한 것
으로 이해하기에는 너무 불확실성이 크다.

그뿐만 아니라 두 방안들을 실현하기에는 현실적으로 많은 장애
요소들이 있다. 첫째, 남북한 간에는 이념과 체제 면에서 너무도 큰
차이가 나타나고 있다. 한국은 민주화로의 이행 단계를 넘어서 민
주주의의 공고화 단계로 진전되고 있는 데에 반해, 북한은 세습적
일인독재체제를 유지함으로써 한국과 북한은 서로 다른 방향으로
나아가고 있다. 다른 말로 표현하면, 남북한은 결코 수렴될 수 없는
이질적 국가체제로 변화하고 있는 것이다.

둘째, 남북한 간의 경제력 격차는 또 하나의 장애 요소가 되고
있다. 한국은 현재 성공적인 개발도상국가로서 비교적 높은 수준의
경제력을 확보하고 있는 반면, 북한은 세계에서 최저의 빈국 범주
에 속해 있다. 더욱이 북한에서는 기아에 허덕이는 주민들이 상당
수 존재하고 있으며, 폐쇄적 동원경제가 지속됨으로써 경기회복의
가능성은 더욱더 줄어들고 있다. 다만 북한은 중국의 원조에 의존
하면서 경제적 생존을 지속하고 있을 뿐이다. 남북한 간의 경제적
격차가 크게 벌어지고 있기 때문에 쌍방 간의 경제통합이나 경제
공동체의 형성이 더욱 어렵게 된다. 그리고 현재로서는 한국이 국
민적 합의를 바탕으로 북한에 대한 경제적 지원이나 협력을 진행
시켜 나가야 할 뿐이다.

셋째, 남북한의 통일을 위한 제도적 방안이 모색되기에 앞서 필

요한 것은 쌍방 간의 인식 전환이다. 지난 김대중 정부나 노무현 정부하에서 남북한 간의 화해와 협력을 위한 인식 전환의 시도들이 다방면에 걸쳐 있어 왔지만, 아직도 한국과 북한 간에는 통일 협상을 위한 기본 인식이나 태도들이 특히 정치적 측면에서 충족되지 못하고 있다. 협상이 이루어지기 위해서는 적어도 네 가지 조건들이 선행되어야 한다. 그들은 ① 상대방 존재의 인정, ② 지속적인 접촉과 대화, ③ 상호 신뢰 구축, ④ 윈윈 전략(a win – win strategy)의 구사 등이다. 그러나 남북한 간의 통일을 위한 협상에서는 상대방을 인정하는 기본조건조차 마련되지 못하고 있다.

넷째, 현재 남북한 간의 대화나 협상을 가로막고 있는 가장 큰 요소는 새삼 말할 필요도 없이 북한의 핵무기 개발이다. 이로 인해 쌍방 간의 관계가 고도의 대립적 관계로 진전되고 있으며 고도의 긴장을 고조시키고 있다. 이러한 상황에서 두 가지 통일 방안들을 중심으로 쌍방이 협상 테이블에 앉아 논의하여 구체적인 대안들을 마련한다는 것은 기대해 볼 수 없다.

제18장
통일의 이론과 실천

제1절 세계화와 통일

21세기의 세계는 분명히 과거에는 경험도 해 보지 못한 새로운 질서를 모색하고 있다. 이미 세계가 탈냉전 세계로 변화하면서 하나의 동질적인 구조를 마련하는 데 관심을 두고 있다. 그러한 세계적 변화 과정을 설명하는 패러다임이 바로 세계화이다. 여전히 세계가 이질적인 요소들로 구성되어 있음에도 불구하고 21세기의 세계는 압축되는 하나의 지구촌을 향해서 변화하고 있는 것이다. 이러한 변화의 과정을 설명하는 세계화 과정은 주로 다음과 같은 몇 가지 이념적 기반들에 근거하고 있다. 그들은 ① 개방주의, ② 자유주의, ③ 민주주의, ④ 자본주의, ⑤ 시장경제 등으로 요약해 볼 수 있다.

첫째, 개방주의는 국가들 간의 관계에서 이데올로기적 장벽이 붕괴됨으로써 서로 간에 국경선을 개방하고 자유롭게 교류, 접촉하는 것을 의미한다. 이에 따라 개인이나 집단들도 별다른 제약을 받지 않고 국경선을 넘어 여행이나 관광을 하게 되고 지금까지 다른 문화권에서 살아온 사람들과 접촉과 대화를 확대해 나갈 수 있게 되었다. 또한 국가나 기업들은 경제 활동의 영토를 넓혀 경제적 이윤을 증대시키거나 경제를 발전시키는 활동들을 전개하고 있다. 예를 들면, 자본의 이동이나 다국적 기업의 활동이 활발해지고 있는 것이다. 특히 국가들은 개방정책을 추진함으로써 외국과의 경제적 지원이나 협력을 이끌어 내어 국내의 경제력을 증진시키는 데 관심을 두게 되었다. 결국 국가들 간의 관계에서 영향을 미치고 있는 개방주의는 일찍이 예측하지 못한 다방면에 걸친 글로벌 이동성을 크게 촉진시켰다. 그리고 국경선을 초월한 다문화 사회가 크게 확대되었다.

둘째, 자유주의는 국가들 간의 관계가 비교적 자유롭게 형성되고 유지되도록 하며 나아가 개인들의 자유와 권리 등을 신장시키는 것을 말한다. 그뿐만 아니라 사회적으로 개인들의 활동 범위를 확대시키며 정치적으로 참여와 권리를 증대시켜 결과적으로 권위주의적 제도를 약화시키거나 붕괴시키는 데 기여하게 된다. 사실 자유주의적 이념이나 행동이 확대됨으로써 과거부터 있어 온 국가의 배타적 주권 행사가 질적으로나 양적으로 약화되었으며, 개인들의 국경을 초월한 교류와 접촉이 한층 더 용이하게 되었다. 또한 국가들 간의 자유로운 자본 이동이나 자유 무역이 성행하게 된 것도 바로 자유주의 이념에 근거한 것이라고 말할 수 있다. 그리고 모든 개인들이 자유의 이념에 따라 행동하게 되는 경우 국가들 간의 분쟁이나 마찰도 줄어들 수 있다는 가정을 생각해 볼 수 있다. 물론 이때 자유주의는 방종을 의미하지 않는다.

셋째, 세계화는 민주주의 확산에 기반을 두고 있는 동시에, 그 자체가 민주주의를 확산시키는 효과를 가지고 있다는 것은 앞에서 지적한 바와 같다. 사실 1970년대 후반에 들어서부터 세계적으로 확대된 민주화 과정은 세계화를 촉진시키는 요인이 되었음을 부정할 수 없다. 그 이유는 민주화가 국가의 개방과 개혁을 유인하였으며 나아가 개인의 자유와 인권을 증대시키는 효과를 가져왔기 때문이다. 다시 말하면, 세계화는 국가들이 자유민주주의체제를 채택하는 정치적 과정에 영향을 미치고 있다. 이는 미국을 비롯한 유럽의 선진 국가들이 민주주의 이념을 기반으로 하여 세계화 과정을 이끌어 나가고 있는 데서도 찾아볼 수 있다.

넷째, 세계화가 자본주의를 바탕으로 하여 경제적 활동을 확대시키고 있음은 새삼 말할 필요도 없다. 종종 논의되는 글로벌경제는 기본적으로 자본주의 이념을 기반으로 운영되고 있다. 그리고 경제적 자유주의는 자본주의의 근간을 이루고 있다. 사유재산제와 자본의 사유를 기반으로 한 자본주의가 세계적 범위로 확대됨으로써 글로벌경제는 두 가지 상반된 측면들을 내포하고 있다. 하나는 국가들 간의 경제협력을 통해 그들의 경제력을 증대시키는 데 기여하는 것이다. 사실 오늘날 세계에서 어느 국가든 다른 국가와의 경제적 협력을 통하지 않고 발전하는 국가는 거의 존재하지 않는다. 그만큼 글로벌경제는 전 세계적으로 얽혀 있는 것이다. 다른 하나는 경제적 세계화가 국가들 간의 갈등이나 위기를 발생시키고 있는 것이다. 자본주의란 본질상 독점화의 경향이 있으며, 시장에서의 불균형에 따른 위기를 피할 수 없게 한다. 국가들 간의 무역 불균형이나 금융 위기가 발생하는 이유는 대부분 자본주의의 본질에서 기인된다고 볼 수 있다.

다섯째, 경제적 세계화가 자본주의에 기초하고 있는 반면, 시장경제 공간을 확대시키고 있음을 간과할 수 없다. 즉 세계화는 시장의 통합을 촉진시키며 이를 통해 기업들의 생산이나 판매 등이 초국경적으로 이루어지도록 하는 데 기여한다. 나아가 세계화는 국가들 간에 자유롭게 자본의 이동을 가능하게 함으로써 결과적으로 자본 시장의 초국경화를 가져온다. 기본적으로 시장경제는 적어도 두 가지 원칙을 내세운다. 하나는 시장은 공급과 수요의 법칙에 따라 외부의 부당한 간섭 없이 조화로운 균형을 유지하는 것이다. 다른 하나는 시장은 자유로운 경쟁을 기반으로 해야 한다는 것이다. 이런 두 가지 원칙들은 경제적 자유주의에 의하면 실로 타당성을 갖는다. 그러나 실제로 그러한 원칙들은 문제점을 야기한다. 우선, 시장에서 균형을 이루기가 매우 힘들며, 종종 불균형이 나타나 경제적 침체나 공황이 발생하게 된다. 그리고 경쟁 원칙은 항상 소수의 승자와 다수의 패자를 발생시킴으로써 사회적, 경제적으로 불평등에 따른 갈등을 야기한다. 그러나 세계화 과정이 점차 시장을 통합하여 경쟁적 경제 구조를 확대시키고 있음은 피할 수 없다. 왜냐하면 국가들은 시장을 통하지 않고 그들의 경제발전에 필요한 자원들을 얻을 수 없기 때문이다. 또한 그들은 생산된 상품들을 팔아야 할 시장을 필요로 하며, 따라서 시장이 크면 클수록 그들에게는 더 많은 이익을 얻을 수 있게 되기 때문이다.

위에서 열거한 제반 특징들을 포함하는 세계화 과정은 기본적으로 현대과학기술의 발달에 기인되는 것이다. 과학기술이 발달함으로써 교통과 통신 시설도 급속한 속도로 변화하고 있으며 특히 지리적 공간을 압축시키는 데 큰 영향을 미치고 있다. 이로 인해 한국과 중국 및 일본 간의 거리도 크게 줄어들고 있다. 도쿄에서 서울을 거쳐 베이징까지의 소요되는 시간이 압축되어 거의 1일 생활권으로 좁혀지고 있다. 또한 세 지역 간의 인적, 물적 교류나 접촉도 크게 늘어나고 있다. 한·중·일이 1일 생활권으로 좁아지고 있는 지리적 환경에서 북한만이 유일하게 제외되고 있는 것은 결코 자연스러운 현상이 아니다. 이런 맥락에서 북한도 머지않아 좁아지는 동북아 지역의 지리적 환경에 적응하여 스스로 참여할 수밖에 없는 상황에 처하게 될 것임을 예상해 볼 수 있다. 세계화 과정 속에서 나타나는 지리적 환경변화는 한반도의 통일에 어떠한 영향을 미칠 것인가? 몇 가지로 긍정적인 영향을 검토해 볼 수 있다.

우선 세계화는 북한의 변화를 유인하는 데 긍정적으로 작용할 수 있다. 세계화가 국가들의 개방과 개혁을 시대적 요구로 제시함으로써, 북한도 그러한 시대적 요구를 계속 거부할 수만은 없을 것이다. 현재까지 북한은 폐쇄적 고립 정책을 추구해 왔지만, 계속 악화되는 경제적 낙후성을 언제까지나 고난의 행군으로만 외면할 수 없을 것이다. 그의 경제적 회복이나 발전을 위해서는 외부로부터의 지원이나 협력이 필요하며, 이를 위한 유일한 방법은 북한이 세계화 과정에 직접, 간접으로 참여하는 것이다. 한국 또한 북한이 세계화를 통해 스스로 변화하고 개혁해 나가도록 적극적인 대북 정책을 추진해야 할 것이다. 바로 국경선을 접하고 있는 중국이 세계화 과정에서 급속한 경제발전을 실현하고 있는 것은 북한에도 소중한 실례가 될 수 있다. 북한이 변화할 경우, 한반도 통일은 새로운 환경을 맞게 될 것이며, 또한 남북한 관계도 새롭게 진전될 수 있기 때문에 세계화는 결국 통일에 기여할 수 있게 될 것이다. 그리고 세계화는 한반도의 통일에 유용한 주변 통일 환경을 조성하는 데 영향을 미칠 수 있다. 국가들 간의 개방과 교류 및 협력을 촉진시키는 세계화 과정은 한국이 한반도 주변의 강대국들과의 관계를 우호적으로 발전시켜 나갈 수 있는 기회를 제공할 것이다. 특히 중국이나 러시아 등과 한국이 긴밀한 외교적 관계를 유지시켜 그들과 이해와 신뢰의 기반을 다져 나감으로써 한반도 통일에 대한 우호적인 환경을 만들어 나갈 수 있을 것이다. 과거 구소련이나 미국에 대해 서독이 통일에 관한 이해를 구하고 그들로부터 지지를 끌어낸 것은 한반도 통일을 위해 한국이 통일 외교를 적극적으로 수행하는 데 시사하는 바가 매우 큼을 인정하지 않을 수 없다.

그러나 세계화가 한반도 통일에 부정적인 효과를 미칠 수도 있음을 이해할 수 있다. 만약 세계화로 인해 형성된 글로벌경제가 위기에 처하여 각국의 경제가 어려운 상황에 처하게 될 때, 한국도 그런 상황에서 벗어날 수 없을 것이다. 그 경우 한국은 경제적으로 해외 수출 의존도가 매우 크기 때문에 글로벌경제의 위기에서 오는 충격이 어느 국가 못지않게 클 것임은 자명한 일이다. 한국이 경제적 어려움에 처하게 될 때, 남북한 관계도 정상적으로 유지되기 힘들며, 또한 대북 정책이나 통일 정책도 적극적으로 추진해 나갈 수 없는 지경에 처하게 될 것이다. 그리고 비록 세계화 과정이 진전되고 있음에도 불구하고 강대국들 간의 세력정치현상이 여전히 첨예하게 나타나고 있음을 간과할 수 없다. 이미 미국과 중국이 다 같이 세계화 과정에 참여하여 제기되는 문제들을 논의하고 해결방안을 모색하고 있지만 그들 간에는 갈등과 대립현상이 점차 두드러지게 나타나고 있다. 예를 들면 글로벌경제 속에서 두 강대국들은 환율문제를 두고 첨예하고 대립하고 있으며 상호 간 무역관계에 있어서도 자신들의 국가이익을 우선시하는 경향을 보이고 있다. 만약 강대국들이 서로 자국의 국가 이익들을 위해 세계화 과정을 유리하게 이용하려 할 경우 세력정치 현상은 한층 더 두드러지게 나타날 것이며 그에 따라 한반도 상황도 더욱 불투명하게 변화할 것이다. 그 또한 동북아 지역에서는 계속 강대국들 간의 영토분쟁이 불거져 나오고 있다. 특히 이 지역에 위치한 일본과 중국 그리고 러시아 간의 인접 도서들에 대한 영유권 분쟁은 날카롭게 제기되고 있다. 센카쿠열도를 중심으로 한 일본과 중국 간의 대립과 일본의 북방 4개 도서에 대한 러일 간의 대립 또한 점차 표면화되고 있다. 이런 상황에서 한국은 자신의 지속 가능한 경제력을 유지시키는 데 있어서뿐만 아니라 한반도 통일을 평화적으로 추진하는 데 있어서도 현명한 전략적 행동을 취해야 할 것이다.

제2절 통일과 민주주의

　일반적으로 민주주의는 인간의 존엄성과 자유, 평등, 인권 등을 원칙으로 하면서 이들을 실현하기 위해 권력분립과 선거, 대표제 등을 채택하고 있다. 그뿐만 아니라 개인들 간의 절제, 관용, 대화, 토론, 합의, 참여 등 시민적 미덕들을 강조하고 있다. 1776년에 발표된 미국의 독립선언서에서 모든 사람은 평등하게 태어났다는 것을 자명한 진리로 밝혔으며, 1789년에 일어난 프랑스 대혁명에서 만들어진 인권선언에서는 자유, 평등, 박애의 이념들이 출현하였다. 이들은 다 같이 민주주의의 기본원칙들로 받아들여졌다.

만약 남북한이 다 같이 그러한 민주주의 원칙들을 받아들이는 국가들로 변화하고 발전해 나갔다면 쌍방 간의 통일과정도 훨씬 더 용이하게 전개될 수 있었을 것이다. 그러나 현실은 전혀 다른 방향으로 나아갔다. 즉 북한은 여전히 전제주의적 독재체제를 유지하고 있는 반면, 한국은 민주주의를 공고화시키고 발전시키는 방향으로 나아가고 있다. 그 결과 한반도 통일은 더욱 어려운 상황에 처할 수밖에 없었다. "우리의 소원은 통일"이라는 노래가사가 한민족 구성원들 간에 널리 불리워지고 있지만 남북 분단의 벽은 허물어지지 않고 있다. 1871년 이후 독일 제국의 수도였으며 독일인들의 사랑을 받아 왔던 베를린 도시가 1961년 동서로 나뉘고 이어 구축된 베를린 장벽이 1989년 11월에 붕괴된 것과는 너무도 대조적인 것이다.

북한이 더 이상 변화를 거부하고 폐쇄된 독재체제를 유지하고 있는 한 한국에서라도 민주주의를 강화하고 발전시키는 것이 한반도 통일을 위해 바람직한 일이다. 앞으로 실현될 한반도의 통일국가도 민주주의에 기반을 둔 국가여야 하기 때문이다. 또한 한국에서의 민주주의는 통일정책을 수립하는 데 있어서나 실천에 옮기는 과정에서 국민들의 폭넓은 참여와 의사를 반영함으로써 보다 더 합리적이고 안정적인 통일과정을 이끌어 가는 데 기여하게 될 것이다. 한국이 실현해야 할 민주주의는 강한 민주주의가 되어야 한다. 그것은 현재 진행되고 있는 민주주의의 공고화 과정이 성공적으로 진행되어 안정적이고 효율적인 민주주의 국가를 건설하는 것이다. 다시 말하면 '선진화'된 민주주의 국가를 의미한다. 이를 위해서는 몇 가지 과제들이 해결되어야 할 것이다.

(1) 정치적 민주주의

첫째로 절차적 민주주의가 확고히 뿌리를 내려야 한다. 이는 단순히 입법으로서만 민주주의를 이루어 내는 것이 아니라 입법과정에 참여하는 구성원들의 의식과 관행 및 가치관들이 뒷받침되어 적극적인 참여와 토론이 이루어지고 그 결과 합리적인 결정이 도출될 수 있는 것을 의미한다. 또한 여기서 중요한 것은 정해진 절차와 규칙을 공정하고 공평하게 적용하는 일이다. 민주주의의 절차와 규칙은 합법적으로 만들어질 뿐만 아니라 공정하게 적용되어 정당한 구속력을 가져야 한다. 나아가 한국에서의 민주주의는 참여적 구조를 한층 더 활성화시키고 가능한 한 다수가 참여하는 제도적 보장이 이루어져야 한다. 민주주의를 공고화시키는 과정에서는 다수 국민의 참여에 대한 욕구를 충족시킬 수 있는 개방된 정치구조가 확립되어야 하며 일정한 원칙과 제도적 틀 내에서 동태적으로 기능할 수 있도록 보장되어야 한다.

둘째로 절차적, 참여적 민주주의가 확립되기 위해서는 의회 및 정당과 같은 정치적 제도들이 보다 더 합리적으로 운영될 수 있도록 해야 한다. 국민의 대표기관인 의회가 자율적으로 국민의 의사를 입법과정에 반영시키고 집행권을 감시하며 동시에 견제와 균형의 권력분립원칙을 충실히 국가운영에 반영해야 한다. 한국 민주주의에 있어서는 권력의 집중화가 항상 문제시되어 왔다. 민주주의가 권력의 분립을 원칙으로 함에도 불구하고 한국의 경우에는 집행부의 권력집중화가 발생하였다. 이것은 의회가 본래의 주어진 역할을 제대로 수행하지 못하는 데 기여한다고 볼 수 있다. 의회와 더불어 중요한 조직은 바로 정당조직이다. 한국정치현대사를 되돌아보면 정당들이 안정된 조직기반을 확보하지 못해 왔으며 선거 등 어떤 정치적 사건들이 일어날 때마다 그들은 해체되거나 재결합하는 이합집산을 거듭해 왔다. 선거 때마다 각종 부조리와 불법적인 정치적 행동들이 일어났으며 그로 인해 정당정치의 안정성도 유지될 수 없었다. 결국 한국의 민주주의는 의회, 정당, 선거 등이 민주주의 원칙에 따라 본래의 기능들을 수행하지 못함으로써 불안정성을 면치 못하고 있으며 국민의 정치에 대한 불신과 비판의 대상이 되어 왔다.

셋째로 보다 더 근본적인 문제는 생활방식으로서의 민주주의가 한국 사회에서 내면화되지 못하고 또한 정착되지 못하고 있다는 데 있다. 민주주의가 정치적으로 본래의 가치를 실현하기 위해서는 사회구성원들이 생활방식으로의 민주주의를 체질화시켜야 한다. 상대주의, 시민적 윤리, 토론과 대화, 신뢰와 관용과 같은 미덕들이 국민들의 생활 속에 확고히 자리를 잡을 때 한국의 민주주의는 한층 더 공고해질 수 있을 것이다. 이를 위한 체계적인 사회화 과정이 국민들을 상대로 이루어질 때 한국의 민주주의는 보다 더 안정된 기반을 갖게 될 것이다.

(2) 지속 가능한 경제

한국이 강한 민주주의를 유지하기 위해서는 무엇보다도 경제력이 뒷받침되어야 한다. 오늘날 대부분의 민주주의 국가들은 소위 선진 경제력을 유지하고 있다. 한국은 지난 30여 년간 급속한 경제성장을 이룩하였으며 그 결과 세계적으로 신흥공업국가의 대열에 서고 있다. 특히 개발도상국가들 중에서 성공적인 모델로서 한국 경제가 주목을 받고 있다. 사실 1960년에 한국의 개인당 국민소득은 80달러에 그쳤으나 현재는 2만 달러 수준에 달하고 있다. 앞에서도 지적한 바와 같이 그 결과 한국 경제는 북한 경제에 비교할 수 없을 만큼 괄목할 만한 성과를 거두었다. 그러나 한국 경제는 아직 선진국 수준에 도달하지 못하고 있다. 현재 한국 경제는 과거의 역동적인 성장과는 달리 어려운 상황에 처해지고 있다. 국내적으로 실업의존의 증가와 경상수지 악화 및 국가채무의 증가 등 쉽게 해결하기 어려운 문제점을 안고 있다. 그뿐만 아니라 세계화와 더불어 나타나는 글로벌경제의 취약성으로 인해 한국 경제는 불안정성을 면치 못하고 있다. 이미 개방된 세계시장에 깊이 연관되어 있는 한국 경제는 지역에 따라 혹은 국가에 따라 발생하는 경제위기(금융위기) 등에 의해 직접, 간접으로 영향을 많이 받고 있으며 또한 국경을 초월한 자본의 국제적 이동에 쉽게 영향을 받고 있기 때문에 어려움에 처하는 경우가 종종 있다. 이미 1970년대 말에 한국 경제는 IMF 구제금융을 요청할 만큼 심각한 위기에 직면한 적도 있었다. 또한 한국 경제는 개방된 세계시장에서 국가경쟁력을 확보해야 하는 크나큰 과제를 짊어지고 있다. 오히려 한국은 세계시장에서 어떤 일이 일어나고 있는가를 면밀히 검토하고 이에 대처하는 데 온갖 심혈을 기울이고 있다. 그만큼 한국 경제는 세계화로 인해 더 확대된 세계시장에 노출되어 있으며 그로부터 많은 도전을 받고 있다.

세계시장에서 경쟁력을 확보하기 위해 한국 경제의 구조적 기반은 대기업 위주의 경제로 변화하고 있으며 동시에 항상 실업의 증가를 중지시키지 못하고 있다. 이로써 국내적으로는 빈부의 격차가 커지고 있으며 이른바 '양극화 현상'이 증대되고 있다. 또한 한국 자본주의는 아직도 성숙단계를 달성하지 못하고 있는 것처럼 보인다. 흔히 '천민자본주의'라는 비난을 벗어나지 못하고 있다는 것이다. 여기에 현대자본주의가 새로운 방향을 모색해야 한다는 시대적 요구가 가정되어 한국 경제의 미래를 불투명하게 하고 있다. 즉 자본주의가 소수의 자본가들의 이익만을 추구하는 것이 아니라 사회 내에서 증대하고 있는 빈곤층들의 이익도 같이 추구해야 한다는 것이다. 혹자는 이를 사회안전망의 확보라고 말하기도 하고 사회적 이익이라는 개념을 사용하여 현대 자본주의의 변화를 말하기도 한다. 이와 같이 한국 경제에서는 경쟁과 성장이 요구되는 반면 분배나 복지를 위한 사회적 자본의 증대가 필요하다. 따라서 한국에서 성장 위주의 경제발전 전략은 분권과 자율의 원칙에 보다 더 충실하게 수행되어야 할 것이다. 또한 한국 경제는 환경보호와 생태계 보호 등과 같은 새로운 경제외적 요구에 부흥해야 한다. 오늘날 세계가 성장 위주로 확대되어 온 결과 세계 환경이 크게 파괴되고 자원이 고갈되는 결과를 가져왔으며 지구 생태계 보호가 경제발전에 중요한 요건이 되었다. 점차 늘어나는 도시화와 공업화는 공기오염, 자원고갈, 환경파괴 등 인간이 생존하는 데 필수적인 요소들을 붕괴시켰다. 따라서 국경을 초월한 무분별한 자본투자나 기업운영 등은 자본증식 이외에 환경보호라는 새로운 과제를 안게 되었다.

(3) 사회적 재통합

한국 사회는 급속한 산업화를 추진해 온 결과 복합적인 사회적 분열을 초래하였다. 계층별 분열과 더불어 지역주의가 사회의 분열을 가중시켰으며 이로 인해 한국 민주주의의 기반은 상당히 악화되는 경향을 보였다. 자본가와 노동자 간의 갈등이 강도 높게 나타난 반면 민주주의의 바탕이 되는 중산층은 줄어드는 경향을 보였다. 그뿐만 아니라 도시화가 급속히 일어남으로써 인구이동성이 증대되었으며 그 결과 사회적 불균형과 불안정성이 현저하게 증대되고 있다. 급속한 경제성장과 인구이동성으로 말미암아 한국 사회는 물질주의가 빠른 속도로 확산되었으며 이는 결과적으로 전통사회와는 전혀 다른 비인간적인 파편화된 사회구조가 출현하게 되었다. 그뿐만 아니라 한국 사회에는 이데올로기적 갈등이 점차 두드러지고 있다. 예를 들면 남남갈등이 더욱더 확대되는 경향을 보이고 있는 것이다. 이는 좌익과 우익 간의 이데올로기적 분열에서 비롯되었다. 이미 한국 사회에서는 이러한 이념적 갈등이 해방정국에서부터 나타났으며 정부수립 후 반공정책의 수행과 권위주의 정부의 출현으로 좌우 간의 이념적 갈등은 거의 표면화되지 못했다. 그러나 1970년대 후반부터 한국 사회가 자유화 방향으로 나아감으로써 다시 좌우 간의 이념적 갈등은 점차 확대되었다. 특히 현재 나타나고 있는 남남갈등은 정부의 대북정책을 둘러싸고 첨예화되고 있다. 즉 보수주의적 우파 세력들은 대북 강경노선을 추구하는 반면, 진보주의적 좌파 세력들은 대북 온건 노선을 주장하고 있다. 한국사회내에서 나타나는 좌우 세력들 간의 남남갈등은 정치적 갈등을 고조시킬 뿐만 아니라 정부의 대북정책을 결정하고 추진하는 데도 큰 장애요인이 되고 있다. 더욱 어려운 문제는 사회 내에서 야기되는 다양한 갈등들을 조정하고 해결하는 사회 메커니즘이 발달되어 있지 못한 것이다. 현대 산업사회에서 사회적 대립과 갈등이 발생하는 것은 피할 수 없는 현상일 수 있다. 그러나 이를 평화적이고 합리적으로 해결할 수 있는 절차와 방법의 개발이 시급한 것이다. 무엇보다도 필요한 것은 제반 가치의 재분배가 공정하고 균형 있게 실현될 수 있도록 개방된 사회 메커니즘을 만들어 나가는 것이다. 그리고 이러한 메커니즘 속에서 다양한 사회집단들이 상호작용을 통해 동질적인 공동체를 형성해 나가도록 하는 것이 필요하다. 이렇게 될 때 사회 내에서 다양한 행위자들 간의 소통이 원활해질 수 있고 안정된 사회적 통합이 이루어질 수 있을 것이다. 그리고 이를 바탕으로 한국의 민주주의는 한층 더 강한 사회적 기반을 갖추게 될 것이다.

(4) 문화와 정체성

　한국은 경제성장을 거듭해 온 결과 물질주의적 가치를 크게 발전시켜 왔다. 반면 물질주의와 대조적인 정신적 가치는 등한시해되어 온 면이 없지 않아 있다. 사실 인간에게는 물질뿐만 아니라 정신이 다같이 중요하다. 두 가지 요소들은 인간 삶 자체를 보다 더 풍요롭고 가치 있게 하는 데 중요한 역할을 담당한다. 만약 인간이 살아가는 데 물질적 욕구만 충족되고 정신적, 문화적 욕구가 뒷받침되지 않는다면 그 인간은 올바른 생활을 영위한다고 말할 수 없다. 오히려 건전한 문화행태가 존재하는 사회에서 인간은 보다 더 인간다운 생활을 영위할 수 있고 행복한 생활을 할 수 있다. 퇴폐적인 물질주의가 팽배하게 될 때 사회는 비도덕적이고 혼란스러운 환경에 직면하게 된다. 이런 측면에서 앞에서 인용한 바와 같이 백범 김구 선생이 한국이 나아가야 할 방향을 '높은 문화의 힘'에서 찾아야 한다고 말한 것은 실로 시대를 앞선 지적이었다. 무엇보다도 정신과 문화를 통해 인간은 행복한 삶을 영위할 수 있다는 것을 제시함으로써 문화의 가치를 강조한 것은 매우 주목해 볼 일이다. 본래 문화는 개인이나 집단의 정체성을 강화시키거나 혹은 파괴시키는 데 영향을 준다. 어느 사회든 일정한 문화양태가 확고히 존재할 때 개인이나 집단들은 자신들의 사회적 존재를 확인하고 다른 개인이나 집단들과의 차별성을 갖게 된다. 그 결과 사회는 비교적 용이하게 공동체 의식을 강화시키고 이를 바탕으로 민주주의는 한층 더 튼튼한 발판을 갖게 된다. 다만 사회 내에 존재하는 문화는 배타성을 갖는 것이 아니라 개방성과 자율성을 띰으로써 구성원들에게 소속감을 불어넣어 주고 상호 유대성을 강화시켜 줌으로써 국가의 안정과 질서를 유지하는 데 기여한다. 한편 한국은 문화적 다원성을 어떻게 유지하고 발전시키느냐 하는 과제에 직면해 있다. 현재 한국 사회는 전통문화와 현대문화 그리고 토착문화와 외래문화를 융합시켜 하나의 건전한 문화공동체를 발전시키는 어려운 문제를 안고 있는 것이다. 한국은 오랫동안 유지해 온 미풍양속이나 역사정신을 되살려 순수한 정신문화로 승화시켜 나가는 일이 필요하다. 반면 세계화와 더불어 국경을 초월한 문화적 교체성이 증대하는 만큼 다문화 사회의 출현에도 효과적으로 대처해야 할 것이다. 문화의 순수성을 보존·발전시켜 나가는 것도 중요한 반면 문화의 실용성이나 경제성도 함께 중요하게 고려해야 할 것이다. 세계화 추세와 맞춰 한국의 전통문화를 해외로 진출시켜 한민족의 고유한 문화와 생활양식을 전파하는 소위 '문화의 세계화 전략'이 필요하다. 동시에 한국의 이미지를 향상시키고 한국 상품의 해외시장 확보를 용이하게 하는 전략이 필요하다. 21세기는 경제와 문화의 시대가 될 것임은 자명하다. 국경선이 개방되고 글로벌 이동성이 증대되는 세계화 시대에 한국 문화의 해외진출은 실로 당연한 일이다. 오히려 세계화는 한국 문화의 해외진출을 가능하게 하는 기회가 될 수 있다. 따라서 경제와 문화의 상호성을 확대하여 한국의 국가이익을 증대시키는 것도 문화의 중요한 역할이라고 볼 수 있다. 문화의 지나친 상업화나 또는 상업문화의 팽배현상을 비판하는 사람들도 있지만 현대사회가 어느 곳에서든 물질과 정신이 조화된 사회로 진화하고 있다면 그러한 비판은 과도하지 않은 한 기우일 수 있다.

결론적으로 한국의 민주주의는 한반도의 통일을 위해 반드시 강화되고 발전되어야 한다. 북한이 여전히 다른 길을 가고 있는 상황에서 한국의 민주주의는 바람직한 정부형태로서 그 기능을 충분히 수행해야 한다. 고대 아테네의 지도자였던 페리클레스(Pericles)는 스파르타와의 전쟁에서 죽은 병사들을 추모하는 유명한 장례연설에서 다음과 같이 말했다.

> 우리의 정부형태는 어떤 다른 국가들의 제도와도 경쟁할 수 있는 것이 아니라 오히려 그들의 모범이 되고 있다. 우리는 실로 민주주의를 행하고 있다. 왜냐하면 행정부가 소수가 아니라 다수의 손에 의해 움직여지고 있기 때문이다. 그러나 법률이 모든 사람들의 사적인 논쟁들에서 평등한 정의를 보장하고 있는 한 행정부의 요구는 정당하다. 그리고 시민이 어떠한 방식으로든 그의 특권으로서가 아니라 업적에 대한 보상으로서 공공봉사를 하도록 선택되고 있다.[12]

즉 페리클레스는 아테네의 민주주의가 어떤 다른 나라들의 정부형태보다도 우수한 것이었다고 말했던 것이다. 그러나 아테네는 전통적으로 권위주의적이고 농업적인 스파르타 국가의 리더십하에 있던 그의 적들과의 전쟁에서 패배했던 것이다. 그것이 바로 B.C. 431년에 일어나서 장기간 지속되었던 펠로폰네소스전쟁이었다. 왜 그렇게 민주주의를 자랑했던 아테네가 패하고 그리스의 도시들이 붕괴되고 나아가 그리스의 시민적 도덕성과 정치적 자신감이 회복될 수 없는 지경으로 쇠락했는가? 이에 대해 당시 역사가였던 투키디

---

12) C. E. Robinson, *Hellas: A Short History of Ancient Greece*(Boston: Beacon Press, 1955), pp.119~120.

데스는 아테네 사람들이 너무 강력하다고 자만했고 따라서 적들이 아테네를 두려워했기 때문이었다고 말했다.[13] 한편 도덕적인 측면 에서는 그리스 문화와 종교에 뿌리를 두었던 민주적인 아테네인들 이 전통적인 그리스 미덕인 절제(sophrosune)와 자기 통제력을 포기 하고 자부심에 빠져 인과응보(nemesis)의 형벌을 받았기 때문이라 고 지적했다. 또한 당시 정치적 비평가들 중에 한 사람이었던 이소 크라테스(Isocrates. 338B.C.)는 아테네 시민들이 정치적 책임을 행 사하지 않고 제국주의 정책을 취했기 때문에 아테네 도시는 파멸 할 수밖에 없다고 자신의 동료들에게 말하였다. 아테네 민주주의가 패배한 것은 역사적으로 중요한 교훈을 주고 있는가? 즉 아무리 민 주주의가 찬양될 수 있을 만큼 정부 형태의 기반을 이루고 있다 할 지라도 시민들이 정신적, 도덕적으로 자제력을 잃거나 자만심에 빠 질 경우에는 민주주의는 위기를 맞게 될 수 있음을 시사하고 있는 것이다.

제3절 통일: 유토피아인가

한반도 통일 문제에 대한 논의를 마무리 지으면서 통일은 유토 피아(Utopia)인가라는 의문을 제기하는 데는 몇 가지 이유가 있다. 통일이 왜 유토피아인가라는 의문에 대해 혹자는 지나친 논리의 비약이라고 말할 수 있지만 그것은 유토피아를 어떻게 인식하고

---

13) Otto Butz, *Of Man and Politics*(NY: Rinehart & Company, 1960) p.27.

평가하느냐에 따라 달라질 수 있다. 주지하는 바와 같이 유토피아
는 지금부터 500여 년 전인 1516년에 토머스 모어(Thomas More)가
처음 발간한 저서의 이름에서 비롯되었다.[14] 그의 저서에 대해서는
다양한 평가가 이루어지고 있지만 지금도 '좋은 사회(a good society)'
가 무엇인가에 관한 지적인 논의에 있어서는 그의 저서인 유토피
아가 자주 언급되고 있다. 이것은 그의 저서가 좋은 사회의 구성과
관련되어 의미 있는 내용들을 포함하고 있기 때문일 것이다. 토머
스 모어는 중세의 종교적 보편주의가 끝나 가고 새로이 근세 르네
상스(Renaissance)와 종교개혁의 시대를 대표하는 지식인이었다. 당
시 서유럽의 모든 지식인들은 중세의 지적 유산을 공통적으로 가
지고 있었지만 동시에 정신과 마음에 있어 새로운 도전을 추구하
고 있었다. 그들은 특히 지적 호기심과 상상력을 가지고 있었으며
기존의 인간 경험의 경계선을 넘어서려는 욕구에 차 있었다. 무엇
보다도 그들은 우주세계의 비밀을 밝혀내려는 데 관심을 가지고
있었다. 그중에는 토머스 모어를 비롯해서 니콜라스 코페르니쿠스
(Nicolaus Copernicus)도 포함되었다. 모어가 옥스퍼드 대학교에 들
어갔던 시기에 폴란드의 코페르니쿠스는 오래된 크라카우(Cracow)
대학교에서 수학과 천문학을 공부하기 시작했다. 후에 그는 우주에
대한 새로운 개념을 제시했으며 과학연구에 몰두하였다. 그가 중세
질서를 뒤흔든 '지동설'을 말한 것은 너무도 유명한 것이었다.

　또한 토머스 모어는 사적으로나 공적으로 당시 영국의 왕이었던
헨리 8세와 긴밀한 관계를 유지했다. 그는 종종 헨리 8세와 함께

---

14) Thomas More, *The Utopia*, Note and Introduction by Mildred Campbell(NY: Walter J. Black,
　　1947) 참조.

별과 행성들의 움직임, 특히 우주 문제에 대해 많은 이야기를 나누
곤 하였다. 다른 서유럽의 지식인들과 같이 모어는 과거의 지식이
나 사상에 대해 깊은 관심을 가졌다. 그는 그리스의 철학과 과학에
많은 관심을 가졌으며 특히 플라톤의 철학과 「국가론」은 그에게 많
은 영향을 끼친 것으로 알려졌다. 예를 들면 르네상스시대에 성행했
던 과학적 지식의 탐구는 실용적인 측면에서 항해와 해상진출에 필
요한 제반기술들을 발전시키는 데 크게 기여하였다. 더욱이 천문학
의 발달은 서유럽인들의 해상진출에 큰 영향을 미쳤다. 그 결과 포
르투갈과 스페인 등이 상업 활동을 위한 해상탐험에 열중하였다. 콜
럼버스(Columbus)가 신대륙을 발견한 것도 바로 당시 유럽인들의
해상탐험에 대한 열정과 상상력에서 기인되었다. 콜럼버스의 신대
륙 발견은 당시 유럽사회에서 인간의 의식을 일깨우는 데 크게 작
용하였고 많은 유럽인들로 하여금 전례 없이 진취적인 상업 활동을
전개해 나가도록 하는 중요한 자극제가 되었다. 그 후 유럽의 주요
도시들은 날로 번창하였으며 특히 신흥사회들은 해외 무역을 통해
많은 부를 축적하였다. 토머스 모어도 번창하는 유럽사회의 주요 도
시들을 배경으로 하여 유토피아를 저술하였던 것이다.

  당시 강력한 군주제를 택하고 있던 유럽 국가들은 새로이 발달
한 항해술을 바탕으로 해상무역을 통해 국가의 부를 증대시키는
데 관심을 가졌으며 이를 통해 국가의 세력을 증대시키려고 서로
경쟁하였다. 말하자면 유럽에 있어 국가들 간의 '세력정치'가 시작
되었던 것이다. 그리고 국가들은 서로 유리한 입장을 확보하기 위
해 외교활동을 전개했으며 그를 통해 상업적 이익을 증대시키려고
하였다. 이런 와중에 토머스 모어는 외교관으로서 활동하였으며 처

음 플랑드르(Flanders)에 영국의 상업이익을 확보하기 위해 여행하는 도중 유토피아를 처음으로 쓰기 시작했다. 모어는 헨리 8세에 영향을 미치려는 희망을 가지고 유토피아를 저술하였으나 헨리 8세는 별로 영향을 받지 않은 것으로 전해졌다. 그러나 헨리 8세의 지배하에서 토머스 모어는 대법관(수상 직위도 포함함) 지위에까지 올라가 정부에서 많은 역할을 하였다. 결국 헨리 8세의 이혼과 종교문제로 서로 견해를 달리함으로써 토머스 모어는 1535년에 처형되었다.

토머스 모어에게 많은 영향을 준 지식인들 가운데 두드러진 사람은 네덜란드의 인문주의자였던 데시데리위스 에라스뮈스(Desiderius Erasmus)였다. 에라스무스는 유명한 『우신예찬(Encomium Moriae)』이라는 책을 저술하여 당시 성직자들의 위선을 비판하였다. 한편 그는 모어에 대해 예리한 통찰력을 가지고 있으며 매우 재능이 뛰어난 사람이라고 평가하기도 하였다.

토머스 모어가 살았던 헨리 8세 지배하의 영국도 매우 번성하는 시기를 맞이했었다. 많은 도시들이 생겨났으며 또한 신흥 상인계급들이 무역 등을 통해 부를 증대시켰다. 그리고 농촌에서는 지주들이 거대한 농토를 가지고 부유한 생활을 하고 있었다. 그러나 도시나 농촌의 이면에는 많은 가난한 사람들이 살고 있었다. 도시 거리에는 많은 실업자들이 굶주림에 허덕이고 있었으며 이들은 나아가 범죄를 저지르는 일이 많았다. 도시의 거리를 방황하는 수많은 거지들이 존재하는가 하면 농촌에서는 지주들이 소작인들을 착취하여 부를 축적하고 있었다. 이런 영국사회의 양면성을 토머스 모어는 목격하고 있었다. 그는 이러한 현상들을 사회적 병폐(social ills)

로 규정하고 이를 치유하는 데 관심을 가졌다. 사실 모어와 동시대의 많은 사람들도 빈익빈, 부익부의 영국사회의 현실을 날카롭게 비판하였으며 때로는 강하게 항의하기도 하였었다. 중세 교리에 의하면 이런 사회적 병폐를 해소하기 위한 방법은 신을 마음과 가슴으로 충분히 사랑하는 것이었다. 그러나 모어는 인간의 본질과 관련하여 어떻게 하면 좋은 삶을 형성시켜 나갈 것인가를 생각했으며 이와 관련하여 고대 그리스의 플라톤과 아리스토텔레스의 저술들에 관심을 두었다. 플라톤은 주지하는 바와 같이 철인왕이 지배하는 이상국가론을 제시하였다. 그리고 이런 국가는 사회적 병폐를 제거할 수 있으며 나아가 정의로운 국가가 실현됨으로써 그 속에 살고 있는 사람들도 정의롭게 될 수 있다는 명제를 제시하였다. 그러나 플라톤의 국가론은 현실적으로 실현될 수 없는 이상론에 그치고 있다고 비판을 받아 왔다. 이런 비판에 대해 스테이스(W. T. Stace)는 다음과 같이 지적하였다.

일반적인 견해에 따르면 플라톤이 그 자신의 환상의 창조물로 국가를 기술했으며 따라서 그것은 전적으로 비현실적인 것으로 간주된다는 것이다. 이것은 완전히 플라톤을 잘못 이해한 것이다. 이상국가를 비현실적인 것으로 생각했다기보다 그는 반대로 그것을 유일한 현실국가로 간주했다. 아테네나 스파르타와 같은 모든 존재하는 국가들은 이상국가와 다른 한에 있어 비현실적이다. 더욱이 이러한 하나의 현실, 즉 이상국가는 모든 실제적 국가들의 존재를 위한 기반이 된다. …… 현재 이상국가가 현실로 나타나지 않고 다만 모든 실제국가들이 지향하는 완전한 국가이기 때문에 우리는 여기서 분명히 목적론적 원칙을 갖게 된다. 국가에 대한 현실적 설명은 그의 역사적 기원이나 기본적 계약 혹은 생물적인 필요성에서 찾아지는 것이 아니라 그의 목적, 즉 최종적이고 완전한 국가에서 발견된다.[15]

15) W. T. Stace, *A Critical History of Greek Philosophy*(London: MacMillan & Co. Ltd., 1928),

좋은 삶의 본질이 무엇인가에 대한 토머스 모어의 대답은 바로 유토피아였다. 어떤 면에서 모어의 유토피아는 플라톤의 이상국가론과 유사성이 있다. 본래 그리스 용어에서 유래된 것으로 유토피아(Utopia)는 아무 데도 없는 것(no where) 혹은 아무 데도 없는 땅(land of no where)을 의미하지만 그러나 있을지도 모를 땅(land of might be)을 의미하기도 한다. 토머스 모어가 저술한 유토피아는 다양하게 이해되고 평가되어 왔다. 토머스 모어는 자신이 저술한 「유토피아」에서 다음과 같이 기술하였다.

> 이제 나는 당신들에게 내가 할 수 있는 한 진정으로 한 공화국의 형태와 질서를 선언하고 기술하고자 합니다. 나의 판단으로는 그러한 공화국은 가장 좋은 것일 뿐만 아니라 공화국 또는 공공복리의 이름하에 옳은 일만을 주장하는 유일한 것입니다. 다른 곳에서 사람들은 공화국을 이야기하지만 모든 사람들은 그 자신의 개인적인 부를 추구합니다. 여기서는 어떤 것도 사적인 것이 아니며 공공이익들을 진정으로 추구하게 됩니다.[16]

토머스 모어가 기술한 바와 같이 유토피아는 확실히 유일한 국가였다. 그러나 당시 시대상으로 보아 유토피아는 결코 현실적으로 실현될 수 없는 이상적 국가였음에 분명하다. 혹은 공상적 국가였음에 분명하다. 그러나 그는 중세에서 근대로 넘어오는 시대 상황에서 당시 현실세계의 부조리와 한계성을 뛰어넘어 지적 호기심과 고뇌를 반영하여 하나의 이상세계를 그려 놓은 것이 바로 유토피

---

pp.201~202.

16) Thomas More, pp.168~169. "Now I have declared and described unto you, as truly as I could, the form and order of that commonwealth, which verily in my judgement is not only the best, but also that which alone of good right may claim and take upon itself the name of commonwealth or public weal. For on other places they speak still of the commonwealth, but every man procures his own private wealth. Here, where nothing is private, the common interests are earnestly looked to."

아였던 것이다. 현실세계가 아니었기 때문에 유토피아에 대한 후세 사람들의 인식과 평가가 다양하게 이루어졌음은 당연한 일인지도 모른다. 그의 저서는 현실세계가 지향해야 할 하나의 이상향을 그린 것이었다. 그러나 토머스 모어의 유토피아는 현실세계를 바라볼 수 있는 하나의 패러다임을 제시한 것으로 평가해 볼 수도 있다.

어떤 사람들은 유토피아가 단순히 르네상스 시대의 지식인들의 호기심을 정리한 '즐거운 공상'에 지나지 않는다고 말하기도 하고, 어떤 사람들은 그것을 급진적이고 사회·정치적인 행동을 위한 청사진을 제시한 혁명적 문서에 불과하다고 믿기도 한다. 그리고 또 다른 사람들은 그것은 사회철학자의 작품으로 인간의 마음을 일깨우고 그에게 문제를 해결할 수 있는 사고를 제공하는 데 목적을 둔 것이라고 평가하기도 한다. 특히 내용면에서 유토피아는 마르크스주의자들에게는 사회주의이념의 기원을 제공한 것으로 이해되기도 한다. 즉 토머스 모어는 유토피아에 나오는 가공의 인물인 라파엘 히슬로데이(Raphael Hythloday)의 말을 빌려 많은 사회적 병폐들은 사람들이 그들의 소유물들을 공동으로 가지고 있다면 제거될 수 있을 것이라고 선언하였고 개인적 이익의 동기를 없애 버려야 한다고 주장한 것으로 알려졌다. 나아가 사람들 간에 그들의 소유권이 폐지되지 않는 한 사물들의 균등하고 공정한 분배는 이루어질 수 없다고 히슬로데이를 통해 말하였다. 이로써 토머스 모어는 공산주의의 이념적 기반을 제공한 것으로 평가되었다. 그러나 후에 토머스 모어는 위의 내용과는 다르게 말한 것으로 전해졌다. 즉 "나는 전적으로 반대되는 견해를 가지고 있다 만약에 사람들이 부유하게 살 수 없다면 그리고 모든 사물들이 공동으로 소유된다면 모든 사람들은 노동을 하지 않게 되고 따라서 사물들은 풍부하게 존재하지 못할 것이다"고 말했다. 나아가 그는 "사람들은 일하지 않고 자신들의 이익을 어떻게 얻을 수 있을 것인가?"라는 의문을 제기하기도 했다.[17] 이런 점에서 반(反)마르크스주의자들은 토머스 모어가 공산주의 이념을 제공하지 않은 것으로 평가하였다. 그들은 토머스 모어가 후에 기록한 것을 인용하였다. 즉 "돈이 있는 사람이 존재해야 한다. 그들이 없다면 보다 많은 거지가 생겨날 것이다. 국가에 있는 모든 돈이 함께 있게 되고 그러한 돈이 균등하게 모든 사람들에게 분배된다면 아마도 내일에는 오늘보다 더 나쁜 상황이 도래하게 될 것이다. 거지들은 현재보다 내일에 더 많아질 것이다. 부자들의 재산은 확실히 가난한 사람들의 생활을 위한 원천이 된다." 토머스 모어의 유토피아에 대한 해석은 여전히 논쟁의 대상이 되고 있다. 모어는 아마도 공산주의 이론과 관련을 가질지도 모르지만 그러나 분명한 것은 그것이 하나의 이상적 세계였다는 것이다. 아마도 모어는 이상적 인간들이 존재하는 곳에서만 이상적 국가가 있을 수 있다고 믿었던 것으로 이해된다. 즉 모든 인간들이 선하지 않는 한 모든 사물들도 잘 만들어질 수 없다는 것을 모어는 생각했는지도 모른다.

한편 토머스 모어의 유토피아에 대해서 두 가지 상반된 관점들이 제시되고 있다.[18] 예를 들면 칼 만하임(Karl Mannheim)은 모어의 유토피아가 갖는 의미를 평가절하한 대표적인 학자였다. 그는 유토피아를 단순히 혁명적인 방향으로 존재하는 현실을 초월하는 마음의 상태라고 규정하였다. 그에게 있어 유토피아는 이데올로기

---

17) Thomas More, "Introduction", p. xxxix
18) Giovanni Sartori, *The Theory of Democracy Revisited: Part 1*(N.J.: Chatham House Publishers, 1987), pp.60~62.

의 또 다른 것에 불과한 것으로 해석되었다. 즉 만하임은 유토피아를 한편에 있어서는 혁명적 이데올로기고 다른 한편에서는 보수적 이데올로기에 불과하다고 평가하였다.[19]

그러나 다른 한편 유토피아가 본래 내포한 의미를 배제하고 넓게 기능적인 측면에서 해석하는 경우들도 있다. 오스카 와일드(Oscar Wilde)는 "진보란 유토피아의 실현이다"라고 말했다.[20] 그리고 라마르틴(Lamartine)은 "오늘의 유토피아는 내일의 현실이 될 수 있다"고 보았다.[21] 나아가 마르쿠제(Herbert Marcuse)는 "사회주의에로의 길은 과학으로부터 유토피아로 진행되는 것 일 수 있지만 그러나 유토피아로부터 과학으로 진행되는 것은 아니다"라고 말했다.[22] 결국 유토피아를 실현될 수 없는 이상적 국가를 묘사하는 것으로 무의미하다고 평가하는 것은 바람직하지 않다. 왜냐하면 유토피아로 보이는 모든 곳에서 언젠가는 현실이 나타나기 때문이다. 유토피아는 하나의 이상적 세계로서 현실세계를 평가하는 데 있어서뿐만 아니라 현실세계에서 필요한 가치들을 수립하는 데도 중요하게 영향을 미치고 있음을 간과할 수 없다. 다시 토머스 모어의 유토피아로 돌아가서 그의 진정한 의미를 되새겨 볼 필요가 있다. 그는 어떤 특정한 독트린을 제시한 사람이 아니다. 당시 영국 사회가 보여 준 인간적 고통과 사회적 악에 대한 매우 심오한 인식에서 지적 분노를 표출한 것인지도 모른다. 그가 당시 기독교적 이상과 함께 강한 사회적 의무감과 합리적 태도 그리고 새로운 이데아들

---

19) Karl Mannheim, *Ideology and Utopia*(London: Routledge and Kegan Paul, 1936) 참조.
20) Oscar Wilde, *The Soul of Man under socialism*(Saugatuck, 5x8 Press, 1950), p.18
21) Karl Mannheim, p.183. 재인용
22) H. Marcuse, *The End of Utopia*, Five Lectures(Boston: Beacon Press, 1970), p.63.

을 함께 종합한 데서 그 의미를 찾아볼 수 있다. 토머스 모어는 실로 인본주의적 신학자였으며 르네상스의 진정한 '아들'로 일컬어지고 있다. 그는 적어도 새로운 르네상스 시대를 맞아 인간의 사고를 진취적으로 고무시켰고 그에 따라 사회진보의 길을 열어 놓은 대표적인 지식인으로 평가해 볼 수 있다. 그가 제시한 유토피아가 현실은 아닐지라도 그는 이상적 세계를 향해 인간이 꾸준히 나아간다면 언젠가는 현실이 될 수 있다는 것을 함축함으로써 그의 유토피아는 실로 가치를 가질 수 있다. 나아가 그러한 세계를 현실로 가져오기 위한 인간의 사고와 행동을 자극하는 새로운 도전을 제공하고 있다. 그리고 그것을 통해 인간 현실을 관찰하고 판단할 수 있는 이념적 근거를 가질 수 있다는 점에서 또한 중요한 의미가 있다. 마치 천재화가가 자신의 머릿속에서 상상한 바를 캔버스에 그려 세상을 한층 더 아름답게 보이게 하려는 것에 비유될 수 있을지 모른다.

한반도에서 평화 그리고 통일을 생각하는 것은 어느 의미에서 현실이 되지 못할 수 있다. 아직도 북한군이 한국의 영토인 연평도에 대한 포격을 감행하고 이에 대해 한국군이 대응포격을 하는 분쟁 상황에서, 그리고 이어 미국의 거대한 항공모함인 조지워싱턴호(The USS George Washington)가 참가한 한미 합동 군사훈련이 한반도 서해안에서 북한을 억제하기 위해 진행되고 있다. 이러한 상황에서 평화나 통일을 생각하는 것은 미래에 일어날 수 있는 목표이며 이상으로서 여겨질 수 있다. 그런 맥락에서 유토피아의 의미는 새롭게 조명해 볼 수 있다. 한반도에서 남북한 간에 긴장이 고조되고 동시에 주변 강대국들의 이해관계가 첨예하게 대립하고 있는 동북아 지역에서 한반도의 평화와 통일은 그 어느 때보다도 매우 어려운 과제로 남게 되었다. 따라서 한반도의 통일은 유토피아로 인식될 수 있지만 그러나 현실적 과제임에는 분명하다. 앞에서 언급한 바와 같이 오늘의 유토피아가 내일에는 현실이 될 수 있다는 전제에서 한반도의 통일 문제는 결코 해결될 수 없는 것이 아니다. 그것은 한민족이 어떻게 지속적으로 해결해 나갈 수 있는 지혜로운 방법을 찾아내느냐에 달려 있다. 어느 때보다도 한반도에서는 국가안보와 평화의 정착이 선결되어야 하며 이를 바탕으로 통일을 실현하는 노력이 필요하다. 통일된 한반도가 진정으로 '희망과 영광의 땅'이 되도록 하는 일을 단순히 유토피아적인 것으로만 남겨 놓을 수 없다. 오히려 남북한의 통일을 위하여 한민족 모두가 강한 의지를 가지고 꾸준히 노력해 나갈 때 통일은 단순한 유토피아가 아니라 현실이 될 것이다. 인간이 만들어 놓은 문제를 인간이 해결하지 못할 이유는 없기 때문이다.

저자는 집필을 마치면서 작은 농촌 마을의 언덕에서 귀여운 어린이들과 자유롭게 뛰어놀고 싶은 생각이 든다. 그러나 현실은 그것조차 허용치 않으니……. 그들이 나중에 커서 세계를 보게 될 때 그들은 어떠한 세계를 보게 될는지……. 제발 보다 더 아름다운 세계를 보게 되기를 바랄 뿐이다.

사람은 누구나 무슨 일을 하든 자신의 삶에 스스로 배반당한다고 말해도 과언은 아니다. 그래서 러시아의 시인인 푸시킨은 "삶이 그대를 속일지라도 슬퍼하거나 노하지 마라……"라는 시구를 남기고 젊은 나이에 요절했는지도 모른다. 누구든 처음에 일을 시작할 때에는 많은 의욕과 기대를 가지고 시작하지만 끝날 때에는 부족하다는 생각을 하게 되고 미련을 갖게 되는 경우가 많다. 저자 또한 어려운 여건에서 저서를 끝내면서 느끼는 소회 역시 마찬가지이다. 본래 저자는 처음 학문생활을 시작할 때부터 국가안보 문제를 중요하게 생각하고 언젠가는 이에 관해 의미 있는 저서를 남기려고 생각해 왔다. 그러나 이제 40여 년간의 학문생활을 정리하는 시기에 다시 국가안보 문제를 다루는 저서를 내는 데 있어서도 마찬가지로 부족함이 많고 그에 따라 불만족스럽게 느껴지고 있다. 그러나 저자는 책의 저술을 통해 지난 40여 년 동안의 시간을 되돌아볼 수 있는 소중한 기회를 갖게 되었다. 책의 저술에 필요한 자료들을 찾아보기 위해 과거에 쓴 책이나 논문들을 뒤적이면서 때로는 부족했던 글들도 발견할 수 있었지만, 한편으로는 현재에도 유용하게 사용될 수 있는 글들이 있었음에 보람을 느끼기도 했다.

역시 세계는 많이 변화해 왔지만 국가의 안위와 번영과 관련된 문제들은 미완성의 과제들로 남아 있음을 새삼 통찰해 볼 수 있었다. 지금도 한국의 안보 상황이 불안전하고 불투명하게 보이고 있는 것은 인간의 지혜나 능력이 충분히 발휘되지 못하고 있음을 느끼게 해 주고 있다. 한국의 안보 문제는 불행했던 과거의 역사를 극복하고 밝은 미래의 역사를 만들어 나가야 하는 한국인의 절체절명의 과제로 계속 남아 있다.

또한 저자는 책을 저술하면서 두 가지 귀중한 자료들을 접할 수 있었다. 그들은 미국의 대통령들이었던 존 F. 케네디와 리처드 닉슨의 자서전과 회고록이었다. 케네디 대통령은 미소 냉전시기에 핵무기로 무장한 두 초강대국들 간의 대결과 경쟁이 얼마나 위험한 것인가를 인지하고 양국 간의 관계를 개선하기 위해 많은 노력을 기울였다. 그는 사실상 미소냉전 구조를 완화시켜 다극적 세계질서로 전화시키는 데 결정적인 계기를 마련하였다. 결국 핵 위협의 세계 속에서 평화를 실현하는 기반을 제공하는 데 케네디 대통령은 남다른 용기와 지혜를 가지고 위대한 리더십의 종적을 남기었다. 그리고 닉슨 대통령은 역사적인 중국방문을 통하여 미중관계를 적대적 관계에서 화해관계로 전환시킨 지도력을 발휘했다. 특히 그의 중국방문은 동양과 서양 간의 만남이었으며 이를 통하여 세계를 변화시킨 여정이었다. 중국 지도자들과의 대화에서 닉슨 대통령은 새로운 세계를 발견하였으며 이를 통하여 전후에 형성되었던 냉전질서를 타파하는 데 크게 기여하였다. 결국 케네디 대통령과 닉슨 대통령은 서로 정치적 경쟁자들이었지만 전후 세계를 새롭게 변화시킨 위대한 지도자들이었다. 탈냉전의 세계가 출현하고 이를 바탕으로 세계화가 진행되는 지금의 세계를 형성시키는 데 두 대통령들의 기여는 실로 큰 것이었다. 그러나 그들이 모두 비운의 생애를 마치었음은 잘 알려진 바이다. 즉 케네디 대통령은 임기 중 저격당하여 생명을 다했고, 닉슨 대통령은 이른바 워터게이트 사건으로 인해 중도에서 퇴진하여 불명예스럽게 정치적 생명을 마감하게 되었다. 그리스 신화에 나오는 것처럼 신들은 아마도 인간이 완전하게 되고 위대해지는 것을 저주했는지도 모를 일이다. 그러나 그들이 남긴 업적들이 후세에 길이 기억되고 있음을 저자는 새삼 느낄 수 있었다. 이것 또한 저술과정에서 얻은 값있는 지적 발견이었다. 아마도 세상에서 일어나는 모든 것은 순간적으로 지나가는 것이지만 훗날에 소중하게 되리라는 말이 너무도 저자의 마음에 와 닿았다.

저자는 한반도의 통일과 관련하여 몇 가지 제안들을 남기고자 한다. 첫째로 한국은 한반도의 통일을 위해 세계사적 변화를 예의주시하여 활용해야 할 것이다. 독일 통일은 여러 가지 요인들에 기인되어 실현되었지만 그중에서도 당시 공산주의체제의 붕괴와 냉전종식이라는 전후의 큰 시대사적 변화과정 속에서 이루어졌음을 직시할 필요가 있다. 마찬가지로 한반도의 통일도 민족 주도적으로 실현되어야 한다는 원칙을 부정할 수는 없지만 시대적 변화를 잘 활용할 때 실제로 가능해질 수 있다. 이제 냉전이 끝난 후 20여 년 동안 진행된 세계화 과정은 국가들이 개방과 자유무역 그리고 민주주의를 확산시키면서 계속 하나의 세계를 지향해 나가고 있기 때문에 한반도 통일에 유리한 기회가 될 수 있다. 북한이 아무리 폐쇄적인 독재제체를 유지하고 있다 할지라도 여기에는 분명히 한계가 있을 수밖에 없다.

둘째로 같은 맥락에서 한국은 주변 4대 강대국들과 우호적이고 협력적인 관계를 발전시켜 나가야 한다. 사실상 한반도 통일은 주변 4대 강국들의 이해관계와 밀접히 연관되어 있으며 그들의 동의나 지시가 없을 경우에는 실현되기 어렵다. 이제 이데올로기적 장벽이 국가의 대외적 관계를 구속하는 시대는 지나갔다. 모든 국가들이 실용적인 이익을 추구하는 개방적 국제관계가 형성되고 있기 때문에 한국이 과거와 같이 중국이나 러시아와의 관계를 소홀히 할 필요가 절대로 없다. 또한 미국이나 일본과의 관계에 일방적으로 의존할 필요도 없다. 4대 강국들과 긴밀한 우호적 관계를 발전시킴으로써 그들의 한반도 통일에 대한 입장을 긍정적으로 전환시켜야 할 것이다. 그들은 동북아 지역에서 한 가지 공통적인 이해관계를 가지고 있다고 볼 수 있다. 그것은 바로 이 지역의 평화를 유지하는 것이다. 따라서 한국도 동북아 지역의 평화를 위해 보다 더 적극적으로 행동할 필요가 있으며 4대 강국들로 하여금 한국을 '평화를 사랑하는 국가'로 인식시킬 필요가 있다. 동북아 지역이 평화 질서로 기반을 확고히 다져 나갈 때 한반도의 평화적 통일도 가능해질 수 있다.

셋째로 무엇보다도 한반도 통일을 위해 한국 자체가 충분한 국가적 역량을 갖춰 나가야 할 것이다. 국내적으로 성숙한 민주주의를 발전시키고 부유한 경제 강국으로 성장해 나갈 때 그리고 진정으로 '문화국가'를 건설해 나갈 때 한국은 과거 어느 때보다도 통일을 실현시키는 기회와 능력을 함께 확보할 수 있다. 만약 한국이 민족성원 모두로부터 살기 좋은 '행복한 나라'로 인식된다면 통일은 그들의 자율적 선택에 의해 가능해질 수 있다. 이것 또한 하나의 유토피아로 간주될 수 있지만 한민족 모두의 끊임없는 노력에 의해 내일에는 현실이 될 수 있다. 마치 오늘의 유토피아가 내일에는 현실이 될 수 있다고 말한 것과 같이……

끝으로 저자는 개인적으로 어린 손녀들(서빈, 서현)이 훗날에 성장하여 세상을 알게 될 때 실로 평화롭고 아름다운 '통일 조국의 강산'을 보게 되기를 기대한다.

참 고 문 헌

〈국문자료〉

국방부, 『국방백서』, 국방부, 2008.
김대중, 『김대중 자서전 1, 2』, 도서출판 삼인, 2010.
박정희, 『國家와 革命과 나』, 향문사, 1963.
신정현 외, 『21세기 한국의 정치: 쟁점과 전망』, 한국학술정보, 2010.
______ 외, 『국가연합 사례와 남북한 통일 과정』, 한울아카데미, 2004.
______ 편, 『선진국방의 비전과 과제』, 나남출판, 1996.
______, 『정치학: 과학과 사유의 전개』, 제3판 법문사, 2009.
______, 『한반도의 군비통제』, 예진출판, 1990.
______ · 백종천 공저, 『國家安保論』, 일신사, 1972.
이상현 편, 『한국의 국가전략 2020: 외교 · 안보』, 세종연구소, 2005.
이춘근, 「동북아시아 해양갈등의 원인과 해양 협력 방안」, 『Strategy 21』
　　　통권 제25호, 2010.
이태환 편, 『한국의 국가전략 2020: 동북아 안보협력』, 세종연구소, 2005.
이화여자대학교 통일학연구원, 『남북관계사』, 이화여자대학교출판부,
　　　2009.
정성장 편, 『한국의 국가전략 2020: 대북 · 통일』, 세종연구소, 2005.
정용길, 『독일 1990년 10월 3일: 통일을 생각하며 독일을 바라본다』,
　　　동국대학교출판부, 2009.
황진환, 「한국의 군비통제 연구: 정향과 과제」, 『한반도 군비통제』 제
　　　24집, 1998.
John E. Spiro, 『國際政治經濟論』, 신정현 역, 대학문화사, 1984.

〈영문자료〉

Allison, Graham Y. and Zelikow, Philip, *Essence of Decision: Explaining the Cuban Missile Crisis*, 2nd edition, New York: Longman, 1999.

Aron, Raymond, *Peace and War: A Theory of International Relations*, NY: Praeger, 1966.

Art, Robert J. and Jervis, Robert, *International Politics: Enduring Concepts and Contemporary Issues*, 8th edition, New York: Pearson Education, Inc. 2007.

Balassa, Bela, *The Theory of Economic Integration*, London: George Allen & Unwin Ltd. Fourth Impression, 1973.

Baldwin, David A.(ed.). *Neorealism, and Neoliberalism: The Contemporary Debate*, NY: Columbia University Press, 1993.

Butz, Otto, *Of Man and Politics*, New York: Rinehart & Company, 1960.

Claude, Inis L. *Power and International Relations*, NY: Random House, 1962.

Clausewitz, Carl von, *On War*, Michael Howard and Peter Paret(eds. and trans.) NJ: Princeton University, 1976.

Deutsch, Karl W. et al. *Political Community and the North Atlantic Area: International Organization in the Light of Historical Experience*, NJ: Princeton University Press, 1957.

Doyle, Michael W. *Ways of War and Peace: Realism, Liberalism, and Socialism*, New York: W. W. Norton, 1997.

_________________, "Kant, Liberal Legacies and Foreign Affairs", *Philosophy and Public Affairs*(Summer/Fall 1983).

Easton, David, *A Framework for Political Analysis*, NJ: Prentice − Hall, 1965.

Fukuyama, Francis, *The End of History and the Last Man*, NY: Free

Press, 1992.

Galtung, Johan, "Peace and Social Structure", *Peace Research*, Vol.1, Altantic Highland: Humanities Press, 1975 – 80.

Gilpin, Robert, *The Political Economy of International Relations*, NJ: Princeton University Press, 1987.

Goldblat, Jozef, *Arms Control: A Guide to Negotiations and Agreement*, London: Sage Publications, 1994.

Hague, Rod, Harrop, Martin, and Breslin, Shaun, *Comparative government and politics*, 4th edition, Macmillan Press, 1998.

Hamliton, Alexander, Madison, James, and Jay, John, *The Federalist*, Oxford: Blackwell, 1948.

Haas, Ernst B, The Uniting of Europe: Political, *Social and Economic Forces 1950~1957*, Stanford: Stanford University Press, 1968.

Hay, Colin, Lister, Michael, and Marsh, David(eds.). *The State: Theories and Issues*, Palgrave Macmilan, 2006.

Held, David, McGrew, Anthony, Goldblatt, David, and Peratton, Jonathan, *Global Transformations: Politics, Economics, and Culture*, CA: Stanfold University Press, 1999.

Houn, Franklin W. *A Short History of Chinese Communism*, NJ: Prentice – Hall, Ind., 1973.

Huntington, Samel P. *The Third Wave: Democratization in The Late Twentieth Century*, O.K.: University of Oklahoma Press, 1991.

__________________, "The Clash of Civilizations?", *Foreign Affairs* Vol.72, No.3(Summer 1993).

Jones, Ronald W. "Private Interests and Governmental Policy in Global World", *Tinbergen Institute Discussion Paper* TI2000 – 051/2, 1.

Katzenstein, Peter J.(ed.). *The Culture of National Security: Norms and Identity in World Politics,* NY: Columbia University Press, 1996.

Kegley, Charles, W. JR and Wittkopf, Eugene R. *World Politics: Trend and Transformation*, NY: St. Martin's Press, 1981.

Kennedy, John F. *Profiles in Courage*, commemorative edition, Harper Perennial, 1956.

Kenneth Boulding, *Stable Peace*, Austin & London: University of Texas Press, 1978.

Kissinger, Henry A. *Nuclear Weapons and Foreign Policy*, NY: Happer & Brothers, 1957.

Krasner, Stephen, *Sovereignty: Organized Hypocrisy*, NJ: Princeton University Press, 1999.

Lentner, Howard H. *International Politics: Theory and Practice*, NY: West Publishing, 1997.

__________________, *Power and Politics in Globalization: The Indispensable State*, NY: Routledge, 2004.

Lippmann, Walter, *U.S. Foreign Policy*, Boston, 1943.

Mannheim, Karl, *Ideology and Utopia*, London: Routledge and Kegan Paul, 1936.

Marcuse, H. *The End of Utopia*, Five Lectures, Boston: Beacon Press, 1970.

McGrew, Anthony and Poku, Nana K.(eds.). *Globalization, Development and Human security*, MA; Polity Press, 2007.

Mitrany, David, *A Working Peace System*, Chicago: Quadrangle Books, 1996.

Morgenthau, Hans J. *Politics Among Nations: The Struggle for Power and Peace*, 5th edition, NY: Knopf, 1973.

Nixon, Richard, *The Memories of Richard Nixon*, NY: A Filmways Company, 1978.

Nye, Joseph S. *Bound to Lead: The Changing Nature of American Power*, NY: Basic Books, 1991.

Oberdorfer, Don, *The Two Koreas: a contemporary history*, MA: Addison Wesley, 1997.

Organski, A. F. K. *World Politics*(NY: Alfred A. Knopf, 1958).

Pauly, Louis, *Who Elected the Bankers?*, Ithaca: Cornell University Press, 1997.

Perlmutter, Amos and Bennett, Valerie Plave, *The Political Influence of the Military: A Comparative Reader*, New Haven and London: Yale University Press, 1980.

Rose, William, *U.S. Unilateral Arms Control Initiative: When Do They Work?*, NY: Greenwood Press, 1983.

Rosenau, James N.(ed.). *International Politics And Foreign Policy: a reader in research and theory*, NY: The Free Press, 1969.

Sartori, Giovanni, *The Theory of Democracy* Revisited: Part 1, NJ: Chatham House Publishers, 1987.

Schumpeter, Joseph A. *Capitalism, Socialism and Democracy*, London: George Allen & Unwin LTD, 1959.

Sorensen, Theodore C. *Kennedy*, New York: Happer & Row, Publishers, 1965.

Stace, W. T. *A Critical History of Greek Philosophy*, London: MacMillan & Co. Ltd., 1928.

Thomas More, *The Utopia of sir Thomas More Tncluding Roper's Life of More and Letters of More and his daughter Margaret,* Note and Introduction by Mildred Campbell, NY: Walter J. Black, 1947.

Waltz, Kenneth, *Man, The State and War: A Theoretical Analysis*, NY: Columbia University Press, 1969.

___________, *Theory of International Politics*, Reading, MA: Addison – Wesley, 1979.

Wendt, Alexander, *Social Theory of International Politics*, UK: Cambrige University Press, 1999.

Wilde, Oscar, *The Soul of Man under Socialism*, Saugatuck, 5x8 Press, 1950.

미국의회보고서, *National Security Strategy*, Washington D.C, 2010.

〈신문기사〉

"When debt is a national security issue", *The Korea Herald*, May. 25, 2010, pp.12~13.

"세계화 시대라고 전쟁은 없을까", 「동아일보」, 2010년 08월 24일, p.31.

용어색인

인명색인

메디슨, 제임스 (James Madison)
    494
메테르니히, 클레멘스 (Klemens
    Von Metternich) 267
모어, 토머스 (Thomas More)
    524~532
미트라니, 데이비드 (David Mitrany)
    478
발라사, 벨라 (Bela Balassa) 405
범 미 주연합(The Pan American
    Union) 73
브란트, 빌리 (Willy Brandt) 286
비어드, 찰스 (Charles Beard)
    493
쉘러, 막스 (Max Scheler) 340,
    342
슘페터, 조셉 A (Joseph A.
    Schumpeter) 79
스미스, 아담 (Adam Smith) 66,
    89, 93, 127,
스탈린, 이오시프 V. (Iosif V.
    Stalin) 131, 147, 364
스테이스, 월터 T. (Walter T.
    Stace) 527
스펜서, 허버트 (Herbert Spencer)
    340
시라크, 자크 R. (Jacques R.
    Chirac) 143
아롱, 레몽 (Raymond Aron) 339,
    340, 342
아리스토텔레스 (Aristoteles) 80,
    527
아이젠하워, 드와이트 D. (Dwight
    D. Eisenhower) 324
아인슈타인, 알버트 (Albert
    Einstein) 302
에라스뮈스, 데시데리위스

(Desiderius Erasmus) 526
에인절, 노먼 (Ralph Norman
    Angell) 233
엘리슨, 그래햄 T. (Graham T.
    Allison) 323
엥겔스, 프리드리히 (Friedrich
    Engaels) 90, 91
와일드, 오스카 (Oscar Wilde)
    531
워싱턴, 조지 (George
    Washington) 286
월츠, 케네스 N. (Kenneth N.
    Waltz) 70, 84, 344
윌슨, 우드로 (Woodrow Wilson)
    131, 289, 344, 345
응우옌 티 빈 (Nguyen Thi Binh)
    468
이소크라테스 (Isocrates) 523
이스턴, 데이비드 (David Easton)
    128
저우언라이 (周恩來) 367~369
존스, 로널드 W. (Ronald W.
    Jones) 22
챔버린, 아서 네빌 (Arthur Neville
    Chamberlain) 223, 290
케네디, 존 F. (John F. Kennedy)
    324, 358, 360, 362, 365,
    369, 535
켈리, 제임스 (James Kelly) 436
코페르니쿠스, 니콜라우스 (Nicolaus
    Copernicus) 524
코헤인, 로버트 (Robert Keohane)
    271
콜, 헬무트 (Helmut Kohl) 286,
    489
크라스너, 스티븐 (Stephen
    Krasner) 83

신정현 ─────────────────────────────────

경희대학교 정치외교학과 명예교수
한국사회연구원 원장
사단법인 국가디자인연구소 이사장

미국 Columbia 대학교 초빙교수(1984)
벨기에 Leuven 대학교 초빙교수(1987)
미국 Princeton 대학교 초빙교수(1992~1993)
경희대학교 정경대학 학장(1994~1996)
경희대학교 행정대학원 원장(1996~1998)
경희대학교 대학원 원장(2001~2002)
통일부 정책자문위원(1990~1997)
사단법인 한국정치학회 회장(1996)
국무총리실 정책자문위원(1999~2000)
국가안전보장회의 정책자문위원(1999~2000)

「북한의 통일정책」(편저)(1990)
「정치학: 과학과 사유의 전개」(1993)
「한국의정치학; 현황과 전망」(공저, 1997)
「비교정치론」(2000)
외 다수

세계화와 국가안보

한반도 평화와 통일을 전망하면서

초판인쇄 | 2011년 4월 5일
초판발행 | 2011년 4월 5일

지 은 이 | 신정현
펴 낸 이 | 채종준
펴 낸 곳 | 한국학술정보㈜
주　　소 | 경기도 파주시 교하읍 문발리 파주출판문화정보산업단지 513-5
전　　화 | 031) 908-3181(대표)
팩　　스 | 031) 908-3189
홈페이지 | http://ebook.kstudy.com
E-mail | 출판사업부　publish@kstudy.com
등　　록 | 제일산-115호(2000. 6. 19)

ISBN　　978-89-268-2097-1 93340 (Paper Book)
　　　　　978-89-268-2098-8 98340 (e-Book)